复旦文史丛刊

皮庆生 著

宋代民众祠神信仰研究

上海古籍出版社

"复旦文史丛刊"编纂说明

复旦大学文史研究院成立后,致力于推动有关中国文化与历史的研究,近期重心是围绕着"从周边看中国"、"批评的中国学研究"、"交错的文化史"和"域外有关中国的文字资料与图像资料"、"宗教史、思想史与艺术史的综合研究"等课题进行探讨,同时,也鼓励其他相关文史领域的各类研究。为此,复旦大学文史研究院与上海古籍出版社合作,出版这套"复旦文史丛刊",丛刊不求系统与数量,唯希望能够呈现当前文史研究领域中的新材料、新取向、新视野和新思路,并特别愿意收录年轻学人的著作。

本丛书基本体例如下:

(一)本丛刊收录有整体结构和完整内容的有关中国文史的研究专著,不收论文集。

(二)本丛刊内所收专著,一般字数在25—40万字,个别情况可以超过此限。

(三)接受国外以其他语言写成的专著的中文译本。

(四)注释一律采用页下注,书后要有《引用文献目录》,如有《人名索引》和《书名索引》,则更为欢迎。

（五）本丛刊设立匿名审稿制度，由复旦大学文史研究院聘请两位国内外学者担任匿名审稿者，如两位审稿者意见和结论彼此相左，则另请第三位审稿者审查。

（六）本丛刊由上海古籍出版社负责编辑出版。

2008 年 5 月

葛兆光序

关于传统中国民间宗教信仰的研究,尽管出于自尊,我们不太愿意说我们的研究是受外人影响而来的,但是,真正现代学术意义上的研究,确实可能是和西洋和东洋人的刺激有关,比如,1892年以后陆续出版的荷兰人格罗特之《中国宗教系统》六大册,1914年后陆续出版的法国人亨利道勒之《中国迷信研究》十大册,以及那个时代逐渐"进口"的西洋民俗学、神话学、人类学等方法,确实刺激了中国学者反身回看自己的民间宗教信仰。20世纪的20年代到30年代,在江绍原的《发须爪:关于他们的迷信》(开明书局,1928)、许地山的《扶箕迷信的研究》、郑振铎《汤祷篇》(写于1932年12月,发表于1933年第30期《东方杂志》)中,都能够看到东洋和西洋的关注领域、研究方法和分析理论的痕迹。[1]

中国学术界对于本国民间宗教信仰有"产权"也有"特色"的研究,虽然受到这些来自西洋东洋的理论、方法以及成果的影响,但是,主要的进展却表现在历史领域,中国学者向来有历史嗜好,也对汉文文献的收集和

---

[1] 周作人在给《发须爪》作的序文中就说,他早年就在东京的书店里买到过《习俗与神话》(*Custom and Myth*)和《神话仪式与宗教》(*Myth Ritual and Religion*),"略知道人类学派的神话解释",而江绍原在这本书的附录和序文中也提到过泰勒(他译作泰洛)的《原始文化》、弗雷泽(他译作弗莱则)的《金枝》,以及1923年才出版的霍布金斯的《宗教的起源和发展》。

解读有得天独厚的优势,对于民间宗教信仰的历史研究很快就有了新进展。从资料上说,这受惠于大内档案的发现(这直接影响和促进了明清民间宗教的研究)和民间各种印刷品如宝卷、善书、唱本等的收集,从思路上说,这是与历代农民起义中有关宗教信仰之资料的重视等相关的。不过,现在回头看,真正有价值的成果大多集中在明清,明清的资料多、线头杂,而且与当下关怀中的民间宗教、帮会、信仰(统统可以叫作"迷信活动")相关联,人类学的田野调查也在这里有用武之地(以至于现在的历史学界也生出一支生机勃勃的历史人类学)。然而,唐宋的民间宗教信仰,却一直研究不是很多,也不算很深,一来是因为文献不集中(多分散在政书、文集、史传、笔记以及佛道二藏),二来是因为很难找到好的切入角度(与农民起义之关系虽然不是一个绝好的分析基点,但也不失为一个历史观察的角度;宋代食菜事魔与外来信仰的关系虽然也是一个好角度,但更多地涉及文化交流史,而不是民间宗教信仰史),因此,零星的考索和论述虽然不少,但整体的立场、思路和方法,却没有太多变化。

在皮庆生进入宋代民间信仰这一领域的时候(大概是 20 世纪最后两年),他面对的是这样一种研究状况,这意味着他必须另外寻找问题、角度和方法。可是,无论在汉晋、唐宋还是明清,除了农民起义之外,对于民间信仰,我们常常习惯在四个领域中讨论,一是民间教派的历史叙述,诸如太平道、摩尼教、白莲教、天地会等;二是各种信仰活动的批判性研究,诸如扶箕、风水、咒术等;三是各种神灵的崇拜,比如城隍、土地、妈祖等的来龙去脉;四是作为民间风俗的岁时节令活动,以及各种祭祀活动等。但是,从皮庆生这部书中可以看到,近来至少宋代民间宗教信仰研究的重心已经不同了,新的变化显然与研究视野的拓宽有关。首先,是把这些看似局部和零星的民间宗教信仰活动,与当时的国家、社会、交通、商业和地域问题联系起来考察;其次,是对这些民间宗教信仰放在比如时代变革、士绅与地方社会、华夷观念与儒家文明等大背景下考察;再次,是把这些民间的宗教信仰活动,与合法宗教如佛教道教的互相影响和渗透等问题联系在一起讨论。正如皮庆生这部书所显示出来的,对于民间宗教信仰的

葛兆光序

论述因素在逐渐扩大,因此,看似散乱的文献资料,在这一新的聚光灯之下,即被放置在较大的社会史和政治史视野中,也逐渐呈现出较大的思想史和文化史意义来。

不可否认的是,欧美学术界对于这一领域的研究思路和方法,仍然是刺激和影响的因素。在欧美的中国宗教信仰研究中,有一个影响甚大的背景需要注意,即欧美与中国(常常被归纳为"西方"和"东方")在地域、种族、文化上本来就有较大的差异,中国对于他们来说是一个"他者",这和同样是异域的日本、朝鲜就很不同,如传教士对中国的观察、描述与介绍,与日本留学僧人和朝鲜出使官员对中国的观察、描述和介绍就大不同。由于欧美不像日本、朝鲜、越南那样,对中国文化有一种"藕断丝连"的关系,所以也没有"身在此山中"的问题,对欧美人来说,那是一个"异质的"文化形象。因此,他们对中国社会、宗教和文化的研究和理解,常常从一开始就能超出中国论述的笼罩,特别注意到"经典之外"的民间宗教现象,而且他们有社会学和人类学的影响,往往采用更实证的方法来研究历史与现实中的民间宗教信仰,注意力常常放在了仪式、方法、技术以及艺术上。特别是法国的汉学研究者,他们一方面受到传教士亲眼所见资料的影响,本来就对中国社会生活有别一种理解的基础,一方面受人类学、社会学理论影响,极为看重社会底层民俗、仪式、生活中的宗教对一个民族精神结构的实际影响,所以,他们不太局限于中国经典系统的历史观念和视野框架,这与直接沿经典记载和正统史册影响而来的日本、朝鲜汉学传统大相异趣,也特别能够刺激中国学者的另类思考。至今,像欧大年、武雅士、韩明士以及劳格文、韩森、太史文等学者,对于中国历代民间宗教信仰的研究,都在中国学术界有相当的影响。

西方人的长处是理论和方法,他们有一些深入骨髓的分析,相当有想象力和穿透力。我曾经在《课堂讲录》里讨论过布洛克(一译布洛赫,Marc Bloch)的《国王神迹》,它讨论的是早期欧洲特别是路易十四时代关于国王通过触摸可以治愈患者的皮肤病的传说。这看起来是很奇怪的迷信,但是,他不是在讨论迷信,而是讨论人们当时怎么会产生这种集体幻想,这种看似迷信的集体幻想怎样被建立起来,并且如何反而成就了驱除迷信、驱除神权,成为欧洲近代化的开始。我也给孔飞力(Philip A. Kuhn)的《叫魂》(当时我用的译名为《盗魂者》)写过一个评论,指出在他的研究视野中,1786年的"剪发盗魂"事件,被放置在中国近代的社会变迁线索中,透过这一案件,他看到的不是一个民俗现象,甚至不是一个民众信仰现象,而是中国政治结构何以面对近代的历史问题,在这一案件的审理中映射出来的种种中国社会症结,似乎表明了中国历史的迂曲和艰难。这种"小口子进去,大问题出来"的思路和"小个案考证,大背景叙述"的方法,实在是很值得参考的。我觉得皮庆生对于宋代祠神活动的研究也有这样的好处,他能够把民众祠神放在国际学界关注的"唐宋变革"背景下讨论,能够透过祈雨问题涉及宋代中央与地方政府的策略差异,透过宋代文人对祠神活动的态度观察全国性精英与地方士绅的关系,以及理学家的特别态度与身份角色,透过"祭不越望"的变迁论述到信仰的区域与跨区域,透过"正祀"和"淫祀"的问题,则讨论了中国文明的推广和汉族社会与文化最终定型的问题等,这样"从小见大"的方式,提升了宋代民间宗教信仰研究的学术意义。

我过去很少为人写序,不仅因为序文常常会"佛头着粪",而且多数都会毫无原则地"夸饰表彰",何况写序因为资格有时候变成一种身份象征。可是,为皮庆生的新书写这篇序文,我却很乐意,因为,尽管现在他已经是中国人民大学历史系的教师,但是,我还是常常想起他在清华大学图书馆中苦读的情景,在读硕士和博士的六七年间,他全面爬梳了有关文献,除了《宋史》《续资治通鉴长编》《宋会要辑稿》等大部头史料之外,还阅读了宋人文集、笔记小说、地方志等数千卷文献,这才完成这部关于宋代祠神活动的著作,因此,我对这部著作的水准,有完全的信心和信任。

2007年8月20日于上海

目 录

葛兆光序 / 1

第一章　绪论 / 1
　　第一节　概念阐释与研究范围 / 1
　　第二节　研究史回顾 / 7
　　第三节　本书的基本思路和方法 / 17
　　第四节　本书章节安排及主要内容 / 30

第二章　张王个案研究 / 34
　　第一节　张王神迹之演变 / 36
　　第二节　张王形象的塑造 / 45
　　第三节　张王信仰的外传 / 55
　　第四节　官方、地方社会与张王信仰 / 78

第三章　"祠赛社会"——以祠神信仰为中心的宗教集会 / 97
　　第一节　祠赛社会之概况 / 99
　　第二节　祠赛社会的功能 / 103
　　第三节　社首与会首——祠赛社会的组织者 / 116
　　第四节　差异性的态度：官方与士人 / 130

第四章　祈雨与宋代社会 / 143
　　第一节　形式多样的祈雨方法 / 147
　　第二节　祈雨实践——朝廷 / 172
　　第三节　地方官员的祈雨实践 / 186
　　第四节　对祈雨"异端"的批评 / 195

第五章　他乡之神——宋代民众祠神信仰的传播 / 204
　　第一节　祠神信仰传播的几个基本问题 / 208
　　第二节　五通、仰山、天妃、梓潼的传播 / 224
　　第三节　经典的重新解释——宋人对神灵越界现象的回应 / 255

第六章　正祀与淫祀——宋代祠神信仰的合法性研究 / 272
　　第一节　宋人的正祀、淫祀观念 / 274
　　第二节　朝廷、地方官员打击淫祀的实践 / 295
　　第三节　打压与提升——民众祠神信仰的命运与文明的推广 / 313
第七章　结语 / 318

附录一　《祠山事要指掌集》的版本及史料价值 / 325
附录二　张王信仰事迹编年 / 336
附录三　张王行祠分布表 / 342
附录四　两宋皇帝祈雨数据统计 / 348
附录五　五通、仰山、天妃、梓潼行祠分布 / 349
附录六　两宋关于正祀、淫祀的诏令与行为一览表 / 354
参考文献 / 377
后记 / 395

第一章 绪 论

第一节 概念阐释与研究范围

一、概念阐释

在传统中国社会中,民众的信仰图景十分复杂,为此研究者在使用概念时颇费思量。就我所知,国内学界先是有中国有没有"宗教"之争,后来在讨论释道之外的民众信仰时有过"民间宗教"、"民间信仰"、"大众宗教"和"民生宗教"等不同说法,海外学者则使用过"folk religion"、"popular religion"、"diffused religion"、"local relgion"等概念。[1] 不同的概念反映了研究者理论、方法上的差异。在这些概念中,笔者比较倾向于使用"大众宗教"和"diffused religion",这也是本书使用"民众祠神信仰"这一概念的原因之一。

---

〔1〕 参见王庆德《中国民间宗教史研究百年回顾》,《文史哲》2001年第1期;王铭铭《象征与仪式的文化理解》,收入氏著《社会人类学与中国研究》,北京:三联书店,1997年,第149—185页;赵世瑜《中国传统社会中的寺庙与民间文化——以明清时代为例》一文关于"大众宗教"的讨论,收入氏著《狂欢与日常——明清以来的庙会与民间社会》,北京:三联书店,2002年,第75—82页;Catherine Bell, "Religion and Chinese Culture: Toward an Assessment of 'popular religion'", in History of Religions, vol. 29:1(1989), pp. 35 - 57. 综合性的评述可参考余欣《神道人心——唐宋之际敦煌民生宗教社会史研究》,北京:中华书局,2006年,第8—16页。

当然,直接原因在于本书的讨论对象乃是民众崇奉的祠神,即地方祠庙、神祠中所供奉之神祇,我认为它们也是过去所说的"民间信仰"的核心。宋代以来的方志中,往往专设"祠庙"或"神祠"一门,来记载这些佛教寺院、道教宫观之外的地方性宗教活动场所,[1]而本书的讨论基本是围绕祠神展开的信仰活动,用"祠神信仰"这一概念显然比较合适。[2]

出于同样的考虑,本书没有使用"民间信仰"或"民间祠神信仰",而用"民众祠神信仰"来指称这一研究对象,因为"民间信仰"有强调其信仰群体、价值观念等方面均为下层的意味,同时隐含着将此类信仰活动与释道区分的意思。事实上,传统中国社会的祠神信仰的信众涵盖了所有阶层,包括士人群体,并将儒释道的一些核心观念有机地融汇进来,所以使用"民众祠神信仰"较"民间信仰"似乎更具体、更合理,且表示不排除某些祠神所带有的释道色彩。

所以,本书所说的"民众祠神信仰"是指以祠神为中心,有比较固定的活动场所、仪式和相对稳定的信众,介于官民之间的全民共享的宗教信仰活动。它至少有以下三个特征:

一是非制度化。祠神信仰与释道等宗教信仰最大的区别在于组织性或制度化方面的差异。制度化或组织性宗教往往有一整套相对稳定的经典、教义支持,无论是佛教、道教,还是基督教、伊斯兰教都是如此;它们的宗教人士形成一个稳定的群体,相互之间具有很强的组织性,如上下等级序列、地区从属关系等,他们负责管理本宗教活动场所的日常事务,主持信众的仪式活动;组织性宗教的神祇也常常被纳入一个相对

---

[1]《宋元方志丛刊》所收宋代方志基本上都有"祠庙"、"神祠"一门,而且一般都置于寺院、宫观之后,隐含着士人对组织性宗教与祠神信仰的活动场所的区别和价值观念上的判断。

[2] 蒋竹山便认为"祠神信仰"这一概念可以避免不必要的争议,并且用于明清信仰的研究中,程民生也曾用"神祠宗教"、"祠神文化"来指称宋代以祠神信仰为中心的各种宗教活动,分见蒋竹山《宋至清代的国家与祠神信仰研究的回顾与讨论》,《新史学》第8卷第2期,1997年6月;程民生《论宋代神祠宗教》,《世界宗教研究》1992年第2期,《神人同居的世界——中国人与中国祠神文化》,开封:河南人民出版社,1993年。

稳定有序的神谱之中。而且，经典教义、宗教人士的组织机构、仪式、神谱之间相互联系，并与宗教本身对整个自然、社会、人生的解释相关联。民众祠神信仰则不然，信仰背后的观念支持系统源自历史与其他并存的文化资源（往往是地方性的），即便有可能存在某一位祠神的故事汇编，但它与组织性宗教自成体系的经典、教义显然存在根本性差别；就整个祠神信仰而言，巫觋、庙祝甚至普通民众都可以负责神祠的日常管理，组织性宗教的宗教人士也常是神祠日常管理的主要力量之一，或者在祠神信仰活动中主持仪式。至于具体的祠神信仰，其日常管理人员、仪式是相对稳定的（也不排除一些香火不盛的庙宇或所谓"野庙"无人负责日常管理），但各个神祠的管理人员或仪式主持者之间无任何统属关系，各神祠的庙祝、巫觋、僧道各自为伍，他们的仪式活动或许有某些相似之处，但无必然联系。再者，从祠神信仰的核心即信仰对象祠神而言，虽然宋代实行的祠神封号、赐额制度使祠神分别被封为字数不等的侯、公、王等封号，但只有在属于同一祠神信仰体系之下时，祠神的不同封号意味着相互之间存在某种上下等级关系，然而也不表示同一地区或不同地区不同封赐等级的祠神之间存在任何上下统属关系。即便是前者，祠神内部的组织关系也源于信众建构的祠神之间的血缘或空间地理统属关系。

二是民众性，或开放性。单个家族或集团的祠庙类建筑场所有很大的封闭性，不对外开放（一些祠堂甚至在性别上都有一些限制）。民众神祠则对所有人敞开，即便是某一村落社区的保护神也多具有这一特点，本地人或外地人都可以向该祠神进香祈祷。前面我提到本书不使用"民间信仰"或"民间祠神信仰"，而特意用学界不经常用的"民众祠神信仰"或"民众信仰"，不仅是前者在长期的使用中带有价值判断与信仰群体上的限制性，也是因为祠神信仰乃是各社会群体共享的信仰世界，"民众"既有以普通民众为主之意，亦表示其范围包含其他社会群体。如果说第一个特征意在区分民众祠神信仰与组织性宗教之间的边界的话，民众性则是民众祠神信仰的另一重要特征，强调其信众的广泛性，不仅特定祠神信仰的信众如此,从祠神信仰的总体特征而言更是如此。同时,强调民众祠神信仰的开放性也是为了将之与某些以祠神为中心的信仰活动区分开来,比如朝廷、地方官府的某些祭祀活动,郊天祭地、州县的社稷等,其参与者均有很强的限制性,不属于民众祠神信仰范围。这些信仰活动只有与本书论旨有关时,才会涉及。

三是神异性。本书所讨论的祠神均有灵应故事流传,纯粹的纪念性祠庙则不拟讨论,如部分地方官的祠庙。这种纪念性的建筑物或建筑场所由于缺少吸引信众的必要神异性,对民众的影响主要不在信仰方面,其教化象征意义更强,而且经常是人去庙歇。晁公遡就曾经说:"使民而蒸尝我,则畏我者也,既去而毁撤者有矣;使吏而蒸尝我,则谀我者也,既去而姗笑者有矣。"[1]当然,纪念性祠庙有时也会演变为本书所讨论的神祠,如临安地区的张司封庙,本来是纪念性的祠庙,"初无神怪之事",但随着时间推移,逐渐产生了神异现象。[2]虽然我们无法为纪念性祠庙与本书讨论的神祠之间划定一条明显的边界,但如无神异故事记载,我们基本不予讨论。[3]

与上述概念紧密相关的是如何给民众祠神、神祠进行分类,不同的分类方法背后是观察者的角度、观念。其实,宋人在方志中对各类神祠已有了比较明确的分类,比如《咸淳临安志》将祠神分为:土域山海湖江之神,先贤往哲有道有德之祭,御灾捍患以死勤事之族,还包括可以存古、可以从俗者两类,整个"祠庙门"的叙述结构即依此顺序,考虑得十分周全,恐怕不只是反映了官方的思维。而《咸淳毗陵志》中的天王庙似属佛教之神,不入寺观而为祠庙,说明当时人对祠庙与寺观的分界已有某种共识。神祠分类及其在方志中的排序往往包含一定的社会内涵,如《咸淳临安志》中关于吴王庙、城隍、忠清庙顺序的安排,既考虑

---

[1] 晁公遡《嵩山集》卷48《何公祠堂记》,《四库全书》,第1139册,第267页。
[2] 叶绍翁《四朝闻见录》甲集,北京:中华书局,1997年,第32—33页。
[3] 参吕大吉《宗教学通论新编》第一编关于宗教诸要素的讨论,北京:中国社会科学出版社,1998年。

第一章　绪　论

到这几个祠神信仰与地方社会的历史渊源关系,也反映了它们在地方社会信仰实践中的地位。[1]参照现代的宗教学理论,也可以将宋代民众祠神进行不同分类,比如按其神格区划成自然神、人物神、拟人神等;具体到人物神,又可按神的出身分为平民神、帝王将相、地方官,本地人物神与外地人物神等;按祠神影响范围,可分为村落神、地方性祠神、区域性祠神等;根据祠神与朝廷礼制、儒家正统思想的关系,又区分为正祀与淫祀,等等。[2]鉴于祠神分类的复杂性,本书不拟专门讨论这一问题,而采取比较灵活的分类方法,尽量采取宋人的语汇来指称,如涉及分类问题时略加说明。

二、研究范围与材料

本书讨论的时空范围也有必要略加说明。本书标题为"宋代民众祠神信仰研究",探讨的时空当然是两宋,亦即960—1279年之间汉族王朝统治的区域。不过,信仰世界潜在的连续性使我们在分析一些具体问题时必须涉及唐末五代甚至更早时期的情况,一些具体个案的研究尤其如此。如张王信仰始于唐朝,祈雨活动起源更早,研究它们在宋代的情形时必然要向前追溯。显然,涉及的时空范围可能远远超出了我的能力,因之论述易流于空疏肤浅。但由于集中在短时段、小区域的祠神信仰研究材料相对不足,而时空间范围的扩大不仅可以弥补这一缺陷,一些零散的材料还可相互发明,加深对某些问题的认识。[3]分专题讨论的办法,也可使论述尽量具体化。

---

〔1〕　分见《咸淳临安志》卷74,《宋元方志丛刊》,北京:中华书局,1990年,第3539、3071页;《咸淳毗陵志》卷14,《宋元方志丛刊》,第3072页。

〔2〕　仅就我见闻所及,学者们对祠神的分类基本大同小异,可参程民生《神人同居的世界——中国人与中国祠神文化》;王曾瑜《宋辽金代的天地山川鬼神等崇拜》,《云南社会科学》1997年第1期;吕宗力、栾保群《中国民间诸神》,石家庄:河北教育出版社,2001年。

〔3〕　如美国学者韩森(Valerie Hansen)以杭州张王庙为例谈地方官通过建新庙控制民众祠神信仰,材料与推论的疏离是显见的,所以给人的印象是结论并不十分可靠。而如果结合《山右石刻丛编》卷15所载《威胜军绵上县移建天齐仁圣帝庙记》,便可以肯定地方官控制改造民众祠神信仰的重要手段之一是改变庙宇的空间位置。再者,就张王信仰本身而言,由于有了《祠山事要指掌集》,单独一个地区的信仰资料固然十分丰富,但如果将其他地区的张王信仰资料比照阅读,则可以探讨张王信仰在传播过程中的变化。这类材料是将目光盯在局部地区的人所忽视的。参韩森《变迁之神》,包伟民译,杭州:浙江人民出版社,1999年,第152页。

5

根据这种认识,本书讨论的对象基本限定为:宋王朝统治区域内以祠神为中心,有比较固定的宗教活动场所、仪式和相对稳定的信众,介于官民之间的宗教信仰活动。对于释道内部的神祇崇拜,乡贤祠、祠堂之类纪念性供奉场所、行为,如与民众祠神信仰无关,本书基本不作讨论。

本书使用的材料以传统文献为主,如史书、文集、方志、笔记、道藏、佛藏中的相关记载,此外我还查阅了部分碑刻资料。相对而言,关于民众祠神信仰的材料十分分散,总体数量也有不足。[1]材料分布的时段主要集中在南宋,空间上则主要为南方各地(又主要为江浙一带)。对信仰活动的具体过程也缺乏细致的描述,这使我们很难像研究明清祠神信仰的学者那样运用文化人类学的方法对具体仪式进行细致分析。仅就管见所及,对宋代的祠神信仰的仪式过程有比较完备记载的只有广德张王信仰。

材料的作者也是一个很棘手的问题。我们要讨论的是民众祠神信仰,而材料几乎无一例外来自士人的记载,虽然有很多材料最初出自普通民众的口耳相传,但毕竟经过士人的加工,其个人主观意识的过分介入很可能影响一些材料的可靠性,如果不考虑到这一层因素,我们研究的很可能只是宋代士人眼中的祠神信仰,而非这一信仰活动的真实状况。事实上,民众祠神信仰常是跨越社会阶层的活动,不同的社会群体会有不同的表述,如孔飞力所说的,普通百姓的妖术信仰和君主视妖术为谋反的认识其实是有区别的。[2]时间、空间、信仰群体之差异都会引起信仰对象、行为的变化,并进而导致文献记载的差别,再加上记载者的筛选,层层叠加,这都要求我们有抽丝剥茧的手段,方可合理运用现有的文献资料。比如对以祠神信仰为中心的民众集会的记载,官方、士人、普通百姓各不相同,而朝廷律令与地方官员的行为、在职与寓居官员的态度又不一样,我们除了透过这些记载的差别描述出民众集会的真实状况外,还要对这些差异

---

[1] 此外如方志等记载神祠时有很大的选择性,如《景定建康志》卷44《祠祀志》便强调"诸不在祀典非有赐额者不书",材料的选择性必然使推论有很大局限性。见《宋元方志丛刊》,第2044页。

[2] 孔飞力(Philip A. Kuhn)《叫魂——1768年中国妖术大恐慌》,陈兼、刘昶译,上海三联书店,1999年,第296—297页。

第一章　绪　　论

性进行解释,是个人的身份、思想观念还是地方性传统在起作用?

令人欣慰的是,关于宋代祠神信仰的文献数量虽然不多,种类却一应齐备,不同社会群体的认识、态度都保留在文献之中,尤其是祠庙碑记、野史笔记,保存大量普通民众的祠神信仰活动、观念以及作者对此的看法,将之与纯粹代表官方意志、知识阶层认识的文本进行比较,应该会有所发现,这也是本书在各专题研究中经常要提到的一个问题。

第二节　研究史回顾

尽管民众祠神信仰与王朝政治、区域社会、民众生活等关系密切,但以往国内学术界对民间宗教的研究集中在那些有经典文本、组织的民间秘密教派、结社上,时段又主要集中于明清,几乎没有对两宋祠神信仰做专门研究。[1] 近年来由于对民间文化、区域文化的重视,才有一些学者开始探讨这一问题。相比之下,国外学者在20世纪六七十年代就开始关注这一问题,不仅做了许多个案研究,而且已经有较为系统的专著、论文集问世。[2] 本文的讨论是建立在先前研究的基础上的,有必要对两宋祠神信仰的研究史作一回顾。[3]

对两宋祠神信仰研究的通常做法是,追溯某个神祇的起源及其后来的演变。其肇端可追溯到宋,当时的士人为了向朝廷说明给某一神祠赐

---

[1] 20世纪,国内学者对中国民间宗教研究的代表作当推马西沙、韩秉方的《中国民间宗教史》(上海人民出版社,1992年)。在全书序言中,马西沙认为,"正是下层民众及其文化、信仰、风尚,首先孕育了最初形态的民间宗教。进而正统宗教又在民间宗教的基础上锻铸而成。"(《中国民间宗教史》序言,第3页)可惜书中对此未有展开。

[2] 最重要的专著有韩森(Valerie Hansen)的《变迁之神——南宋时期的民间信仰》,康豹(Paul R. Katz)的《瘟神与送瘟船——晚期帝国浙江地区的瘟神信仰》(*Demon Hordes and Burning Boats: The Cult of Marshal Wen in Late Imperial Chekiang*, Albany: State University of New York Press, 1995)等。我见到的论文集主要有两部:Patricia Buckley Ebrey and Peter N. Gregory, eds., *Religion and Society in T'ang and Sung in China* (Honolulu: University of Hawaii Press, 1993);Meir Shahar and Robert P. Weller, eds., *Unruly Gods: Divinity and Society in China* (Honolulu: University of Hawaii Press, 1996),所收论文都以论述两宋祠神信仰为主。

[3] 在撰写本节时,笔者除了阅读具体的研究论著之外,还参考了以下三篇综述性文章,蒋竹山《宋至清代的国家与祠神信仰研究的回顾与讨论》,《新史学》第8卷第2期,1997年6月;Stephen F. Teiser, "Chinese Religions: Popular Religion", *Journal of Asian Studies* 54, no.2 (1995): 378-395;王锦萍《20世纪60年代以来宋代民间信仰研究述评》,未刊稿。

7

予庙额、封号的合理性,或是为了撰写庙记,常常要对该神祠的信仰源流作一番考辨,这些申状、庙记现在都成了我们的研究材料。接续宋人对祠神源流进行考证的是明清的一些学者,赵翼、俞樾等人已开始对张王、城隍、文昌等主要祠神进行初步的文献梳理,而顾炎武甚至试图结合时代变迁考察神祠的兴废。[1] 专门收集排比各种神祇的文献材料的著作也有不少,较早的如《三教源流搜神大全》、《破除迷信全书》;材料比较丰富、考订也较精详的是吕宗力、栾保群的《中国民间诸神》。[2] 日本学者泽田瑞穗的研究也以收集和考证祠神信仰源流见长,其成果收于《中国の民間信仰》一书中。[3]

近来,在西方人类学、社会史、文化史的理论与方法影响下,学者们开始从历史角度研究祠神信仰与国家权力、社会生活的关系,深化了对祠神信仰历史背景、生活意义的认识。对祠神源流的文献、事实梳理只是第一步,要真正认识、理解民众祠神信仰,还必须将之纳入当时的社会中去考察,也就是结合社会历史变迁来考察神祠的演变、兴废,或者以祠神信仰为切入点对当时的政治、经济、文化进行综合性研究。这种新的研究思路已越来越成为一些研究民间宗教的学者的主要研究方法,宗教史与社会史方法的结合大大拓宽了民众祠神信仰的研究空间。其具体做法大致有以下四种。

一、在社会史背景下对一些重要祠神如城隍、妈祖、梓潼等做个案研究。

这一研究取径显然受到传统研究思路的影响,但其中又包含了一些新的因素,既有对具体祠神信仰状况、流变的详细考证,更有新的理论、方法所带来的新的问题意识、解释思路。一些重要的祠神都有专篇论文,甚

---

[1] 顾炎武著,黄汝成集释《日知录集释》卷30,"古今神祠"条,长沙:岳麓书社,1994年,第1073—1076页;赵翼则考证了近二十个重要祠神的情况,见《陔余丛考》卷35,石家庄:河北教育出版社,2003年,第715—744页;俞樾在《茶香室丛钞》卷15,《续钞》卷19,《三钞》卷19、20中抄录了大量祠神的材料。

[2] 吕宗力、栾保群《中国民间诸神》,石家庄:河北教育出版社,2001年。

[3] 泽田瑞穗《中国の民間信仰》,东京:工作舍,1982年。

第一章 绪　论

至专著研究。郑土有、王贤淼的专著《中国城隍信仰》对城隍的神格与职能，城隍的历史演变，城隍信仰在各个不同时期的特点，城隍庙的兴衰以及城隍信仰在中国民间信仰体系中的地位等问题都作了梳理和考辨，许多章节都涉及宋代城隍信仰的状况。[1] 另外，张泽洪对城隍神的由来、职掌，及其与道教的关系也进行了有益的探讨。[2] 姜士彬（David Johnson）通过对唐宋城隍神的专题研究，认为宋代城隍庙的发展与城市工商阶层的兴起有关，这些神多半是当地曾经著名的武将及官僚，建庙资金来自信众。城隍神与乡村土地神有很大差异，相对于官僚体系的社稷神而言，城隍属于民间普遍信奉的神。[3] 小岛毅利用大量的方志材料，在姜士彬的基础上，对宋代城隍信仰作了进一步研究，指出宋元时期的城隍庙只是一种通称，而非同一祠神，他还讨论了理学家对城隍神的态度以及宋代方志中城隍庙的位序问题。[4]

福建、台湾地区的学者在妈祖信仰的研究上用力甚勤，出版了不少论著、资料汇编。[5] 其中台湾学者李献章所著《妈祖信仰研究》一书影响甚大。该书有三章论述宋代妈祖信仰的情况，李先生根据文献上留下来的片断资料和收集的材料，对妈祖信仰的原始形态进行了分析，并细心考察了宋代对妈祖所赐的封号，祭祀的时代背景和直接原因，由此进一步探讨了宋代尊崇妈祖的政治经济意义及其对民众心理的影响。他还利用庙志、地方志中的材料，分析了妈祖信仰在宋代从莆田逐渐向外传播的过程，指出"贸易对妈祖信仰的传播贡献很大"。[6] 大陆学者朱天顺、李玉昆对宋代妈祖信仰的起源及其对外传播情况作了详细研究，认为宋代妈祖信仰形成和传播的原因与当时许多莆田人在朝廷当官有很大关系，此

---

〔1〕　郑土有、王贤淼《中国城隍信仰》，上海三联书店，1994 年。
〔2〕　张泽洪《城隍神及其信仰》，《世界宗教研究》1995 年第 1 期。
〔3〕　David Johnson, "The City-God Cults of T'ang and Sung China", *Harvard Journal of Asiatic Studies*, vol. 45：2（1985），pp. 363 - 457.
〔4〕　小岛毅《城隍制度の确立》，《思想》No. 792，1990 年。这个问题宋人早已提出，参见赵与时《宾退录》卷 8，上海古籍出版社，1983 年，第 103—105 页。
〔5〕　李玉昆《近几年来福建民间信仰的研究》，《世界宗教研究》1992 年第 1 期。
〔6〕　李献章《妈祖信仰研究》，澳门海事博物馆出版，1995 年；该书 1978 年曾由日本泰山文物出版。

外,海上航运、抗金战争、水旱疾疫等因素也是推动妈祖广泛传播的具体因素。[1] 李伯重认为妈祖从社会功能而言有"乡土之神"、"公务之神"与"全国海商之神"三种形象,并考察了妈祖信仰传播中三种形象之间的转变。[2]

祁泰履(Terry F. Kleeman)对梓潼神的演变的研究,讨论了梓潼神从蛇精演变成地方守护神、道教神谱中的司禄星君,最后成为国家通祀的文昌帝君的过程,分析了国家权力、组织性宗教、民众力量等各种因素在其中的作用,并指出道教人士是推动梓潼传播的主要力量之一。[3]

关于五通、五显,斯波义信发现其信仰主要在经营木材等山货的皖南和江西一带商人中间流传,随着新安帮商民向长江下游移居和流动,他们的祭祀据点也日见扩展。万志英(Richard Von Glahn)则考察了宋至清的五通信仰的演变与江南商业经济的关系,虽然其重点在明清,但这篇文章对西方的中国祠神信仰研究影响极为深远。[4]

二郎神在宋代就是一个影响甚大的民众祠神,后来又演化成近世民间广为流行的杨二郎,所以也很受学者们的注意,张政烺、萧兵等人都对二郎神的发展变化有过研究,20世纪90年代干树德在他们的基础上进一步提出宋代李二郎的出现是四川地区佛教、道教势力斗争的产物,也受到普通民众本土意识的影响。[5]

---

[1] 朱天顺《妈祖信仰的起源及其在宋代的传播》,《厦门大学学报》1986年第2期;李玉昆《妈祖信仰的形成和发展》,《世界宗教研究》1988年第3期。

[2] 李伯重《"乡土之神"、"公务之神"与"海商之神"——简论妈祖形象的演变》,《中国社会经济史研究》1997年第2期。

[3] 祁泰履(Terry F. Kleeman), "The Expansion of the Wenchang Cult", in Patricia Buckley Ebrey and Peter N. Gregory, eds. , *Religion and Society in T'ang and Sung in China*, pp. 45 – 74; and *A God's Own Tale: The Book of Transformations of Wenchang, the Divine Lord of Zitong* (Albany: State University of New York Press, 1994).

[4] [日]斯波义信《宋代江南经济史研究》,方键、何忠礼译,南京:江苏人民出版社,2001年,第369页,第415、416页注。Richard Von Glahn , "The Enchantment of Wealth: The God Wutung in the Social History of Jiangnan", *Harvard Journal of Asiatic Studies*, vol. 51: 2 (1991), pp. 651 – 714.

[5] 张政烺《〈封神演义〉漫谈》,《世界宗教研究》1982年第4期;萧兵《二郎神故事的原始与嬗袭》,《中国神话》第一集,北京:中国民间文艺出版社,1987年;干树德《也谈二郎神的嬗变》,《宗教学研究》1996年第2期。

第一章 绪　论

康豹对浙江地区的瘟神信仰做了个案研究,他首先从自然环境与社会环境两个角度分析瘟神信仰在浙江地区兴起的原因,随后对各种瘟神传说之后的文化思想背景作了深入探讨,认为在瘟神信仰的流变过程中,民众口传、士人文本以及道教方面的叙述相互影响,道教在瘟神信仰的传播与相关节日仪式的组织和操作中占据十分重要的位置。[1]徐晓望也谈到宋代一般的瘟神观念及福建地区的瘟神信仰,还涉及五通、五显与瘟神的关系。[2]

此外,当时一些主要在局部地区具有影响的祠神也开始受到重视,谢重光则以吴本崇拜为中心,联系其他历史人物成神的情况,认为福建民间信仰有三个特点,即：三教合一的形态突出,统治阶级的意识强烈,民众的实用主义思想浓厚。[3]陆敏珍通过对宋人胡则(963—1039)由人而神转变过程的个案研究,探讨了民间宗教在中国传统文化中的地位和在区域社会历史中的作用。她认为,在胡公由人而神的过程中,政府、家族、地方势力以及佛教寺院在不同程度起了推动作用。[4]方豪、李玉昆在对宋代沿海地区祈风、祭海的研究中发现,二者一般由市舶司主持,反映了宋朝政府对海外贸易的重视,此外,民间商人的祈风也是宋代祈风仪式的主要类型之一。[5]

二、对国家的赐额、封号政策的研究。给祠神赐予封号、庙额始见于六朝,盛行于宋代。对宋代各个时段朝廷赐额、封号政策进行考察,是认识国家与祠神信仰之间的关系最主要途径之一,也是近年来宋代祠神信仰研究的中心之一。松本浩一对《宋会要》礼制部分中有关诸神祠的记载进行统计,得出了一些基本认识,如神祠地域分布以四川、福建、浙江的

---

[1] Paul R. Katz, *Demon Hordes and Burning Boats: The Cult of Marshal Wen in Late Imperial Chekiang*.
[2] 徐晓望《略论闽台瘟神信仰起源的若干问题》,《世界宗教研究》1997年第2期。
[3] 谢重光《从吴本的神话看福建民间信仰的特点》,《世界宗教研究》1989年第4期。
[4] 陆敏珍《从人到神：中国民间神祠个案研究——永康方岩"胡公大帝"神祠的历史考察》,浙江大学硕士学位论文,1999年。
[5] 方豪《宋代泉州等地之祈风》,《宋史研究集》第1辑;李玉昆《试论宋元时期的祈风与祭海》,《海交史研究》1983年第5期。

数量最多,时代方面以北宋的神宗熙宁、元丰时期,徽宗崇宁、大观时期,南宋的高宗绍兴,孝宗隆兴、乾道、淳熙以及宁宗的嘉定年间为最多。松本认为宋代对神祠授予庙额、封号的政策透露出王朝对神祠统治的意味,通过对全国的神祠授予庙额、封号,达到一元化的管理。[1] 金井德幸在另外一篇文章中则重点分析了"父老"在赐额过程中所扮演的角色,并提出南宋祠庙剧增与国家祭祀的社稷制度衰微之间可能有某种关联。[2] 韩森在金井研究的基础上提出地方士绅在请求政府赐额、封号给地方祠庙的过程中有个"转运使"负责"双重检定"神祇神迹的制度,并考察了这一过程中地方官与地方精英的互动关系。[3] 须江隆在一系列文章中进一步提出唐宋庙额、封号制度和申请过程的差别,地方社会力量在其中起了关键性作用,透过神祠碑牒的书写方式,可以认识到宋代地域观念的真实状况。[4] 关于这一问题的最新研究为水越知的一篇长文,文章全面检讨了以往关于赐额、封号问题的研究成果,重点分析了赐额、封号制度下地方神祠与各种地方势力之间的关系,以及地方祠神信仰中的经济性因素。[5]

三是讨论释道与民众祠神信仰的关系。过去的研究比较注意释道对神祠施加的影响,如学者们在对梓潼、妈祖、吴真人、二郎神等祠神的研究中都谈到佛教和道教在形塑民众信仰的过程中所起的作用,但很少考察民众信仰对组织性宗教的影响力。康豹对浙江地区的瘟神信仰的研究则说明不同群体之间、组织性宗教同民众神祠之间存在一种观念、价值、信仰的反弹(reverberation),James Watson 通过对天后的研究

---

〔1〕 松本浩一《宋代の賜額・賜号について——主として〈宋会要輯稿〉にみえて史料から》,野口铁郎编《中国史における中央政治と地方社会》1985年度科研费报告。
〔2〕 金井德幸《南宋の祠廟と賜号にっぃて——釈文珦と劉克荘の視点》,宋代史研究会编《宋代の知識人——思想・制度・地域社会》,东京:汲古书院,1992年。
〔3〕 韩森《变迁之神——南宋时期的民间信仰》第四章《赐封》。
〔4〕 须江隆《唐宋期における祠廟の廟額、封号の下賜について》,《中国——社会と文化》第九号,1994年;《熙宁七年の詔——北宋神宗朝之赐额、赐号》,收入《东洋史论集》第8辑,2001年;《祠庙碑牒中的地域观》,《宋代人之认识:相互性与日常空间》,东京:汲古书院,2001年。
〔5〕 水越知《宋代社会与祠庙信仰之展开——地区中心的祠庙之出现》,《东洋史研究》第60卷第4号,2002年。

第一章 绪　论

也得出类似看法。[1]孙昌武对观音的研究表明,唐宋时期观音信仰有一个俗神化的过程,这与民众祠神信仰的影响显然是密不可分的。[2]在阅读《道藏》时我也发现民众祠神信仰与道教在仪式上的互动关系,当然正统道士对于吸纳民众祠神信仰中的某些成分是不赞成的,如白玉蟾就对"以师巫之诀而杂正法","以鬼仙降笔而谓秘传"提出过严厉批评。[3]

四是尝试对宋代祠神信仰作地区的综合研究。颜章炮对晚唐至宋福建地区的祠神信仰进行了研究,他指出,晚唐至宋福建地区出现了一个造神高潮,这是福建民间信仰发展史上的重要时期,也是福建地区各种民间信仰的整合时期,统治者的佞佛、崇道、信巫对此起了推波助澜的作用,此外,这一高潮的出现还与当时福建的自然地理条件及社会经济活动有着密切的关系。[4]大陆学者对宋代祠神信仰作全面论述的论文主要有两篇,较早的是程民生的《论宋代的神祠宗教》一文,程文论述了宋代神祠与社会政治、经济、思想的关系,重点在神祠对赵宋政治的影响,但对祠神信仰本身及其与两宋社会各方面的关系尚缺乏细致的分析。他的《神人同居的世界——中国人与中国祠神文化》一书对中国古代祠神信仰及其与政治、经济、军事、文化的关系作了全面介绍,由于作者乃研究宋史出身,所以该书讨论的主要是宋代的祠神信仰。[5]王曾瑜的《宋辽金代的天地山川鬼神等崇拜》第一部分为"宋朝的多神崇拜",从五个方面论述了宋代神祠崇拜的情况,但缺乏具体讨论,分类上也有混乱之处,如:城隍庙与本朝忠臣义士并举,淫祠归入民间的鬼神崇拜,地方官遇自然灾害

---

[1] Paul R. Katz, *Demon Hordes and Burning Boats: The Cult of Marshal Wen in Late Imperial Chekiang*, pp. 113–116; James Watson, "Standardizing the Gods: The Promotion of T'ien Hou Along the South China Coast, 960–1960", in Johnson Andrew et al., eds., *Popular Culture in Late Imperial China* (Berkeley: University of California Press, 1965), pp. 310–313, 315–322.

[2] 孙昌武《中国文学中的维摩与观音》第十章《观音的俗神化与艺术化》,北京:高等教育出版社,1996年。

[3] 谢显道、林伯谦等编《海琼白真人语录》卷2,《道藏》第33册,文物出版社、上海书店、天津古籍出版社影印本,1988年,第124页。

[4] 颜章炮《晚唐至宋福建地区的造神高潮》,《世界宗教研究》1998年第3期。

[5] 程民生《论宋代的神祠宗教》,《世界宗教研究》1992年第2期;《神人同居的世界——中国人与中国祠神文化》。

时所祈求的对象即山川神祇；对祠神信仰与两宋社会政治经济文化的关系，中央与地方的关系，地方官员与民众的关系，地区发展等问题都未考察。〔1〕贾二强对宋代的民间信仰有过一些研究，他先是出版了一部通俗性的著作《神界鬼域：唐代民间信仰透视》，随后在此基础上将讨论范围延及宋代，推出专著《唐宋民间信仰》一书，二者结构和材料都基本相同，都由三部分组成，探讨了唐宋时期主要的神灵，作为神灵信仰基础的鬼魂观念，以及民间信仰与释道之间的关系，材料则基本上来自小说笔记，十分丰富。〔2〕最新的研究为刘黎明的《宋代民间巫术研究》，对宋代巫师、巫术类型及其与政治、释道的关系等都有研究，从中可以了解宋代巫师、巫术活动的基本情况，不过由于该书的研究框架稍嫌陈旧，材料范围与运用上都有进一步拓展的可能。由于巫师、巫术的活动主要围绕祠神信仰展开，所以刘著是宋代祠神信仰研究的一部重要著作。〔3〕

国外学者系统探讨宋代民众祠神信仰的是韩森的《变迁之神》一书。该书的最大特色是将祠神信仰这一主题置于12、13世纪社会变迁的大背景中进行考察，将社会史与宗教史有机地结合起来，在观念和材料的运用上都给美日学界相当大的启发。她使用了大量碑铭资料以及《夷坚志》之类宋人笔记小说中的材料，拓宽宋代民众祠神信仰研究的材料范围。韩森的书主要讨论三个重要问题：人与神的关系；政府对民众神祠的态度；经济生活变更对民众神祠的影响。其中后两个问题的论述尤为突出。她关于政府对民众神祠的态度讨论也是从国家赐额封号入手的，但因碑铭资料的运用，遂使该问题的研究进入了一个新阶段。书中的第五、六两章讨论唐宋商业革命对民众神祠体系的影响，其中第五章她通过对两浙路的湖州进行个案研究，认为由于交通路线远近不等，商业革命对不同地区人们有相当不同的影响，居住在地势较高地区的人们，继续信仰那些传

---

〔1〕 王曾瑜《宋辽金代的天地山川鬼神等崇拜》，《云南社会科学》1997年第1期。
〔2〕 贾二强《神界鬼域：唐代民间信仰透视》，西安：陕西人民教育出版社，2000年；《唐宋民间信仰》，福州：福建人民出版社，2002年。评价可参雷闻的书评，载《唐研究》第9卷，北京大学出版社，2003年，第526—527页。
〔3〕 刘黎明《宋代民间巫术研究》，成都：巴蜀书社，2004年。

第一章 绪　论

统的地方神祇;而居住于新近开发的地势较低地区的人们,祈拜新的、出身较为贫贱的神祇。第六章讨论了这一时期最为引人注目的变化:区域性神祇的出现。韩森介绍了五显、梓潼、天后、张王四个主要的区域性神祠的发展过程,指出新庙宇的增加是沿水路推进的,其中商人的作用最为突出。

　　以上的叙述显然并非全景式的,但也大体能反映目前宋代祠神信仰研究基本状况。[1]总的来讲,从历史角度考察祠神信仰与国家、社会的关系,与经济发展的关系,与释道等宗教文化的关系等已越来越受到重视,并取得了一定成果。但亦存在一些问题:

　　1)研究者们多将注意力集中在那些对宋代或后世影响较大且纳入国家祀典的神祠,如城隍、五显(五通)、妈祖、梓潼等,而对那些只在较小范围产生影响的祠神,以及那些未能纳入祀典的祠神缺乏足够重视。当然,获得封号、赐额的祠神只是当时众多民众祠神信仰的最重要的一部分,朝廷、地方官府、地方社会、普通民众都与之发生关联,而且有相对完整的文献记载,对这类祠神的研究是理解宋代祠神信仰的一些关键性问题的重要途径。但宋代民众祠神更多的是介于合法与非法之间或者直接被官方或士人斥为淫祀的祠神,它们对宋代地方社会影响甚大。与那些获得朝廷的封号、赐额的祠神相比,关于它们的记载十分分散,且不完备,但如果能大量收集相关材料并作深入分析,不仅可以帮助我们更全面地了解两宋时期民众祠神信仰的真实状况,亦可对前者的研究起到补充或纠偏作用。再者,所谓重要与否,应当从当时而不是从后来的情况来判断,妈祖、梓潼远不如明清时期的天妃、文昌那样威风,后设的眼光很可能

---

[1] 儒家系统的孔庙、地方先贤祠、宗族祠堂也有一些研究成果,如黄进兴考察了宋代孔庙的从祀制度演变的过程及其中的权力、学术因素。Walton 认为,儒家先贤祠在仪式上与释道有相似之处,对其祭祀加强了学者的区域意识与共同的目标,他还探讨了儒家先贤祠与释道之间的相互竞争关系。王善军则分析了宋代祠堂兴起的过程及其社会功能。但本书不将这些祠庙类建筑纳入民众神祠范围,只是在它们与讨论主题发生关系时才会涉及。参见黄进兴《优入圣域:权力信仰与正当性》,西安:陕西师范大学出版社,1998 年,第 273—301 页;Linda Walton, "Southern Sung Academies as Sacred Places", in Patricia Buckley Ebrey and Peter N. Gregory, eds., *Religion and Society in T'ang and Sung in China*, pp. 335 - 363;王善军《宋代宗族祭祀和祖先崇拜》,《世界宗教研究》1999 年第 3 期。

使一些当时很重要的祠神得不到应有的重视,如张王、仰山,都是宋代显赫一时的跨地区祠神,前者的材料更可称宋代所有祠神信仰之最。然据笔者见闻所及,尚未见对它们的专门性的研究。当然,跳出后设的眼光选择研究对象,扩大研究范围,不仅需要观念上的转变,更需要在占有材料方面下功夫,才能对宋代祠神信仰的实际状况进行综合性的扎扎实实的探讨。

2) 学者们在讨论国家权力与祠神信仰关系时,基本取径是透过封号、赐额制度探讨朝廷与地方官员、地方社会的关系,将国家关于神祠祭祀的文本制度与实际情况混同,对社会各阶层在这一问题上的复杂态度也缺乏细致分析。其实,宋代朝廷对祠神信仰的政策从传统的祀典为主到后来的封赐制度之间有很大变化,朝廷的文本制度与政策的实际运作之间也有很大差异,文本制度反映的是朝廷、地方官府对民众祠神信仰的态度,但这种态度只是官方性话语还是具体的实践尚有必要细加分梳。况且朝廷、地方官府、地方社会对待文本制度的态度亦有不同,而不同群体以及同一群体或个人因身份、角色的变化,与祠神信仰的关系、对之的态度也会发生变化。在宋代文献中经常可以看到大量与朝廷政令相悖的祠神信仰现象,官方政令及士人、官员的严厉措辞与实际行为之间的这种差异很值得注意。也许,这种十分复杂的差异性、多样性才是宋代民众祠神信仰的真实状况。

3) 对祠神信仰的思想史研究还很不够。也许是受传统的思想史或哲学史研究思路的限制,大家关注的主要是思想世界中那些较为"精致"的层面,具体到宋代思想史,更是理学一家独尊,且理学研究也基本集中在所谓的"内圣之学",关注的大多是"心性义理"之类哲学化的命题。[1]其实,宋人自己对鬼神信仰世界十分重视,朱子门人在编纂《朱子语类》

---

〔1〕 近年来,对这一研究取径的批评不断出现,已有一些从多角度研究宋代思想史的著作出现,如葛兆光在讨论宋代思想史时特意谈到文明推广与同一性建立的过程,田浩(Hoyt Clevelan Tillman) 则将朱熹思想纳入当时的学术网络中去理解,使人们认识到即便是理学也未必如《伊洛渊源录》、《道学传》所说的那样是程朱一系,而最近余英时从政治文化的角度研究朱熹以及宋代理学的演变,更引起宋代思想研究方法的大讨论。参葛兆光《七世纪至十九世纪中国的知识、思想与信仰》(《中国思想史》第 2 卷),上海:复旦大学出版社,2000 年,第 356—386 页;田浩《朱熹的思维世界》,西安:陕西师范大学出版社,2002 年;余英时《朱熹的历史世界——宋代士大夫政治文化的研究》,北京:三联书店,2004 年。

时,《理气》之后便是《鬼神》,不仅有朱熹对于鬼神观念的基本观点,更有他对当下祠神信仰世界出现的一些新现象的看法。正如我在前面提到的,祠神信仰在传统中国几乎是所有群体共享的观念世界,我们不仅要考察普通民众关于祠神信仰的观念,也有必要探讨知识阶层对于祠神信仰的看法,尤其是对祠神信仰世界出现的一些新变化的看法。例如在国家、地方社会祭祀中传统祀典的地位逐渐为民众祠神所取代,对思想世界有何冲击?再如大量祠神走出家门,向其他地区传播,显然与经典中"祭不越望"原则发生冲突,宋代的士人是如何回应这一变化的?这些问题,都有必要从思想史的角度加以分析,方能使宋代信仰世界出现的一些新现象获得一个综合性的解释。目前的研究由于缺乏思想史视角的介入,某些现象、问题的解释受到影响,如韩森注意到的两宋区域性神祠的兴起,只从商品经济角度来解释显然是不够的。

第三节 本书的基本思路和方法

自从20世纪初日本学者内藤湖南提出"唐宋变革论"以来,探讨唐宋社会变迁就一直是国内外宋史学界研究的重点问题。随后,西方学者又对内藤的说法作了许多修正,如 Hartwell 的解释框架,刘子健的南宋"内转说",以及一些学者最近在 The Song-Yuan-Ming Transition in Chinese History 一书中提出的一系列看法,这些都反映了学者构建唐宋社会解释框架或模式的努力,其基础或为实证性研究,或为新的史学方法、观念的运用,都深化了人们对宋代社会政治制度、经济人口变迁、地方精英、思想世界等方面的认识。[1] 国内宋史学界受内部学术环境影响,直至20世纪90年代才开始有意识地走

---

[1] 关于唐宋社会变革的研究情况可参 Richard von Glahn, "Imagining Pre-modern China", in Paul J. Smith and Richard von Glahn, eds., *The Song-Yuan-Ming Transition in Chinese History* (Cambridge, Mass.: Harvard University Press, 2003), pp. 35-56。国内对这一问题较好的概括可参罗祎楠《模式及其变迁——史学史视野中的唐宋变革问题》,《中国文化研究》2003年夏之卷,第18—31页;张广达《内藤湖南的唐宋变革说及其影响》,《唐研究》第11卷,北京大学出版社,2005年,第5—71页。

出传统的研究路数,在政治史、经济史、社会史方面均有创获,[1]在思想史方面,葛兆光师提出了在视域上(perspective)从"唐宋"转向"宋明"的新思路,从研究"创造性思想"转向"妥协性思想",与海外学者在《宋元明变迁》一书提出的某些观念暗合。[2]近年来宋史研究理论方面的探索有一些共同趋向,比如对传统的王朝分期观念的突破,研究宋代的官制就要上溯唐代,下究元明;空间上越来越注重区域社会的个案研究,在使用"中国"之类语汇时多了几分小心;社会史的研究方法越来越受到重视,具体研究对象背后往往是对整个社会的关注等等。这些都拓宽了宋史研究的视野,推动了宋史研究的深入。

毫无疑问,宋代政治史、经济史等领域内的扎实研究成果以及最新的研究取向都使民众祠神信仰的研究变得极有意义。本书的直接研究对象虽然是宋代的民众祠神信仰,但我是将它作为整个宋代社会的有机组成部分之一来考察的,探讨的不仅是整个唐宋社会大变革背景下民众祠神信仰的存在、变化状况,更要研究这种存在、变化与社会其他部分之间的关系。从历史学的角度而言,信仰一旦与滋生它的社会环境剥离,不仅无法解释其产生、演变,它本身意义的理解也将受到影响。目前孤立地研究信仰的情况已不多见,较多的是将信仰置于其产生、存在的社会环境之中去考察,透过信仰世界去认识社会,例如美日学者对封赐制度的研究,《变迁之神》一书中对商业经济与祠神信仰变迁之间的关系的探讨,都是比较成功的例子。当然,这是祠神信仰探讨的重要路径之一,这一方法不仅可以使我们认识到信仰世界的存在、变化情况,而且能对之进行比较合理的解释,从而对信仰所处的社会环境有一定的认识,所以也是本书研究宋代民众祠神信仰时最重要的视角。

---

[1] 制度史研究中出现的一些新动向特别值得注意,如邓小南先生提倡要做"活的制度史",并在其祖宗家法、妇女史的研究中加以运用,包伟民也提出政治史研究要从"自主"状态走向对方法论、论题意义、学术规范有意识的"自觉"。参见邓小南《走向活的制度史》以及包伟民《走向自觉》,两文刊于《浙江学刊》2003 年第 3 期。

[2] 葛兆光《"唐宋"抑或"宋明"——文化史和思想史研究视域变化的意义》,《历史研究》2004 年第 1 期。

第一章 绪　　论

　　同时,对于传统社会的人群而言,祠神信仰并非纯粹的想像世界,而是一个十分真实的世界,古人说"明则有礼乐,幽则有鬼神",[1]现实的政治经济制度对个人观念、行为的影响力很难说就比鬼神世界强,宋代文献中记载的祠神信仰影响个人观念、行为,甚至改变个人命运的事例数不胜数。因此,祠神信仰世界不仅是现实世界的反映或者研究现实世界的一个视角,也是现实世界的重要组成部分,我们应该把它作为整个社会的组成部分之一,探讨其存在、变化情况,将之置于整个社会大背景之中进行解释,同时也要考察祠神信仰对社会其他部分运作、演变的影响,也就是说,我们考察的是祠神信仰与社会其他部分之间的互动关系。

　　那么,考察这一互动关系需要特别关注唐宋社会变革中的哪些方面呢? 唐宋社会变化有多个方面,对此学者已有充分讨论,达成了一些共识,但是仅就与祠神信仰存在、变化的关系而言,以下几点特别重要。

　　一是宋代始终与强有力的北方少数民族政权并存,开国之初尚有取幽燕故地之心,随后基本上是守多攻少,至12世纪初被迫迁都临安,13世纪后期终于被新崛起的蒙古所灭。研究宋代朝廷与北部少数民族政权之间的关系自属专门论题,但无论研究宋代的政治、经济、文化的任何方面,都应该首先考虑到这一现状,因为宋代社会的各个方面都直接或间接受此影响。北方少数民族的巨大压力使宋代朝廷对于所统治区域内部的同一性较以往朝代更为关注,通常所说的宋代加强中央集权、加大对地方的控制力度除了鉴于唐末以来地方割据的历史教训,也与这一现实背景有某种关联。与此同时,随着北方地区的不断丧失,宋代政权加强了对南部地区的开发,包括政治的控制、经济的开发,也包括风俗的改变。

　　二是士人群体力量的壮大。印刷术的发展、教育事业的推进、科举制度的完善等都使宋代文化的相对普及程度远远超迈前代,13世纪参加科举考试的士人数量大约为40万人。[2] 士人是整个宋代影响力最大的群

---

[1] 这句话较早出现在《礼记·乐记》,后来便不断被人提起,成为人们认识鬼神与现实制度关系的重要思想资源,见《十三经注疏》,北京:中华书局,1980年,第1530页。

[2] 贾志扬《宋代科举》,台北:东大图书公司印行,1995年,第56页。

体,当时"满朝朱紫贵,尽是读书人",皇帝"与士大夫共治天下",依靠士人出身的官僚管理国家自不必说,就连这个群体中的未入仕者或退休官员在地方社会事务中也成为支配性的力量。〔1〕宋代士人接续中唐以来复兴儒家传统的观念,理学思想应运而生,并在南宋后期从边缘走向中心,在理宗以后逐渐得到官方认可,其影响力逐渐波及社会生活的各个方面。〔2〕

三是市场与城市的发展。宋代农业、手工业都在隋唐五代的基础上有了很大发展,经济重心南移,并出现了商品经济全面发展的情况,有的学者称之为"商业革命"。虽然这一提法尚有待商榷,但宋代商业经济确实较汉唐发达,卷入商品经济活动的群体更加广泛,经商者几乎包括社会各个阶层,并且逐渐形成了草市—市镇—区域经济中心这三级构成的地方性市场。〔3〕

四是伴随整个社会从贵族社会向平民社会的转变,宋代宗教世俗化与平民化的趋势更为明显。〔4〕唐代中期出现的新禅宗在宋代大行其道,新禅宗教义、修行方法简易便捷,加上度牒的商品化,使得宋代僧侣十分冗杂,世俗化特征极为明显。与此同时,道教也有一个从上层社会走向民间的过程。葛兆光先生指出,在唐宋文化嬗递之中,道教出现了三种不同的发展趋向,其一便是"与佛教中的因果轮回思想融汇,与儒学中的伦理纲常结合,突出了道教中的鬼神迷信与宗教伦理成分,以'善有善报,恶

---

〔1〕 参张邦炜《宋代文化的相对普及》,载《国际宋代文化研讨会论文集》,成都:四川大学出版社,1991年。

〔2〕 参刘子健《宋末所谓道统的成立》,《两宋史研究汇编》,台北:联经出版事业公司,1987年;葛兆光《七世纪至十九世纪中国的知识、思想与信仰》(《中国思想史》第2卷),第353—355、378—381页;关长龙《两宋道学命运的历史考察》第四章《庆元党争之后的理学主潮化》,上海:学林出版社,2001年。

〔3〕 市场与城市是所有宋代的经济史专著论述的重要问题,近年的代表性研究成果如漆侠的《宋代经济史》下册第26章《宋代商业、城镇经济和交通运输的发展》,上海人民出版社,1988年;葛金芳的《中国经济通史》第五卷第十二章《两宋商品经济的繁荣和都市化进程的加速》,长沙:湖南人民出版社,2002年;龙登高的《宋代东南市场研究》,昆明:云南大学出版社,1994年。姜锡东的《宋代商人和商业资本》(北京:中华书局,2002年)则是研究商人的专著,对宋代商人的身份、活动及其与政府的关系进行了深入探讨。

〔4〕 刘浦江《宋代宗教的世俗化与平民化》,《中国史研究》2003年第2期。

第一章　绪　　论

有恶报'为特点,向民间渗透"。[1]

当然,这四条不仅对于理解宋代祠神信仰十分重要,就整个宋代社会而言亦十分关键。不过,如果我们将社会看成一个整体,而祠神信仰又是其中的有机组成部分,亦是颇为特殊的一个部分,那么,考察这四个方面对宋代祠神信仰的存在、演变的特殊意义就很有必要了。

先来看异族的压力。毋庸置疑,赵宋是受外族压迫最大、最长的中原王朝,它对整个宋代社会的影响亦是全局性的。其中之一便是宋代朝廷对正统、礼制、华夷问题看得特别重。例如北宋前期孙复的《春秋尊王发微》、《儒辱》,石介的《中国论》、《怪说》都反映了朝廷和部分士人重建文明中心的意图,史学中正统论争论的兴盛,则在于重构历史,为这个处在"尊王攘夷"关键时刻的王朝,提供文化、民族的认同基础。[2] 当然,这一点在朝廷对鬼神信仰世界的控制方面也有体现。一方面是尽力恢复传统的祀典,另一方面延续唐代封赐神灵的办法,形成了一整套祠神封赐的制度,对不符合朝廷利益的祠神信仰则斥之为淫祀,加以压制,以显示朝廷对地方性祠神信仰的全面控制。不过,宋代的封赐制度有别于唐代,不仅在于其完善程度,更在于封赐原则、对象的变化,唐代的封赐都是传统祀典内的祠神,而宋代的封赐除了延续这一做法外,更多的将祀典以外的祠神也纳入封赐范围,封赐的原则主要是"祈祷灵应",传统祀典中对祠神出身、伦理道德等方面的规定则相对弱化。封号、赐额政策的制度化从某种意义反映了祠神信仰合法性的严厉化,朝廷、官方成为民众祠神信仰合法性的最终裁定者。但封赐原则中道德与灵应的选择则反映了官方标准的双重矛盾,后来更为大量民众祠神信仰获得官方承认大开方便之门。

---

〔1〕 葛兆光《道教与中国文化》,上海人民出版社,1987年,第251页。
〔2〕 参考葛兆光《七世纪至十九世纪中国的知识、思想与信仰》(《中国思想史》第2卷),第269—271页。更为深入的分析见他最近的一篇论文,《宋代"中国"意识的凸显——关于近世民族主义的一个远源》,《文史哲》2004年第1期;对宋代正统论的研究已有不少成果,比较有代表性的有陈学霖《大宋"国号"与"德运"论辩述义》、《欧阳修〈正统论〉新释》,均收入《宋史论集》,台北:东大图书股份有限公司,1993年;陈芳明《宋代正统论的形成背景及其内容》,台北《食货月刊》第1卷第8号,第16—28页,1971年。资料收集及简要的叙述则可参考饶宗颐《中国史学上之正统论》(上海远东出版社,1996年)相关部分。

此外，这一转变与整个社会的转型存在相互作用关系，它反映了朝廷在努力恢复传统祀典、重整信仰世界秩序的同时，不得不面对地方性民众祠神信仰在地方社会的支持下蓬勃兴起的现状。国家的祠神政策不仅是宗教政策，更反映了国家与地方社会的关系，通过神权控制的方式将加强对地方社会的控制与对地方社会力量、传统的承认合为一体，这样，赐额封号政策也就成为国家向地方社会渗透、对之进行控制的重要途径。宋代对淫祀的批评、打击则与朝廷加强内部同一性的建构同步，同时也反映了宋代在北方少数民族政权压力之下，对南方各地开发过程中加强政治控制、经济开发以及中原华夏文明向纵深推进的现实。

祠神得到封赐对信仰的影响很大，符合官方利益的某些观念被强调或渗透到祠神信仰之中，由于祠神的封号制度与现实政治的官品制度类似，通过封赐使得原本地方性的祠神成为朝廷在神灵世界设官分职的一个成员，这一做法加快了已经出现的祠神人格化的趋势。宋代不仅大量山川、自然神由那些与现实有密切关联的人死后充任，甚至一些人物神也是如此，这使得人鬼关系更为复杂，也更为亲近。[1]与现实社会相类似，既然普通民众也可能通过各种途径获得官职，所以人死后成为神灵获得封号也是理所当然的。对鬼神设官分职的做法在某种程度上冲淡了大量祠神原有的地方性色彩，宋代许多祠神能够在神庙所在地以外很远产生神迹，甚至纷纷为一些神灵在外地建立行祠，应该与朝廷对祠神的封赐制度有某种关联。

士人群体与祠神信仰的关系错综复杂。关于宋代士人，人们通常会提到宋代的士人群体的职业取向日益多元化，他们已不再讳言经商，甚至

---

[1]　自然神的人格化在很早就出现了，魏晋隋唐时期尤其如此，贾二强在对唐代神灵的研究中就发现华山神与现实中的人一样有诸多需求，包括一些不良习气，见贾氏《唐代的华山神》，《中国史研究》2000年第2期。不过，此时人格化了的自然神与现实人物发生关联的情况并不多，而宋代许多自然神都由历史或现实人物充任，且有任期，与现实官僚制度类似，土地、城隍、山川等自然神都可能由人鬼充当，甚至佛教中的神也由人鬼充当，如所谓的更生佛，而且不仅上层社会有身份地位者可以担任神职，普通人也可以。有时甚至一些比较固定的人物神也可能由当时死去的人担任，如广德祠山张王信仰相传其信仰对象为张渤，但宋代居然有孙梦观死后做祠山神的故事。神灵的人格化并进而神职化使人神之间关系更为复杂，也使得祠神信仰与普通民众的关系与前此各代有很大差异。

第一章 绪　论

巫医卜筮、释道也在他们的从业范围之内。不过,不可否认的是,仍有相当一部分通过科举入仕成为官员中的主体,依托朝廷对国家政策、地方事务作出重要决定,[1] 而未入仕的士人与部分退休官员则形成地方社会中最有影响力的群体,成为普通民众与官方之间联络的桥梁。[2] 士人在整个国家是控制性力量,他们的态度、行为有很强的示范性。过去人们将"不语怪力乱神"视为儒家人文主义的重要证明,现在看来,受儒家经典教育的传统士大夫对于鬼神不仅是语,而且在整个社会的祠神信仰中起着举足轻重的作用。

宋代志怪小说《夷坚志》所载鬼神故事以士人为多,现存宋人文集中几乎都有数量不等的祈祷鬼神的祝文,这还是经过四库馆臣删改之后保存下来的,未收入文集的恐怕更多。士人群体虽然会有身份角色的差异,但士人对祠神信仰与普通民众差别不大,他们也有普通民众所遭遇的各种生活问题,也需要借助祠神的力量给自己信心,危急时也须求助于鬼神的佑护。[3] 科

---

[1] 研究者多注意到宋代士人职业取向多元化,庞大的士人群体与相对不足的官阙迫使宋代士人在实践上接受其他职业,在观念上进行调整,例如袁采在《袁氏世范》中便说,"士大夫之子弟,苟无世禄可守,无常产可依,而欲为仰事俯育之资,莫如为儒。其才质之美能习进士业者,上可以取科第,致富贵;次可以开门教授以受束脩之奉。其不能习进士业者,上可以事笔札,代笺简之役;次可以习点读,为童蒙之师。如不能为儒,则医卜星相、家圃商贾,凡可以养生而不至于辱先者,皆可为也。"(卷中)这段话往往用来佐证宋代士人职业的多元化现象,但袁采在指出士大夫子弟不能为儒不妨做医卜星相、家圃商贾等职事的同时,更强调为儒入仕乃最佳选择。传统社会是一个以政治为中心的时代,政治权力支配着整个社会资源的分配、利益的流动,入仕是大部分士人的最优选择,其他选择只是入仕不成功退而求其次而已。士人在整个社会中的地位不仅在于其掌握知识,更在于其与权力的关系较其他社会群体更近。

[2] 这个群体即西方学者所说的地方精英(local elite),他们在地方社会凭借学识、能力,受到尊重,或者拥有特权,成为权势之家。他们或以个人身份或依托群体的力量,从事慈善救济事业,推动公益活动,或排纷解难,成为乡里长者;也有的武断乡曲,成为地方豪横。不论豪横还是长者,他们都领导或参与地方事务,是基层的意见领袖,成为地方官府与普通民众之间的中间阶层。参梁庚尧《豪横与长者:南宋官户与士人居乡的两种形象》,《新史学》第4卷第4期,第45—93页;Robert P. Hymes 则根据财产、地位、声望将七类人定义为地方精英,见其对宋代抚州地方社会的专门研究:Statesmen and Gentlemen: the Elite of Fu-Chou Chiang-Hsi in Northern and Southern Sung (Cambridge, Eng.: Cambridge University Press, 1986), pp. 6 - 11。

[3] 例如曾经被称为唯物主义思想家的李觏举家患疫病时不得不求助于普通民众祈求的五通神,陆九渊的弟子袁燮患病也曾向张王求助,前者事后给五通庙写了一则庙记,后者之子袁甫在池州任官时借机重修张王庙,以示报答之意。参李觏《李觏集》卷23《邵氏神祠记》,北京:中华书局,1981年,第267—268页;袁甫《蒙斋集》卷13《池州重建祠山庙记》,《四库全书》第1175册,第483页。

举考试与仕途的激烈竞争则是他们与普通民众不同之处,宋代士人为此祈求祠神的例子不胜枚举,民间术士、释道人士也创造各种预测方法来争取这个在社会有影响力的群体。[1]作为地方上层社会的主要群体之一的士人要主持庙宇的修建,为家乡的祠神争取朝廷的封号赐额,而一旦当官入仕,治民事神是其职责所在。[2]

当然,士人虽然是民众祠神信仰的主要信众群体之一,但他们在身份角色不同时对具体的祠神信仰态度不同,地方官既可以从现实政治运作角度顺应地方社会的要求支持地方性祠神信仰,也可能按照朝廷政令或自身的文化理念打击、改造地方祠神信仰,宋代地方官对于打击淫祀的态度很能说明这一问题,但总体而言前一种情况居多。[3]如果真的可以将传统区分为"大传统"、"小传统"的话,那么推动两个传统之间交流互动的最重要力量便是士人群体,其前提是他们同时兼为两个传统的支持者。西方学者过分强调祠神信仰的工具性作用,本书认为他们更多的是出于真实的信仰,而这一群体力量的不断增强使得其信奉的祠神信仰也得到朝廷的承认,进而朝廷关于信仰的政策也随之发生变化。当然,他们对祠神信仰的影响是多方面的,我在本书各章都将涉及。

市场、城市和交通与祠神信仰的存在状况、发展变化也紧密相关,较早探讨这一问题的是美国学者韩森,其著作《变迁之神》的主要论旨之一便是讨论商人群体对祠神信仰的推动。她指出,宋代祠神越来越深地卷

---

[1]　贾志扬《宋代科举》,第262—269页。
[2]　在传统中国社会,地方官员同时具有治民事神两种职能,这不仅是地方官员自身的观念,也是民众对官员们的期待,例如地方官郭某修缮城隍庙之后要特意请周行己撰写祝文,称此举乃"吏之职",袁甫在一则祝文中则声称"国之所恃者民,民之所恃者神,事神治民,吏之职也"。分见周行己《浮沚集》卷6《代郡守修城隍庙文》,《四库全书》,第1123册,第659页;袁甫《蒙斋集》卷17《江东谒诸庙祝文》,《四库全书》,第1175册,第530页。
[3]　这里有必要对地方官员、士人的公共话语与真实意图的区别略加说明,亲民官的身份使他们不可能在公开场合宣扬纯功利性的邀福避祸之类观念,他们只能强调支持地方信仰是出于民众意愿,是顺民心、从民愿,或者是从教化角度考虑。但如果考察当时的一些庙记、祝文,地方官员大多出于个人或地方社会的实际事务祈祷祠神佑护,比较典型的是陆九渊心学的再传弟子袁甫,他在任官期间修建了许多地方神祠,并且说"牧民无他伎巧,从其愿而已"。这也是地方官员处理地方社会民众事务的一条重要原则,即一方面贯彻朝廷意旨,实现中央对地方基层社会的控制,另一方面根据地方社会的具体情况,从民愿、顺民心以决定实际政策,这也是大多数地方官员支持或默认地方祠神信仰的重要原因之一。参《蒙斋集》卷12《衢州重修灵顺庙记》,《四库全书》,第1175册,第478页。

第一章 绪 论

入到商业经济之中,一些神祇开始具有预测商业活动如价格等的功能,而商人还携带本地的神灵到他们经商的地区,由此出现一些区域性祠神。韩森所揭示的现象无疑十分值得注意,祠神越来越深地卷入到商业经济之中,不仅出现预测商品价格之类新神迹,旧神迹中也开始注入商业经济的因素,[1]甚至出现了一些专门佑护商业行为、货币经济的祠神。对此,学者较注意的是后来成为财神的五通,但五通在宋代尚是一位兼具多项职能的祠神,预测、祈祷商业利益只是其职能之一(详第五章第二节),宋代许多祠神都是如此,这与当时商业经济的发达和普通民众求财乞富的心理有关。更能反映宋代祠神信仰与商业经济紧密关系的是当时出现的某些专职保护商业行为、货币经济的祠神,如温州与福州接境通道上有一座钱王庙,不载祀典,也不知源起,"土俗往来,咸加敬事。细民贫婆不给旦暮者,过之有祷,乃以竹根柸拨地中,必得一二百钱,多或至五百"。[2]这是直接求钱的祠神。而严州辑睦坊北有一座招商神祠,据一些士人的看法,创建的动因是"土俭俗贫,假懋迁之利以粒斯民,故汲汲然",懋迁,即贸易。[3]无论直接求钱赐钱,还是专职的保护商业贸易的神祠,都体现了宋代商业经济、货币在某些地区对普通民众的日常生活渗透之深,这是过去所不能比的。

交通、市场有时对祠神信仰的影响也很直接,例如有的庙记作者就注意到"汉阳之凤栖,公安之二圣,皆据乎汉滨水面。溯流而上,顺流而下,莫不输金施粟。田无圱角,而赡众动以千计,意有阴化嘿助,人办心而神办供者"。[4]而本书讨论的广德张王信仰与袁州仰山神信仰之所以在

---

〔1〕 比如,传统祈祷雨旱主要是从农业角度考虑,而宋代祈雨同时也有商业经济方面因素的考虑,有的祈雨祝文不仅要强调霖雨妨害农桑,还要指出"断道涨江,为商旅之病",见李流谦《澹斋集》卷18《诸庙祈晴》,《四库全书》,第1133册,第756页。而南宋中期平江府大旱,出面倡导祈雨的便是一位"鬻果主人",他还向当地坐贩"众铺"募集了二十多贯钱,原因即在于大旱使"东西舟船不通",影响生意,由此也可以透露出宋代商业经济、商人在整个社会地位的提升,并反映到祠神信仰之中,见洪迈《夷坚志》支庚卷5,"西馆桥塑龙"条,北京:中华书局,1981年,第1172页。
〔2〕 洪迈《夷坚志》三志己卷8,"台岭钱王庙"条,第1362页。
〔3〕 《景定严州续志》卷4,《宋元方志丛刊》,第4380页。
〔4〕 《古罗志》,《永乐大典方志辑佚》,北京:中华书局,2004年,第2345页。

南宋盛极一时,原因之一便是南北宋之间国家政治中心的转移所引起的交通网络的变化。当然,也有祠神信仰因交通路线改变而衰败,如太平州北里牛渚矶的水府祠,原来"石岸险隘,江流湍激,颇为舟楫之害",自五代至北宋初加封不断,"舟人将过之,必先陆走具牲币以祷焉",自从庆历初开新河于矶后,交通路线改变,船只得以"安济",祭祀之礼逐渐懈怠,祠宇日益败坏。[1] 祠神信仰对于商业经济是依托关系,它本身也带来一定的商业机会,或为日常信仰活动提供相关物品,或因周期性的大规模宗教集会形成商业活动。永康地区有一座乌伤侯赵君祠,太平乡依托祠庙制造纸钱,"衣食于庙者数十家,多由此富者",[2] 而广德张王、徽州五通神每年定期集会参加的信众数以万计,商贾云集,地方官府往往派专人负责管理和商税的征收。[3] 这种由于民众祠神信仰商业形成的交易网络与其他因素形成的地区之间的交易活动有重叠,但也存在相互促进关系。

朝廷、地方官府在制定祠神管理政策时,经济利益是主要考虑的因素之一。朝廷方面最典型的例子是熙宁九年司农寺的卖庙事件,此举虽然被制止,但说明祠神信仰所带来的经济利益已为部分官员所注意。[4] 地方官府方面,四川永康军二郎神庙,"爵封至八字王,置监庙官视五岳,蜀人事之甚谨。每时节献享,及因事有祈者,无论贫富,必宰羊,一岁至烹四万口。一羊过城,则纳税钱五百,率岁终可得二三万缗,为公家无穷利"。[5] 本书无意对祠神信仰与商业经济之间的关系进行专题讨论,但许多章节都将涉及这一问题,尤其在第五章,我们将通过对祠神信仰传播

---

[1] 杨杰《无为集》卷4《牛渚矶修水府祠(并序)》,《四库全书》,第1099册,第699页。
[2] 徐无党《汉乌伤侯赵君庙碑》,见吴师道辑《敬乡录》卷2,《四库全书》,第451册,第265页。
[3] 参黄震《黄氏日钞》卷74《申诸司乞禁社会状》,《四库全书》,第708册,第746页;吴师道《礼部集》卷12《婺源州灵顺庙新建昭敬楼记》,《四库全书》,第1212册,第152页。
[4] 徐松辑《宋会要辑稿》(以下简作《宋会要》)礼20之15,北京:中华书局,1957年,第772页;张方平《乐全集》卷26《论庙事札子》,《四库全书》,第1104册,第271页。
[5] 洪迈《夷坚志》支丁卷6,"永康太守"条,第1017—1018页;曾敏行《独醒杂志》卷5,"崇德庙"条,《宋元笔记小说大观》,上海古籍出版社,2000年,第3247页。

第一章 绪 论

的探讨重新检讨韩森关于商业经济、商人与区域性祠神的有关论点,并进一步指出祠神信仰对商业经济存在实质性推动,而不仅是单纯的反映。

在释道二教与民众信仰的关系方面,过去的研究比较强调前者的优势地位,如释道人士改造、收编民众祠神,在仪式观念等方面对民众祠神信仰进行渗透。[1] 不过,随着宋代释道二教的世俗化、平民化,释道神谱中的神祇也日益俗神化,民众祠神信仰中的一些观念实现了反向渗透。[2] 同时,学者们在讨论祠神信仰与释道关系时比较注意仪式、神谱等方面的交流,这当然是十分重要的,但宋代祠神信仰与释道之间存在某种共生互利的关系,释道人士积极参与到地方祠神信仰的各种实际性事务中,包括修建庙宇、主持仪式、管理香火、解释神意、申请朝廷封赐、请士人撰写庙记、立碑等等,有时甚至发挥着至关重要的作用。

现存宋元方志中,有大量民众祠神附于寺观或由释道人士主持香火的例子,如《淳熙三山志》卷八之灵泽庙为当地五龙庙,"庙旁有田及莲塘二十余亩,州许蠲租,以僧掌之";大观三年的龙迹山广施庙,知县吴与"命僧营葺,垦山为殿,即亭之背列斋室,设庖厨";又如北庙,"皇朝政和二年知怀安县吴与始召祠旁寺僧谕之,乃筑高寝其后,设重扉于前";五通庙,"康定元年陈绍济僧怀轸与其徒复创屋七间";忠懿庙,"政和元年罗殿撰畸命雪峰太平主僧重修"。[3] 这一现象固然可以从福州地区佛教力量之强大来解释,但是否也说明佛教积极参与本地民间信仰的相关事务很可能与实际利益相关,而不仅是从信仰角度考虑。参与民众祠神信仰,不仅可以获得实际的经济利益,同时利用民间信仰扩大其影响,包括观念上的渗透,从而主导地方民众信仰世界。至于释道人士单独建立民众祠神的庙宇、请士人撰写庙记、立碑、参与申请朝廷的封赐等事例在宋

---

[1] 参考 Stephen F. Teiser, "Chinese Religions: Popular Religion", *Journal of Asian Studies*, vol.54 (1995): 384–385; [法] 索安士《西方道教研究编年史》, 吕鹏志、陈平等译, 北京: 中华书局, 2002年, 第88—92页。

[2] 关于佛教神祇的俗神化可参二强《唐宋民间信仰》, 第372—288页, 当然, 贾氏将这种趋势视为佛教神祇的淫祀化, 恐怕同他对淫祀观念未作细致考察有关, 具参第六章第二节。

[3] 分见《淳熙三山志》卷8,《宋元方志丛刊》, 第7862、7864、7865页。

代文集、方志、石刻文献所保存的庙记中例子甚多,不胜枚举。[1]民众祠神信仰与释道之间的关系正是在这些十分具体的活动中形成的,我们可以从释道经典中搜寻出一些材料来证明组织性宗教对于民间信仰的改造,对于淫祀的打击。[2]但如果将眼光放宽,我们会发现二者之间的距离远没有人们想像的那么远,释道经典中保存下来的教内人士对自身优势的强调恐怕话语层面多一些,它们与民众信仰的共生互利层面才是实质性。毕竟,民众祠神信仰的信众群体十分庞大,释道人士欲谋求自身发展有必要借助或利用祠神信仰的力量,文献中有不少释道人士利用与民众神祠的关系获利的证据。例如,通常人们认为释道二教管理民众祠神必须经过祭品上化荤为素的程序,但昆山县西北三里马鞍山的惠应庙,原为山神庙,根据耆老相传,神在梁天监中役鬼工为慧响筑慧聚寺,淳熙九年王炳撰《惠应庙记》,不言庙祭为素,只云"牲币之祭,纷纷而不绝,及物之惠,斯亦至矣"。可知寺、庙一体,两不相妨,而是相得益彰。而此前修建庙宇,也是由邑人与寺僧共同发起主持,"有邑人陈仁绍者,好善不回,积财能散,眂祠宇之栋桡,思缔构而鼎新。今寺主僧志坚同募居民以成胜事。僧愿文莹者,亦赞其能,牋疏一发,如石投水,施利四来,如川赴海,凡所得者仅逾千缗。于是鸠工庀材,揆日葳事,岁时未易,斤斧告停"。而请王炳撰写庙记的还是"寺僧与乡人贤者"。[3]镇江下元水府祠属金山寺,"寺常以二僧守之,无他祝史,然榜云:'赛祭猪头,例归本庙。'"[4]

---

[1] 有的学者已注意到某些祠神信仰原来由地方士人主持,后来改由僧人负责,如徐偃王庙,其实这只是宋代民众祠神信仰中众多类似事例中的一则而已,甚至一座神祠也有可能随具体情况不同相继与寺观发生关联,如祚德庙,先是徙于玄真观,后徙于青莲寺,"封告寺僧主之"。须江隆《徐偃王庙考——宋代の祠庙に関する一考察》,《集刊东洋学》第69辑,1993年,第42—62页;《陆九渊集》卷20《记祚德庙始末》,北京:中华书局,1980年,第255页。

[2] 例如释智圆的《撤土偶文》、释遵式的《野庙志》,都大力指斥民众信奉的祠神为淫祀,主张要撤而去之,其他文献中也不乏类似的事例,将这些材料汇集一处,足可以撰成一篇宋代释道二教打击、改造民间信仰的文章,但只要将它们同相反的事例相比,便可得知更普遍的情形是释道二教与民众神祠信仰共生互利,并非是打击与改造。参《闲居编》卷17《撤土偶文》,《续藏经》第二编第六套第一册;《金圆集》卷下《野庙志》,《续藏经》第二编第六套第二册。

[3] 《淳祐玉峰志》卷下《寺观·慧聚寺》,《祠庙·惠应庙》,见《宋元方志丛刊》,第1083—1085、1088—1089页。

[4] 《渭南文集》卷43《入蜀记》,《陆游集》,北京:中华书局,1976年,第2412页。

第一章 绪　论

一些材料甚至明确指出佛寺对民众祠神在经济上的依赖性，东林施水院因"寺有神姓施,封护国公,为之打供,僧徒得以济"。[1] 随州大洪山的崇宁保寿禅院,因为奉玉泉祠,"受四远供献,寺帑之富,过于一州"。[2] 鄱阳安国寺在城内,而田庄离城百里,寺僧惟直重修田庄附近一座几乎荒废的彭大郎祠,遂成为地方崇奉的神祠,此举的内在驱动力是什么呢? 文献有阙,我们已不得而知,但修祠之后的结果却透露出一些消息:很可能是利益的驱动。据说,神祠的修建带来了实在的好处,"至今常住,实赖神力",而寺中僧人利用地方民众对彭大郎的信仰,图画神像,"每出化供,必奉之以行……无不乐施"。[3] 在我看来,民众祠神信仰与释道的互动,正是通过这些实实在在的方面达成的,并由此形成了具有很强混融性的民间信仰的真实状况。

在研究民众祠神信仰时,必须借鉴其他社会科学的某些理论、观念或方法,需要将社会史、宗教史、政治史、地方史、思想史综合起来,但并不是把问题综合化的一个大口袋,而是要在适当的时候采取适当的角度、多侧面地对民众祠神信仰中的一些现象加以解释。一些学者指出运用外来理论方法研究复杂的中国宗教、信仰时要多加几分小心,[4] 在研究宋代民众祠神信仰时也是如此。虽然本书将借鉴文化人类学、民俗学、宗教学包括传播学的某些理论或方法,但本书更多的是一个历史学的研究,主要通过一些具体个案探讨宋代民众祠神信仰存在、演变的真实状况。

由于本人学养所限,本书将把更多的精力放在考实上,比如讨论宋代的祈雨,首先要搞清楚的是祈雨方法,各阶层、群体祈雨活动的真实情况,然后才能结合相关研究分析其中的同异、流变,提出自己的解释。再如祠神信仰传播问题的研究,必须先爬梳相关史料,勾勒出宋代祠神信仰传播的具体情况,再在此基础上分析传播动力以及时人的应对。当然,考实性

---

[1] 鲁应龙《闲窗括异志》,《宋朝野史》宋朝卷3,济南：泰山出版社,2000年,第2899页。
[2] 洪迈《夷坚志》三志辛卷4,"李昌言贪"条,第1412页。
[3] 洪迈《夷坚志》,支癸卷6"彭居士"条,第1267页。
[4] 参郑立勇、林松光《试论中国民众的主体宗教意识特性》,《世界宗教研究》1996年第3期。

的工作虽然重要,但材料本身并不会言说,选择什么问题进行考察则取决于研究者的问题意识以及支持该问题意识的理论方法、解释框架。正如在前面所说的,我认为祠神信仰是转型中的唐宋社会的重要组成部分,它不仅能反映社会其他方面的变迁,更有相互的交流与互动,因此本书不仅要探讨一些民众信仰中的一般性问题,更要从整个社会变迁的视角对这一时期民众祠神信仰的存在、变化进行解释。

在实证性研究之后,笔者还希望关注宋代社会一些重要问题,如国家与祠神信仰的关系,国家、地方官员、士人、普通百姓的信仰活动、态度的同一性与差异性,祠神信仰与地方社会秩序的形成、经济发展的关系,政治理想、国家制度、现实生活三者之间的冲突和乖离、折衷和妥协如何出现以及为何出现等等;而这些问题之后还有一个更大的问题存在,即社会变迁与信仰世界之间是如何相互作用的,政治权力、社会群体、空间因素、经济力量等要素是如何因应这一变动的?以上问题将贯穿本书始终,并规定着全书的叙述和解释方向。

第四节 本书章节安排及主要内容

本书由绪论、结论和五个具体个案研究组成。绪论主要是对"宋代民众祠神信仰"这一概念的阐释,评述先行研究,提出全书研究的总体思路和研究方法。

第二章从一个具体祠神信仰的兴衰考察朝代鼎革、社会变化与信仰演变之间的关系。广德地区的张王信仰从五代至宋元之际,在不到四百年的时间里,经历了一个从地方性信仰到受朝廷重视的跨地区祠神,然后又回归为地方性信仰的过程。本章在重建张王信仰兴衰历程的基础上,重点分析了三个问题:一是在张王的形象随着时间的迁移而不断变化,普通信众、士人与释道人士在塑造张王形象的过程中形成良性互动;二是政治变革以及受其影响的交通网络的变化直接影响着张王神迹和传播路径;三是地方社会与官方的合作使张王从张大郎上升为张大帝,朝廷、转

第一章　绪　　论

任各地的官员甚至是推动张王外传的主要力量,但张王地位提升的过程也意味着官方力量介入的不断加深,当二者发生冲突或疏离时,往往是地方社会及其维护的地方性传统起决定性作用。

第三章探讨了祠赛社会的社会功能、组织形式和官方的差异性态度。在文献梳理的基础上,我们发现会首、社首这一对过去混用的概念在宋人的语境中其实是有区别的,社与会所强调的地方认同观念并不相同。祠赛社会兼具正功能、负功能,这直接影响到官方对它的态度。需要强调的是,理学家与一般士大夫之间、官员与地方乡绅之间、朝廷与地方官员之间对祠赛社会的立场各不相同,与朝廷意见比较一致的是那些理学家,他们对祠赛社会中触犯现实权力政治、伦理道德秩序的行为比一般官员更为敏感,态度更为严厉。这也反映了宋代国家与士绅、中央与地方在共同推进文明的过程中存在十分复杂的多样性。

第四章探讨了宋代的各种祈雨方法、实践,指出朝廷的祈雨与现实政治关系甚大,支撑祈雨的某些观念直接推动了现实政治措施、态度的改变乃至制度的建立。地方官的祈雨实践主要受地方信仰传统左右,而代表地方信仰传统的力量——父老、士人等通过与地方政府合作,参与祈雨活动的决策。在祈雨活动的官民合作中,地方传统更为积极主动,也处于更为有利的地位。本章第五节从思想史的视角考察了南宋一些理学家或受传统儒学影响的士人、地方官对祈雨中"异端"行为的批评,指出这种做法不仅与传统儒家的祈雨仪式、方法受冷落,佛教、道教及民间信仰在祈雨中日益占据主导地位有关,更源于不同仪式、方法之间观念上的分歧,对祈雨中"异端"行为的批评也反映理学家们试图全面支配整个社会生活的一种努力。

第五章讨论祠神信仰传播,这个问题是承接韩森、祁泰履、万志英等人的论题而来,但不仅讨论范围有所扩大,而且结论也有很大不同。本章对于过去研究的推进之处有三:1)借鉴传播学的某些观念对祠神信仰传播中的一些基本问题作了分析,指出祠神信仰传播包括相互关联的四种基本类型,以及考察祠神信仰传播的四个基本问题,为今后建立祠神信仰传播的模式打下了基础。2）通过对几个大祠神一百六十多座行祠的考察指出，不同祠神的传播方式各异，推动信仰传播的主要力量是转任各地的官员、士人和释道人士（而非商人）。南北宋之交，迁都临安带来的政治、经济、交通网络等方面的变化，直接影响着信仰传播的路径。3）讨论了宋人尤其是南宋士人面对信仰世界这一变化的回应，由于士人、官员是推动祠神信仰传播的主要动力，所以他们对此基本是接受、宽容的态度，围绕神灵越界或"越望之祭"展开的讨论的核心是重新解释传统经典，为现实的民众祠神信仰寻求理论支持。

第六章讨论祠神信仰合法性的问题。宋代官员、士人在判定祠神信仰是否合法时，往往有朝廷制度与儒家经典两套标准，实际起作用的多为前者。但在大部分宋人心中，正祀与淫祀之间存在一个广阔的"中间地带"，严厉的"淫祀"观念主要来自某些理学家。朝廷对民众祠神信仰的政策是打击与封赐同行，二者都有利于加强对地方社会的控制。地方官府与朝廷在"淫祀"问题上既相互联系，又在打击重心、力度、目的等方面同中有异。此外，这一时期对"淫祀"的打击与唐宋以来朝廷对南方尤其是西南、岭南等地区政治空间的拓展、经济的开发，以及文明的推进同步，"淫祀"的屡禁不止也反映了后一进程的曲折性和长期性。

结语部分对全书观点加以总结，并重新检讨目前研究方法中存在的一些问题，指出历史研究中不仅要关注变化，也不可忽视历史中不变的一面，必须将信仰世界的变与不变与唐宋社会其他方面的变与不变紧密结合起来加以考察。

1926年，梁启超在清华学校讲授"中国历史研究法"，认为祠神信仰乃是中国宗教史中"可写得有精彩"的一部分，他说：

> 做中国宗教史，依我看来应该这样做：某地方供祀某种神最多，可以研究各地方的心理；某时代供祀某种神最多，可以研究各时代的心理，这部分的叙述才是宗教史最主要的。至于外来宗教的输入及其流传，只可作为附属品。此种宗教史做好以后，把国民心理的真相

第一章　绪　　论

可以多看出一点,比较很泛肤的叙述各教源流,一定好得多哩。[1]

　　梁氏对研究"外来宗教的输入及其流传"的定位姑且不论,但对祠神信仰的重视很有道理。这些遍布城乡的祠神曾是宋代社会的重要景观,其信仰活动渗透到社会各个阶层,将观念世界与现实世界、上层精英与一般民众、国家制度与社会风俗、官方与民间联结起来,是考察宋代社会很好的视角。出于这层考虑,本书的主要目标并非揭示宋代"国民心理的真相",而是考察祠神信仰存在、演变的真实状况,进而探讨它与社会其他部分,如政治权力、社会群体、经济力量、交通网络等要素之间的互动关系。最后要说明的是,本书各章将尽量避免"泛肤的叙述",至于梁启超所说的"写得有精彩",只能是笔者努力的方向。

---

　　[1]　梁启超《中国历史研究法补编·文化专史及其做法》,见《中国历史研究法》,上海古籍出版社,2000年,第287—288页。

第二章　张王个案研究

在史学研究中，虽然大家都承认要到历史语境中提出问题，并依靠材料解决问题。不过，研究中的问题意识乃至具体的问题常是来自现实，比如资本主义萌芽、农民战争问题的研究就源于现实的关怀，而唐宋史研究的唐宋变革论也与当时东亚近世的论证相关。[1] 宋代的民众祠神信仰研究也不例外，一方面问题意识都来自相关领域，例如通过对唐宋政治、经济、思想等方面变化的研究，进而推衍到信仰领域，或者是基于对宋代社会史、基层社会的关注，随后将研究范围拓展到祠神信仰；另一方面研究对象都集中在后来影响比较大的那些祠神，比如天妃，近世以来香火遍布东南沿海，梓潼后来成了文昌帝君，显赫一时，而五通则沾了明清徽州商人的光，城隍在明清时期遍布全国，东岳依托着国家祀典与道教的关系，它们都成为宋代祠神信仰研究中最受关注的神祇，有专论甚至专著问世。[2] 当然，这些祠神有的在宋代也曾是颇有影响力的神祇，但当时与它们相比毫不逊色的广德张王、袁州仰山等祠神

---

〔1〕 参钱婉约《内藤湖南研究》第四章《"宋代近世说"——内藤湖南的中国历史观》，北京：中华书局，2004年，第96—122页。

〔2〕 关于这些祠神信仰的研究状况见第一章《绪论》之第二节，另可参王锦萍《20世纪60年代以来宋代民间信仰研究述评》（未刊）一文的相关评述。

第二章 张王个案研究

却很少有学者研究。[1]

这是一个很有趣的现象,反映了民间信仰乃至整个历史研究的某种取向,即发现问题是从后往前追溯,研究成果的表述则依时间的先后顺序。这种研究取向最大的问题是掩盖了研究者先在的预设,同时也使得某些历史上一度十分重要的现象、人物、事件遭到忽视。从这个角度来说,现代学者关于张王信仰研究的不足也是历史上的张王信仰最后走向式微的另一种反映。后设的旨趣决定着研究对象、问题意识的选择,也影响着研究结论的可靠性。

其实,起源于广德军(治今安徽广德县)的张王信仰在宋、明两代都曾盛极一时。宋代张王被加封为最高的八字王(或八字真君),信众称之为张大帝,形成了一个以张王为中心的神祇群体,先后受封赐30余次,受封神灵达43位。与此同时,在广德以外建立的行祠至少有70余座,广德张王祖庙以及临安霍山张王行祠成为南宋朝廷祈祷雨旱的重要场所,其待遇是所有宋代民众祠神中所未有的。而到了明代,南京城由太常寺官员祭祀的最重要的十座神祠中便有张王庙。不过,也许由于张王信仰在明以后又逐渐回归到地方性信仰,而近代以来各种政治、文化运动更使得张王信仰影响日趋式微,研究者很少注意到历史上曾经有过这么一位显赫的神灵。[2]

从材料的保存而言,张王信仰在宋代民众祠神信仰中也十分突出。与其他祠神不同的是,不仅一般性的文献如文集、方志、笔记等保存了相当数量关于张王信仰的材料,它还有一部当时人记载其源流、演变的专门著作。这部由宋人周秉秀编著的《祠山事要指掌集》(以下简称《指掌

---

[1] 一些日本学者讨论过张王信仰的埋藏会,如日野开三郎从借贷资本角度研究张王信仰中的"长生牛",其研究主旨在经济,而非信仰;中村治兵卫则以张王为中心分析了南宋民间信仰中的"社会"的一般情况,他指出,杀牛祭在南宋十分普遍,就广德而言则延续到清代乾隆年间,对农业生产危害很大。韩森分析了张王信仰兴起并走向兴盛的过程,及其与当时江南经济的关系。不过,仰山神则未见有论著提及。参日野开三郎《宋代の長生牛》,《东洋学报》第32期,1950年,第320—338页;中村治兵卫《中国シヤーマニズムの研究》第七章《宋代広徳軍祠山廟の牛祭について——宋代社会の一事件例ょして》,东京:刀水书房,1992年,第157—186页;韩森《变迁之神》,第147—159页。
[2] 2003年秋,我曾对清华大学几位广德县的学生进行调查,居然无一知道他们的家乡曾经有过这么一位显赫的神祇,这从另一个侧面反映了近代以来张王信仰已越来越走向衰落。然而,我在2007年夏亲赴皖、苏、浙三地调查张王信仰的情况之后,发现农村的张王信仰尚有不少遗存,青年学子对他的遗忘或许有其他原因。

集》，其版本源流可参考本书附录一），收录了许多碑刻、官方文告、仪式活动的情况、神灵事迹等等，反映了张王信仰的方方面面，此书经元、明两代续辑、增改，现存的明宣德八年本《指掌集》共十卷，主体基本保存了宋本原貌，这也是本文讨论张王信仰的主要材料。

当然，本章选择张王进行个案研究，是因为五代至宋元之际，在不到四百年的时间里，张王信仰经历了一个从地方性信仰到受朝廷高度重视的跨地区祠神，然后又回归为地方性信仰的过程，这无疑是考察朝代更革、社会变动与祠神信仰演变关系的极好案例。所以本章目的不在重现宋代张王信仰的盛况，而是想通过张王信仰的演变考察祠神信仰与整个社会变迁之间的关系。

按照这一研究思路，本章的讨论主要从以下四方面展开：一是结合社会变迁考察张王的神迹之演变，同时也为其他问题的分析提供基础；二是考察张王形象的塑造，分析士大夫、释道人士与普通民众在祠神信仰上的互动；三是透过张王信仰的传播，分析社会变迁与祠神信仰传播路径、分布格局以及传播群体之间的关系；四是将张王信仰置于自唐末至元初的社会变动之中，通过考察张王从张大郎到张大帝，最后又回到无朝廷正式封号的地方性祠神的整个过程，探讨地方社会与官方力量在张王信仰中各自所扮演的角色以及二者之间的关系。

第一节　张王神迹之演变

张王信仰起源于江南东路的广德军，[1]其祖庙在广德军治西五里的

---

[1]　广德军在宋以前基本上是一个不太起眼的小地方，最初是在东汉置广德县，而后废置归属不常，至唐武德二年(619)改绥安为广德，属宣州，县名开始固定下来。南唐时，一度因其所处军事地理位置的重要性，设广德制置，直属首都所在地的升州。开宝八年(975)，宋平南唐，广德重归中央政权，并于太平兴国四年(979)建为军，军治在广德县，北宋中期，"户主四万一百四十六客二百七十三"，同下州。参王存《元丰九域志》卷6，北京：中华书局，1984年，第248—249页；乐史《太平寰宇记》卷103，北京：中华书局，2000年，第132页；欧阳忞《舆地广纪》卷24，成都：四川大学出版社，2003年，第703—704页；祝穆《方舆胜览》卷18，北京：中华书局，2003年，第328—330页；对于广德政区沿革的概括性叙述可参清丁宝书续纂《广德州志》卷1《建置沿革》，光绪七年(1881)刊本。

第二章　张王个案研究

横山之上。据说,由于山上有张王之祠,唐代便将之改名为祠山,而张王信众有时也径称张王为祠山。[1]从自然环境来看,广德地处皖南山区,北、东、南皆环山,"饶山乏水","山五十有五,岭十有三,冈十有二,墩三洞五",[2]且土地十分贫瘠。南宋后期,真德秀在广德赈灾,一连数次上奏朝廷,要求加大赈济力度,就是因为广德"地素硗瘠,民生孔艰。丰年乐岁,不免贫悴。一遇水旱,坐待流殍",民众中的丙户还不如其他地区的丁户。[3]张王信仰的产生应该与当地的自然条件有很大关系,北宋末广德通判常安民在《灵济王行状》中写道:

> 广德地皆高亢,田多附山,无陂泽渚泄之利。十日弗雨,立致焦槁,或连雨过甚,则山流四集,有淹浸之患。每遇水旱,农民拱手待殍,惟王是祈,依以为命。前后守臣,洁诚祷请,其应如响,不可胜数。[4]

旱则祈雨,霖则祈晴,张王逐渐成为广德地方最重要的祠神,其神迹也从最基本的雨旱祈祷到涵盖广德地方社会生活的各个方面,透过对神迹演变的分析,不仅可以探讨张王信仰的变迁,也可以了解广德地方社会在数百年中的一些变化。本节所分析的张王神迹主要出自《指掌集》卷三《前后事迹》、卷四《显应事迹》所载,它们都包括在笔者所编制的《张王信仰事迹编年》之中(见附录二)。[5]

一、早期张王神迹(汉—五代)

张王第一次显灵是在汉代,地点在长兴县顺灵乡,许多碑记均提及此

---

[1] 乐史《太平寰宇记》卷103,第132页。
[2] 清丁宝书续纂《广德州志》卷3《山川》。
[3] 参真德秀《西山文集》卷7《申尚书省乞再拨太平广德济粜米》、《申尚书省乞再拨广德军赈济米状》等,这些申状后来都收入广德地方志中。
[4] 《指掌集》卷3《前后事迹》。
[5] 由于张王庙拥有很丰富的碑记资料,加上民众口承故事以及地方士人对张王神迹的整理,周秉秀在编纂《指掌集》时几乎将"事迹、行状、碑记所载"一网打尽,"有事同而辞稍异者,今参校众家之说,略其文而记其实"。虽然《指掌集》以及其他材料不可能将张王信仰中所有神迹都保存下来,但主要部分应该收入其中,所以本节以《指掌集》所载为主分析张王神迹的演变。

事经过，所言基本一致。据说，张王为了"通津于广德"，化身为大猪，役使阴兵开凿河渠十五里（从长兴的荆溪至广德的青林塘），然后再向西开凿了十五里，到达杜杭庙，总共开河三十里。这条渠后来被称为"圣渎"。由于张王的化形在施工过程中被夫人李氏看见，于是遁于广德县西横山之顶，"居民思之，立庙于山西南隅，夫人李氏亦至县东二里而化，人亦立其庙"。[1] 横山也就成为张王信仰的发源地。

从此，张王祖庙"灵感累彰，神变莫测，岁时致享，谁敢有阙。如遇水旱灾沴，即官吏等斋心诣庙虔祈，无不应祷"。《指掌集》还提到：

> 自是之后，庙之侧松荫掩映，无敢樵斫，一簇如画。始其圣渎之河涸为民田，岁富仓稻，其利尤博。即浴兵池为湖，又溉灌濒湖之田，亦仅万顷，菱莲间岁而出。至于挂鼓之坛，禽不敢栖，蚁不敢聚，灵泽备矣。

不过，与其说这些是灵应事迹，不如说是传说中的张王开渠给广德地方民众以实实在在的利益。其实，从西汉至梁，张王一直未有具体的灵应事迹发生。梁天监五年（506），建康大旱，方有祈雨张王获应的神迹发生。在《指掌集》中，这件事和开渠分别被称为"祈祷感应之始"和"发灵之始"。

我们发现，虽然后来各种材料关于张王生前经历的说法各不相同，但对开凿圣渎与天监五年的祈雨均无异辞。不过前者可能是大禹故事的张王版（详本章第二节），而后者则与广德北面宜兴县（治今江苏宜兴）的一则故事有某种关联。在《指掌集》中，梁武帝祷雨张王的故事是这样的：

> 梁天监五年，岁旱。武帝命使遍祷山川，略无响应，遂告于蒋山

―――――――――

[1]《指掌集》卷3《前后事迹》。本节以下所讨论的张王神迹出自《指掌集》卷3、4者一般不再出注。

第二章 张王个案研究

之神。一夕,托帝梦,告于帝曰:"欲祭奠于臣以求□雨,臣即近属土地也,无能致之。今绥安县有横山庙,晋陵南离墨山有九斗坛,此二处灵通天地,故能兴致云雨,若洁诚而祭之,必获祐于苍生(绥安,即天宝中以为广德县也)。"帝寤,亟令祭之,果降膏泽,岁获大稔。

这则故事出自景德三年(1006)编写的《祠山事迹》。但是梁代的广德为石封县,据太宗初年由乐史编纂的《太平寰宇记》,宜兴县有九斗坛,"在县西南五十里,高二丈,在国山东。梁武帝时为天旱求雨于蒋山神,感梦于武帝云:九斗山张水曹神能致雨,帝乃遣使,立坛祠之,响应自此"。县南另有张公洞,据郭璞云,道教的创立者张道陵曾居此求仙。[1] 所以很可能是《祠山事迹》的编者将邻县的故事挪移到张王身上,后来又编造出张王祈雨与醮斗法的故事,并在横山顶上建立起斗坛来。当然,这也是民众祠神信仰中的惯用手法。不过,开圣渎与天监五年祈雨反映了宋初信众对张王的某种观念,即张王的神性与水密切相关,前者是开凿沟渠,客观上起到灌溉湖田的作用,后者为祈祷雨旱,也是为农业灌溉提供水资源,这又与前面提到的广德地区自然环境密切相关。在一个像广德这样雨多则涝,雨少则旱的地区,十分需要这么一位既能调节水旱,又可以帮助水利灌溉的神灵。而《祠山事迹》将张王开圣渎的神迹与"通津于广德"联系起来,恐怕与当时广德的交通状况有关,三面为山的自然地理条件使广德只有一条东北入丹阳湖再进入长江的水道,而无法分享东面太湖流域便利的水路交通网络,在东部开通一条水道不仅是《祠山事迹》的编者,也应该是众多广德民众的共同心愿。[2]

梁天监五年的祈雨应该是张王的第一个神迹,此后至开宝二年(969)广德纳入宋朝统治,各种资料记载的张王神迹共有十件,这十件神

---

[1] 乐史《太平寰宇记》卷92,《四库全书》,第470册,第33、35页。
[2] 南宋初,广德军民众每年向朝廷输纳的税粮仍"输建平仓,由湖转江,入丹阳闸以达行在",几乎绕了一个大圈。绍兴十年(1140),钱观复任知军,才改变这一习惯,走陆路经东面的四安镇,转运河到临安。见刘一止《苕溪集》卷51《宋故左朝散郎赐绯鱼袋钱君墓志铭》,《四库全书》,第1132册,第269页。

迹也奠定了此后张王的基本形象。十件神迹中有五件是祈雨,且都是异地祈求,既有距离较近的国都建康(梁、吴、南唐),也有远在千里之外的长安(唐),这种情况在宋代祠神中并不多见。[1]有三件是保护地方平安,使本地民众免受外来攻击。其中景福元年(892)田頵败孙儒亦与神在控制天气雨晴方面的神性有关,[2]保大十四年(956)解宣城之围的过程中也有"风雨暴至"的情节。王毂外出经商在澧江遇风涛,祈求张王保佑,遂有王战江兽之事,王氏后来在祠山张王祖庙旁建庆福楼,召画工绘澧江遭风、王战江神之像于壁。

综上所述,早期的张王神迹相对较少,但从中我们可以看到两个特点:

一是其神迹大都与天气水旱相关。涉及这方面的有八件之多,其中五件更纯粹是祈祷雨旱。前面提到的开圣渎故事反映了广德民众开通东部水路通道的愿望,不过圣渎的现实功能更多的是灌溉农田,后人叙述此事时经常提到的是"圣渎之河涸为民田,岁富仓稻,其利尤溥。即浴兵池为湖,又溉灌濒湖之田,亦仅万顷,菱莲间岁而出"。

二是张王能够在广德以外的地区施展神力。其范围包括距离较近的安吉、宣城、建康,也有千里之外的长安。其中建康、长安都是当时的都城,这点特别需要注意,它说明在早期的张王信仰中,与政治中心的密切关系已是其重要组成部分。

作为研究者,我们可以利用各种材料分析这些神迹之真伪,或者编造

---

〔1〕 不过,我怀疑唐天宝中祈雨长安与梁天监五年一样,都是出于后人的编造,反映的是五代时广德与地方政治中心建康或扬州的密切关系,此时由于广德在南部军事防御中十分重要,直接受昇州管辖,又因为吴国军官田頵在广德作战得到张王的佑护,于是张王与地方政治中心发生关联。吴国与随后的南唐都有祈雨张王的记载,不过由于此时的广德在行政区划上直属金陵或扬州,在传统观念中金陵或扬州祈雨广德尚属于地区范围内的祈祷行为,与其他地区有异。而张王信众更愿意强调这一祈祷行为中广德与首都之间的关联,梁、唐二则故事可能是这一事实与心理作用下出现的。

〔2〕 据说孙儒兵马过江,吴国令田頵率兵五千在广德防御,孙儒之军为积雨所苦,"乃累诣庙祈祷晴霁,久而无应,儒怒,令人以泥封其庙门,又积薪于祠堂之隅,并悬利刃,不许士卒祭祷,遂遣一卒监其祝于王像前,旦夕精祷,复又雾沱不止,儒怒,缚祝解置于庙楼之下井中,王之冥助,不至沉溺,绳亦自解,伺无人而潜去,孙儒兵寻亦败衂"。擒沈璨的过程中也有"遇雨晦暝,忽见有王之庙,頵乃诣庙启祷",张王托梦,告诉他天亮五更初进兵必克。

第二章 张王个案研究

的动因及其所反映的现实背景,但它们对于张王信仰及其信众而言则是真实的。这些早期的神迹对张王信仰的演变有很大影响,类似于种子与作物成长之间的关系,从而构成了宋代张王信仰发展的基础。

二、北宋时期的张王神迹

北宋张王神迹总计约二十件。纯粹祈雨晴者六件,祈雨者均为地方长官。显然,张王原型中调节控制水旱雨晴的神性已为地方民众以及地方官员熟知,祠山遂成为当地雨旱祈祷的重要场所,《指掌集》所载应该只是其中很少的一部分,因为它没有包括民众自发的祈祷行为。其他神迹中运用风雨力量者共三件,如贾易之事,他在元祐二年(1087)知广德,"命县尉柴纯臣相庙松可易堂栋者号之。尉还,忽风雷雨雹暴作,所号木击裂寸断,而它木无损者,贾惴惧率其属谢焉"。在显应阁驱赌徒的故事中,张王显示威力的方式是"风雷拔去阁后一壁,拽庭下。自是,廓然无屏蔽,饮博莫敢至"。四安镇信众准备扩大庙宇,"而鬻地者贪啬。一夕,大风雨摧半山,削平如成基。贪啬者恐怖而舍焉"。也就是说,北宋张王神性最重要的部分仍是调节控制水旱雨晴。而三次预告或扑灭火灾也很可能是从这一神力推衍而来的,并由此产生了张王形象中"知水火之道"的传说,二者大概属于正反相对的神灵功能。

在这个阶段,张王的神迹有三个值得注意的新现象:

一是对不敬神行为的惩戒。包括士人樊昭庆,知军贾易,在显应阁赌博饮酒的民众,贪婪的鬻地者,兵卒徐莹,通过对不敬神者的警示惩戒,劝诱和坚定其他民众对张王的信仰。北宋二十余个神迹中居然有五个是对不敬神行为的惩戒,既可能是信众或编者在借这些故事劝诱其他民众信奉张王,也反映出广德地方民众不信张王者尚为数不少。

二是出现了一些新型神迹,例如预测科举功名。由于科举考试的重要性,宋代不少祠神都开始有预测科举考试结果,甚至是预测试题的能力,张王只是其中之一而已。[1] 不过,纵观张王在预测科举方面的神迹,

---

[1] 贾志扬《宋代科举》,第262—269页。

与广德本地士人有关者并不多,这与宋代广德地方教育水平基本相符。

三是佛教人士在张王信仰中的作用越来越重要。释道二教与张王信仰的关系错综复杂,我们将在第三节讨论,此处只简略言之。五代时期,张王神迹中已有释道二教的因素,如施韬生子不能言,张王托言庙祝,让施氏找道士罗希超醮北斗而愈,从中可以看到道教力量向张王信仰渗透的努力。至于佛教与张王的关系,可能与广德地区的信仰背景及吴国主的宗教信仰倾向有关,天祐二年(905)县令万景忠在张王庙旁建禅院,顺义中(921—926)变成祠山的看经院,成为祠山张王庙的组成部分之一。吴国、南唐地方政权曾多次遣僧人启建道场,转真经一藏,舍香炉、金银香盒若干。北宋出现的这几则与佛教相关的神迹只是五代以来传统的延续,而祈祷张王时以许愿饭僧、颂经为答谢,更可见张王信仰与佛教之间的相互促进。

三、南宋张王神迹的变化

南宋时张王的神迹剧增,地方官员主持的祷雨活动很频繁,所以《指掌集》干脆说"本军前后祷雨感应,不可胜载,惟封爵则书",与北宋的有闻必书不同。正如周秉秀所云:"祠山庙食千余年,香火遍天下,灵异之迹何可殚纪。"[1]文献保存下来的只是其中一小部分,也可能是记录者认为比较能反映张王神性的一部分,所以虽然从数量上来说有所欠缺,但以之分析南宋时期张王神迹的特征仍有意义。此期张王神迹特征主要有二:

一是旧神迹维持其主导地位,并有所发展。祈祷雨旱的神迹仍然居于最主要的位置,整个南宋张王及其亲属总共有十次加封,每次加封的人数不等,除绍兴二年(1132)是因为保佑地方免受乱兵破坏之外,其余都是因祈雨有应,包括本地祈祷与行在临安、建康的祈雨,张王早期神迹中调节控制水旱的功能在南宋发挥到极致。不仅广德军雨旱要祈祷张王,甚至连建康、临安雨旱也须向张王祈求,广德张王祖庙和后来建立在临安

---

[1]《指掌集》卷4《显应事实》。

第二章　张王个案研究

霍山的张王行祠都是南宋朝廷重要的雨旱祈祷场所,仅据《宋会要》所载,朝廷就曾七次派中央官员专程到广德的张王祖庙祈雨,[1]而霍山的张王行祠几乎是临安最重要的雨旱祈祷中心之一,与上天竺灵感观音待遇相同,如绍熙五年(1194)七月九日诏:"雨泽稍愆,日轮侍从官一员诣上天竺灵感观音前精加神祠,务要速获感应。凡遇神祠及获应日,宫观祠庙则命元差官,上天竺观音前、霍山广惠庙则命日输(轮)至官致谢,其香皆条入内内侍省请降。"将上天竺灵感观音、霍山广惠庙与其他宫观祠庙区别开来。即所谓"元差官"与"日轮至官"之差别,如果对照开禧三年(1207)的一道诏令,就可以明白其中原委,开禧三年五月二十六日都省云,祈晴尚未感应,诏:"日轮卿监郎官一员,诣霍山广惠庙行祠祈祷,务要速获感应。自后凡遇诏轮侍从诣灵感观音前祈祷,并有是命。获应则命轮至官致谢。"也就是说,其他宫观祠庙只要祈祷一次,而上天竺灵感观音与霍山广惠庙则需每日派员前往祈祷。[2]

保护信众外出旅行平安的神迹也继续维持。在早期张王神迹中,王殼外出经商,在澧江遇风涛之险,张王显灵,得以平安无事。南宋张王在这方面继续有所作为,其中淳熙九年(1182)六月本军□泖外出贩运丝绢、盐与鄱阳余瑀违禁买糯米之事,均因得到张王的预告或保护,从而减少了损失。宝庆三年(1227)荆溪徐文之在路过"大淹"时遇险,因为得到张王、李侯的保佑平安回家。这三件神迹的受益者分别是商人和普通信众。

二是神迹故事的受益者除了广德地方官员、普通民众之外,越来越多的是那些路过或暂时寄居广德的外地人。这是一个值得注意的现象,它反映广德在全国交通网络中位置的变化。广德从自然地理角度来说,南北宋之间基本无改变,但定都东京与临安之不同,则直接导致其政治文化地理位置的变化。前面我曾提到广德在南宋以前神迹的情况,其中一个比较活跃的时期是在五代,亦即广德与吴、南唐的政治中心扬州、建康距

---

〔1〕　这个数字肯定不准确,如绍兴九年(1139)洪兴祖第一次申请朝廷,让临安府派员至广德祈雨,《宋会要》即未记载。

〔2〕　《宋会要》礼18之25、26,第745页。

离相对较近的时期,这些现象绝非巧合,而是反映着广德张王信仰与其政治地理位置存在某种特殊的关联。与之形成对比的是,唐代与北宋时期广德与长安、东京的空间相对位置发生变化,广德对于整个国家的重要性也随之改变,再也不见朝廷对广德张王的特殊关照,虽然北宋末张王有数次封赐,庙宇也有过朝廷出资修建的事例,但它与其他地方神灵享受的待遇并无多大区别。然而到了宋室南渡之后,政治中心变成了杭州,[1]广德已非昔日的广德了,周秉秀便在《指掌集》中写道:

> 宋家驻跸吴会,桐川旧都天密迩,郡守监司治其境,士夫往来经其途,祈谢之文,咏歌之语,无时无之。[2]

广德此时成为离新政治中心临安极近的地区,而非昔日远离旧时的政治中心长安、东京的广德所能同日而语,更为重要的是,当时许多地区通往临安的交通要道即须经过广德。曹家齐对"唐宋变革"背景下的交通管理制度的变革有充分研究,其中一个方面即交通路线的变化,反映在南北陆路交通干线上是仍沿袭唐代之大势,"但也随客观条件的变化而有所变迁,其态势就是重心东移,长江南北均呈此势",南宋时临安已成为水陆交通运输的中心。[3] 由于南宋时淮西地区先后成为对抗金、蒙元的前线,为保证军需供给和文书之传递,其与行都临安的交通联系大大加强,除了水路,临安与淮西间陆路交通之地位,日益突出,而当时淮西、建康通往临安的几条陆路要道之一即须经由广德军。如绍兴元年(1131)四月,和州无为军镇抚使赵霖便说:"本镇奏报朝廷文字,经由太平、池、宣、广德等郡界,次入浙路州军。"[4]而建康府通往临安的驿路之南线即

---

〔1〕 南宋定都杭州是在绍兴八年,此前曾在扬州、建康有过短暂逗留,定都问题也一度是南渡之初朝廷争论的热闹话题,对于这个问题的研究可参考陈乐素《南宋定都临安的原因》,《求是集》第二集,广州:广东人民出版社,1984年,第55—67页。
〔2〕 《指掌集》卷6《杂编》。
〔3〕 曹家齐《宋代南方陆路交通干线沿革述考》,张其凡、范立舟主编《宋代历史文化研究》续编,北京:人民出版社,2003年,第188页。
〔4〕 《宋会要·方域》10之47,第7497页。

第二章　张王个案研究

经广德军,有比较完备的驿铺设置。[1]曹家齐根据王十朋在乾道三年(1167)离夔州(今四川奉节)赴知湖州(今浙江湖州)任途中所作诗推断其行程为,沿江东下,从太平州登岸陆行,经宁国府和广德军而至,且当时这是一条大驿路。[2]

从僻于一隅到地处交通要道,对于广德地方社会,包括张王信仰都有非同寻常的关系。《指掌集》中提到外地人路经广德而祈求张王有灵验的故事基本上都发生在南宋,例如和州(治今安徽和县)人周昌言至临安,王兰从濡须(在今安徽无为附近)到临安赴试,永嘉人缪次袭寓居宣城(治今安徽宣城)往临安也走广德一线,赵时俊侍亲赴官从溧阳(今江苏溧阳)经广德至临安。也许受《指掌集》或其材料来源的作者身份的影响,这些故事的主角都是士人(而且往往是后来前途发达的读书人),但考虑到传统社会政治中心对经济以及其他活动的促进作用,广德所处新的交通网络上来往的人群必然不止是这些士人,应该有其他群体因各种原因路过广德,并由此与张王信仰发生关系,只是未留下记载而已。

当然,以上对张王神迹的分析只是撮举其要,但从中不难发现,宋代张王神迹主要源自早期因广德地方环境产生的那些神迹,其中雨旱祈祷一直是最主要的神迹。而随着时间的推移、社会的变迁,逐渐衍生出一些新神迹,比如预测科举功名、治病、救火灾等。到南宋时,张王的神迹十分全面,几乎包括地方社会事务的各个方面,而且随着张王地位的提高,其神力不断增强。

第二节　张王形象的塑造

民众祠神信仰的一个重要现象是,祠神的形象往往随时间迁移而不

---

[1]　《景定建康志》卷16《驿路》,《宋元方志丛刊》,第1536页。
[2]　王诗见《梅溪集后集》卷15,参曹家齐《宋代南方陆路交通干线沿革述考》,第196页。王十朋此次行程是先到临安,再往湖州赴任,他在广德途中写的诗除了曹文提到的《广德途中观刈麦》外,还有一首《祠山》:"秋风吹客过祠山,水出平原碍往还,呼吸雨旸神有力,扫除云雾见天颜。"可知他不仅路过广德,还可能到过祠山,据明代《广德志》,广德旧驿在县城西,而祠山张王祖庙正在县西,这点殊可注意。

断变化,越往后越趋于复杂,不仅有新的神迹产生,就连其最初的形象也因各种因素的作用日益复杂。张王的故事也是如此,各种力量根据自身的要求,或直接添加新的因素,或通过解释改变张王原有的形象,使得张王的形象日益丰富。本节将对张王的形象的形成过程重加梳理,分析张王形象的塑造对信仰发展所起的作用,并进一步探讨张王信仰中各种力量尤其是佛教和道教因素的影响,希望对理解民众祠神信仰与释、道二者的关系有所裨益。

在《指掌集》卷二《世系》中,周秉秀将各种资料所记载的张王早期历史逐一列举,从中可以看到一个不断变化的张王。大体说来,宋代人塑造的张王形象主要有两种,都是不同时代的产物。第一种形象的完整叙述见于《祠山事迹》:

> 王讳渤,清河张氏也……曾祖考亦不知其讳,祖讳秉。王生于前汉,吴兴郡乌程县横山人也。炳山岳之灵,抱神龙之德。始于本郡长兴县顺灵乡发迹,役阴兵,导通流,欲抵广德县。故东自长兴荆溪,疏凿圣渎,长十五里,岸高七丈,至广德界青林塘。仍于岸侧先开一浴兵之池(今俗呼东亭湖),方三十余顷。寻广圣渎之岸迤逦而西,至杜杭庙,又十五里,阔二十二丈至十五丈,总三十里,志欲为通津于广德也。复于后村□宅保小山之上枫树之侧为挂鼓坛,先时与夫人陇西氏密议,为期每饷至鸣鼓三声,而王则自至,不令夫人至开河之所。厥后,因夫人遗飧于□,乃为鸣鼓,王以为鸣鼓而饷,洎王诣鼓坛,乃知鸟之所误。逡巡,夫人至,鸣其鼓,王反以为前所误而不至。夫人遂诣兴工之所,见王为大豨,驱役阴兵,开凿渎河。王见夫人,变形未及,从此耻之,遂不与夫人相见,圣渎之功息矣。遁于广德县西五里横山之顶。居民思之,立庙于山西南隅,夫人李氏亦至县东二里而化,人亦立其庙。[1]

---

[1]《指掌集》卷3《前后事迹》。

第二章 张王个案研究

《祠山事迹》是知军成悦奉朝廷之命让幕僚编写的,时间在景德二年(1005)六月至三年九月之间,编成后立即上奏,并刻石于庙。此文也是关于张王早期形象的最早文献,十分完整地保存在《指掌集》中,反映了人们在景德二年之前对张王的基本认识。据编写者说,自从江南割据以来,累经兵火,张王的早期传说已不太完备,只能依靠庙中的古碑、一卷《灵应事迹》和乡里耆老的口耳相传。按照通常的做法,地方官员为使本地神灵得到朝廷的关注,肯定要将一切有据可查的辉煌事迹都网罗无遗,并尽量神化。但《祠山事迹》对张王出身的叙述还是很平实的,生于西汉,吴兴郡乌程(今浙江湖州)横山人,清河张氏显然属于北宋初期自托高门的习惯做法,先人中只知道祖父秉的名字,也透露出张王的出身并不显赫。只有在长兴县(今浙江长兴县)顺灵乡役使阴兵开凿圣渎具有神话色彩,开凿圣渎说明张王具有神龙之能。而开渎过程中化形为猪,挂鼓坛的故事则明显脱胎于大禹治水。宋人已发现二者之间的联系,刘昌诗云:

> 汉武帝元封元年诏云:"见夏后启母石。"师古曰:"启,夏禹子也。其母,涂山氏女也。禹治鸿水,通轩辕山,化为熊,谓涂山氏曰:欲饷,闻鼓声乃来。禹跳石,误中鼓。涂山氏往,见禹方作熊,惭而去,至嵩高山下化为石,将生启。禹曰:归我子。石破北方而启生,事见《淮南子》。"予观《漫录》载广德军祠山张王事,正相类。[1]

随后所引故事与《指掌集》同,很可能作者读过此书,朱熹与弟子谈及此事也持相同看法。[2] 宋人的看法一直为后人提起,赵翼综核各说,指出:"祠山神之祀,本起于广德,其所谓化豨,盖本《淮南子》禹化熊,通

---

〔1〕 刘昌诗《芦蒲笔记》卷7,北京:中华书局,1997年,第54页。
〔2〕 黎靖德编《朱子语类》卷90,北京:中华书局,1981年,第2297页。

轩辕之路,涂山氏见之,惭而化为石之事,移以附会于祠山。"[1]

《祠山事迹》对张王籍贯的叙述与吴天祚三年(937)庙记相合,属于同一系统的还包括太平兴国九年(1016)何夷素的《重建庙后殿记》、嘉祐己亥(1059)姚舜谐的《重修寝殿记》、元丰三年(1080)胡庶的《灵济王碑》等,不过该叙述存在一个漏洞,即张王的出生地乌程横山与隐遁之地广德横山之间的关系。

第二种张王形象出于北宋末,作者为知军张竞辰。张氏自称在湖州发现了一通残碑,由唐湖州刺史颜真卿所书,徐告题额,但碑文漫灭,内容已难详考,于是他根据残存的文字"略加润色,刻石于庙",这便是张王信仰中著名的《横山庙碑》,或称颜碑。碑文不长,却叙述了一个很完整的张王故事:

> 公姓张氏,黄帝之后,其先名秉,夏禹时人也。居鼎州武陵龙阳洲,地有白马湖、明月池。秉行山泽间,有神女自天而下,韬轩侍卫甚都,谓秉曰:我天女也。受命相偶,既而曰:"明年今日复会于此。"言讫而别,韬轩飘然去如风雨。秉如期而往,果见天女,以所生男授秉曰:"此君之子也。子孙相承和,当世血食吴分。"先时,天西大裂,有声如雷,有电如龙,识者谓必生神人,公果应之。长而奇伟,宽仁大度,喜怒不形于色,身长七尺,隆准修髯,发垂委地,深知水火之道。有神告以此地荒僻,不足建家,命行。有神兽前导,形如白马,其声如牛,遂与夫人李氏东游会稽,度浙江至苕霅之白鹤山,山有四水,会流其下,公止而居焉。于白鹤得柳氏,于乌程桑丘得赵氏为侍人。李氏亦梦天降红绡绕其身,既而生子,火光满室,陆生莲花,长而风神堂堂,仰观俯察,无不洞照云。

---

[1] 赵翼《陔余丛考》卷35,第728—730页。对此事解释最特殊的是明代的周瑛,他在《祠山杂辨》中专列"化豕辨"一条,认为源自"道家以神为北斗使者"之说,周氏在此书中常从道教方面来解释张王信仰的某些现象,恐怕与明代张王信仰中道教因素增加有关。参《祠山杂辨》,《艺海汇函》抄本,藏于南京图书馆。

第二章 张王个案研究

此碑所叙述的张王故事与《祠山事迹》有很大不同。首先,张王获得了一个显赫的出身,黄帝之后,天女与其父秉所生,他还有很具体的体貌特征,"深知水火之道"也比《祠山事迹》中"炳山岳之灵,抱神龙之德"的描写更具体明确。[1] 其次是张王乡里籍贯的变化,其籍贯改为与黄帝传说有关的鼎州武陵龙阳洲,但此地离湖州太远,遂有张王在神的指引下东游,定居于"苕霅之白鹤山"的故事。这里的白鹤山应该在宋代的湖州乌程,张王在此娶了柳氏和赵氏。第三点值得注意的是白马和李氏生子两件事。如果说白马湖只是一个美丽的地名,引导张王与李氏东游会稽的形如白马、声如牛的神兽则很可能使信众浮想联翩;[2] 张王及李氏生子故事的描写使张王信仰与生育联系到一处。南宋初,湖州残碑上的颜真卿笔迹已不复可见,后来人们所说的《横山庙碑》实际上是张嶷辰所立之碑,[3] 而且张嶷辰在碑后称"新室之乱,野火坠其祠,建武中复立",暗示颜真卿所书实际上是汉碑。颜氏的英名与时间的久远使张嶷辰所立《横山庙碑》有了很高的可信度,稍后常安民撰写《灵济王行状》即用此说,南宋初洪兴祖重立此碑,以之批评《祠山事迹》所叙述的张王故事。南宋末周秉秀撰写《指掌集》时,卷二专言张王《世系》,亦将《横山庙碑》置于卷首,认为各说不同之处,"合从颜碑所载"。由于南宋初颜氏原碑已无法辨认,无法判断张氏润色后的碑文与原碑是否相同,但《祠山事迹》所依据的既有庙中古碑,也包括文人编写的张王《灵应事迹》与地方父老的口耳相传,比张碑早一百余年,张嶷辰根据一块模糊不清的残碑"润色"出如此形象生动的故事,且与《祠山事迹》有很大区别,这本来就很值得怀疑,有必要在此略加分析。

---

[1] 张秉在张嶷辰所立颜碑中虽然很含糊地称为张王之"先",但从文义来看应该是父子关系,常安民的《灵济王行状》与周秉秀的《指掌集》均持此说。
[2] 在古人的观念世界中,龙、马二者存在某种关联,《周礼·夏官·庾人》云:"马八尺以上为龙,七尺以上为䮹(马来),六尺以上为马。"汉人在解释《礼记·礼运》中"河出马图"的故事时,便说"伏羲氏有天下,龙马负图出于河",唐代孔颖达在解释《礼记》时便引用该说,见《十三经注疏》,第1427页。
[3] 颜真卿的《横山庙碑》收入《全唐文》卷338,只有一句:"神居武陵,其地有湖,每出则神兽前道,形如白马。"(北京:中华书局,1983年,第3432页)《方舆胜览》引颜碑曰:"新室之乱,野火焚其祠。"又曰:"其灵迹自汉始著。"(第329—330页)

黄帝在真宗时被尊奉为赵氏圣祖,与天书、封禅等事件都是当时的崇道之举,张姓出自黄帝,这是人所共知的常识。但是,张竞辰将张王与黄帝联系起来,却是要使民众信仰的张王与道教发生关系,张秉与天女的结合使张王的出身进一步神化,成为天帝之孙,[1]张王的籍贯也改在与黄帝有关系的鼎州武陵龙阳洲,移居之处白鹤山曾有人于此成仙得道。[2]白马的故事在张王信仰中最早见于唐代,咸通三年(862)商人王縠贩卖本县茶叶到庐江寿阳时,遇险于澧江,王縠随身携带张王之绘像,立即祈祷,"忽见王乘白马,戈戟耀日,旌旗满川,指麾阴兵,殄灭江兽",从而获救,随后王縠到祠山张王庙祷谢,并请匠人画澧江遭风、王战江神之像于壁。[3]张竞辰很可能借用了庙壁上的绘画创造出白马湖与张王迁移过程中形如白马的神兽,随着张说为人所接受,张王跃马救助信众的神迹不断出现。[4]颜碑特意拈出一位张王长子也耐人寻味。在张王早期信仰中,张王数子均无表现,至元符二年(1099)长子显灵,大观元年(1107)封为敷泽侯,并单独建立殿宇,[5]为之捐献殿牌者之一为胡宣德妻谢氏,原因很可能是求子有应,其后敷泽侯主要灵应也是祈嗣,这恐怕也是张竞辰描述李氏诞育的目的所在。[6]

《横山庙碑》与《祠山事迹》所塑造的张王形象成为后来各种张王叙述的依据,通常的做法是将二说糅合一处,根据前者言张王之身世,据后者言张王在湖州、广德的作为,如北宋末常安民撰写《灵济王行状》,元初广德民众向朝廷的申状。[7]也有人在二说基础上略加修正,如南宋末詹

---

[1] 明人已揭示二者的关系。如王世贞《弇州四部稿》卷174,《四库全书》,第1281册,第750页。
[2] 乐史《太平寰宇记》卷94云:"白鹤山在县东南三十一步,高三百尺,张元之《山墟名》云:昔有姚紾得仙于此山,化为白鹤而飞,因以名之。"见《四库全书》,第470册,第53页。
[3] 《指掌集》卷3《前后事迹》。
[4] 例如北宋末的一件张王神迹便是"拥旌跃马"驱赶方腊起义军;而南宋末徐文之等行船遇险,张王与李侯显灵,既有"金龙六条",且"黑云化为黑马,李侯方巾白袍,骑乘而过",全船人都平安归来。并见《指掌集》卷4《显应事实》。
[5] 分见《指掌集》卷4、5、6。
[6] 《指掌集》卷4《显应事实》。
[7] 《指掌集》卷1《圣像》。

第二章　张王个案研究

仁泽、曾樵编写《世家编年》，便将张王的身世从黄帝一路下推，"六世曰秉，事禹分治水土，至扬州均江海，通淮泗，行山泽间，遇神娲，得子"，每一世都有一位著名的祖先，张王出生于西汉神爵三年（亥年，前59）二月十一日亥时，其父龙阳君与母亲张媪于大湖之陂遇神娲，授以金丹，怀孕十四月而生。[1] 此书还让张王的祖、父、子、弟都有了名讳，一改此前敕封只称排行的惯例。周秉秀虽然对《世家编年》的说法大加斥责，但在《指掌集》卷一《圣像》中，第一幅画的便是龙阳君与母亲张媪在大湖之陂遇神娲、得金丹的情景。

无疑，以上两种张王形象都出自士大夫之手，但并非他们凭空杜撰，应该和民众的张王信仰之间存在互动关系。一方面，民众的张王信仰是士大夫叙述张王形象的资料来源，反映了特定时期张王信仰的真实情况和信众的需要，有时士大夫还将民众信仰与朝廷宗教信仰的新动向结合起来。另一方面，士人塑造的张王形象将民众张王信仰中某些因素加以突出，并以碑刻、壁画、书册等形式加以传播，从而对民众的张王信仰发生作用。

例如，张王从《祠山事迹》中的"抱神龙之德"到《横山庙碑》中的"知水火之道"，都反映了民众信仰中张王一直有祈祷雨旱方面的功能，但后者增一"火"字，意味着张王还有救火的功能，这应该与康定元年（1040）、元符中（1098—1100）广德的两次大火有关，信众正是祈祷张王后火灾才得以扼制。大观元年（1107）张竞辰重立"颜碑"时对此应该很清楚，于是在碑中写上了"知水火之道"之语。当张王救火的功能写进颜碑并被后来的碑记不断提起时，又对民众的张王信仰产生影响，产生了张王誓不灾二室的传说，甚至在张王的从神中出现了负责水火之道的丁、壬二神。

《世家编年》为张王全家所起名讳显属詹仁泽、曾樵的杜撰，但很快为信众所接受。绍定三年（1230），本军向朝廷陈乞加封时采纳詹氏之

---

[1]《指掌集》卷2《世系》，然而，检《二十史朔闰表》，神爵三年（前59）乃壬戌年，不知宋人为何误以为亥年。

说,"朝廷依其所陈",于是著之敕书。而龙阳君与张媪得金丹的故事也被绘于张王祖庙之壁,张王生于西汉神爵三年(亥年)二月十一日亥时的说法,更成为化形为猪开圣渎、信众食猪之忌的共通解释。在张王形象的塑造中,民众信仰与士大夫之间形成良性对流,各取所需,共同推动张王信仰的发展。

在张王形象的塑造中,佛教与道教的因素也不容忽视。前面提到《横山庙碑》与朝廷尤其是徽宗时的崇道之风密切相关,而《世家编年》描述的龙阳君与张媪得金丹的故事亦含道教因素,此画现存于《指掌集》卷一《圣像》中,二人风采皆如道家仙人。在解释张王化形为猪的故事时,有人甚至直接从道经中寻找依据,周秉秀在《指掌集·正讹》成稿之际,见庙中有新碑,其旁刻云:

> 王在汉朝将兵凯旋,学道于九江梅仙(讳福德寿春真人),功成仙去,隶斗关下,为天门右神。天门属亥,亥属豕,人畏触避弗食。今梅仙法中主将水部判官,即王也。道士所传醮斗仪,即梅仙所授也。部下丁、壬二使,即斗关水、火二将也。东嘉称季□因阅道书,有感于此,未能自信,敬以癸巳中和节白之祠下,得吉卜,谨附著庙碑,用祛开河幻形之说云。[1]

周氏认为此说荒诞不经,可是信众不以为非,至明代周瑛还在《祠山杂辨》中专门辩驳此说之谬。[2] 此外,横山顶上建有斗殿、斗坛,信众相传张王曾朝斗于此,并有醮斗法相传,而醮斗法和相关神迹的来源即是熙宁元年(1068)元真观的道士盛有章。[3] 从中可以看出道教因素介入张王形象塑造的基本方式,即对民众信仰中的某些要素,如张王的诞生、化形开渎、斗坛等施以道教化的解释,而道教的解释后来又成为民众信

---

[1] 《指掌集》卷7《正讹》。
[2] 见周瑛《祠山杂辨》,"化豕辨"条。
[3] 《指掌集》卷6《杂编》。

第二章 张王个案研究

仰的组成部分。南宋后期的施宿撰写《会稽志》时，注意到江浙一带张王信仰十分普遍，而张王的信众"必诵《老子》，且禁食彘肉"。忌食猪肉是张王信仰的一个重要特征，直到明代仍然如此。不过，张王信众诵读《老子》一事只见于此，据施宿的意思似乎与忌食猪肉之间有某种关联，那很可能是道士们的借题发挥，进而影响到普通信众的信仰行为。[1]

与道教相比，佛教虽在张王信仰中发挥着重要作用，但在形象的塑造中作用似乎不如道教。根据文献记载，张王信仰中出现僧人的身影是在五代时期。天祐十年（913），广德被围，城内祈祷张王之后兵骑忽然离去，防守者不敢大意，天通寺老僧自新来到城外，告知外敌撤退的消息，但这时张王与佛教的关系尚不明确。吴顺义六年（926），县令余审象为祠山请得看经院额，张王庙南的一座次庙变成佛教寺院，内塑张王之兄弟子女。[2]随后，吴国差人至广德祈谢，常命僧在启建道场，或者命僧在本庙转颂佛经。[3]在张王信仰的历史上，建立看经院是一件大事，张王由此被塑造为一位崇奉佛教的祠神，经常被人提起，比如常安民就说，这是"吴以王崇释教建焉"，[4]何夷素在记文中也说"王生前遵奉真空，尝看藏教，后于庙之西南隅造看经院一所"。[5]当然，这些说法很可能是因果倒置，应该是先有佛教因素向张王信仰渗透，而后才制造出张王生前读经的故事。到南宋后期，又产生了张王听名僧智常讲经的传说，"昔智常禅师住归宗，神尝为张居士度夏听法，临别问其乡里，曰：横山使人。访之，则庙也"。[6]

---

〔1〕《嘉泰会稽志》卷6，《宋元方志丛刊》，第6810页。明代张王信众忌食猪肉见周瑛《祠山杂辨》，"州民讳食豕辨"条，不过当时的人又将之解释为佛教方面的影响，其间的转变已难详考。

〔2〕看经院在北宋太平兴国改赐明教院额，后改为天宁寺。见《指掌集》卷5、6。又，《指掌集》卷5引吴《张仆射庙记》称看经院中所塑神像包括张王兄弟九人，五子，一女，另有"精仗神兵，六司曹掾，可以注生定死，可以骤雨驰云"。

〔3〕如保大三年（945），乾德元年（963）。

〔4〕《指掌集》卷3《前后事迹》。

〔5〕《指掌集》卷9。

〔6〕《江州志》，《永乐大典方志辑佚》，第1650页。

释道二教介入张王形象塑造固然是二教向张王信仰渗透的结果,同时也推动了民众张王信仰与佛道二教的进一步结合。这方面佛教的表现显得尤为突出,明教禅院(其后曾改名天宁寺、报恩寺)的僧人在张王信仰中扮演的角色越来越重要。[1]自五代以来,雨旱祈谢中开始有僧人的道场,例如乾德元年(963)吴国主欲祈雨雪,便命僧七人在张王庙建道场十七日,转《法华经》一百部,最后一天还要设全城僧人的斋会。大约在南宋后期,道士在张王祈雨仪式中才开始有了自己的位置。由于有僧人主持雨旱祈祷仪式的基础,信众向张王祈谢时往往是请僧众做法会。政和二年(1112)城内发生火灾,信众刘古拜祠祈祷,所许之愿即"设水陆、饭僧千员"。[2]不过《指掌集》中将建水陆会之始定为宣和三年(1121)水陆斋之设,此次设水陆会是因方腊军队进攻广德,全城人因祈张王得免,于是"耆老沈京唱之,一境之内,喜闻愿预",将张王请至城东开化寺,"大作佛事,凡五昼夜,饭道僧积二千余员",[3]从此成为张王信仰中的一项重要传统。[4]僧人在张王诞辰庙会中的表现也十分活跃,诞会的主要仪式都有僧人参加,其中诞日当天地方官到张王庙献祭后立即到天宁寺请住持升座烧香,然后参加诞会的会首在天宁寺中设无碍斋,参加的僧俗数以万计,当众分发张王信众捐献的僧衣、道具、佛像、经卷之类。一些僧人则起建茶会,为与会信众服务。此外,佛教的因素甚至影响到张王故事的传播,绍熙二年(1191)张王的信众笪元衮模仿蜀僧赞观音之文作《祠山菩萨愿赞文》,命工匠镂板,以广其传。[5]

总之,张王形象随时间推移而不断变化,普通信众、士人与释道人士在这一过程中相互作用,碑记、绘像、书册等文字图像资料通常是现实张王信仰中某些要素的固态化,有的则纯属个人创造,它们反过来又会融入

---

〔1〕 这与明教院的位置有关,此院在张王庙正南,官员前往祈祷都由院中僧人接待。
〔2〕 《指掌集》卷4《显应事实》。
〔3〕 《指掌集》卷6《事始》。
〔4〕 水陆会已成为张王信众的定期群众性组织,会首轮流更换,如《指掌集》卷5,宝庆三年(1227)荆溪徐文之,世事祠山香火,"来春将为庆生水陆会首"。
〔5〕 《指掌集》卷6《杂编》。

第二章 张王个案研究

普通民众的张王信仰之中,参斗、读藏使张王信仰与释道二教关系日益密切,而《祠山事迹》《横山庙碑》《世家编年》等著作中描绘的张王形象也日益影响着普通民众的对张王的信仰,这点在张王的神迹中表现得也很明显。

第三节 张王信仰的外传

我在分析张王神迹时提到,南宋时张王随着广德在临安为中心的交通网络中所处位置的变化,出现了一些外地人路过或暂居广德时产生的张王神迹。其实,在外地人带入的神迹出现之前,张王信仰已经向外地传播,与广德张王祖庙相对的行祠、行宫纷纷在各地建立。

韩森从《指掌集》和方志材料中勾稽出42座张王行祠,根据其空间分布特征提出了一些看法。她认为,"张王挖河的故事,表明他与依靠水路交通的商贾等人十分密切的关系",而且"张王祠祀最初沿着水路向外扩展,这进一步表明商人们对他的支持","有几篇碑文以及其他关于修建张王的记载,进一步表明了商人们支持这一祠祀"。不过,她在文章中只对少数几座张王行祠进行了具体分析,随后便根据行祠的分布特征提出了一个重要结论,即"商贾在中国南方,尤其在大运河一线靠船运经商,对于张王祠祀的传播于有力焉"。为了使其观点具有周延性,韩森在文章中也提到过"张王极为丰富多样的灵迹故事,还说明了除商贾外,其他许多人也在支持着他"。甚至根据一则庙记指出官员在张王传播过程中起过"关键的作用"。但她立论的核心,还是在强调商人对张王信仰兴盛及其外传的关键性作用,意在强调张王以及其他区域性神祠沿水路,特别是大运河沿线向外扩展的特征,而这又与往来大运河的商人直接相关。[1]

在韩森的著作中,商人在张王信仰传播方面的作用被一再强调,其观

---

〔1〕 韩森《变迁之神》,第147—150页。

点对于认识宋代信仰与商业经济的关系很有启发,但她只分析了少数几座支持其观点的行祠,这直接影响到其结论的可靠性。下面,我们将尽量对目前已知的张王行祠逐个梳理,有一分材料说一分话,以期切实了解张王信仰的空间分布格局和推动信仰传播的真正动因。[1]

笔者根据《指掌集》、方志以及文集等材料,一共勾稽出75座宋代以前(含宋代)的张王行祠(见附录三)。鉴于民众祠神信仰兴废不常的特征,我们只能肯定这些张王行祠在某个时期内曾经存在,而不是说其建立之后一直得到地方民众的信仰。此外,当时张王信仰以广德为中心,遍及两浙、江西,乃至湖南、福建地区,但只有一部分行祠被文献资料记载并保存下来,笔者勾稽出的75座不可能是宋代张王行祠的全部。[2] 当然,史学研究都力求穷尽史料重建历史的真实图景或对其进行分析,同时也必须注意到几乎所有重建或解释都受到材料的限制,本章对张王传播的重建与解释也不例外。

一、南宋以前张王行祠的分布

从下图和附录三可知,早期的张王信仰庙宇修建活动并不太多。只有张王显灵之后乡人为他和夫人分别在横山西南隅、县东五里建立的两座祠庙,时间据说在汉甚至汉代以前,其后直到唐代咸通年间王殼因经商平安脱险建楼绘像,除此之外再也找不到其他修庙的记录。

修建活动比较频繁的是在唐末五代,不仅祖庙一再修建,而且一些信众在广德境内其他地区甚至邻近的湖州地区修建行祠。张王信仰最初的传播方向是东部的湖州地区,这也是传说中张王的故乡。传播的方式是广德人避难逃至湖州(今浙江湖州)卞山,在迁居地建立家乡神祇的简易奉祀场所。此举得到湖州刺史李师悦的支持,于是在卞山山麓建造正式的张王行祠。不久,湖州南18里又建立了一座行祠。太平兴国九年

---

[1] 由于某些张王行祠只简单交代了其位置、存在的大致时间,我们只能阙而不论。但只要言及创建或重建的原因、主持者等基本要素,本文都将逐个论列。

[2] 张王信仰外传中形成的某个家庭、家族供奉的神龛、神像基本上可以视为某座张王庙的衍生物,缺乏足够的独立性,信众少,影响相对较小,本文不予讨论。

第二章 张王个案研究

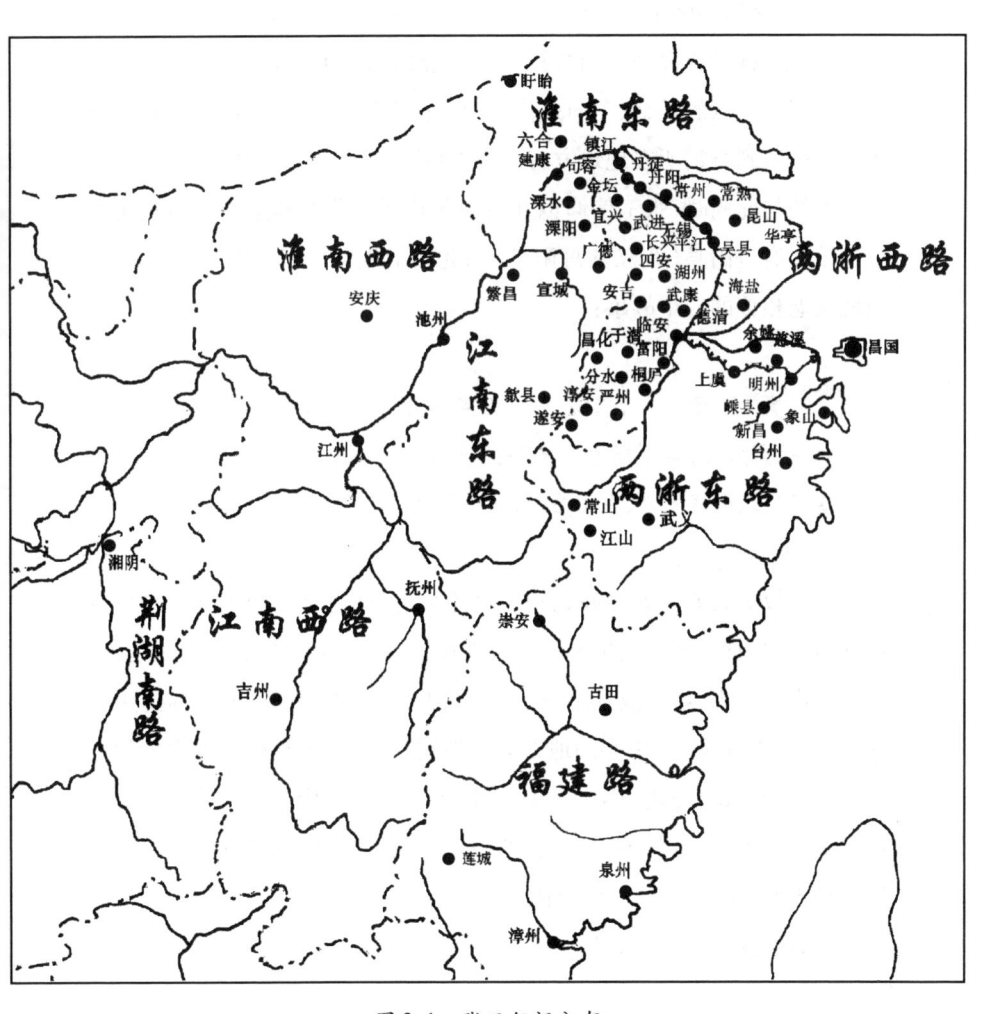

图 2.1 张王行祠分布

(984),何夷素还提到长兴县(今浙江长兴县)吕山也有张王行祠,[1]考虑到吴越纳土在太平兴国三年,吕山的行祠很可能是五代时期建立的。到了南宋,这里的张王行祠已成为地方官府祈祷雨旱的场所。[2]湖州地区的三座行祠是否都像卞山行祠一样由外出逃难的广德人建立,已不可考。但值得注意的是,张王向东传播的行祠离祖庙距离都比较近,而且外传伊始就得到行祠所在地地方官员的支持。

大约与此同时,张王信仰也开始向北传播。北部的第一座行祠可能位于镇江府丹阳县(今江苏丹阳县)东北的七里湾。《至顺镇江志》记有当地父老相传的一个故事:

> 唐季有钦公者,以贩货往来常、润间,每行以神像自随。一日至此,担重如压,肩不能胜。祷曰:"神欲庙食于此乎?"言毕,荷担如故。遂即其地诛茅草创,左山右湖,前临漕河,亦一胜境,又号七里庙。[3]

这则故事无非是要强调此祠历史的久远,这也是民众祠神信仰中的惯常做法,其真实性无法确考。但张王在唐末传播到丹阳也是有可能的,因为从唐末以来,虽然战乱不断,但广德基本上受以扬州(今江苏扬州)、建康(今江苏南京)为中心的地方势力控制。吴、南唐政权曾多次派使前去广德祭祀祈祷,修建庙宇,[4]丹阳正处在扬州、建康前往广德的交通要道之上。句容县(今江苏句容县)的张王行祠的情况与之类似,相传张王曾饮马于此,庙东有石柱,前有陂池,庙北还有张墓数百亩,至明清时期这座行祠居然要与广德祖庙分庭抗礼,声称这里是张王的家乡。[5]

---

[1] 《指掌集》卷9,何夷素《宋朝重修广德王庙后殿记》。
[2] 《指掌集》卷10保存了一份南宋时期长兴知县的谢雨祝文。
[3] 《至顺镇江志》卷8,《宋元方志丛刊》,第2732页。
[4] 分见《指掌集》卷3《前后事迹》、卷4《显应事实》。
[5] 见《指掌集》卷9,何夷素《宋朝重修广德王庙后殿记》;曹袭先《[乾隆]句容县志》卷10《艺文·重修云塘庙碑》。《至大金陵新志》的作者提到此庙之额由"忠佑灵济庙"改为"正顺忠佑灵济昭烈行祠"之后,也特意对了一句,"以事迹桐汭,反以此为行祠",似乎对广德张王的正统地位颇有些不满(《至大金陵新志》卷11上,《宋元方志丛刊》,第5688页)。

第二章 张王个案研究

以上五座张王行祠基本奠定了北宋张王信仰传播的格局,信众们多次重修旧的行祠,还在两个方向各新建了三座行祠。湖州地区的三座新祠分别位于乌程县南浔镇(今浙江湖州南浔镇)、湖州城内以及与广德交界处的四安镇(今安徽广德东)。其中城内行祠位于报恩观右侧,由知州徐铎所建,房屋有34间,规模很大。铎,莆田人,徽宗即位,以龙图阁待制知青州,随后罢知湖州。[1] 四安镇的行祠由翰林学士顾临所建。顾临于绍圣二年(1095)路经广德,张王托梦,《指掌集》卷三常安民《灵济王行状》称顾氏因此"惊惕出囊金市小松数百,植诸(张王祖庙)垣外而去",卷五又说顾氏在当年"立行庙于四安镇西北山"。顾氏为会稽人,他在绍圣中曾知歙州,途经广德,或在此时。[2] 北面的行祠位于宜兴、丹徒、丹阳三地,其中丹阳的两处行祠还先后在北宋天圣、崇宁年间得到重修,可知其影响不断扩大。

从张王的早期传播格局中,我们可以发现信仰传播受制于多重因素。许多资料表明张王与东部的湖州地区有密切联系,张王是从外地来到湖州,或者就是湖州乌程横山人,他后来娶的两位夫人赵氏、柳氏分别是白鹤山人与乌程桑丘人。如前所述,张王发迹显灵之地是长兴县的顺灵乡,从长兴的荆溪开凿河渠西通广德的青林塘,欲打通长兴与广德的水路通道,此后开溪的故事被不断提起和放大,反映了广德信众开通东部水路通道的愿望。当面临北部的压力时,广德民众也是到湖州去避难,甚至张王最早的一块碑文也保存在湖州。可以说,张王的神话及其早期的外传都反映了广德与湖州地区之间的自然地理关联,信仰东进的背后是信众进入水网密布的太湖流域的现实。不过,早期张王神话中还有一部分值得注意的内容,便是张王能够在广德以外的地区施展神力。在《指掌集》中,紧接着开溪神话的两个神迹分别是梁天监五年(506)建康祈雨和唐天宝中的长安祷旱,这至少说明在信众的观念中,张王信仰与政治中心的

---

[1] 《宋史》卷329《徐铎传》,第10606—10607页。
[2] 《宋史》卷344《顾临传》,第10939—10940页;《新安志》卷9,《宋元方志丛刊》,第7748页。

关系十分密切。从行政地理的归属角度而言，广德与湖州的联系不如与北部的建康、扬州地区紧密，这也可以得到相关史实的印证。唐末五代以来，广德相继由吴、南唐政权控制，而湖州则由吴越控制，[1]广德一直是吴、南唐与吴越争夺的前线，《指掌集》所载吴天祐十年（913）广德之围与南唐保大十四年（956）钱塘兵攻宣城之役亦说明当时广德处在要冲之地。天祐十年的广德之围在《资治通鉴》亦有记载：

（五月）吴遣宣州副指挥使花虔将兵会广德镇遏使涡信，屯广德，将复寇衣锦军。吴越钱传瓘就攻之……（六月）吴越钱传瓘拔广德，虏花虔、涡信以归。[2]

据《指掌集》卷三的记载，吴军虽败，广德并未为吴越攻破，所以事后吴还"遣使祭谢，重新祠宇"。广德是否为吴越所拔并不重要，需注意的是吴越胜后即归，事实上此后吴越与吴、南唐虽和战不常，广德却一直受控于后者，具体的行政区划则属于宣城地区，吴、南唐政权对张王信仰也都十分支持。北宋虽自太平兴国年间设广德军，但广德与北方地区的联系也比湖州密切，直到南渡之初还有以建康府、太平州、宣州、徽州、广德军为建康府路之举。[3]了解这一事实对于理解张王信仰传播的方向十分重要，从中可以看到政治性因素对神灵信仰传播的制约。[4]

由以上分析可知，南宋以前张王信仰的传播规模不大，受行政归属、自然条件等因素的影响，一方面向东部的湖州地区推进，有一些行祠还得到当地官员的支持，甚至由地方官创建；另一方面沿广德通往区域性政治

---

[1]《资治通鉴》卷261，乾宁四年（897）九月，"湖州刺史李彦徽欲以州附杨行密，其众不从，彦徽奔广陵，都指挥使沈攸以州归钱镠"。胡注："钱镠自此遂有湖州。"第8508页。

[2]《资治通鉴》卷268，后梁均王乾化三年（913）记事，第8772—8773页。

[3] 李心传《建炎以来系年要录》卷23，"建炎三年（1129）五月丁未"条，北京：中华书局，1988年，第489页。

[4] 韩森在讨论丹阳的张王行祠时，特别指出"祠庙正好在运河边上，这强调了张王与商人们的联系"。但按照本章的分析，丹阳行祠的建立者固然是贩货的钦公，但背后的制约性因素则是广德与扬州、建康之间政治联系并由此形成的交通网络（《变迁之神》，第149页）。

第二章　张王个案研究

中心建康、扬州的方向分布,这一带的行祠大多在北宋末年重修,说明张王在该地区的信仰延续下来。当然重修也可能和这一特定时期张王多次得到朝廷封赐,以及整个国家的宗教气氛有关。不过,从《指掌集》所记载的张王神迹和朝廷加封等级来看,北宋灭亡之前的张王主要还是广德一个地区的地方性信仰,这种状况直到宋室南渡后才被彻底改变。

二、南宋张王行祠的分布

南宋人为张王行庙撰写庙记,经常会提到张王信仰遍布各地的盛况。如庆元二年(1196)钱塘县主簿赵师白在给霍山张王行祠撰写的庙记中便说:"光灵之远,旁加横被。于是离宫行庙,金碧丹腹之辉,连城夸郡,苕峣相望焉。"[1]沈殼在记文中称:"夏屋渠渠,广殿耽耽。飞阁层台,流丹耸翠。自江之东,建神祠者,罕与伦比。"[2]曹至给江州祠山行祠写庙记时,甚至说张王"庙貌雄严,盛于浙右、江左,而江西、岭表多见"。[3]临安也有三座张王行祠,其中霍山张王行祠还是临安最重要的宗教场所之一,南宋灭亡后,人们在回忆昔日临安繁华景象时常会提到霍山张王行祠庙会的热闹情景。[4]广德祖庙的张王圣诞更是热闹非凡,"江、浙、荆、淮之民奔走徼福者,数千里间关不辞",[5]声被之远,可以想见。下面,我们根据南宋张王行祠的空间为序对各祠的具体情况略加分析。

1. 江南东路的张王行祠

这里是张王祖庙广德军所属路分,但行祠并不多,只有6处,而且散布在宁国府的宣城(1座)、太平州繁昌县(1座)、池州(1座)、建康府(1座)、徽州(2座)五地。宣城(今安徽宣城)的张王殿由进士赵孟爐所建,时间大约在南宋末。[6]根据《指掌集》卷三、四所载张王灵应事迹,有不

---

[1]　《咸淳临安志》卷73,《宋元方志丛刊》,第4012页。
[2]　《指掌集》卷5。
[3]　《江州志》,《永乐大典方志辑佚》,北京:中华书局,2004年,第1650页。
[4]　如吴自牧《梦粱录》卷1,北京:中国商业出版社,1982年,第6—7页;周密《武林旧事》卷3,北京:中国商业出版社,1982年,第45页。
[5]　黄震《黄氏日钞》卷87《广德军沧河浮桥记》,《四库全书》,第708册,第912页。黄震在这则记文中还说,修桥后可使"江、浙、荆、淮数十万众咸获其惠",可知南宋末张王诞会之盛况。
[6]　参见陈梦雷《古今图书集成·职方典》卷801《宁国府部·祠庙考》。

少与宣城有关,张王信仰进入该地很可能在赵孟燨建祠之前,但文献缺失,只好存而不论。繁昌县(今安徽繁昌北)的张王庙由著名诗人陈造修建。陈为淳熙二年(1175)进士,调繁昌尉。"尝旱祷于祠山昭烈王,即大雨有年。建庙,偕民事之所欲,必请,请必酬。"[1]徽州(今安徽歙县)二祠有一处具体情况已不可考,另一处由知州赵希远所建,位于报恩寺旁边。[2]

池州(今安徽贵池)行祠始建于何时已无法详考,只知道袁甫在绍定二年(1229)年提举江东常平之后不久曾重修庙宇。修庙的原因乃是袁甫之父袁燮在淳熙十年大病中梦与神遇而获愈,"后三十一年,先公复病,乃卜医于神,良验"。二事皆袁甫所亲见,但他说自己修庙并非要"侥福于神",而是为民祈祷,"表吾思亲之心"。在记文的最后,袁甫还希望"凡吏于池,家于池,与我同是心者,其世世葺治焉,俾勿坏"。[3]袁氏父子是陆象山心学在四明的代表人物,袁燮更是"甬上四先生"之一,《宋元学案》卷七十五专列《絜斋学案》,其子袁甫也是其思想传人。二人对地方信仰的态度耐人寻味,如果说前者还是个人行为,后者则是个人观念影响其为政理民的绝好例证。[4]

建康广惠庙在城东三里。[5]《景定建康志》卷四十四附《淳熙省札》一道,是资政殿学士、正奉大夫、知建康军府事钱良臣的奏状,由此可知庙由建康军民"自行盖造",不久钱良臣因雨水愆期前去祈求,获应后即为

---

〔1〕 陈造《江湖长翁集》卷21《重建祠山庙记》,《四库全书》,第1166册,第264页。
〔2〕 见《[嘉靖]徽州府志》卷10《祀典》,第10页,《北京图书馆古籍珍本丛刊》第29册,北京:书目文献出版社,1990年,第231页。
〔3〕 袁甫《蒙斋集》卷13《池州重建祠山记》,《四库全书》,第1175册,第483页。
〔4〕 《蒙斋集》中还有多篇庙记,多为袁甫任职地方时修建祠宇的记录,如卷12的《衢州徐偃王庙记》、《徐偃王行宫记》、《衢州重修灵顺庙记》、《衢州重修岳帝殿记》,卷13的《池州西祠俪景楼记》,卷14的《信州自鸣山孚惠庙记》。其中池州昭明太子祠乃袁甫赴任江东常平之初所修,他给幕僚下达了七项重要事务,每三日检查一次落实情况,所以他说这几条"无非切务,分委幕属,各司其事",其中之一便是修建昭明灵祠(《蒙斋集》卷11《无倦序示江东幕属》,第461—463页)。他在多处提到自己对民众神祠信仰的态度是本着"顺民心"、"从民愿"的原则,强调"事神之礼"乃儒家传统。作为当时思想界的精英人士,袁甫对民众信仰的这种观念、行为显然与时下的各种著作中提到的有较大区别,有必要细加探究。
〔5〕 《景定建康志》卷44,《宋元方志丛刊》,第2057页。

第二章 张王个案研究

之申请庙额,结果"赐广惠庙为额"。钱氏除资政殿学士知建康府在淳熙十二年(1185)正月,十四年八月除资政殿大学士。[1]则行祠的建立时间距此不远,且系民众自发修建,后来官方出面为其取得赐额,钱良臣在奏状中说申请的目的之一在于"使一方军民转至钦崇"。开禧三年(1207)旱,知建康府叶适亦"祷于祠山庙,期以三日,逾日而雨大降",作诗刻石于庙。[2]

句容张王旧祠在南宋的情况也值得注意。地方官员曾于此祈祷,"香炉移转不已,有碑记其事"。[3]乾道八年(1172),邑士许恭、李立等倡议重修庙宇,县令赵善言为之撰写庙记。此庙在南宋中期已成为一方祈祷中心,"远近之人岁以王之诞日集祠下",其灵应主要为"水旱必祷,痛疾必呼,是皆感于精神,发于梦寐,曰雨曰晹,如操左券"。[4]

2. 两浙西路的张王行祠

该地区新增张王行祠数量最多,共32处,占南宋张王行祠的一半。

镇江府(治今江苏镇江)在南宋又添了3座新祠,丹阳县的两处应该是在旧庙基础上衍生出来的。其中一处位于县南50里竹塘,一个名叫洪秉权的人与乡人郭之奇赌博,发生争执,走到当地的张王旧庙时打了起来,洪氏不敌,怕无法走脱,于是向张王许愿,如果自己能平安脱险,将在竹塘建立新庙,这便是竹塘庙创建的缘由。两个赌徒的身份不明,可以肯定的是,洪氏向张王的祈祷应该与生意无关。[5]又,丹阳县东城有灵惠王庙,即威济李侯庙,但不知兴于何时。[6]延陵镇建于嘉熙间,创建情形不明,1256年由地方官员赵良铻"率众增广",相隔不到20年。[7]金坛

---

[1] 徐自明撰,王瑞来校补《宋宰辅编年录校补》卷18,北京:中华书局,1986年,第1246—1247页。
[2] 诗见《水心集》卷6《祷雨题张王庙》,《叶适集》,北京:中华书局,1961年,第47页。
[3] 《至大金陵新志》卷11上,《宋元方志丛刊》,第5688页。
[4] 杨世沅《句容金石记》卷5《重修建康府句容县南庙记》,国家图书馆善本金石组编《宋代石刻文献全编》第2册,北京图书馆出版社,2003年,第160页。
[5] 《至顺镇江志》卷8,《宋元方志丛刊》,第2732页。
[6] 《至顺镇江志》卷8,《宋元方志丛刊》,第2732页。
[7] 《至顺镇江志》卷8,《宋元方志丛刊》,第2732页。

县(今江苏金坛)的行祠位于县治西二里,绍兴三年(1133)重建。当然,此庙很可能北宋已经存在,但无确切证据,只好根据重建时间置于南宋。[1]丹徒县的旧祠此时影响进一步扩大,不仅出现了与防江军、地方政府相关的神迹,还成为江淮一带张王信众的信仰中心之一,"每岁仲春,江淮及境内士民拜奠祠下者,凡月不绝"。[2]

常州(治今江苏常州)过去只有与广德接界的宜兴有张王行祠,南宋时至少增加了4处行祠,武进(今江苏武进)、无锡(今江苏无锡)、宜兴新祠具体情况不明,[3]州城行祠在崇胜寺西,由知州王圭所建。[4]常州东北的江阴军(治今江苏江阴)也出现了张王行祠,由乡豪陈氏子起愿心建立,在卜地建庙的过程中有神异事迹发生,张王托梦于军学录蒋永达,蒋再转告他人,"自是肇修香火,一殿岿然,郡县祈祷感应,祠祀甚谨"。[5]此事周秉秀辗转从薛齐谊处获知,而薛闻之于蒋,蒋在江阴张王行祠建立过程充当了代言人的角色。此次行动实际上是曾任广德军学录的蒋永达与江阴乡豪陈氏联合操纵的,蒋是江阴张王行祠与广德张王信仰发生关联的重要媒介。

平江府(治今江苏苏州市)的张王行祠共4座。昆山县(今江苏昆山县)的行祠大约建于1171年,在永怀寺内,香火维持了一百多年。[6]常熟(今江苏常熟市)的行祠依托乾元宫,是邑人从外地迎奉神像建立的,不久乡人筹集资金加以扩建。[7]吴江县(今江苏吴江县)的行祠建于嘉定十六年(1223)之前,《指掌集》卷四记载了该祠的一个神迹,与太湖水灾有关。平江府治所在地吴县的张王行祠位于雍熙寺东。国家图书馆所

---

[1]《至顺镇江志》卷8,《宋元方志丛刊》,第2735页。
[2]《至顺镇江志》卷8,《宋元方志丛刊》,第2731页。
[3] 分见《咸淳毗陵志》卷14,《宋元方志丛刊》,第3075、3076、3077页。
[4]《咸淳毗陵志》卷14,《宋元方志丛刊》,第3073页。又据该志卷8《秩官》,王圭知常州在淳祐八年至十二年,《宋元方志丛刊》,第3022页。
[5]《指掌集》卷4《显应事实》。
[6]《淳祐玉峰志》卷下,《宋元方志丛刊》,第1090页。永怀寺即永怀报德禅院,"在县西南二百步,旧为景德寺普贤教院,有诸天阁,范浩为记,后敕赐今额,以奉显恭皇后香火"。(见《淳祐玉峰志》卷下,《宋元方志丛刊》,第1086页。)
[7]《琴川志》卷10,《宋元方志丛刊》,第1242页。

第二章　张王个案研究

藏碑刻拓片有两则碑记提到该庙，一是莫子纯所撰《平江府新建广惠行祠记》，提到庆元三年的一次地方祈雨；另一则是《张真君庙免赋执照碑》，主持张王庙的僧人在咸淳六年（1270）向平江府申请庙田免赋，获准后立碑。[1] 此外，黄震在开庆元年（1259）任吴县尉之初，拜谒的五处祠庙也包括张王行祠。[2] 也就是说，平江府的张王行祠至少存在了近百年，并获得官方承认，一直是地方信仰的重要场所。庙最初在寺东，后来完全由僧人管理。[3]

嘉兴府（治今浙江嘉兴市）有张王行祠4处，其中海盐县（今浙江海盐县）南一里的行祠绍熙二年（1191）由文林郎、绍兴府察推蔡与义建，淳祐十一年（1251）知县何三寿再建。[4] 该县澉水镇的南市行祠，嘉泰三年（1203）立，绍定三年（1230）重建。宝祐二年（1254），因泊户以庙门为酒肆，监镇张焯与茶院陶监酒拆去酒店，在庙门的对面立李太尉小殿，"以免秽杂"。[5] 华亭县（今上海松江区）两处行祠的具体情况不明。[6]

湖州是张王信仰东传的主要地区，南宋时又增加了5处行祠。安吉县（今浙江安吉县北）行祠在县西北常乐寺东，[7] 武康县（今浙江德清县武康镇）行祠在县治，[8] 德清县（今浙江德清县）行祠建于宋末，情况不明。[9] 长兴县新增行祠在县西五峰山，由道士陈静逸所建，此祠至明代仍由道士主持。[10] 州治新增行祠位于定安门外，亦即湖州州城南门，[11]

───────

〔1〕 分见《北京图书馆藏中国历代石刻拓本汇编》第44册，郑州：中州古籍出版社，1990年，第20、137页。
〔2〕 黄震《黄氏日钞》卷94《祠山祝文》，《四库全书》，第708册，第1003页。
〔3〕 雍熙寺的位置在"（吴）县北十步"。见王謇《宋平江城坊考》，南京：江苏古籍出版社，1999年，第70页。
〔4〕 《至元嘉禾志》卷12，《宋元方志丛刊》，第4496页。
〔5〕 《澉水志》卷上，《宋元方志丛刊》，第4664页。
〔6〕 分见《云间志》卷中，《宋元方志丛刊》，第28页；《至元嘉禾志》卷12，《宋元方志丛刊》，第4492页。
〔7〕 《嘉泰吴兴志》卷13，《宋元方志丛刊》，第4746页。
〔8〕 《嘉泰吴兴志》卷13，《宋元方志丛刊》，第4745页。
〔9〕 《吴兴续志》，《永乐大典方志辑佚》，第839页。
〔10〕 《浙江通志》卷29《寺观四》，《四库全书》，第519册，第744—745页；并参《古今图书集成》卷971《湖州府部》。
〔11〕 《嘉泰吴兴志》卷13，《宋元方志丛刊》，第4742页。

周密曾提及他母亲向此处的张王祈祷,问的是他父亲的仕途。[1]

南宋临安府新增的张王行祠数量最多,共7处,其中临安城就有3处。临安霍山的张王行祠可能是广德以外最有名的张王庙,几部描写南宋临安的笔记小说都提到它。从二月八日开始的张王圣诞也是临安士民最热闹的节日之一,"倾城士女咸集焉"。[2]然而,此庙的建立却不太顺利,乾道庚寅(1170)开始修建,绍熙甲寅(1194)始成,费时25年,庙成后钱塘县主簿赵师白、监潭州南岳庙裘梓先后为之撰写庙记。这座张王祠建在临安钱塘门外西湖之北霍山上,与都城有一定距离。建庙原因为"临安岁每涸,帅阃遣吏走数百里告,波余露积,家怀户感",但出面建庙的并非临安地方官府,但也不是全由普通百姓建立,如出资最多的张宗况乃判院,[3]检《止斋集》卷十八有《张宗况、张宗愈转一官与干官差遣》制词,称其为"勋阀世臣"。若二者为一人,[4]则张氏不仅担任朝廷判院之职,且有相当背景,所以庙宇建成后能让钱塘县主簿赵师白撰写庙记,也可知修庙实际上是得到地方政府的承认甚或是支持的。庙宇修建久拖不成,问题可能出在资金筹集方面,所谓"集于积劝之久"也,之所以在绍熙五年大功告成,原因之一可能是广德军在绍熙二年(1191)向朝廷申请在张王原有的八字王封号中更改二字获得成功,[5]此举对临安的建庙者们鼓励极大,二十余年未成之事乃在数年内最终完工。景定二年(1261)、咸淳四年(1268)安抚使洪焘、潜说友相继主持霍山张王行祠的修葺。霍

---

[1] 周密《齐东野语》卷13,第239—240页。
[2] 《淳祐临安志》卷8,《宋元方志丛刊》,第3301页。
[3] 笔者怀疑此判院是判临安都税院,《咸淳临安志》卷93引洪迈《夷坚志》的一则故事反映了张王与临安都税院有特殊关系,且此事正好发生在霍山行祠建成后不久(《宋元方志丛刊》,第4208、4209页)。
[4] 昌彼德等编《宋人传记资料索引》(台北:鼎文书局,1973年)未收此二人,不过,据《指掌集》卷5所载,嘉泰三年(1203),直秘阁张宗愈出钱百万重建诸殿,与创建霍山行祠的张宗况应该就是《止斋集》制词中的张氏兄弟。又,张宗愈见《淳熙严州图经》卷1《正倅题名》,在庆元六年二月以朝奉郎提辖左藏库,嘉泰二年二月任满(《宋元方志丛刊》,第4305页)。
[5] 据《指掌集》卷2《世系》,张王在绍兴五年即封为正顺忠祐灵济昭烈王,这是当时神祠封号制度中的最高荣誉,但随后广德军不断提出在八字中更改二字以示褒崇,由于未有突出的神迹,一直未允,至绍熙二年八月方援例易灵济为威德。

第二章 张王个案研究

山庙建立后不久,朝廷下令修内司在金地山另建新祠。[1]据说朝廷在金地山建张王庙是为了便于民众祈祷,但"都人士女竞趋霍山,不以一关为惮也"。[2]事实上,此后金地山的张王行祠一直默默无闻,即便朝廷遣使向临安的张王祈雨,也是到霍山。庆元六年(1200)僧善彬又在木子巷北的千顷广化院建张真君行祠。[3]属县的4处行祠,昌化县(今浙江临安市昌化镇)行祠由县令张任所建,在上清宫之西;[4]于潜县(今浙江临安市于潜区)行祠由官员骆嗣业建,道教的无极宫在其右;[5]余杭县(今浙江杭州余杭区)行祠在著名的洞霄宫,开禧间内廷赐神像及左右侍从;[6]富阳县(今浙江富阳县)的情况则不太清楚。[7]

严州(治今浙江建德市东北)有张王行祠5处,州治行祠旧在兜率寺东庑间,淳祐元年(1241)知州王佖拓展寺东废址,建立独立的祠山行宫,南临通道,庙貌更新。[8]桐庐县(今浙江桐庐县)的行祠在县西一里,绍熙中邑令陈准感梦立,据说开禧初方秘科举夺魁与之有关。[9]淳安县(今浙江淳安县)广惠行祠在县治南,嘉定乙亥(1215)知县应与权建。应氏为淳安人,"性孝友,嘉定间游太学,以亲老乞归养。上美其意,授本邑令。公勤廉恕,兴学劝人,甚称之"。[10]另外两处行祠位于遂安(今浙江淳安南)、分水县(今浙江桐庐北),情况不明。[11]

---

[1] 修内司隶将作监,由内侍充任,掌皇城内宫殿垣宇及太庙修缮之事,南宋时兼制造御前军器,其官厅在临安孝仁坊青平山口,离金地山很近。金地山在临安城内,离大内、三省六部官衙、大庙等地都很近,山下即为雄七营、雄八营,附近有妙果尼寺、上方寺等佛教寺院(龚延明《宋代官制辞典》,北京:中华书局,1997年,第369页;《梦粱录》卷11,第84页)。

[2]《咸淳临安志》卷73,《宋元方志丛刊》,第4011页。

[3]《咸淳临安志》卷76,《宋元方志丛刊》,第4041页。

[4]《咸淳临安志》卷71,《宋元方志丛刊》,第4039页。

[5] 并见《咸淳临安志》卷26、73,《宋元方志丛刊》,第3612、4020页。

[6] 邓牧《大涤洞天记》卷上,《道藏》,第18册,第143页。

[7]《咸淳临安志》卷73,《宋元方志丛刊》,第4021页。

[8] 兜率寺是严州官员祝圣寿满散道场的地方。佖为金华人,淳祐元年三月十四日到任,二年九月二十六日去任,救荒有大功,修州学,行乡饮酒礼,修钓台书院(《景定严州续志》卷2、4,《宋元方志丛刊》,第4360、4379页;《浙江通志》卷29,《四库全书》,第519册,第744、755页)。

[9]《景定严州续志》卷7,《宋元方志丛刊》,第4400页。

[10]《景定严州续志》卷6,《宋元方志丛刊》,第4396页;凌迪知《万姓统谱》卷57,《四库全书》,第956册,第864页。

[11] 分见《景定严州续志》卷8,《宋元方志丛刊》,第4404、4408页。

3. 两浙东路的张王行祠

目前尚未发现南宋之前张王信仰在该地区传播的记载,而宋代居然出现了 13 处张王行祠,应该是前面谈到的交通路线变化的间接产物,也可以理解为两浙西路的临安府、严州地区张王信仰传播的进一步延伸。

绍兴府(治今浙江绍兴市)的 4 处张王行祠情况都不太清楚,但余姚县(今浙江余姚县)行祠"在县西二百六十步",嵊县(今浙江嵊县)行祠"在县北一百八十步",离县衙极近,[1]或许暗示它们与地方官府有着某种关联(前面的平江府行祠即如此)。

明州(治今浙江宁波市)也有 4 处张王行祠,最早的一座在海中的昌国县(今浙江定海)。此庙建于绍兴二十年(1150),由于有昌国教授高闶的庙记,我们对它的了解相对多一些。高闶的记文详细叙述了张王信仰的起源以及部分神灵感应故事,由朝廷对张王的态度,可知当时普通的士大夫关于张王的知识和观念与广德地区的张王信仰关系十分密切,后者塑造的张王形象直接影响到其他地区的士人、民众对张王的认识。庙记中也提到建庙缘起,建庙者为烈港都巡检使李全,曾经担任广德都监,"事王甚恭",绍兴十八年初调任烈港都巡检使,正逢海寇出没,上司督责甚严,李全祈祷张王,任务得以顺利完成,"遂出己俸就建行庙以严奉之,一王、四公、十一侯、十有九夫人亦皆塑像,以从其祀"。庙记最后高氏系衔为"左迪功郎新广德军学教授"。[2]烈港张王庙建立的两位主角——修庙者李全、庙记撰写人高闶都与广德有关系,前者是离任的广德都监,后者是即将上任的广德军学教授,但都不是广德本地人。李全可能是在广德任官时接受了张王信仰,到昌国烈港履新遇到难题时不求助于本地神灵,而继续向张王祈祷,获得灵验之后在烈港发起建立了一座张王行祠,此举后来又得到当地人的支持,庙记云"烈港之人从而乡信,又增侈而丹艧之"。该地另一座张王行祠则"附祖印寺之右"。[3]

---

[1] 分见《嘉泰会稽志》卷 6,《宋元方志丛刊》,第 6810、6807 页。
[2] 《乾道四明图经》卷 10,《宋元方志丛刊》,第 4947 页。
[3] 《大德昌国州图志》卷 7,《宋元方志丛刊》,第 6105 页。

第二章　张王个案研究

鄞县（今浙江宁波市）二灵山的张王行祠在宋元四明方志《祠庙门》中均未记载，只在山水部分提及，实则此祠颇有来历。[1]《指掌集》卷四称，乾道七年（1271）史越王浩遣客将范时升以祝文请香火归明州供养，史早先乡举失利，往宁国府谒亲，过桐川，托宿祠下，卜以前途，所梦皆得应验，遂"请香火归乡奉安，以报洪德，近已于鄞邑之二灵山建立圣像"，祝文《史浩请香火归明州供养文》收入《指掌集》卷十。据《宝庆四明志》卷十，史浩与高闶皆为四明鄞县人，且都是绍兴十五年（1145）榜进士。[2] 四明史氏、高氏乃当地大族，他们或为张王撰写庙记，或直接为张王建立行祠，其行为对于张王信仰传播的作用虽不可夸大，但他们在地方社会乃至朝廷都有相当的影响力，他们的态度很可能成为推动张王信仰的重要力量。史浩与张王发生联系固然与其乡举失利有关，但张王之所以能在其面临早年人生挫折的关口闯入其梦境，则有赖于他宁国府谒亲之行，这也是前文所说的交通网络变化影响张王信仰传播的一个例证。

慈溪县（今浙江慈溪市）张王行祠于开禧初由县尉施子升创建，宝庆二年（1226）县令周符、县尉庄镐向本地信众募集资金扩建。"水旱疾疫，邑人必祷焉。"[3] 明州州城的张王行祠旧附灵济院佛殿之右，隘陋卑湿，"淳祐六年夏，制帅集撰颜公颐仲卜院之南偏，鼎新创建"。南宋灭亡前夕，黄震奉命置司庆元府团结军民，所拜谒的神灵也有张王，则此时明州张王行祠已纳入官方祀典。[4]

衢州（治今浙江衢州市）的张王行祠2处，常山县（今浙江常山县）行祠在县学东，因县令郑元鼎祈雨有应建立，江山县（今浙江江山县）行祠情况不明。[5] 婺州（治今浙江金华市）行祠1处，在武义县（今浙江武义

---

[1]　《宝庆四明志》卷12，《宋元方志丛刊》，第5148页。
[2]　《宝庆四明志》卷10，《宋元方志丛刊》，第5117页。
[3]　《宝庆四明志》卷17，《宋元方志丛刊》，第5217页。施子升在开禧二年曾受命修县学（《宝庆四明志》卷16，《宋元方志丛刊》，第5204页），周符任慈溪县令在宝庆元年（1225）七月二十八日至绍定元年（1228）十月二十七日（《宝庆四明志》卷16，《宋元方志丛刊》，第5203页），绍定元年还曾在县治之后修揽秀亭（《延祐四明志》卷8，《宋元方志丛刊》，第6275页），然二人籍贯以及修张王祠之动因均不可考。
[4]　黄震《黄氏日钞》卷94《张真君祝文》，《四库全书》，第708册，第1015页。
[5]　见《古今图书集成·职方典》卷1014《衢州府部·祠庙考》。

县),信众称之为"张车骑庙",说张王是汉代的张安世。[1]台州(治今浙江临海市)张王行祠在《嘉定赤城志》中只记载了一处,在州城栖霞宫东,但作者随后又说"诸邑类有之,今不尽载"。所以,台州的张王行祠很可能有四五处。[2]温州(治今浙江温州市)的张王行祠也至少有一处,嘉定四年、宝祐七年杨简、吴泳先后知温州,上任之初都曾向张王祷告,而且往往是与当地最重要的神祇城隍或海神一同祈祷,可见张王在温州于1211年已纳入地方祀典,并且一直维持到宋代末年。[3]

4. 福建路的张王行祠

该路共有5处张王行祠,散布在福建各处。建宁府崇安县(今福建崇安县)在1238年之前已有张王行祠,[4]且张王甚至不再是张渤的专利,而是可以由死去的人充当的职位,1257年建宁知府孙梦观死前,"民有梦从者甚都,迎祠山神,出视之则梦观也"。[5]该故事的产生和流传似乎还暗示,建宁府府治所在地也有张王神祠。

福州古田县(今福建古田县东)的张王行祠最初依附于古田本地的惠应祠,嘉定九年(1216)县令刘克逊因祈雨、捕贼等事祈求获应,遂与县丞洪某、主簿、县尉等人共同倡议重修庙宇。从刘克庄撰写的庙记来看,广惠在新庙中似乎占据了主导位置。修庙过程中"士民咸乐助",庙基用地由谢某提供,记中未言姓名乡里,应该是乐助的众多士民中较有钱财或地位之人。发起者中有古田的主要官员,刘克逊是刘克庄之弟,莆田人;县丞洪某为鄱阳人,据说是三洪之后;县尉之一诸葛氏,泉州人,是捕贼求神的主角,因功改京秩;其他两人皆为福州本地人。张王在古田的传播模

---

[1] 王象之《舆地纪胜》卷24,扬州:江苏广陵古籍刻印社,1991年,第292页。
[2] 《嘉定赤城志》卷31,《宋元方志丛刊》,第7519页。
[3] 杨简《慈湖遗书》卷18《海神、祠山祝文》,《四库全书》,第1156册,第905页;吴泳《鹤林集》卷14的相关祝文、卷16《知温州到任谢表》,分见《四库全书》,第1176册,第126、129、131、155页。叶适也曾提到嘉定四年杨简曾守温州,修葺社稷,并且谈自己年幼时看到温州社稷不修,不受地方官重视,批评水旱祈祷往往到"行庙之祠山"等地方,实则杨氏也曾祈雨祠山(见《水心集》卷11《温州社稷记》,见《叶适集》第187页)。
[4] 管声骏《[康熙]崇安县志》卷3,《稀见中国地方志汇刊》第32种,北京:中国书店,1992年,第976页。
[5] 《宋史》卷424《孙梦观传》,第12655页。

式是邑人率先建祠,官方接受,并成为积极支持者,但民众仍为张王的主要信众,他们积极参加了官方发起的庙宇重修活动。[1]

另外三处张王行祠位于漳州(今福建漳州市)、泉州(今福建泉州市)和汀州莲城县(今福建连城县),具体情况都不太清楚。[2]我们只知道莲城行祠紧靠着一座佛教寺院,而泉州张王庙在嘉定十年之后已经纳入地方祀典,真德秀的文集中有五首他两次知泉州时祈祷张王的祝文,说到泉州地方官员要向张王行祠"春祈秋报",并负责出资修缮庙宇。

5. 江南西路、淮南西路、淮南东路、荆湖南路的张王行祠

这四个地区位于广德西部或北部,距离都比较远,我们只勾稽到7处张王行祠,当然会有漏略,或者文献失载,但与这些地区同广德的关系基本吻合。其中,江南西路与广德最为接近,所以有3处行祠。抚州(治今江西抚州)行祠在报恩禅寺之左庑,是郡中祈雨场所。[3]吉州(治今江西吉安)行祠在能仁寺右侧,由寺僧负责祠中香火。[4]江州(治今江西九江)张王庙乃知州曹至所创,他在记文中云:"予来九江,凡雨旸有祷,应如响答。欲祠之,未有其所,通籍奸吏居近阛阓,据寻阳之胜,于是即而广之为行庙。"庙基靠官方权力获得,修庙之费也似乎是官方所出,所以曹至说庙成"而民不知"。曹至还说,触发修庙之机的深层原因是传说张王曾随庐山归宗寺的智常禅师听法,"此距山南不远,人皆能诵其详,则江人尊敬,盖非一日"。[5]佛教与张王信仰的关系成为修庙的媒介,不过,仅就张王在江州的传播而言,曹至的态度无疑具有决定作用。

---

〔1〕 刘克庄《后村先生大全集》卷88《古田广惠惠应行祠》,《四部丛刊初编》本,第2—3页。
〔2〕 分见《福州通志》卷65《杂纪》,《四库全书》,第530册,第321页;《西山文集》卷52—54相关祝文;《临汀志》,《永乐大典方志辑佚》,第1284页。
〔3〕 《临川志》,《永乐大典方志辑佚》,第1930页。
〔4〕 《古今图书集成·职方典》卷900《吉安府部·祠庙考》;刘辰翁《须溪集》卷4《吉州能仁寺重修记》,《四库全书》,第1186册,第478页。
〔5〕 《江州志》,《永乐大典方志辑佚》,第1650页。

淮南西路的张王庙只有一处,位于安庆(今安徽潜山县)城墙边。[1]淮南东路则有两处,六合县(今江苏六合县)行祠由县令刘昌诗所建,盱眙(今江苏盱眙县)祠山庙由知军鲍某所创。这年春天,鲍氏主持祈雨获应,"自是千里之间,祇率奉事如严君,敬共朝夕。潜格阴化,如得良傅。师政益乎,民益易谕"。庙记中语难免夸饰,意在说明鲍某在盱眙引进张王信仰之举因祈雨灵验得到地方民众的肯定。这是张王在宋代最北的一座行祠,难怪陈造在庙记中一再强调张王的神力无大江南北此厚彼薄之分。[2]

荆湖南路湘阴县(今湖南湘阴县)的行祠在宋代张王祠中位置最靠西部。此祠由僧人祖发创建,原因是"楚尾之民,奉祠山者多"。于是,在修建万岁寺时特别设立祠山大帝殿,"以为往来祈福之地"。[3]

综上所述,赵师白、沈殼、曹至等人对张王信仰传播的概括基本属实。南宋一百五十多年中,平均不到三年就有一座新祠出现,尤其值得注意的是,绍熙五年(1194)临安霍山张王行祠建立之后,整个东南地区出现了张王信仰热,在不到二十年里,临安就出现了三座张王祠,而各地至少建了十几座张王行祠,还不包括旧祠宇的重建、维修活动。[4]从空间分布

―――――――

[1] 见《勉斋集》卷34《晓示城西居民筑城利便》。榜文中或称张王庙,或称祠山庙,知此庙即广德张王行祠。据《宋史》卷430《黄幹传》,他知安庆府之前有金人破光山之事,而安庆近边,所以黄幹上任之初即修城备边,检《宋史》卷40《宁宗本纪》四,事在嘉定十二年(1219)二月,由此推知安庆在此前已有张王庙。
[2] 陈造《江湖长翁集》卷21《重建祠山庙记》,记中只云"永嘉鲍侯守于台",所守之地不明,但同集卷22《槐衮堂记》提到今鲍侯时谈的正是盱眙军之事,且与记中"淮民"、"淮之流"等语亦相合。记言"重建",或是庆元二年(1196)祈雨获应后鲍某在盱眙民众支持下的修葺之举,见《四库全书》,第1166册,第264、265、275页。又,《盱眙县志稿》卷7上云:"鲍□□,庆元二年知盱眙军。"见李之亮《宋两淮大郡守臣易替考》,成都:巴蜀书社,2001年,第304页。
[3] 《古罗志》,《永乐大典方志辑佚》,第2345页。又,明《湘阴县志》卷2有"祠山,在县治,其神为张渤,能凿河通舟,有功于民,或曰武陵人,或曰黄帝子大禹时居武陵,未知孰是"。古罗即湘阴也,则宋代或宋以后张王在此地又有传播,其在县治可知官方认可。《稀见中国地方志汇刊》,第38册,第501页。
[4] 临安霍山张王行祠最初由民众兴建,费时25年方建成,目前尚无明确证据表明随后兴建的各地行祠与临安行祠之间存在关联。但是,临安行祠修建的最后阶段有官方力量参与,建成之后很快为朝廷承认,据《宋会要》记载,此后的30年中,朝廷曾24次派侍从官到霍山张王庙祈雨,足见朝廷这一时期对张王信仰之重视,各地官员、民众受此影响建立张王行祠也是有可能的。见《宋会要》礼18之25、26,第745页。

第二章 张王个案研究

来看,以广德、建康、临安三地为中心,西起湖南的湘阴,东到海中的昌国,北到淮河附近的盱眙、长江以北的安庆,最南到福建路的泉州,都有张王的行祠,传播的地域十分广泛。具体而言,分布最密集的地区为建康、淮西经广德通往临安的通道附近,建康、临安为中心的周围地区,以及东部运河沿线地带,而广德以西明显比东部地区要少。[1]

不过,即使是东部运河沿线一带,张王信仰的传播路径在两宋之交也发生了变化。北部镇江、建康,东部湖州两个方向仍持续外传,并进一步向常州、平江等地拓展,但其势头远不如临安、严州,以及绍兴、明州等地。信仰传播新格局背后是整个社会的变革。

对两宋之间的各种变化,学者们已有充分讨论,如伴随政治中心南移带来的人口、经济向南推进,东南地区的开发等。从信仰方面而言,韩森曾提到南宋经济发展、地区性开发程度的差异对神灵信仰的影响。[2] 这些研究成果都很有价值。但对于广德地区的张王信仰而言,国家政治中心从东京南迁至临安,更有非同寻常的意义。

如前所述,周秉秀曾谈到南宋时"驻跸吴会,桐川旧都天密迩,郡守监司治其境,士夫往来经其途"。[3] 一语道破迁都临安之后广德在新的交通网络中所处的重要位置,北部建康、两淮至临安的驿路之一须经广德,而长江中上游地区至临安也可以先走水路,再到太平州等地登岸经广德进京。[4] 新的交通网络使广德与东部湖州地区与南部临安联系日益加强,也推动了张王信仰朝这两个方向传播的力度,并进一步向两浙东路甚至福建路渗透。

通过以上分析,我们对南宋张王信仰传播的路径、空间分布有了一个比较合理的解释,由此也可以看出政治社会的变迁以及由此带来的交通

---

〔1〕 张王信仰传播的东西差异应该与东部地区经济发展较西部发达、人口流动也更快有关。但同样不可忽视的是,东部地区在文献保存方面较西部完整,所以对这一分布特征的解释尚有待未来其他文献及相关问题的研究,方可下一相对确定之断语。

〔2〕 韩森《变迁之神》第五章《湖州个案》,第102—125页。

〔3〕《指掌集》卷6《杂编》。

〔4〕 前揭曹家齐文《宋代南方陆路交通干线沿革述考》,载张其凡、范立舟主编《宋代历史文化研究》(续编),第188页。

路线等方面的变革对某一特定信仰的巨大影响力,但这种转变只可视为影响南宋张王信仰传播的总体背景,更进一层的问题是:是什么力量在推动张王向各地传播?

三、推动张王信仰传播的力量

从 70 多座行祠的情况来看,张王信仰向外传播主要有两种方式:一是普通民众率先崇信,而后得到官方的认可、支持;二是地方官员、普通士人(包括尚未入仕和已经离任的知识阶层)、朝廷出于各种原因在各地建立张王行祠,后来为民众所接受。第一种方式或者如常熟信众那样将神像迎请回来建祠,或者如江阴军的乡豪,假托神意,并利用在广德做官的蒋某为中介。传统文献对这类行祠的记载一般很简略,但假以时日,也可能获得地方官府的认可,至少有 12 座行祠后来由官方出面重修。[1] 还有 4 座行祠没有提到创建之人,后来也成了地方官府雨旱祈祷的场所,或者纳入春秋祀典。[2] 第二种模式的行祠有比较明确的记载,共有 18 例,[3] 此外邻近县衙建立的行祠有 3 例,[4] 一般来说,民众自行修建的神灵庙宇很少在官府衙门附近,所以这 3 例也基本可以视同官建。[5] 如果以上统计、推断合理,75 座张王行祠中明确由士人、官方修建的占 24%,如果加上地方官员主持重建或扩建,或者是较大程度参与或控制的则有 37 座行祠,占总数的一半以上,可以说,地方官员群体及其流动可能是推动张王信仰向各地传播的最大动力。这些在任地建立张王行祠或支持张王信仰的官员,或者曾任职于广德,或者曾任职于有张王行祠的州

---

〔1〕 湖州卞山、句容县、建康、临安霍山、古田县、池州、严州、明州、海盐澉水镇南市、丹阳县延陵镇、平江府、泉州。

〔2〕 丹徒县华山、长兴、温州、抚州。

〔3〕 宜城县、繁昌县、徽州、常州、临安金地山、于潜县、湖州四安镇、乌程县、海盐县、桐庐县、淳安县、鄞县二灵山、慈溪县、昌国县、常山、江阴、六合县、盱眙。

〔4〕 余姚县、嵊县、分水县。

〔5〕 相反,地方官府为控制民众信仰将民众自行创建的祠宇迁至离县治较近的地方或以便于控制之处另创新祠。前者的典型例子如元祐年间山西威胜军绵上县对东岳庙的处理,此庙原为民众私创,经常因为供献祭品的先后顺序问题发生争吵,甚至有斗殴致死之事发生,新县令将庙迁往县衙之侧,强化了对民众信仰活动的控制,后者可参金地山的张王行祠(胡聘之《山右石刻丛编》卷 15,齐仲驰《威胜军绵上县移建天齐仁圣庙记》,《宋代石刻文献全编》第 1 册,第 712—713 页)。

第二章　张王个案研究

县,或是个人途经广德与张王信仰发生关联而后为官时支持张王信仰。在张王信仰波及的各个地区中,最能体现地方官作用的应该是明州。四明的大族史氏、袁氏都曾乞灵于张王,史浩请香火还乡,建祠二灵山,袁甫则在任地重建张王祠宇,高氏在四明也有一定影响力,其子弟高闶有为张王行祠撰写庙记之举。[1]

由于官员任职之所变动较大,使得张王能传播到那些与广德在自然地理、行政区划、经济交往上关联度极低的地区,包括远在海中的昌国、北部的盱眙。也正因为如此,张王行祠在朝向政治、经济中心地区密集分布的同时,又具有很大的分散性,或者说不规律性。士人、官员们支持张王传播,与张王在水旱祈祷方面的特殊神力有关。各地张王行祠不断显示、或支持者们不断强调的正是这种神力,这也是地方官员在信仰领域最关注方面之一。此外,自绍兴九年(1139)起,朝廷遣官向张王祈雨,而据《宋会要》所载,从淳熙十三年(1186)至嘉定十四年(1221)朝廷便八次遣官往广德祈雨,大约与之同时,朝廷在绍熙五年至嘉定十七年间曾24次命侍从官到霍山行祠祈雨,其规格与上天竺灵感观音寺相同,比所有首都和地方性神祠的待遇都要高,朝廷对张王信仰之重视由此可见。[2] 张王的封号也不断上升,一直到最高的八字王,又改封为真君。朝廷的态度无疑会推动张王的传播,南宋大部分张王行祠都在这个时期创建或得到重修,二者之间应该有一定关联。[3]

在祠神信仰传播中,释道二教的作用也需特别注意。这两种组织性宗教有时是民众接受他乡之神的中间桥梁,有时则是祠神信仰传播的直接推动者。除了士人和官员,佛教和道教也是推动张王信仰传播的重要

---

[1]　明州附近的慈溪、海盐、昌国的张王庙都由地方官员建立或控制,余姚、上虞、嵊县的张王庙亦在离县治不远处。根据前面提出的交通路线变迁影响祠神信仰传播、发展的解释路径,四明及其附近地区与广德关联度甚小,显然不易解释。但如果充分认识到此期地方官员在神灵传播中的重要性,并考虑到地方大族的信仰倾向对地方社会的一定影响,就不难理解该地在南宋出现众多张王行祠这一现象了。

[2]　《宋会要》礼18之25、26,第745页。

[3]　如刘克庄在记文中谈到古田奉祀张王的合理性时,便强调它是"被衮服冕,极国家之封册者",与一般的"依草附木以惑人者"不同。其他庙记,甚至方志中谈到这位外地祠神时,经常会标明朝廷的封赐情况。

力量。各地的张王行祠,至少有23例(约占75座的31%)与释道寺观有关。[1]其中14座行祠在寺观之内,这中间又有5处是由僧人或道士主持创建或重修,它们都完全成为寺观的组成部分之一。在佛教寺院者,如湘阴万岁寺的张大帝殿是出于僧人祖发的安排,临安千顷寺的祠山行宫也是由僧人善彬建立的;至于道教宫观中的张王祠,如常熟县正顺忠祐威德圣烈王殿位于乾元宫三清殿之西,余杭县洞霄宫中的祠山张帝祠南宋末很有名气,内廷曾特赐张王及左右侍从之像,长兴五峰山的张王庙虽然没有提到与道观的关系,但此庙由道士陈静逸所建,直至明代仍由道士负责。另外9座行祠都在寺观之傍,有的明确提到二者之间的关系,如著名的霍山张王行祠,即由长庆寺僧主香火;[2]有的虽未明言,但二者关系十分紧密。明州的张帝庙很有代表性,该庙原附灵济院佛殿之右,淳祐六年(1246)知府颜颐仲卜地于院南,建立起独立的张帝庙,似乎与灵济院脱离了关系,但后来的发展表明,二者之间貌离神合,张帝庙遭火之后,出来重建庙宇的正是院里的僧人。[3]那么,佛教和道教为什么会支持张王信仰的传播呢?在分析张王神迹、形象塑造时,我们曾提到《指掌集》有不少张王与道教的故事,如张王曾参北斗,并有醮斗法相传。南宋后期的施宿撰写《会稽志》时,注意到江浙一带张王信仰十分普遍,而张王的信众"必诵《老子》,且禁食彘肉"。[4]到南宋后期,张王已经成为道教斋仪神谱名单中少数几位民间神祇之一。[5]至于和佛教的关系,北宋时信众们便相传"王生前遵奉真空,尝看藏教,后于庙之

---

[1] 湖州乌城县、句容县、常熟县、安吉县、于潜县、台州、昌化县、霍山、平江府、临安千顷广化院、慈溪县、歙县、湘阴县、常州、严州、明州、昆山县、昌国县、抚州、余杭县、长兴县、莲城县、吉州。

[2] 《咸淳临安志》卷80云:"长庆院崇奉祠山香火,旧系华严庵,绍兴四年请今额,淳祐四年赵安抚与□增建宝阁。"(《宋元方志丛刊》,第4097页)

[3] 《延祐四明志》卷15,《宋元方志丛刊》,第6353页。

[4] 《嘉泰会稽志》卷6,《宋元方志丛刊》,第6810页。明代张王信众忌食猪肉见周瑛《祠山杂辨》,"州民讳食豕辨"条。不过当时人又解释为佛教方面的影响,其间转变已难详考。

[5] 蒋叔舆(1156—1217)编纂的《无上黄箓大斋立成仪》是一部南宋指导大型道教斋仪的著作,法师可以在重要场合主持书中的仪式,其神谱名单多达3600位,其中提到的有具体名称的地方神祇只有十几位(蒋叔舆《无上黄箓大斋立成仪》卷56,第28页上,《道藏》,第9册,第726页)。

第二章 张王个案研究

西南隅造看经院一所"。[1]横山张王祖庙旁明教禅院(其后曾改名天宁寺、报恩寺)的僧人在张王信仰中也扮演着重要角色。[2]当然,组织性宗教积极传播张王的过程,同时也是它们对张王信仰施加影响的过程,这点在塑造张王形象方面表现得十分明显,例如前面提到江州建立张王行祠时便要大谈张王与归宗的关系,本章第二节对此已有分析,此不赘。

最后,我们来看商人。各种资料表明,张王信仰中一直有商人的身影。如唐代王殼外出经商时祈求张王而平安脱险,于是回乡为张王建楼绘像,这也是广德人早期信奉张王的重要证据之一。《指掌集》所载南宋时期张王祖庙的诸多修建活动,偶尔也会提到商人的捐助。然而,70多座张王行祠中,唯一提到由商人创建的是丹阳七里湾行祠,建庙的贩货小商钦公也未必是广德人,也就是说,广德商人不可能像韩森所说的那样,在向他乡民众推销商品时顺带推销了家乡的张王。[3]笔者认为,商人、经济性因素在张王信仰外传中的作用主要是隐性的。

通过以上探讨我们可以看到,张王从广德一地的神灵发展到行祠遍布东南各地,关键时期在南宋。此前只有11座行祠,而南宋则剧增至60余座,1200年前后,在临安霍山行祠的带动下,东南地区甚至出现了修建张王行祠的高潮。从传播的方向来看,南宋以前主要分布在东部的湖州地区,以及广德通往区域性政治中心建康、扬州的沿线;而南宋张王行祠在此基础上的分布区域大为拓展,在建康、临安为中心的周围地区,东部运河沿线地带尤为密集。除了自然条件、行政区划之外,两宋之交政治中心的迁移导致新的交通网络的出现,以及东南各地之间的经济联系,都对

---

[1]《指掌集》卷9。到南宋后期,又有张王听名僧智常讲经的传说,见曹至为江州张王行祠所撰碑记,《江州志》,《永乐大典方志辑佚》,第1650页。

[2] 这与明教院的位置有关,此院在张王庙正南,官员前往祈祷都由院中僧人接待。

[3] 宋代有钱商人主持庙宇修建的事例不胜枚举,商人也是五通以及某些神灵故事的主角。但传播祠神信仰与接受、支持某一信仰还是有些差别的,商人在其经商之地建立家乡祠神的事例十分少见。现存的数十则张王神迹中主角为商人的也只有三条,其中两条是保佑商人外出经商时路途(水运)平安,一条是使违法贩运行为未遭官方检查从而避免了损失。其他的神迹基本上是祈祷雨旱。也许张王神力的这一特征客观上降低了商人传播其信仰的热情,而文献中亦未显示出贫瘠的广德拥有足够的本土商人来宣传家乡的祠神信仰。再加上南宋以来广德所处的陆路交通路线并非当时商业要道,这些都使得商人群体只是张王信仰的附和者、参与者,他们对张王信仰传播的作用不宜高估。

张王信仰的传播路径、空间分布有很大影响。

第四节　官方、地方社会与张王信仰

张王走向他乡建立在广德张王祖庙地位不断提高的基础上，前者的主要推动力是地方官员和释道人士，那么，支持广德地方张王信仰的又是哪些力量呢？如前所述，祠神信仰在其产生的初期都是地方的，地方社会的各个群体成为支持祠神信仰的主要力量。据吴《张仆射庙记》，张王生前是西汉湖州乌程人，曾开渠四十五里，死后立庙，名曰张大郎庙，可知早期的张王信仰基本上是普通民众的信仰，信众甚至可以亲切地称之为大郎。

不过，到了南宋末年，张王已成为一位全国性的大神，先是受封为级别最高的八字王，后来更改封为八字真君，信众常称之为张大帝。与此同时，还形成了一个以张王为中心的神祇群体，先后受封赐的神灵共43位，受封赐的次数亦有三十次之多，这在所有宋代祠神中是很少见的。显然，随着张王地位的提升，官方的力量必定会介入进来，官方（包括朝廷与地方官）与地方社会的交互作用决定着张王信仰的发展方向。需要注意的是，在从张大郎到张大帝的过程中，既有朝代的不断更替，亦有广德地方社会自身的变化。

因而，下面我们便将张王信仰纳入唐末至元初漫长的社会变动之中，通过考察张王从张大郎到张大帝，最后又回到无朝廷正式封号的地方性祠神的整个过程，探讨地方社会与官方力量在张王信仰中各自所起的作用以及二者之间的关系。由于这一过程几经朝代更替，社会动荡，张王又是广德民众崇奉的主要神祇，以之为切入点，不仅可以认识社会变迁与祠神信仰之间的关系，也可能透过信仰对中国历史的连续性有所认识。

一、从张大郎到广德王

早期的张王只是广德地方民众崇奉的祠神，按照《祠山事迹》说法，广德民众崇奉张王是因为他曾经化身为猪，从东部的长兴县开渠以通广

第二章　张王个案研究

德。虽然未能最终成功,但已开凿的四十五里干涸后成为稻田,在渠旁开的浴兵池后人称为东亭湖,面积三十余顷,可以灌溉湖周围的田地上万顷,长久地造福于广德百姓。[1] 这种说法一直为广德人提起,如《吴张仆射庙记》便要特意提到张王"开渠四十五里"之功。[2] 当然,张王与地方社会的关系还包括为地方农业生产祈祷雨旱,保护本地信众外出旅途安全,保护地方社会免受军镇混战之灾,尤其是后者,有时成为凝聚信众信心的重要手段。比如咸通年间(860—873)因军镇相争,导致广德地方骚动,大批豪民富户四处逃奔,县录事刘象坚信张王可以保佑地方平安,许愿重修庙宇,果然平安无事,刘象遂在亲友支持下,重修了庙宇。

不过,在唐末、五代的乱世之中,张王逐渐为控制广德地区的地方军镇以及更高一级的地方政权所认识。其中,景福(892—893)前后奉命防守广德地区的田頵起了很大作用,由于祈祷张王,田氏先后擒孙儒,斩沈璨,此时田氏在杨氏的吴政权中地位很重要,而且广德及其所属的宁国军处南北折冲之地,平孙儒之战对于杨吴地方政权的稳固十分关键,所以随后便有赠司农少卿之举,而田氏也让其部下万敬忠以钱十万重修庙宇。此后张王信仰日益为吴政权所重视,一方面宁国军的地方防卫要借重张王的神力,另一方面广德张王庙开始成为国家祈雨的重要场所之一。天祐五年(908)、十年、乾贞三年(929)、大和七年(935),金陵方面都曾专门派人到广德祈雨,获应之后或给张王加封官爵,或修缮殿宇。南唐政权继承了吴的传统,相继于保大三年(945)、十二年、建隆二年(961)、乾德元年(963)向张王祈求雨泽。在保大十四年,"钱塘兵攻宣城,王以兵援",南唐封张王为广德王,同时确立了广德县令春秋祭祀张王的制度。按照唐代的礼制,只有祀典内神灵才能享受地方官员春秋定期祭祀的待遇,这说明张王在五代后期终于完成了身份转换,从一个民众信仰的神祇变成官方祀典内祠神。

---

〔1〕　《指掌集》卷3《前后事迹》。
〔2〕　直到明清,广德地方志书中都要在"东亭湖"条下指出这是张王的功劳。

身份改变的同时,张王信仰与官方的关系随之变化。真宗景德二年(1005)六月,监察御史崔宪上言:

> 祠山庙素号灵应,民多以牛为献。伪命时听乡民祖(租)赁,每牛岁输绢一疋,供本庙费。[1]

"听民租赁"的意思应该是官方听百姓租赁,虽然租赁所得供本庙支出,但也说明南唐时期广德地方官府已成为张王庙的实际管理者。

二、宋代官方与张王信仰

开宝八年(975),宋平南唐,广德重归中央政权,并于太平兴国四年(979)建为军,管辖广德一县。[2] 作为地方性政权一度崇奉的神灵,张王在宋初未能获得朝廷的注意,地位有所下降。

当然,从地方官府的角度而言,张王信仰在宋初未有多大变化。张王庙的收入仍由官方控制,崔宪在上奏中提到入宋之后,张王信众贡奉的牛仍可由百姓租赁,但收入不再用于张王庙本身,而是全部交给官府,地方官府提出将之用于修葺庙宇尚须上奏朝廷。直到天禧二年(1018)五月,张王庙信众贡奉的牛仍由广德地方官管理,民众租赁,所输绢一匹恐怕是官租了,民租庙牛,还是南唐时的传统。宋代不仅由地方官府管理,还将之纳入地方官府正式财赋,地方挪用要上奏朝廷,若出现牛毙而租存的现象,需要蠲免,也要由地方官员上奏朝廷方可定夺。[3]

但北宋初张王庙的定位一直是个问题:一方面,地方官府延续南唐以来的传统,管理庙中事务,尤其是经济方面;另一方面,张王尚未获得朝廷的正式承认,与其他地方祠神无多大区别。直到景德二年(1005),朝

---

[1]《宋会要》礼20之85,第807页。
[2] 端拱元年(988)以郎步镇为建平县,此后广德军有了两个属县。见《宋史》卷88《地理志》四,第2188页。
[3]《宋会要》礼20之85,第807页。民众租赁张王庙的耕牛的收入纳入地方财政,可能与宋初收地方财权有关,参包伟民《宋代地方财政史研究》第二章《州军财政制度》,上海古籍出版社,2001年。

第二章 张王个案研究

廷下令广德地方政府出钱修葺庙宇,这意味着另一种形式的承认。康定元年(1040),江南旱,知军吕士宗祷雨应,上奏朝廷,封为灵济王,诏书特别强调此前张王"未被真封",[1]由伪变真,殊可玩味,此次封赐表明张王得到宋朝的正式承认,随后地方官员参与张王祈祷、庙宇修建活动的记载不断增加,而张王也不断得到朝廷的封赐。

张王入宋之后过了三十年方获得新朝的承认,又过了三十五年才正式得到朝廷的封赐,当时即意味着张王已经重新恢复进入了祀典。从此直至南宋灭亡,张王在官方礼制中的地位一直很稳定,其封号不断提升(见附录二),而官方对张王信仰的介入也不断增加,主要表现在以下四方面:

1. 张王成为广德地方官府最主要的祈雨对象,并进而成为朝廷祈雨的重要对象。

我在前面提到,五代时张王在官方看来主要有两种功能:一是保护地方安全。因为此时军镇之间相互混战,后来广德地处吴、南唐与吴越政权的防守要地,吴、南唐朝廷与地方官祈求张王的重要目的便是希望其神灵能佑护地方安全,免于战乱之灾。[2]二是祈祷雨旱。由于吴国权臣徐温长期担任宁国军节度使,广德属宁国军,作为地方神灵的张王为金陵所知,遂成为吴国、南唐祈祷雨旱的重要场所。[3]

北宋时,广德在人文地理格局中的位置已发生变化,不再处于军事要冲,张王的主要功能也变成祈祷雨旱了,张王庙遂成为广德地方官府祈祷雨旱的最重要场所。广德通判常安民在《灵济王行状》中写道:

广德地皆高亢,田多附山,无陂泽渚泄之利。十日弗雨,立致焦槁。或连雨过甚,则山流四集,有淹浸之患。每遇水旱,农民拱手待

---

[1] 《宋会要》礼20之85,第807页。
[2] 徐铉《魏王宣州大都督制》云:"宣州重镇,陪京之南,制天险之津梁,据三楚之襟带,境环千里,邑聚万民,我朝以来戎寄尤切。"见《全宋文》卷14,第313页。
[3] 朱玉龙《五代十国方镇年表》,北京:中华书局,1997年,第406—416页。

孚,惟王是祈,依以为命。前后守臣,洁诚祷请,其应如响,不可胜数。[1]

遇有水旱,地方官有责任代表民众向本地山川神灵祈祷,而张王是广德最重要的神灵,从各种材料反映的情况来看,几乎成了广德地方官祈祷雨旱的唯一对象。因此,周秉秀在《指掌集》中才会说,"本军前后祷雨感应,不可胜载,惟封爵则书",[2]可见数量之多。张王不断获得加封,主要原因也是祈求雨泽得应。[3]

南宋中后期,张王在祈祷雨旱方面的灵应被其他地区认可,逐渐成为建康,甚至是临安祈祷雨旱的对象。绍兴九年(1139),朝廷"剳临安府差官,七月十九日到军,二十日排办,二十一日至庙祈祷,当日午后阴云自东南起,正直□行在,是晚大雨至二十四日,远近霑足",[4]此次虽非朝廷直接遣官,但临安为南宋行在,广德与临安的关系通过祈雨而进一步拉近。淳熙七年(1180),知军耿秉因祈雨未格感应,奏请朝廷降香,朝廷"差快行亲从周均,吕胜降御封香四合,往广德军祈雨供烧",这是第一次降御香于张王庙。[5]嘉泰四年(1204),知军钱端厚因为大旱祈求不应,一方面请求改张王封号,另一方面请求朝廷依照淳熙七年、十三年知军耿秉、张广因祈雨不应而求朝廷降香的惯例,结果"上临遣户曹郎官陈希点将御香祝版以祈于王",当晚获雨,此后朝廷降香祈祷,必差郎官或卿监。仅《宋会要》所载,从淳熙十三年(1185)至嘉定十四年(1221)朝廷便八次遣官往广德祈雨,大约与此同时,朝廷在绍熙五年(1194)至嘉定十七年

---

[1] 《指掌集》卷3《前后事迹》。
[2] 《指掌集》卷4《显应事实》。
[3] 维持地方安全则是张王获得封赐另一重要原因,但只有两次,一是两宋之交浙西地方出现方腊之乱,二是南渡之时的地方混乱,都因张王佑护而使地方获得安定,张王由此得到进封。
[4] 《指掌集》卷2《世系》。
[5] 《指掌集》卷6《事始》。此年逢南宋大旱,"(淳熙)七年,湖南春旱,诸道自四月不雨,行都自七月不雨,皆至于九月。绍兴、隆兴、建康、江陵府、台、婺、常、润、江、筠、抚、吉、饶、信、徽、池、舒、蕲、黄、和、浔、衡、永州、兴国、临江、南康、无为军皆大旱,江、筠、徽、婺州,广德军、无锡县尤甚"。见《宋史》卷66《五行志四》,第1443页。

第二章 张王个案研究

(1224)间曾 24 次命侍从官到霍山行祠祈雨,其规格与上天竺灵感观音寺相同,而比所有首都和地方性神祠的待遇都要高,朝廷对张王信仰之重视由此可见。[1]

2. 官方在张王的封赐问题上发挥重要作用。

张王的大部分封赐都是由地方官府向朝廷申请。例如,政和四年(1114)知军陈禾祈祷灵应,不断向朝廷申请,结果"诏给度牒廿道,为修庙费,封昭妃为灵惠妃",并让通判常安民撰写《灵济王行状》,"刻于石,以广其传"。[2] 绍兴五年(1135)六月,朝廷诏"访闻诸路愆雨泽,委守令于境内灵应去处,精加祈祷",广德知军汤鹏举奉命至庙设斋醮,即日得雨,汤鹏举向朝廷奏闻,获得加封。[3] 绍兴十一年(1141),知军鲍延祖甚至以祷雨未应,要求加封张王之祖、父,以及张王诸弟之妻以爵号,大概是希望通过这种"实际行动"感动神灵,为地方求得雨泽。值得注意的是,这一申请居然得到批准。

3. 地方官府在张王庙宇的修建方面扮演越来越重要的角色,朝廷也逐渐参加进来。

据说,朝廷曾在景德三年(1006)为修庙拨款六十万钱,而地方官府也出资若干,这件事后来不断被提起。此后至南宋末年,张王庙较大的修葺共有十二次,都由知军发起,资金主要来自地方财政。例如,天圣九年(1031)知军袁旦重修祠宇,全由地方官府一手操办。潘悦在庙记中很得意地说,此次建造"鼎茵右族,罕牵力锱铢;臧获追胥,讫忘劬于早著"。[4] 而嘉祐四年(1059)重修寝殿,便由刘俊民"因数百里之民襘禳之赀,白军请其余易材","命摄长史胡晟主干之",具体的负责人也是官方的。绍兴三十二年(1152)、淳熙六年(1179)知军汤耘之、赵希仁先后发起修庙,民众积极响应,各阶层捐献者甚多,尤以"达宦行商"为多。

---

[1] 《宋会要》礼 18 之 25、26,第 745 页。
[2] 《指掌集》卷3《前后事迹》。
[3] 《指掌集》卷4《显应事实》。
[4] 《指掌集》卷9,马廷鸾《重修祠山庙记》。

此外，朝廷也多次拨款修庙。政和四年（1114）应知军陈禾之请，朝廷给度牒二十道，作为修庙之资。至南宋后期，随着张王地位不断提升，朝廷参与广德张王祖庙的修造越来越频繁。嘉泰二年（1202）诏给度牒二道为修庙费，重建二祖殿。绍定二年（1235）郡守赵汝戭奏请僧牒六十二道，建正殿与其他殿宇。次年，俞杭又请僧牒四十道，建显应阁东楼、内外两廊甃、献台。绍定五年，守臣赵汝献、知军林棐申请朝廷重修庙宇，"通得祠牒一百三十二，为钱余十钜万"。景定三年（1262），又从朝廷取得度牒十道，加上公帑钱一十三万余，米六百八十余石，用于庙宇修缮。庙记的作者对此十分自豪，认为张王庙的修建无需"取赢于祝史"，与其他州县不同。从《指掌集》的记载来看，张王庙自从成为吴国祈祷雨旱的场所以来，进入地方祀典，修建庙宇时地方民众逐渐成为配角，仅有三次修建是由地方社会自发完成的，其他修造都由地方官发起，并管理整个修庙事务，至南宋后期更有朝廷的经常介入，这也反映了张王官方化色彩的日益增强。

4. 地方官员须定期拜谒张王庙，参加、主持张王庆诞仪式，张王庙的经济收入也由地方官府管理。

众所周知，按照规定地方官员要向本地祀典祠神进行春秋祭祀，上任、离任也要谒庙祝告，这也往往成为地方礼制规定。但广德军的地方官员祭拜张王除了礼制规定之外，还有每月的两次祭拜，"每月二日谓之上衙，守率其属诣庙酌献；十六日谓之下衙，邑宰率其僚如上衙礼"。[1] 这一习俗大约在南宋初年已形成。据广德人薛齐谊的记载，绍兴二十五年（1155），王纶出守广德，"月二日将率郡僚谒庙……光孝住持僧从谏月例于庙首门迎"。光孝报恩寺，即张王的看经院，此时庙额改由北宋的天宁寺改为光孝报恩寺（最早为明教禅院）。由于历史原因，此寺僧众在张王信仰中十分重要，知军与县令的朔望告祭即由寺中住持负责迎送。[2]

---

〔1〕《指掌集》卷5《祠祭》。
〔2〕《指掌集》卷4《显应事实》。

第二章　张王个案研究

在张王诞会中,地方官员必须参加,官府还要派人对某些活动进行监督管理。《指掌集》先是在卷五概括地说了一句"王爵既崇,阴功益大。吏民奉祀惟谨,每岁春二月、夏五月,王与群公过东庙,守丞以下送迎献酬,莫敢不恭",随后在卷六《生辰》部分对张王诞辰中地方官员参与的仪式活动一一叙述。由于圣妃生日为二月初二,张王生日为二月十一,信众在安排张王庆诞时巧妙地将二者结合起来,张王庆诞前十二日仪式活动即告开始,此日张王祖庙的张王神像、仪仗及所有从神像都要迎往县东的妃庙。当然,地方社会的普通信众是整个活动的主体。"神驾兴,乃备法仗辂。王及妃、二夫人,王子一王四公,王女、王孙,自西徂东,旗旌暗霭,铙鼓喧彻,僧尼道俗,妓乐百戏,迤逦前导。"但是,在起驾之前,须由"县令诣祠山告神",然后"守丞而次,拜逆于郡西门之内"。张王迎至圣妃庙后,要作释老道场,昼夜不绝。圣妃诞辰当日,有大型斋会,"守丞而次,诣庙酌献"。六日之后,要将张王等神像送回祠山。知军率郡僚迎于东门,在郡亭"大合乐,具五献",送至广德城西门,又须举行同等规格的仪式。至张王诞辰之日,各种仪式开始之前,广德军地方长官、群僚先到庙祭献,然后到张王的看经院天宁寺请住持升座炷香,主持无碍斋会的仪式,随后守丞退席。张王长子的诞会地方官员也要参加,其仪如张王。其余四子、王孙生辰则由"州郡委官烛香"。可以说,张王圣诞活动的重要仪式都必须有官方人士出席,仪式的第一个环节即为县令告祠山,张王圣诞当日守丞率先酌献,并象征性地出面请天宁寺住持出来主持道场仪式,都说明地方官府在张王诞会中的重要性。这种情况始于何时,已不可考。不过,考虑到南宋初地方长官朔望告祭习惯已形成,张王诞会又是张王信仰中的头等大事,而自康定元年(1040)朝廷封为灵济王之后,张王地位与普通祠神已有很大区别,至绍兴五年(1135)就被封为最高级别的八字王,地方官员与张王的关系应该随之不断加强,很可能地方官在南宋初年已确立了其在张王诞会中的位置。

仪式之外,地方官对诞会的主导还体现对整个诞会过程的具体监控上。随着张王信仰影响的不断扩大,诞会收入增加,广德地方官府也加强了对张王诞会的监管力度。黄震任广德通判时,对祠山诞会提出五点批评,两点是批评差会首、差机察的。按照黄震的说法,张王诞会的会首原本由信众视自身情况自愿承当,但此时已由地方官府主持,以抽签方式产生,可知官方渗透之深。而差机察恐怕是出于经济上的考虑,由于张王诞会期间交易活动频繁,官方乘机征收商税,此举不知始于何时,但黄氏申状之后有江东安抚司金厅的书判,"本军元有郡官提督,就兼机察之任,得一清强者自足办此,不必别差机察"。恐怕这才是长期以来形成的传统,即地方官府须派员提督监管张王诞会。[1]

以上四方面并非官方介入广德张王信仰的全部,但由此可以看到官方因素在张王信仰中之重要性。张王的主要庙宇修建行为、仪式活动、经济收入、祈祷活动都由官方主持,这种浓厚的官方色彩与前面讨论的《指掌集》记载的神迹、张王形象的塑造也是吻合的。

三、张王信仰与广德地方社会

如上所述,在张王从张大郎到张大帝的过程中,官方性因素对张王信仰的介入不断增强,但这并不意味着张王信仰已完全成为官方的信仰。如果将时间从唐末五代延伸到宋元之交,便不难发现,对张王信仰支持的底层是广德地方社会,它们才是维持张王信仰的主要力量。前面提到的官方介入张王信仰的四个方面几乎都与地方社会有关。

张王之所以成为官方注意的祈祷对象,原本是因为此前已经是广德地方民众的祈雨对象,早期张王神迹的对象都是针对广德地方社会、普通民众的。官方修造庙宇时,也经常要在资金方面谋取地方社会的支持。元丰五年(1082),知军杜翙见到张王庙自景德年间修建以来,"大殿隘庳,才可以避风雨,复多历年所,栋宇基址摧陨不支,残榱腐桷,狼藉庭庑"。每次到庙中都要"慨然疚怀"。虽未明确表示要重修庙宇,但这既是一种暗示,也可能向地方民众透露过此意,"此邦之人,默谕公意。于

---

[1] 黄震《黄氏日钞》卷74《申诸司乞禁社会状》后所附《江东安抚司金厅书判》,《四库全书》,第708册,第750页。南宋时信众改塑李侯像,发现旧像神脏中藏有一幅红牋纸,上面谈到神祠平日有"三省大程官主管香火",摄助教监庙数人,他们也可能是官方人士。

第二章　张王个案研究

是合志同谋,靡然信向。经其费之多寡,相与输私钱巨万,而有大兴作。咸取成于心,穷日之力以为之,损益变改,皆有宜适"。此举不仅广德地方信众出钱出力,可能还涉及附近地区的信众,所以庙记云"岂惟一方之境,惕然而尽志,四方奔走瞻仰,相属于道,举无慢易之心者"。[1]淳熙三年(1176),僧人智通更是凭自己一人倡导,率信众合力修建了妃庙。淳熙六年修庙,也通过庙会捐助,"达宦行商"积极响应。

虽然官方是张王申请封号的主要力量,但地方社会力量也不可小视。尤其是北宋末年朝廷建立了比较完善的祠神封赐制度之后,地方社会力量也积极参加到为张王及其亲属争取封号的行动中来。绍兴九年(1139),广德父老民众因祈雨灵应,请求朝廷加封。地方官立即将之上报朝廷,并且在给朝廷的奏状中提到临安"祈求雨泽,尚未霑足",而张王有梁天监(506)的建康祈雨、唐天宝年间(742—756)长安的祈雨先例,请求"差官本军祈祷",得到朝廷的批准。这次申请对于张王来说十分重要,因为从此张王成为建康、临安祈雨的重要场所之一,后来更成为朝廷祈雨的重要对象,而民众的动议在里面起了很大的作用。绍熙二年(1191),张王由正顺忠祐灵济昭烈王改封为正顺忠祐威德昭烈王,这种做法当时在民众祠神中并不多见,而为实现这一目的而不懈努力的正是广德地方的父老,《指掌集》卷二《世系》保留下了乾道六年(1170)父老勇机为实现此目的屡拒屡请的片断资料,说明广德民众为了张王加封曾多次向地方政府、朝廷申请,最终,他们希望朝廷对张王"别加褒异"的请求得到满足。

至于张王诞会,官方虽然为管理者,但整个集会的实际运作所依靠的力量还是广德地方社会。且不说负责整个诞会具体工作的会首由广德地方社会民众推选,仪式也由释道人士、庙祝操持,而参加者除了"江、浙、荆、淮之民奔走侥福者",[2]更包括广德当地的广大民众。在广德及附近

---

[1]《指掌集》卷9,张贲《灵济王庙修造记》。
[2]《黄氏日钞》卷87《广德军沧河浮桥记》,《四库全书》,第708册,第912页。

民众中,对张王的信仰往往是世代相袭。如新当涂主簿刘溥,自己信张王,后来因梦中张王显灵,全家都信了张王,守忌食猪肉之戒,当他的儿子得病时,不仅要祈祷张王,而且还让其子参加小罗汉会。小罗汉会乃是一个以张王信仰为中心的群众性组织,在张王诞会中装扮台阁,进行表演。再有一个很能说明问题的例子,荆溪徐文之"世事祠山香火,来年将为庆生水陆会首。今春诣祠交案,及回邑安奉,辊珓皆不得吉。尔后炙事,每不自安。七月十一早,自邑泛舟而归,路涉大淹,忽雨霶霈,风自西北起,淹中行舟皆不及救。文之所乘舟亦将倾覆,急祷李侯,任舟所往。忽至一处,见有杨树两株,内面则一小舍旧址,遂用大缆维舟树上。俄而缆断树仆,同舟之人下水挽舟,命在顷刻。文之遥祷威灵,许以醮愿。前得舟定如石碇。(其后风雨交加,辅之以冰雹,同舟之人共称圣号,而船版上忽现)威德圣像,戴逍遥巾,著皂缘白氅,执黑道扇,上有金龙六条,及现一佛手,皆成接引之状,次见黑云化为黑马,李侯方巾白袍,骑乘而过。(最后全船人都平安归来,而此次邑境之内因风涛)覆没者不知其几,惟文之一舟获再生之赐,誓终身及子孙严奉香火,仍锓木详记其事以彰灵异"。徐文之不仅一直是张王信徒,还担任重要的水陆会的会首,此次经历使他发誓"终身及子孙严奉香火",所以李子书特称"徐氏奉祠山香火再世",[1]这种情况在广德恐怕不在少数。

不过,从以上事例我们只能看到广德地方社会与官方合力推动张王信仰,那么,当两种力量发生疏离时,是哪一种力量在维持与推动张王信仰呢?

其实,前述官方对张王信仰的介入大多数顺应了广德地方社会所形成的传统,当官方的介入超过一定限度时,广德地方社会就会发生反弹。张王信仰在南宋后期越来越被官方控制,广德地方社会采取的应对办法是塑造新神,在原有张王信仰基础上树立起李侯和方使者二位从神,尤其

---

[1]《指掌集》卷4《显应事实》。

第二章 张王个案研究

是后者,"别为香火,远近响应,反过祠山"。[1] 此举恐怕不应单纯理解为张王信仰的衍生物,而有民众抵制官方介入张王信仰过深的意味。[2] 官方的介入有时表现为试图改变张王信仰中的某些传统,而最终结果通常是地方性传统在地方社会的支持下重新恢复,埋藏会就是一个很好的例子。

据《指掌集》所云,埋藏会乃张王信仰中最古老,也最重要的传统仪式。该会一般进行三天,绍定年间(1228—1233),石正伦看到的情况是:

> 既涓吉日,乃立旗卜地。于献殿之廷,或于庙东门楼内、碑亭之左右穿治,方深各五尺。是日也,烹太牢,洁粢丰盛,嘉粟旨酒,列位三百六十具祭器,髹制瓷缶,何啻千数。其夕,邑宰监其事。既竣事,悉力士舁几,凡饮食器皿动用,就坎而瘗焉,无遗毫末。一啜之饮,一脔之肉,一箸之器,无敢窃取者。瘗已,幂以太牢之皮,覆箔反土而平治之,土不见其赢或加缩于初,今睹廷下之地,与庙东门楼左右之地广各不逾十丈。姑以耆旧所见一甲子之年,一年之内瘗者或一或再,至于三四,虽倍蓰其地十之百而不足。及夫越一年,越二三年,卜地有得于已穴之处者,即之空空然无所有。[3]

埋藏器物数量众多,但不久之后挖掘埋藏处则一无所有,故自宋以后广德埋藏会颇有名气,被称为天下奇观。[4] 埋藏会与祠山诞会不同,后者具有很强的开放性,而前者虽有"邑宰监其事",但主要还是地方性宗教仪式,不仅参加者基本上是广德地方民众,而且主持仪式者亦为地方巫祝。仪式中也有强调地方意识的成分,如最后一日要召请天下四方祠神,

---

〔1〕 《黄氏日钞》卷74《申诸司乞禁社会状》,《四库全书》,第708册,第747页。
〔2〕 李侯、方侯的情况参见《指掌集》卷8;韩森的观点见《变迁之神》,第152—156页。
〔3〕 《指掌集》卷5。
〔4〕 周密《癸辛杂识》别集卷上,"埋藏会"条,北京:中华书局,1997年,第237页。

"古老相传,有落石大王与祠山争庙基,儿曹无数,不住唱喊,云:不请落石大王。甚者诋骂。及巫祝召请至落石大王,则群儿同声喊云:不请"。这位落石大王即广德南面湖州安吉县(治今浙江安吉县北)仁济庙所供奉的李靖,当地民众在申请封号时也曾有攀比张王的做法,这与埋藏会仪式中抵制落石大王的行为一样反映着信仰背后地方力量之间的竞争,抵制落石大王蕴含着广德民众的地方意识。[1]

然而,这一传统需要消耗大量财物,尤其是在仪式中的杀牛祭神,与农业生产和国家对宰牛的禁令相抵触,所以不少地方官都试图取消埋藏会。从我阅读的文献来看,最早下令禁止广德民众杀牛祭祀张王是在庆历(1041—1048)初,其时广德地方长官为范师道、朱定国。此后,绍圣四年(1097)知军孙锷,南宋初洪兴祖、钱观复,咸淳五年(1269)通判黄震都有禁止埋藏会之令。[2] 这些地方官员禁止埋藏会理由充足,埋藏会杀牛数量太多,影响地方农业生产,黄震甚至从礼制上对埋藏会提出批评:

> 太牢者天子所用飨帝,岂臣子所宜祀神!惟此祠山之会,敢为不法,遂使民俗亦多杀牛,坐坊卖肉,略不知忌,良由习之惯尔。昨孙公谔、洪公兴祖为守,尝申公朝,易以素馔。况祠山近改真君之号,而庙貌已复素馔之羞,不知埋藏犹用太牢者,果为谁设耶?[3]

---

〔1〕 关于落石大王,周秉秀虽然说"此事虽俚,然其来已久,人所共知",但他非本乡人,所以并不知此神来历。其实安吉的落石大王祠在崇宁三年(1104)已获仁济庙额,后来封号不断,直至八字王,广德民众呼其俗称也有抬高本乡祠神,贬低邻县祠神的意味。关于落石大王的情况可参《吴兴金石记》卷7《仁济庙敕牒碑》,《宋代石刻文献全编》第二册,第560页。卷12又有淳祐四年(1244)《仁济庙加封敕牒碑》一道,《宋代石刻文献全编》第二册,第582—585页。并见《嘉泰吴兴志》卷13,《宋元方志丛刊》,第4746页。

〔2〕 《宋史》卷302《范师道传》,第10025页,庆历中知广德军,见李之亮《宋两浙郡守易替考》,第267页;杨杰《无为集》卷13《故朝散郎致仕朱君墓志铭》,《全宋文》卷1645,第248页;孙锷、洪兴祖之事见《指掌集》卷5;刘一止《苕溪集》卷51《宋故左朝散郎赐绯鱼袋钱君墓志铭》,《四库全书》,第1132册,第269页;《黄氏日钞》卷74《申诸司乞禁社会状》,《四库全书》,第708册,第746、747页。

〔3〕 黄震《黄氏日钞》卷74《申诸司乞禁社会状》、《申尚书省乞禁本军再行牛祭事》。根据黄震的说法,祠山只用一牛,已经同北宋中期一年宰杀上千头牛有很大改变,但此时从神方山"广德县管下七百二十余保各用一牛,岁用七百二十余牛。方山既每保用牛,而每保之社庙又各用牛,并其余非法乞福,因亦用牛……遂至岁杀二千余牛。"《四库全书》,第708册,第746、751页。

第二章　张王个案研究

为了使政令持久有效,朱定国在使用政治手段的同时,还编书劝导民众,"取近世祸福之应,其理可推者百余事,次之以警俗,谓之《幽明杂警》"。洪兴祖则假托神意,向张王占卜,然后下令改埋藏为素馔。而黄震则在向上司请示之后下令禁止埋藏会、杀牛,并将上司的批示张榜公示,措辞严厉。

本文不拟对埋藏会进行价值评判,不过可以肯定,这一仪式在北宋已成为张王信仰之有机组成部分,其实官方反复下令禁止也透露出禁令难以持久。按照官员们的说法,原因在于"乡村百姓因仍故事",[1]所以朱定国在下令禁止之前遭到父老的百般劝阻。而地方官员每次也都是人去政废,下一任官员"失于检举,民间又复私用牛祭"。[2]其实,民间何止是私用牛祭,禁止埋藏会的官员离任之后,广德民众立即请求继任者参加仪式。据周秉秀说,南宋后期参加埋藏会的地方官员主要是县令,"民户埋藏,县宰仍监其事,巡尉弹压,时官亦有幕次。埋藏正日,久例用仲夏下半月。其有特还愿心,则月日不拘"。[3]

我们还发现,地方官员最初要求禁止埋藏会正好是在张王获得宋代封号之后不久,这绝非巧合,它反映了张王被官方认可后广德地方社会与官方之间关于张王信仰的矛盾,而最后的结果是广德地方社会捍卫了本地的传统。[4]黄震的离任也可能和禁止埋藏会有关,新任知军贾世蕃第一件事便是将禁埋藏的榜文取消,据说"震数与争论是非,世蕃积不堪,疏震挠政,坐解官"。[5]两人所争之"是非"现在已无法详知,但从《黄氏日钞》保存下来的《申尚书省乞禁本军再行牛祭事》可知,两人的官司之一就是禁埋藏会。显然,广德地方社会对黄震的主张并不欢迎,贾世蕃则

---

〔1〕 孙锷《禁百姓杀牛埋藏告庙》,《全宋文》卷2239,第768页。
〔2〕 黄震《黄氏日钞》卷74《申尚书省乞禁本军再行牛祭事》,《四库全书》,第708册,第751页。
〔3〕 《指掌集》卷5。
〔4〕 值得注意的是,黄震主张严禁祠山社会之事在元初广德人重修《指掌集》时不予记载,而埋藏会至明代仍继续举行。与张王信仰有关的一些惯例在形成之后也由本地信众遵守,如水陆会,在北宋末出现之后一直是张王信仰中的重要组成部分,而忌食猪肉的习俗到明代后期仍被广德人严格遵守,参周瑛《祠山杂辨》"州民讳食豕辨"条。
〔5〕 《宋史》卷438《黄震传》,第12993页。

很可能利用了广德地方社会的不满，并在这个问题上大做文章，最终依仗自己与权相贾似道的关系挤走了黄震。

广德地方社会与官方力量发生疏离的另一种形式是由朝代更替引起的，旧朝为新朝取代，原来的官方与张王信仰所形成的关系自动瓦解，地方社会力量遂成为推动张王信仰的主力。太平兴国九年（984），广德王庙后殿重修。其时距广德入宋不到十年，改县为军亦只五年。此次重修庙宇，负责的人士包括庙祝陈德胜、明教院主僧朗玄，以及张王的信众衙前押衙、勾当商税务郭进。郭氏"素敦善行、闾里所称"，应该是广德本地人，而押衙、勾当商税务无疑属于胥吏。在他们的主持下，"抄化金帛，牧市梓材，精求郢匠，盖造后殿"。[1] 政权更革，张王信仰一如既往，只是从地方政权的关注之下变为纯粹地方社会的信仰，官方循南唐传统，管理庙中事务，而地方民众继续崇奉张王，成为维持张王继续存在的主要力量，"爰以兹庙灵应不泯，每阳之偶亢，阴之稍霖，精结至诚，躬申虔告，未尝不逾日而应。其四时荐享，非时酬赛，皆肃严其事，曾无慢色"。[2]

不过，对于广德的张王信仰而言，由南唐入宋的振荡远不如元初。南宋时张王成为国家大神，与朝廷关系十分密切，而入元之后这些关系均告取消，张王信仰的定位又成为问题。元代定都于大都，广德地区在新政治形势下所形成的交通网络中所处位置又发生变化，张王也成为十分普通的一位地方性神灵。细绎前后史料，元初广德地区与张王信仰相关的大事均由地方社会承当。

首先是向新朝申请封号，改旧号为"真封"，谋求与新政权建立关系。至元十八年（1281）闰八月，广德地方民众就按照宋代的办法，向新朝请求赋予张王合法地位。《指掌集》保存了这份珍贵的文件，题曰"至元广德路民户告乞加封祠山封号"，其时入元仅六年。在申状上列名的包括本路民户许文彬等三百二十六人，许文彬等都是广德本地民众，"夙藉神

---

〔1〕《指掌集》卷9。
〔2〕《指掌集》卷9。

第二章 张王个案研究

休",应该都是张王的信众。他们在改朝换代之际迅速作出反应,想通过申状让新朝知道张王的灵异。申状中资料十分详备,目的有二,"是庙宇三百余间,旧系国家气力建造。迄今岁久,风雨震凌蠹朽,兴修之请诚不容缓。又兼本庙神圣归附之后,尚乃旧号,未沐真封"。许文彬等在申状中强调,张王庙自庚寅(按:绍定三年,1230)重建之后至此已经有五十余年,实则此说并不准确。绍定三年只是宋廷大修张王庙正殿的时间,此后绍定五年、景定元年(1260)曾重修部分殿宇,距许氏上申状只有二十余年,庙宇废坏的可能性并不大。所以,许氏的真正用意是为张王求得"真封"。此次申请未获成功,原因不详,很可能与广德地区在整个国家中地位下降有一定关系。

其次是神灵事迹的编撰。此举既属乡邦文献之保存,更与信仰传布关系甚钜。张王神迹的记载、传布大概有三种形式:一是靠信众、地方耆老的口耳相传,二是碑记,三是经过正式编纂的著作。第一种是维持张王信仰在地方社会流传的重要途径,但随意性很大,也可能因时间太久而失传;第二种往往是因庙宇修建或信仰中的某些事件发生而刻石流传,能流行久远,但由于碑石载体使信息容量受到限制;第三种在印刷术发达的时代,在保存、传播信仰上意义很大。

宋代先后出现了三种传播张王信仰的著作,即《显应集》、《世家编年》与《指掌集》。三者都有刻版流传,但均由地方官府主持编纂,且作者皆非广德人氏。[1]但是在元初,广德地方士人梅应发开始重修《指掌集》,[2]他在元贞元年(1295)重刊《指掌集》的序中写道:

> 己亥(嘉熙三年,1239)而后三四十年间后之事,无有续之者,遂

---

[1] 詹仁泽,嘉定甲戌(1214)进士,建德县人,曾于宝庆三年(1227)至绍定元年(1228)之间担任昌国县令,活动的时间较周秉秀稍早,见《宝庆四明志》卷20,《宋元方志丛刊》,第5246页;《指掌集》成书于嘉熙三年(1239),作者周秉秀为福建人,时任广德军地方长官陈熹的幕僚,似为推官,其他事迹不详。
[2] 梅应发,字定夫,广德人,宝祐元年(1253)进士,累官太府卿、直宝章阁,入元不仕,大德五年(1301)卒,有《艮岩余稿》四卷,见明嘉靖《广德州志》卷8。

成断简。及乙亥(德祐元年,1275)兵火,三书板皆焚毁散佚,无有存者。庙中古碑,或断或弃,或徙去完者,无从考校。昔以封爵告词刻板于庙,今皆朽腐,靡有孑遗。后人欲求事迹,其何所从质乎! 余窃谓《指掌集》,祠山信史之纲领,今苟无传,何以诏后人! 则此集不可以不续。《显应集》中所载累朝封爵告敕,与凡记刻祝文之类,暨古今留题祠宇、赞颂神功见于诗咏者,尤不容遗。于是会粹旧编,续其断简,分为八卷,而告词、记、祝之文续为第九卷,留题赞颂之诵续为第十卷。合是三者,裒为全帙,祠山之事迹可以言备矣。

梅氏为宋室遗民,入元不仕,其重刊《指掌集》以续宋末之张王信仰事迹,正逢与张王关系密切的旧朝已亡,而新朝尚未正式承认张王之时,对于张王信仰的维持可谓至关重要。值得注意的是,将之刊布流传的,也是广德地方人士,梅氏在序后特意点出"里人陈氏友谅、章氏邦宁裒集众资,督工锓梓"。陈友谅、章邦宁的身份无法确定,但在地方社会应该很有影响力,才能号召广德张王的信众,捐集钱物,刊刻《指掌集》。此书将宋代末期的事迹收罗完备,也寄托了梅氏的故国之思。

再次是庙宇修建。大德壬寅(1302),庙毁于火,随后开始了张王庙的重建时期,直到皇庆二年(1313)殿宇才得以完全建成。[1] 在这十余年中,负责庙宇重修的还是出资刊刻《指掌集》的里人陈友谅和章邦宁,"鸠工庀具,采木惟良,断石用坚。陶甓畚锸,佣役具举,为殿周阿,翼以修庑。子姓群从,灵官羽卫,各有攸处。涂墍丹垩之工,视昔益绚丽靓好"。在这十余年中,广德地方官员曾四易其人,经营始终的则只有陈、章二人。出面与地方官府打交道的也是陈友谅,陈氏还请幕僚沈天佑、朱天兴、郭麟孙题写大梁对联、横额。

---

〔1〕 此处参考邓文原《巴西集》卷下《重建广惠庙记》(《全元文》卷648,第52—57页)与《指掌集》卷首沈天佑之记文。前记应郡守之请而作,特别强调地方官员庙宇修建中的作用,所以要说至当时地方长官敖某在任时"克有成绪",时在延祐三年(1316),而沈文则称皇庆二年已经"殿宇告成",修庙者陈友谅还请他撰题梁语。沈为当事人,当从。

第二章　张王个案研究

可以说,宋亡后三十余年中,张王庙一直位置不定,难以得到朝廷承认,地方官府对张王亦未有特别支持。至元十八年(1281)地方社会的申请封号、修庙一事中地方官无任何积极行动,而大德六年(1302)之后十余年重修庙宇也未有任何记载表明地方官府有什么实质性的参与。即便应地方长官敖某撰写庙记的邓文原,也未谈地方官在修庙中有何作为,这在宋代庙记中是少见的。不过,庙记中倒很实在地指出"建庙始末,郡人陈友谅司其任,章邦宁相协厥成"。在张王与元朝关系尚未建立的这段时期,正是广德地方社会的支持使得宋代张王信仰所形成的一些传统继续维持,在广德民众、汉族幕僚的影响之下,张王庙逐渐恢复了其在地方官府雨旱祈雨场所的位置。[1]

当然,朝代更替之际的张王信仰也会有一些变化。至元三十年(1293),张王出现了保护海上漕运的新神迹,这应该是张王信众谋求新朝接受自己所崇奉祠神的又一次努力,随后亦有朝廷降御香之事。[2]但张王的老本行还是祈祷雨旱,在新的交通网络中已沦为偏僻山区的广德与大都之间的距离过于遥远,使得张王的神迹难达天听,文献记载中张王在泰定元年(1324)才有加封之事,可见元代的张王已完全成为广德的地方性信仰。[3]不过,元明更替,广德成为南京的直隶州,张王也再度成为

---

〔1〕 汉族士人沈天佑,从至大四年(1311)至延祐三年(1316)一直担任广德路知事。他至广德后三日,便前去拜谒张王庙,从天宁寺方丈竺源处得知张王信仰的大致情况,竺源还给他阅读了《指掌集》,"乃知灵迹有素"。虽然此时张王尚未完全恢复,但当年他与郡守便前去祈雨,次年旱,在他的劝说下,地方长官(可能是新任者)按旧例设醮请神祈祷。获应之后,郡守让他再监督次年的庙会,"一诚所感,士庶协助,殿宇告成",邓文原的记文中也说"费皆资诸四方之来助者",说的可能就是此事。延祐初天旱,沈氏又请长官"设醮于府厅,致祷祠山",至延祐三年因天旱,郡守又按"故典","洒扫公庭,邀请神驾,启建道场"。由此可知,在宋元更代之后,汉人幕僚在维护地方信仰方面起了很大作用。地方官府派人监督庙会的传统也延续下来。
〔2〕 《指掌集》卷1、《癸辛杂识》续集卷上"霍山显灵"条也谈到此事,"杭之霍山张真君,祠宇雄壮,香火极盛,自兵火后,渐致颓圮,人役甚大,人无复问之者。辛卯,朱宣慰运米入京,自登、莱抛大洋三神山,转料以往,忽大风怒作,急下钉铁猫,折其三四枇干,铁棱轧轧有声欲折,一舟之人皆分已死,主者露香望空而拜乞命,忽于黑云中震霆有声,出大黄旗,上书霍山二字,于是舟人亟拜,许以再新殿宇,以答神贶,须臾风涛贴然,遂获安济,是冬入杭,遂捐钞千锭,崇建鼎新云"。霍山张王行祠在宋元更替之后损坏,普通信众无力重修,杭州地位也发生变化,但位置还很重要,是控制江南的重要城市。因朱宣慰之举重修,并因其将此事上奏朝廷,而有降御香之事。见周密《癸辛杂识》,第161、162页。
〔3〕 元代对张王的加封见《元史》卷29《泰定帝本纪一》,第644页。

明初显赫一时的祠神信仰,这是后话,笔者将另文专论,此不赘。[1]

数百年中,一个地方性祠神信仰随着朝代的更替,社会的变迁,地位几起几落,神迹不断翻新。但是,这其中也有一些不变的因素存在。如前所述,宋初与宋元之际挺身而出、担当维系张王信仰大任的广德地方社会力量,应该一直存在的,只不过由于张王信仰与官方关系的特殊性一度从前台隐向幕后。他们在信奉张王的过程中形成的惯例成为广德地方性传统的重要组成部分,朝廷的更替、地方官员的改任都只能在此基础上对张王信仰发生影响。从某种角度而言,中国古代社会的延续性之一即体现在地方社会所维持的地方性传统之上。

在数量庞大的宋代祠神中,张王应该是比较有特色的,也是比较幸运的,无论从它与官方的关系还是文献的保存等方面都是如此,这也是本章选择张王进行个案研究的主要原因之一。本章考察张王神迹的演变、形象的塑造、信仰的传播,官方与地方社会对祠神信仰的推动等问题,更是希望由此透视祠神信仰与社会变迁的关系。从笔者阅读的材料来看,类似的情况在其他地区的某些祠神身上也存在,虽然本章通过张王的分析得出的结论未必完全适用于其他祠神信仰,但对于认识其他地区的祠神信仰应该有所启发。当然,对具体祠神信仰进行个案分析只能是探讨宋代民众祠神信仰的方法之一。毕竟,大部分祠神都未必有张王那样丰富的材料。目前来看,研究这些祠神信仰的较好办法是寻找到合适的切入点、问题,对之进行综合研究,这也是本书以下各章的目标。

---

[1] 明代张王信仰的地位可参《明史》卷50《礼志四》,北京:中华书局,1974年,第1304页;宋讷《西隐集》卷5《敕建祠山广惠祠记》,《四库全书》,第1225册,第853—854页;《指掌集》卷首明太祖御制诗、罗汝敬所撰《御制祠山诗碑》。

第三章 "祠赛社会"——以祠神信仰为中心的宗教集会

"祠赛社会",指旧时民众为祈求、酬报神祇举行的临时性或周期性的宗教集会,也称作"迎神赛会"、"祠赛"、"社赛"、"社会"、"社火"等。[1] 两宋时期民间信仰十分活跃,大批民间神祇为官方纳入祀典,赐以封号,官方的承认当然同时也有限制的意味,因为民间神祇需要纳入祀典、赐以封号,意味着合法性需要官方认可。但是,大量祠神被官方赐额封号,客观上使唐以前的民众祠神信仰完全浮出水面,这也使得围绕祠神祈报举行的民众集会也比以往更为兴盛。[2] 在乡村,"岁熟乡邻乐,辰良祭赛多",[3]"赛社鸡豚具,迎神笳鼓鸣",[4] 这类诗句在宋诗中不时出现,反映了农家岁末赛神报本热闹喜庆的景象。在城市,如广东赛海

---

[1] 祠赛社会是十分古老的传统,颇有历史渊源。在宋代文献中,对祠赛社会的称呼各不相同,其所指则基本相同。《说文》曰:"赛,报也。"所谓报,报其所祈也,强调酬神,而祠则是祈求神祇。迎神偏重集会过程中抬神巡游整个社区的环节。社,最初是指某一社区的社祭,为当地最重要的宗教节庆之一。社赛、社会、社火原来都是以春秋社祭为中心的民间宗教集会,后来则成为以神祠为中心的民众宗教集会的泛称。参朱越利《何谓庙会——〈辞海〉"庙会"条释文辩证》,刘锡诚主编《妙峰山·世纪之交的中国民俗流变》,北京:中国城市出版社,2000年,第106—130页;高有鹏《中国庙会文化》,上海文艺出版社,1999年。
[2] 宋代神祠封赐政策可参韩森《变迁之神》第四章《赐封》,并见本书第六章第一节。
[3] 陆游《剑南诗稿》卷48《赛神》,《陆游集》,第1189页。
[4] 姜特立《梅山续稿》卷11《歌丰年》,《四库全书》,第1170册,第78页。

神,"香火万家市,烟花二月时。居人空巷出,去赛海神祠",[1]《梦梁录》则记载了南宋都城临安的东岳庙会、祠山圣诞等民众宗教集会的盛况。[2]

对于两宋民众宗教集会的情况,学者们比较关注官方对组织性宗教集会结社的禁止、打击,如对"妖教"、"吃菜事魔"等的研究,[3]而对非组织性的"祠赛社会"往往只从民俗节庆角度加以介绍,[4]使用的材料亦多囿于《梦粱录》、《武林旧事》等习见文献,不能对祠赛社会的组织形式、社会功能等作进一步分析,而政府、官员和士大夫对祠赛社会的复杂态度更是一个需要探究的问题。

比如,在《东京梦华录》中,灌口二郎神诞日前一天,"御前献送后苑作与书艺局等处制造戏玩,如球杖、弹弓、弋射之具,鞍辔、衔勒、樊笼之类,悉皆精巧,作乐迎引至庙,于殿前露台上设乐棚,教坊钧容直作乐更互杂剧舞旋。太官局供食,连夜二十四盏,各有节次。至二十四日,夜五更争烧头炉香,有在庙止宿,夜半起以争先者。天晓,诸司及诸司百姓献送甚多"。[5]而《梦粱录》也说,"每遇神圣诞日,诸行市户,俱有会迎献不一。如府第内官,以马为社……有内官府第以精巧雕镂筠笼,养畜奇异飞禽迎献者,谓为可观"。[6]仿佛祠赛社会皆得到官府同意,有时还有各级官员,甚至皇帝的代表参与,这类材料也是以往研究者言及宋代民众宗教集会时经常征引的文献。[7]然而,细绎赵宋典籍,对祠赛社会的批评时有发生,尤其是南宋的理学家或受理学影响的地方官员,批评更为激烈。

---

　　[1]　刘克庄《后村先生大全集》卷12《即事十首》之一,第8页。
　　[2]　吴自牧《梦粱录》卷1,第6—7页;卷2,第12—13页。
　　[3]　最近的研究可参芮传明《论宋代江南之"吃菜事魔"信仰》,《史林》1999年第3期,第1—13页;郭东旭《宋代法制研究》,保定:河北大学出版社,2000年,第184—205页;沈宗宪《国家祀典与左道妖异——宋代信仰与政治关系之研究》,第124—127页。
　　[4]　[法]谢和耐《蒙元入侵前夜的中国日常生活》,刘东译,南京:江苏人民出版社,1998年,第138—149页。
　　[5]　孟元老撰,邓之诚注《东京梦华录注》卷8,北京:中华书局,1982年,第205—206页。
　　[6]　《梦粱录》卷19"社会"条,第167—168页。
　　[7]　谢和耐在讨论临安的节庆时亦引之,随后的宗教部分则强调官方对未经许可的组织性宗教的打压政策,将二者对比很容易得出前一类型的集会皆为官方认可的印象,见《蒙元入侵前夜的中国日常生活》第五章《四时节令与天地万象》。

第三章 "祠赛社会"——以祠神信仰为中心的宗教集会

如度正在怀安军任上《条奏便民五事》,其中之一便是"禁约社火,以防意外之变"。[1]黄震通判广德军之时,不久便有《申诸司乞禁社会状》,请示上级部门下令取缔广德一年一度举行的祠山社会,申状中一一条列祠山社会的五大罪状。[2]度、黄二人的批评都有当时的法律依据,而他们指责的又是一个十分普遍的社会现象,那么,这种国家法典制度与社会现实之间的疏离是如何出现的呢？朝廷、地方官员、理学家们对祠赛社会的态度是否一致？如否,原因何在？官方的态度与祠赛社会的组织形式、社会功能有何关系等等。本章将以这些问题为中心,对宋代之祠赛社会略加探讨,希望通过这一具体的社会生活现象的探讨,对宋代民众宗教集会、理学在南宋后期之演进、中央与地方之关系等问题的认识有所助益。

第一节 祠赛社会之概况

吴自牧在《梦粱录》卷十九"社会"条中,对南宋临安的民众社会情形作了详细介绍,他将当时的"社会"区分为三类：一是纯粹文体娱乐类结社,如西湖诗社、射弓踏弩社、蹴鞠、打球、射水弩社等,与宗教集会无涉；二为佛教、道教方面的集会,如奉道者的灵宝会,奉佛者的上天竺寺光明会等；第三种则为本文讨论的祠赛社会,吴自牧一共列举了八个：

正月初九日,玉皇上帝诞日
二月初三日,梓潼帝君诞辰
二月初八日,霍山张真君圣诞

---

[1] 度正《性善堂稿》卷6《条奏便民五事》,《四库全书》,第1170册,第187页。度正是朱子的学生,《宋史》有传,绍熙间进士,官至礼部侍郎,曾就太庙之制上陈过意见,对宗庙祭祀方面也有自己的见解。见《宋史》卷422,第12615—12616页；黄宗羲等《宋元学案》卷69,《沧州诸儒学案》,北京：中华书局,1986年,第2275—2276页。
[2] 黄震《黄氏日钞》卷74《申诸司乞禁社会状》,《四库全书》,第708册,第746—747页。

三月三日,北极佑圣真君圣降诞辰

三月二十八日,东岳诞辰

四月初六日,城隍诞辰日

四月初八日,诸社朝五显王庆佛会[1]

九月二十九日,五王诞辰日

这八个社会皆属神灵诞辰的集会,相当于后人说的庙会,而且都发生在首都临安,规模比较大,参加的人群来自各个阶层。其中前五个与道教关系密切,玉皇上帝、北极佑圣真君在道教神谱中位置显赫,梓潼、张王、东岳也往往与道士羽流纠缠在一处,五显与佛教的来往要多一些,城隍、五王是比较纯粹的民众祠神,通常也有释道人士参与。不过这类集会与前两种社会之间的区别也是显见的。第一种社会基本属于特定群体之间的娱乐活动,与宗教无关。灵宝会、光明会等由组织性宗教人士发起,释道信众参与,仪式、内容源自释道经典,其组织形式、功能皆因释道教义而生,组织性宗教在整个香会、醮会过程中起着主导作用;而玉皇上帝等的诞日集会皆由某一具体神灵的信仰产生,虽然释道人士也要负责主持仪式,包括打醮建会等,但他们只是此类集会的参与者或组织者之一,而非主导者,整个集会与释道经典、教义关系不是十分密切,主要是源自民众祠神信仰中最普遍的邀福免灾、酬神感恩心理,参加者既有神灵的信仰者,也与地缘因素相关。

无疑,神灵诞会应该是祠赛社会最主要的形式之一,其集会地点、时间相对稳定,往往能吸引神祠所在地区,甚至附近州县民众参加,影响很大。除此之外,还有三种类型的祠赛社会需要注意:

第一类,是乡村的春秋社会。这大概是宋代民众最普遍的宗教性集会,通常以单个村落、乡镇为单位,参加人群最为稳定,是古代社祭春祈秋

---

[1] 关于五显与佛教的关系是需要专门论述的一个问题,但可以肯定,宋代五显应属于民众神祠,见本书第四章第二节。另参吕宗力、栾保群《中国民间诸神》,第536—556页。

第三章 "祠赛社会"——以祠神信仰为中心的宗教集会

报传统的延续。[1]《事物纪源》卷八"赛神"条云:"今人以岁十月农功毕,里社致酒食以报田神,因相与饮乐,世谓巫礼,始于周人之蜡云。"[2] 民众以村为单位对自己一年的劳作进行酬赏和娱乐,报神的同时寄托了来年收成的美好愿望。宋诗中提到乡村社会者甚多,传播最广者或为陆游的《赛神曲》,诗中描述了乡村赛神的欢乐气氛:

> 击鼓坎坎,吹笙呜呜,绿袍槐简立老巫,红衫绣裙舞小姑。乌臼烛明蜡不如,鲤鱼糁美出神厨。老巫前致词,小姑抱酒壶。愿神来享常欢娱,使我嘉谷收连车……神归人散醉相扶,夜深歌舞官道隅。[3]

这类社会的仪式很简单,往往由男巫、女巫主持,或击鼓吹笙,或两两起舞娱神,当然也要有些敬神的"酒食"、"鸡豚",最后,整个村社的百姓聚餐。一派祥和喜庆的景象,不仅不会对现存秩序产生任何危害,反倒可以作为太平治世的点缀与象征,文人士大夫提及乡村赛社也多出自此种心理。

第二类,是以某一特定神灵为中心的小型集会,参加者都属于同一职业或某一特定群体,其实这是村社赛神的延伸和发展。南宋临安酒市多祭二郎、祠山神,入秋,即"箫鼓喧天闹酒行,二郎赛罢赛张王"。[4] 酒行

---

〔1〕《礼记·祭法》云:"王为群姓立社,曰大社;诸侯为百姓立社,曰国社;诸侯自为立社,曰侯社;大夫以下成群立社,曰置社。"所谓百姓立社,郑玄认为是"百家以上则共立一社,今时里社是也"。社既是一种自然崇拜,同时也指某种聚落性的地域组织,社祭活动(春秋祈报)一直促进着地缘社会的凝聚,也是乡村民众最重要的宗教、娱乐活动之一,《荆楚岁时记》描写南北朝时南方塞地社日活动时便说"社日,四邻并结综会社,牲醪,为屋于树下,先祭神,然后飨其胙。"当时甚至有"中国之神,莫贵于社"的说法。宋代的地方社日活动基本沿袭了过去的传统。分见《十三经注疏》(第1589页),宗懔撰、姜彦稚辑校《荆楚岁时记》(长沙:岳麓书社,1986年,第23页)何佟之《社稷位向议》(《全梁文》卷49,严可均《全上古三代秦汉三国六朝文》,北京:中华书局,1958年,3231页)。参考宁可《述社邑》,《北京师范学院学报》1985年第1期;詹鄞鑫《神灵与祭祀——中国传统宗教综论》,第212—217、320—322页;赵世瑜《狂欢与日常——明清以来的庙会与民间社会》,第231—239页。
〔2〕高承《事物纪源》卷8,"赛神"条,《四库全书》,第920册,第226页。
〔3〕陆游《剑南诗稿》卷29《赛神曲》《陆游集》,第774页。前引陆氏《赛神》诗亦有"人散丛祠寂,巫归醉脸酡"之语,见《陆游集》,第1189页。
〔4〕高翥《菊磵集》之《辇下酒市多祭二郎、祠山神》,《四库全书》,第1170册,第135页。

不祀杜康而祀新兴的二郎与祠山,反映的是民众祠神信仰中求变的因素。官吏们祭的则是"苍王",也就是仓颉,祝穆《古今事文类聚前集》卷四八"为神赛会"条云:"京师百司胥吏每至秋必醵钱为赛神会,往往因剧饮终日。"[1]祝氏对这种做法不以为然,然而这或许正是当时的常态。这类以村社或行业为单位的民众宗教集会虽然十分普遍,但规模甚小,对地方政治经济影响似乎不大,所以在纳入士人视野时,往往被视为官民和乐、政治清明的体现。当然,有时也会与政治发生关系,如庆历四年(1044)的进奏院案,其导火线即一年一度的"循例祀神",结果新政官僚被一网打尽。[2]

第三类,是非常时期的迎神赛会,如为祈雨祷旱、禳除蝗灾、瘟疫而举行地区性宗教集会。由于这些自然灾害的影响范围往往不限于一村一乡,而是数县数州,乃至数路,所以从中央到地方都十分重视,为禳除灾害而举行的集会多由各级地方长官组织,仪式操作人员则常常包括当地释道人士和巫觋。[3]当然,有时也由退休官员、本地士绅或寓寄当地的官员主持,如刘宰的《乡曲祷社祈雨文》就是在"府县有祷"之外代表"寓居此邑"的官员写的,[4]陆九渊"待次于家"时也曾以"上客"身份率领乡里士绅祈雨。[5]这些人在平时就是配合官府维持地方秩序的主要阶层,自然灾害降临时他们顺理成章地成为地方政府之外率领民众抵抗灾害的最主要的群体。除此之外,民众自发的迎神禳灾也应很普遍,往往是"江溪近复涸,手足了无措。祷旱急农夫,迓神击村鼓。动以千百人,为此万一举。烈日仍朝朝,乞灵空处处"。[6]

---

[1] 祝穆《古今事文类聚前集》卷48,"为神赛会"条,《四库全书》,第925册,第778页。
[2] 陈邦瞻《宋史纪事本末》卷29,"庆历党议"条,北京:中华书局,1977年,第231—250页;并参沈松勤《北宋文人与党争——中国士大夫群体研究之一》,北京:人民出版社,1998年,第117—125页。
[3] 参见第四章对宋代祈雨的分析。
[4] 刘宰《漫堂集》卷27《乡曲祷社祈雨文》,《四库全书》,第1170册,第659页。
[5] 陆九渊《陆九渊集》卷26《石湾祷雨文》,第307—308页。
[6] 邓深《大隐居士诗集》卷上《乡人祷雨有应,时寓乌石》,《四库全书》,第1137册,第757页。

第三章 "祠赛社会"——以祠神信仰为中心的宗教集会

不过,此类集会在官方眼中也并非无可挑剔,批评、指责的声音也不时出现在文献记载之中。天圣五年(1027)八月,河东路提点刑狱朱正辞上奏朝廷,警惕河阳、怀州、泽州的乡村百姓百十为群,"迎圣水以祈雨泽",可能引起地方不安。[1] 淳熙四年(1177),又有臣僚批评民间"献神祷旱",以兵器为仪仗,朝廷听从其建议下令禁止祷旱迎神使用兵器,并禁止在民间集市中出售兵器。[2] 官员们的这种顾虑是可以理解的,在自然灾害压力下,民众祷旱迎神的行为固然可以化为增进地方社会及官民团结的推动力,但也可能导致地方社会秩序的失控,尤其是在集会中民众手持兵器时。

根据以上分析,本章讨论的祠赛社会包括民众祠神的诞会、乡村社赛、以神祇为中心的水旱等祈祷集会,亦即以民众祠神信仰为中心的宗教集会,组织性宗教的集会如非出于比较则一般不在讨论之列。

第二节 祠赛社会的功能

由于本章讨论的祠赛社会皆以祠神信仰为中心,多为信众出于对神祇的祈报心理而举行,其最基本的社会功能当然是宗教性的,这是早期祠赛社会的功能。不过,随着社会的变化,祠赛社会的形态不断演进,其功能也日趋多元化,这也直接影响到朝廷、地方官府、士人对祠赛社会的政策、态度。总体而言,宋代祠赛社会的功能可分为四个方面。

一、宗教性功能

信众为报答祠神的灵应,往往举行临时性的祠赛社会,人、神交流互动是其仪式活动的主要特征。至于每年定期举行的祠神诞会或春秋社会,信众也要感谢祠神对当年收成的佑护或者祈祷来年风调雨顺。各种观念、仪式在赛会活动中交汇在一处,成为祠神信仰的有机组成部分。

---

[1] 《宋会要》刑法 2 之 16,第 6503 页。
[2] 《宋会要》刑法 2 之 129,第 6560 页。

在祠赛社会中,佛教的仪式、观念很值得注意。宋代一些影响较大的祠神,如广德张王、婺源五通、袁州仰山的赛会,最重要的环节之一便是佛教斋会。如张王的水陆会参加者数以万计,而五通、仰山由于其与佛教的特殊关系,祖庙和各地行祠举行赛会都由僧人主持仪式,婺源五通诞会甚至称为佛会。宋代士人为祠赛社会撰写的一些疏文、榜文也很能说明问题,比如南宋末年黄公绍的《在轩集》中有七则与民众祠神的诞会相关疏、榜:《二月八日祠山帝生辰疏》二则、《福善庙设斋门榜》、《祠山庙水陆戒约榜》、《惠应庙斋会戒约榜》、《五通庙戒约榜》、《大洪山戒约榜》,这说明释道仪式已经是祠神诞会的重要组成部分。[1]一些地方性祠神信仰在举行赛会活动时,通常也有僧人参加,如湖州德清县新市镇的永灵庙:

岁四月望前一日,实为侯岳降之辰,合享庙庭从祀诸神。其殿寝张灯,帘箔蔽□,联珠剪彩,织琉璃之栏楯,榱桷皆设华灯,列肆交衢,过于元夜,竟三夕乃止……或谓侯既于牲酒歠妓泊然,何独玩意灯火之观美?盖侯奉戒不杀,佛事也。燃灯,续日月之烛幽破暗,亦佛事也。

即便平时的仪式活动,"未尝烹一羊豕,殽俎洁清,了无血毛之荐,惟馔设伊蒲之供,僧诵贝多之文。鼓笙歌舞,皆非所乐,而唯喜张灯"。[2]这是一个地方性土地神信仰被佛教全面渗透的事例。当然,赛会中的道教因素也不可小视,如梓潼几乎都在道观中或者由道士主持香火,赛会时自然也为道教仪式。[3]

在各种祠神的赛会中,东岳诞会的宗教性功能体现得尤为突出,许多

---

[1] 黄公绍《在轩集》,《四库全书》,第1189册,第637、639—645页。
[2] 陈霆《[正德]新市镇志》卷5,陈篯《永灵神号加封记》(撰于嘉泰三年[1203]五月),收入《中国地方志集成·乡镇志专辑》第24册,江苏古籍出版社、上海书店出版社、巴蜀书社,1992年,第39—40页。
[3] 参见本书第五章对梓潼的讨论。祠赛社会中有时也会出现传统的祖先崇拜的因素、仪式,如华亭县金山忠烈王昭应庙,诞辰之日,"自人四月至中旬末,一市为之鼎沸,闻有设祭于松柏间,祀其先亡,恸哭而反"。而福建灵祐庙,"神先垅在秋芦溪之西,遇人家拜扫时,父老必奉神舆卫往返松楸,灯烛鼓吹,倾城空巷"。分见鲁应龙《闲窗括异志》,《中华野史》宋朝卷3,第2898页;《后村先生大全集》卷93《重建灵佑庙鼓楼》,第19页。

第三章 "祠赛社会"——以祠神信仰为中心的宗教集会

材料都谈到东岳诞会中的神枷。[1]临安的东岳庙诞会就有所谓"重囚枷锁社",[2]而吉州灵佑庙,所奉之神康保裔,民间相传为东岳下属,[3]神诞日"有荷校赭衣,自为累囚,巫操其权,禁贯在口。有敢出一语证其理之不然,巫之党战战相恐,若谓祸且立至"。[4]信众身披枷锁,向东岳祈祷忏悔,以冀为亲人或自身洗却罪责。宋代其他祠神诞会也有类似现象,如吉州灵护庙的赛会,"凡出为侯牧,去为公相,与数万场屋高科膴仕诸贵人等,虑无不邀福请命,待罪祠下"。[5]而广德张王诞会,便有所谓"罪案"之设,迎神时使用"囚帽枷锁",具体情形已无从考知,但可能和东岳主阴间刑罚有异曲同工之妙。[6]

二、从娱神到娱人

信众在通过各种仪式活动向祠神表达祈谢、忏悔等宗教情感的同时,祠赛社会也在祈神、娱神的过程中逐渐成为传统中国社会最重要的文化娱乐活动。据学者研究,宋代之后城乡神庙祭祀与戏曲文化逐渐结合,中国戏曲的形式、内容和演出场地也日趋成熟。[7]

其实,早在先秦时期便有"百日劳之一日蜡"的说法,宋代普通民众最主要的群体性的休闲、娱乐活动之一便是社区范围内的春秋社日祭赛,各地的春赛、秋赛都是"岁有常典"。[8]城乡各个阶层都有活动,乡村民

---

[1] 这恐怕与泰山治鬼,主人生死的传统观念有关,虽然佛教传入之后其地狱说不断向中国渗透,但东岳、泰山府君一直是掌管冥界的重要神灵,赛会中出现神枷之类行为,目的在通过象征性仪式消解自己或亲人所犯罪过。参见贾二强《唐宋民间信仰》,第13—39、333—338 页。
[2] 吴自牧《梦粱录》卷18,第168 页。
[3] 关于康保裔与东岳的关系,参范纯武《双忠崇祀与中国民间信仰》,台湾师范大学历史系博士论文,2003 年,第75—79 页。
[4] 欧阳守道《巽斋文集》卷16《灵佑庙记》,《四库全书》,第1183 册,第635 页。
[5] 刘辰翁《须溪集》卷4《吉州灵护庙新宫碑记》,《四库全书》,第1186 册,第496 页。
[6] 黄震《黄氏日钞》卷74《申诸司乞禁社会状》,《四库全书》,第708 册,第748 页。
[7] 关于宋代戏曲发展与祠神信仰的关系,许多戏曲史研究的论著都有分析,本文主要参考了廖奔、刘彦君《中国戏曲发展史》(太原:山西教育出版社,2000 年)、车文明《20 世纪戏曲文物的发现与曲学研究》(北京:文化艺术出版社,2001 年)、周华斌、朱联群主编《中国剧场史论》(北京广播学院出版社,2003 年)等论著。
[8] 廖刚《高峰文集》卷12《春赛祝文》、《秋赛诸庙祝文》,《四库全书》,第1142 册,第451—452 页。

众的赛社更为活跃。鼓声冬冬,巫祝升坛祈神,民众分享祭品,饮酒作乐,往往到深夜才结束。王洋在《夜闻赛神鼓》中就说:"坎坎丰年鼓,鳞鳞赛社人。神宽陟降礼,情取笑言真。掩豆豚肩薄,分余福胙频。灵坛本宜夜,考鼓已疏津。"[1]著名诗人陆游写的好几首以"赛神"为名的诗,都反映了农村赛社愉快热闹景象,如"岁熟乡邻乐,辰良祭赛多。荒园抛鬼饭,高机置神鹅(村人谓祭神之牲曰神猪、神鹅)。人散丛祠寂,巫归醉脸酡。饥鸦更堪笑,鸣噪下庭柯","落日林间箫鼓声,村村倒社祝西成。扶翁儿大两髦髻,溉水渠成千耦耕。家受一廛修本业,乡推三老主齐盟。日闻淮颍归王化,要使新民识太平"。[2]宋代诗人歌咏的多是乡村的秋社,以示秋收有成,天下太平。至于城市春秋社日的活动,如前面提到祝穆《古今事文类聚》前集卷四十八"为神赛会"条所说,"京师百司胥吏,每至秋,必醵钱为赛神会,往往因剧饮终日",[3]这种做法恐怕不止行于京师一地,而是全国各地的通例。

不过,春秋社日的集会活动只是同一社区民众或职业群体饮宴作乐,乡村也只是辅之以巫祝的歌舞,其内容相对简单,由此发展而来的祠神诞会则在规模与活动形式上更进一步。昆山(今江苏昆山县)四月望日山神诞会,便成为本县,乃至邻州的盛大集会:

> 县迎神设佛老教,以祈岁事,并社为会,以送神。自山塘至邑前,幕次相属,红翠如画。它州负贩而来者,肩袂陆续。后两日,则观角觝于山之西。[4]

常熟县北四十里福山有东岳行祠,建于北宋至和年间(1054—1056)。据政和七年(1117)乡贡进士魏邦哲的《福山东岳庙记》,东岳诞

---

[1] 王洋《东牟集》卷3《夜闻赛神鼓》,《四库全书》,第1132册,第343页。
[2] 陆游《剑南诗稿》卷48、67,《陆游集》,第1189、1598页。
[3] 祝穆《古今事文类聚》前集卷48,"为神赛会"条,《四库全书》,第925册,第778页。
[4] 《淳祐玉峰志》卷上,《宋元方志丛刊》,第1082页。

第三章 "祠赛社会"——以祠神信仰为中心的宗教集会

会之日,"江、淮、闽、粤,水浮陆行,各挈其所有,以输岁时未享之诚者。上祝天子万寿,且以祈丰年而后保其家,凡有求,必祷焉。率以类至号曰社会,箫鼓之音相属于道,曾不知几千万人,不及之乎泰山,则之福山而已"。[1] 参加者包括今江、浙、闽、粤等地成千上万的信众,几乎成为南方地区仅次于泰山的东岳信仰中心。显然,参加这些祠神诞会的群体已不再局限于村落,小则州县之内,大则跨州越路的信众都要来进香,他们根据居住地或职业群体组成社或会,既包括宗教性的祈祷报谢,亦有表演、游戏的成分,[2] 比如诞会期间通常有角觝之类的竞技活动,至于所携之箫鼓,也很可能是戏曲表演之道具。

一些文献和出土材料表明,宋代的神祠空间构造上往往包括表演使用的舞台。如东京万胜门外的灌口二郎神庙、临安霍山的张王行祠,都有一座露台,在诞会期间供信众陈献祭品、表演歌舞技艺。而北方的一些乡村神祠,则出现了一种名曰"舞亭"或"舞楼"的演出场所,如解放后在山西省万荣县桥上发现的天禧四年(1020)所立《创建后土圣母庙碑》,在沁县发现的元丰三年(1080)所立《威胜军所建蜀荡寇将□□□关侯庙碑》,在平顺县东河村发现的元符三年(1100)所立《重修九天圣母庙碑》,上面都记载了当时信众在神祠内创建或重修"舞亭"、"舞楼"之事,前者即指亭榭式戏台,这一称谓在山西南部一直沿用到明清时期,而后者很可能与明清时期这些庙宇中的献殿功能相同,它们都位于祠神所在的正殿之前,供举行祭拜仪式之用,而祠神诞会时而成为信众表演戏曲、杂剧等的场所。[3]

现在,我们已无法考知神祠的空间结构与祠赛社会中的戏曲表演之

---

[1]《琴川志》卷13,《宋元方志丛刊》,第1297页。
[2] 明清的情况可参考赵世瑜《狂欢与日常——明清以来的庙会与民间社会》,第219—224页。
[3] 参车文明《20世纪戏曲文物的发现与曲学研究》,第25—28页;黄竹三《戏曲文物研究散论》,北京:文化艺术出版社,1998年,第41页;廖奔《中国戏曲发展史》第八章《正式演剧场所的形成》,第381—394页。对神祠的正殿、戏棚在诞会、宗教仪式中功能的人类学调查研究可参田仲一成《中国的戏曲与宗教》一书各章节的分析,上海古籍出版社,1992年。

间的关系,但可以肯定的是,宋代祠赛社会中表演活动十分盛行。在城市,如东京神保观诞会:

> 二十三日,于殿前露台设乐棚,教坊钧容直作乐,更互杂剧舞旋……(二十四日)诸司及诸行百姓献送甚多,其社火呈于露台之上……自早拽呈百戏,如上竿、趯弄、跳索、相扑、鼓板、小唱、斗鸡、说诨话、杂扮、商谜、合笙、乔筋骨、乔相扑、浪子杂剧、叫果子、学像生、倬刀、装鬼、砑鼓、牌棒、道术之类,色色有之。[1]

"献送"的群体包括诸司和各行业的百姓,甚至还有"教坊钧容直",表演的内容丰富多彩。南宋临安霍山张王圣诞之日,"都城内外,诣庙献送繁盛",不仅有各种珍奇的祭品,也包括"彩旗、鼓吹、妓乐、舞队等社","并呈于露台之上。自早至暮,观者纷纷",也就是《武林旧事》所说的"百戏竞集"。[2]而在文化娱乐生活相对匮乏的乡村,祠赛社会更成为民众狂欢的节日,经常出现这样的景象:"比邻毕出观夜场,老稚相呼作春社","空巷看竞渡,倒社观戏场","空巷无人尽出嬉,烛光过似放灯时。"[3]这种情形在南宋特别突出,朱彧《萍洲可谈》卷三云:

> 江南俗事神,疾病官事专求神,其巫不一……又以傀儡戏乐神,用禳官事,呼为弄戏。遇有系者,则许戏几棚。至赛时张乐弄傀儡,初用楮钱,爇香启(祈)祷,犹如祠神,至弄戏则秽谈群笑,无所不至。乡人聚观饮酒……许赛无已时。[4]

---

[1] 孟元老撰、邓之诚注《东京梦华录注》卷8,第206页。
[2] 吴自牧《梦粱录》卷1,第6页。《武林旧事》中列举了参加张王圣诞的百戏的主要名单,如绯绿社(杂剧)、齐云社等,第45页。另《西湖老人繁胜录》亦载此庙露台上酌献"妓乐社火",北京:中国工商出版社,1982年,第4页。
[3] 分见《剑南诗稿》卷38、65,《陆游集》,第990、1546页;《后村先生大全集》卷22《闻祥应庙优戏甚盛》,第2页。
[4] 朱彧《萍洲可谈》卷3,《宋元笔记小说大观》,第2337页。

所谓"弄戏",恐怕娱人的成分更多一些,所以宋人在提到祠赛社会中的社火时甚至说,"民间鼓乐,谓之社火,不可悉记,大抵以滑稽取笑"。[1]这一做法在南宋后期遭到某些严格的理学人士的批评,如陈淳便斥之为"淫戏",请求地方官府严令禁止。[2]不过,从材料所反映的祠赛社会时间安排来看,信众表演各种杂技、戏曲都在最后一天或后两天,有时甚至是通宵达旦,欢快热闹的演出活动将赛会推向高潮。

三、经济性功能

在明清时期,庙会常被人与庙市等同,这是因为庙会对商品交易有很大促进作用,也就是说,庙会具有很强的经济性功能,对此学者已有研究。[3]然究其渊源,至少可以追溯到宋代,当时祠赛社会与经济交易的关系已十分密切。[4]

我在绪论中曾提到,宋代的祠神信仰已越来越深地卷入到商业经济活动之中,表现之一便是神祠成为日常管理者或附近相当数量的信众的生计来源,甚至成为地方官府重要的财政收入之一。有时,地区性的祠神信仰中心空间位置的变化甚至会影响整个地区的经济发展。山西威胜军绵上县(今山西沁源北)南有一座东岳行祠,起初由信众自发建立,庙宇离县城很远,但"人有疾疠,岁有乾溢,致诚以祷之,则不旋踵辄有休应,于是远近莫不信之",成为地区性信仰中心。后来,因春秋赛会中信众之间常发生冲突,官府遂将庙宇迁入县城,重整庙貌,对信众的春秋祭献活动加以管理,这是官方控制民众祠神信仰的典型事例。同时,迁庙之举以

---

[1] 范成大《范石湖集》卷23《上元纪吴中节物俳谐体三十二韵》自注,上海古籍出版社,1981年,第326页;也有学者以社火泛指一切民间赛社表演,特别是赛社献艺中的队舞演出,其中多有简单的故事装扮,内容以滑稽调笑为主,参车文明《20世纪戏曲文物的发现与曲学研究》,第70页;廖奔《宋元戏曲文物与民俗》,北京:文化艺术出版社,1989年,第85页。

[2] 陈淳《北溪大全集》卷43《上傅寺丞论淫戏》,《四库全书》,第1168册,第875—876页。

[3] 高有鹏《中国庙会文化》,第92—94页;赵世瑜《狂欢与日常——明清以来的庙会与民间社会》,第198—204、213—219页。

[4] 实则唐代庙会与商业交往已有关联,但这个时期商业经济的发达程度远不如宋代,且保存下来的文献资料也相对不足,所以目前讨论祠赛社会的经济性功能通常只能追溯到宋代。关于唐代的庙市情况可参谢重光《唐代的庙市》,《文史知识》1988年第4期,第53—57页。

信仰为纽带,还带动了绵上县城乡之间的经济交往,对地方经济、官府财政以及普通民众的生活都有很大影响。"先是,县之人不至繁庶,其闾巷廛肆萧然,不啻若荒村聚落之所。及庙之一迁,人之趋赴者,无日无之。而其盛尤见于春秋祈祷之际,入酒酤之课,征税之额,岁增数倍。而下逮贫窭之人,亦得以市道自营其间,则其所以为补者固多矣。"[1]庙记作者也注意到"春秋祈祷之际"经济效果更为明显,甚至穷人也可以"以市道自营其间",这应该是宋代盛行各地的祠赛社会的共同特征。

一般说来,祠赛社会参加者的空间范围可视为某一祠神信仰所形成的宗教区域。赛会的宗教性、文化娱乐性功能使参加者不仅包括那些虔诚信众,也有一些介于信与非信之间的普通民众,而定期的数日甚至十余日大规模的人群聚集无疑会带来很大的商机,不仅有宗教用品的买卖,也有日常用品、生产物资的交易,这就使宗教区域与经济发生某种重叠。遗憾的是,明清文献中记载的城乡居民从庙会购买日用品、生产物资的情况很少见于宋代史料。不过,宋代关于祠赛社会的文献通常会提到商人的参与。

金山忠烈王昭应庙,位于华亭县海中金山之上,离县城九十里,附近皆为盐场。庙中所祀之神为东汉霍光,原来曾是位佑护海堤、海塘免遭海水冲击之神,南宋初逐渐有了保护海上运输的职能。由于金山位于海上交通要道之上,昭应庙很快成为海商们崇信的一位神灵。据说,忠烈王的从神钱侯就是来自福建的商人,"家阀氏钱,行位居七。航海而商,舳帆轻从,入庙致礼",对霍光十分钦佩,后来突然死于庙中,"于是惊怪显迹,为庙部臣,老宿相传几百年矣"。前述昭应庙的地理位置加上钱氏的商人身份,遂使该庙神会成为两浙,乃至整个沿海地区商贾进行交易的重要集会。"王以四月十八诞辰,浙之东西,商贾舟楫,朝献踵至。自入四月至中旬末,一市为之鼎沸。""季夏之月廿一日,维侯生辰。沿海祭祠,在

---

[1] 齐仲驰《威胜军绵上县移建天齐仁圣帝庙记》,《山右石刻丛编》卷15,《宋代石刻文献全编》第1册,第712—713页。

第三章 "祠赛社会"——以祠神信仰为中心的宗教集会

在加谨,广陈镇金山祠祀尤严。常岁是日,盐商海估,寨伍亭丁,社鼓暄迎,香花逻供。"这样,每年昭应庙的庙会有四月、五月两次,每次都有数日,两浙地区的商贾、盐商都要借朝献之机进行商业活动。[1] 昆山县马鞍山的山神诞会在四月望日,"它州负贩而来者,肩袂陆续",[2] 数量众多的信众以及观看角觝之类竞技表演的普通民众是这些商贩的主要顾客。

一些影响较大的祠神信仰在诞会期间甚至能形成跨地区的商业交易集会。广德张王行祠遍布东南各地,诞会的参加者包括"江、浙、荆、淮之民奔走侥福者",[3] 黄震主张禁止祠山社会,认为诞会使风俗败坏,但也不得不承认"祠山春会,四方毕集",市井能够"赖之稍康",对于推动地方经济的发展有一定作用。而从他对"差机察"的批评来看,广德地方官府派官吏提督赛会乃久已行之的惯例,差机察则使得远来商贾无一幸免。[4] 这中间的是非可不置论,可以肯定是,每年一度的广德张王诞会已成为江、浙、荆、淮地区信众、商贾的盛会。而婺源五通庙会规模不下于张王,参加者包括两浙、淮、闽、楚等地,方回甚至说"四月八日庆佛诞者走庙下,无虑百万众",[5] 诞会的重要特征之一便是"百贾列区,珍货填积,赋羡于官,施溢于庙,浃旬日乃止","天下商贾辏集",官府从诞会的交易活动中也能获得相当可观的税入。[6]

以上分析表明,宋代祠赛社会能够推动地区内部、地区之间的经济交往,尤其是那些信众范围广,持续时间较长的赛会,它们往往是基于自然条件、行政区划形成的市场交易网络的延伸和发展。张王、五通等祠神信

〔1〕 分见鲁应龙《闲窗括异志》,《中华野史》宋朝卷3,第2898页;赵孟坚《彝斋文编》卷4《金山顺济庙英烈钱侯碑文》,《四库全书》,第1181册,第362—363页。
〔2〕 《淳祐玉峰志》卷上《风俗》,《宋元方志丛刊》,第1082页。
〔3〕 黄震《黄氏日钞》卷87《广德军沧河浮桥记》,《四库全书》,第708册,第912页。
〔4〕 黄震《黄氏日钞》卷74《申诸司乞禁社会状》,《四库全书》,第708册,第746—747页。
〔5〕 参本书第五章对五通神的分析。
〔6〕 吴师道《礼部集》卷12《婺源州灵顺庙新建昭敬楼记》,《四库全书》,第1212册,第152页;程敏政《新安文献志》卷85《饶州路治中汪公(元圭)墓志铭》(方回撰),《四库全书》,第1376册,第396页。

仰所形成的宗教区域与自然地理空间、行政区划之间存在某种重叠关系，但二者并不一致，前者范围通常超出后者，在此基础上形成的祠神赛会也就成为超越自然地理环境、行政区划限制的信众、商贾的大聚会。由于赛会通常每年定期举行，不同地区的商人能够以某一具体的祠神信仰为纽带建立新的市场交易网络，这个以祠神信仰为纽带的市场网络应该是依托于既有的市场网络之上，但由于它能够超越限制后者规模、范围的自然环境、行政区划等条件的约束，其规模、范围都比后者要大，二者之间应该存在某种互动关系。[1] 研究经济史的学者在探讨宋代区域性市场形成的原因时，多从经济、政治和自然条件等方面考虑，其实，仅就目前所见到的材料来看，宗教文化因素也不容忽视，明清经济发展也充分说明了这一点。[2]

四、赛会中的颠覆与暴力

由于祠赛社会的参加者以特定祠神的信众为主体，这种定期集会对于加强信众之间的联系，形成或强化群体、地区认同等都有一定影响，这也是传统中国社会官方对民众举行的此类活动默认或支持的重要原因。但是，祠赛社会对社会秩序不只有整合、协调方面的功能，其活动形式、仪式观念等有时亦隐含着对现实秩序的挑战甚至对抗。[3]

---

〔1〕 台湾学者宋光宇曾以霞海城隍信仰在台北大稻埕地区的发展过程，探讨了近三百年台湾汉人社会里宗教活动与商业兴衰之间的互动情形。他指出，"霞海城隍庙开始一年一度的迎神赛会是拜受台北地区经济发展之赐"，而20年代都市地区的建醮和迎神赛会，具有建立行销管道的功能，"透过这样世俗名神圣两种层面的交互运作，霞海城隍祭典在短短数十年中，跃升成为全台湾最重要的宗教祭典，而随着信仰之拓展，也推动了新式商业体系的形成"。宋代的民众信仰或许没有这样巨大的经济影响力，但对于地方社会的经济发展确实能够起到很大刺激作用。参《霞海城隍祭典与台北大稻埕商业发展的关系》，《中央研究院历史语言研究所集刊》第62本第2分，1993年4月，第291—336页。

〔2〕 明清研究参赵世瑜《狂欢与日常——明清以来的庙会与民间社会》，第129—135页；北宋东京大相国寺亦在宗教信仰基础上形成了颇具影响力的集市经济，参赵雨乐《从寺院到市集——析唐宋时期的相国寺》，载张其凡、范立舟主编《宋代历史文化研究》（续编），第199—244页。

〔3〕 西方学者对欧洲中世纪以来的节庆仪式已有深入研究，不少成果表明狂欢节庆仪式对西方近代许多集体暴动事件有很大影响。对于中国历史上的宗教集会所蕴含的颠覆性或暴力性方面则关注不多，赵世瑜在文章中谈到庙会狂欢的反规范性，而巫仁恕以明清城隍信仰为例，探讨了民间信仰、节庆仪式与集体抗议三者之间的微妙关系。参考赵世瑜《狂欢与日常——明清以来的庙会与民间社会》，第129—135页；巫仁恕《节庆、信仰与抗争——明清城隍信仰与城市群众的集体抗议行为》，《中央研究院近代史研究所集刊》第34期，2000年12月，第145—210页。

第三章 "祠赛社会"——以祠神信仰为中心的宗教集会

南宋后期朱熹的弟子陈淳曾给漳州地方长官赵某写信,批评本地祠赛社会中的诸多不当行为:

> 既塑其正鬼之夫妇,被以衣裳冠帔,又塑鬼之父母,曰圣考圣妣,又塑鬼之子孙,曰皇子皇孙。一庙之迎,动以十数像,群舁于街中,且黄其伞,龙其辇,黼其座,又装御直班以道之前,僭拟逾越,恬不为怪。四境闻风鼓动,复为优戏队相胜以应之。人各全身新制罗帛金翠,务以悦神。或阴策马而纵之,谓之神走马,或阴驱其箯而奔之,谓之神走箯,以诳罔百姓。男女聚观,淫奔酗斗。夫不暇及耕,妇不暇及织,而一惟淫鬼之玩。子不暇及孝,弟不暇及恭,而一惟淫鬼之敬。废人事之常职,崇鬼道之妖仪,一岁之中,若是者凡几庙,民之被扰者凡几番,不惟在城皆然,而诸乡下邑亦莫非同此一习。[1]

陈淳所抨击的祠赛社会与现存社会秩序的直接冲突或潜在矛盾主要包括以下几方面,一是仪式活动中使用的仪仗、服饰与现实礼制相违背;二是赛会以祠神信仰为中心,参与者暂时放弃现实生活中的身份、角色、等级秩序、性别差异都被模糊化;三是赛会活动的经济支出有违儒家或官方认可的经济理念,并直接影响到生产活动。服饰、仪仗的违礼逾制,男女性别差异的模糊,都可能引发对现存政治秩序伦理道德观念的冲击。陈淳的看法反映了某些道德理想主义者的观点,同时也揭示出祠赛社会与官方或传统儒家认可的社会秩序、观念之间的矛盾和冲突,具有一定的普遍性。仁宗嘉祐年间(1056—1063),成都诸州祭赛鬼神,"一坊巷至聚三二百人,作将军、曹吏、牙直之号,执枪刀、旗幡、队杖,及以女人为男子衣,或男子衣妇人衣,导以音乐百戏,三四夜往来不绝"。[2] 崇宁元年

---

[1] 陈淳《北溪大全集》卷43《上赵寺丞论淫祀》,《四库全书》,第1168册,第851—852页。
[2] 李焘《续资治通鉴长编》卷192,"嘉祐五年十二月壬申"条,北京:中华书局,2004年,第4653页。

（1102），民众在祠赛社会时"兵仗旗帜，执引先后，乘舆器服，或张黄盖，造珠簾车马，备饰仪卫，呼喝载路"，京师地区此风尤盛"。[1]南渡之初，衢州东岳庙气势雄伟，"州人每遇岳神生日，人户连日聚集，百戏迎引，其服饰仪物大段僭侈"。[2]需要提到的是，在某些士人、官员看来，祠赛社会经常长达数日甚至是十余日，且不分昼夜，不仅影响正常生产活动，更重要的是民众在官方法定节庆之外"夜聚晓散"或通宵达旦集会狂欢，与传统的"日出而作，日落而息"的日常生活秩序发生冲突。有学者指出，在宋代，祠赛社会的"夜聚晓散"与传习妖教的"夜聚晓散"一直是官员向朝廷报告中最常见的社会问题之一，它不仅扰乱社会生活秩序，而且威胁到政权的存在，甚至影响到主流文化的指导权力。[3]

在这里，祠赛社会已成为表达普通民众精神生活、观念世界的一种方式，日常状态之下潜藏的民众与官方、下层文化与主流意识形态之间的对立与紧张以各种形式表现出来，不仅包括服饰、仪仗、时间安排、仪式行为等较具象征意义的层面，有时，现实秩序隐含的矛盾与冲突在赛会中直接表现为暴力行为。

前面提到的威胜军绵上县东岳庙赛会，在迁庙之前，信众为争夺祭献的优先权常发生相互殴击事件，"至有伤人而自抵于刑者"。[4]群体、地区之间潜在的矛盾与冲突在赛会中被激发，以各种形式宣泄出来。绍兴初，江西分宁县(今江西修水)的僧人和巫者"造舟置祀，岁十月，大集。恶少年千百为群，钲鼓弓矢，角勇技于祠下，斫斗以死勿讼为盟约，谓之'打元斋'，由此而死者无虚"。[5]邵武(治今福建邵武)知军王份在乾道初反映管内"乡村有不畏公法之人，私置兵器，结集人丁，岁以为常，谓之斗社。持

---

〔1〕《宋会要》刑法2之43，第6517页。
〔2〕《宋会要》刑法2之147，第6567页。
〔3〕参葛兆光《严昏晓之节——古代中国关于白天与夜晚观念的思想史分析》，《台大历史学报》第32期，2003年12月，第45—46页。
〔4〕《山右石刻丛编》卷15《威胜军绵上县移建天齐仁圣帝庙记》，《宋代石刻文献全编》第1册，第712—713页。
〔5〕陈郁《藏一腴话》甲集卷下，《中华野史》宋朝卷2，第2701页。

第三章 "祠赛社会"——以祠神信仰为中心的宗教集会

枪杖,鸣锣鼓,千百成群,动以迎神为名,甚者倚恃从党,因而为盗"。[1]而淳熙二年(1175)朝廷的一份文件也提到"乡民岁时赛愿迎神,虽系土俗,然皆执持真仗,立社相夸,一有忿争,互起杀伤,往往致兴大狱"。[2]可见这类行为在南宋已十分普遍。

赛会使不同村落、地区、宗族、群体的民众聚集一处,大家或许愿还愿,或交易商品,大都可以视为同一祠神的信众,无高下内外之别。与此同时,各村落、地区、宗族之间原有的矛盾也因此汇集一处,稍有不慎便可能演变成暴力冲突。因此,有人甚至利用祠赛社会中所蕴含的颠覆性或暴力性因素,来对抗官方权威。南宋前期,王师愈知潭州长沙县,"楚俗尚巫鬼,穷山中有丛祠,号影株神,愚民千百辈操兵会祭,且欲为乱",被王氏用计平定。[3]光宗年间,洪秘知武攸(即武冈军,治今湖南武冈县),王文彬等因抢夺他人财产,怕被官方发现,于是准备趁"坊市祠神之会,相挺为变"。[4]目前,我尚未找到祠赛社会直接引发民变或社会动乱的材料,但宋代的许多官员都认为,那些在赛会中手持兵刃"斗社"的民众是地方社会潜在的危险分子。北宋前期,程琳知益州:

> 蜀州有不逞者,聚恶少百余人,作灌口二郎神像,私立官号,作士卒衣装,铙鼓箫吹,日椎牛为会。民有骏马者,遂遣人取之,曰:"神欲此马。"民拒之,其马遂死。又率良民从其群,有不愿往者,寻得疾病,盖亦有妖术尔。有白其事,琳皆捕而戮之,曰:"李顺由此而起,今锄其根本,且使蜀中数十年无恙。"[5]

---

[1]《宋会要》刑法 2 之 158,第 6574 页。
[2]《宋会要》刑法 2 之 119,第 6555 页。
[3] 朱熹《朱文公文集》卷 89《中奉大夫直焕章阁王公神道碑铭》,第 23 页。
[4] 魏了翁《鹤山先生大全集》卷 71《知南剑州洪公(秘)墓志铭》,第 5 页。
[5] 江少虞《宋朝事实类苑》卷 23《官政治绩·程文简》,上海古籍出版社,1981 年,第 273 页。《隆平集》卷 8《程琳传》的记载则比较简略:"蜀人岁为社会以祀灌口。琳曰:往时不诛李顺,故大乱。乃捕为首者戮之,余百数配内地。"对此,胡小伟有很精彩的分析,见氏著《宋代的二郎神崇拜》,《世界宗教研究》2003 年第 2 期,第 31—32 页。

也就是说，推动永康二郎信仰的重要力量之一便是所谓的"恶少"。南宋时，度正面对四川社火"器仗益盛，队火益繁"，也是忧心忡忡，害怕有些"少年博徒，膂力强健，酒后耳热，慷慨悲歌。当此之时，或有奸人萌其非心，妄议大事，诱之以福，挟之以祸，劫而驱之，非常之变起于俄顷，岂可不虑"。[1]

在传统社会，祠神信仰是各个社会群体共享的观念世界，假借神的名义，群体性集会所造成的情境，仪式活动中不可缺少的饮酒、鼓乐，[2]再加上其他一些现实或历史因素，很可能使现实中隐含的紧张和冲突释放出来。祠赛社会对现存秩序的潜在威胁和冲击一直影响朝廷、地方官员、士人对它的态度，也是考察民众祠神信仰必须注意的一个重要侧面。

第三节　社首与会首——祠赛社会的组织者

在绪论中，我曾谈到民众祠神信仰的重要特征之一是它的非制度性或非组织性，这是从经典、仪式、神谱、宗教人士等方面将祠神信仰与释道等组织性宗教加以比较提出的想法。不过，这并不意味着祠神信仰在任何方面都完全无组织性，毕竟祠神信仰在形成过程中诸如庙宇修建、仪式主持、各种活动的开展都要动员一定数量的信众、筹集相当的钱物，都必须依托现存社会常规组织力量或者成立临时性的组织，二者之间有交叉，有重叠。有时，在祠神信仰的基础上甚至能创立另一套相对稳定的组织系统，这也是考察祠神信仰与社会关系的重要视角之一，相关的研究成果已有一些，主要集中在明清时期。[3] 本节拟从文献梳理入手，尽量回到

---

〔1〕　度正《性善堂稿》卷6《条奏便民五事》，《四库全书》，第1170册，第192页。
〔2〕　宋代的春秋赛社通常有饮酒歌乐一节，而酒醉而散也是描写当时赛会经常提到的情形，有些地方甚至有"社日不饮酒变为猪之说"，见赵蕃《淳熙稿》卷11，《四库全书》，第1155册，第175页。
〔3〕　例如郑振满曾对莆田江口平原里社向村庙演变的历史过程进行考察，指出官方政治体制与意识形态对社区发展的制约及影响，参《神庙祭典与社区发展模式——莆田江口平原的例证》一文，载《史林》1995年第1期，第33—47页。在他与陈春声主编的《民间信仰与社会空间》（福州：福建人民出版社，2003年）一书中，也有数篇论文专门探讨祭祀组织与地方社会形成的关系。对于宋代祠神信仰与地方村社、区域社会的关系，以及祭祀与社会的关系的探讨，成果较为突出的为日本学者金井德幸，参王锦萍《20世纪60年代以来宋代民间信仰研究述评》一文相关介绍。

第三章 "祠赛社会"——以祠神信仰为中心的宗教集会

当时的语境,考察宋代祠赛社会的组织形式、组织者及其与地方社会的关系。

先来看陈淳给漳州地方长官赵某、傅某写的两封信,信中除了批评本地祠赛社会过于频繁,影响到民众的生产、生活之外,也谈到漳州地区祠赛社会的组织形式、组织者,是了解这一问题的重要文献。陈淳在信中说:

> 某窃以南人好尚淫祀,而此邦之俗为尤甚。自城邑至村墟,淫鬼之名号者至不一,而所以为庙宇者亦何啻数百所。逐庙各有迎神之礼,随月送为迎神之会……皆游手无赖好生事之徒,假托此以括掠钱物,凭藉使用,内利其烹羔击豕之乐,而外唱以禳灾祈福之名。始必浼乡秩之尊者,为签都劝缘之衔以率之,既又挟群宗室为之羽翼,谓之劝首,而豪胥猾吏,又相与为之爪牙,谓之会干……[1]

> 浮浪不检之人,托鬼神图衣食,趁庙中会首,每装土偶如将校衣冠,名曰舍人,或曰太保,时骑马街道号为出队。群不逞十数辈,拥旌旗鸣钲鼓随之,擎疏头,假签土居尊秩名衔为都劝缘,继以宗室列其后,入人家抄题钱物,托名修庙,或托名迎神攘灾,胁以祸福,不分贵贱贫富,必足数而后去。虽肩担背负小夫,亦必索百文五十为香钱,连日自朝至暮,遍匝城市,无一户得免者。其实所抄题钱,大概皆是会首入己自用,为醉饱计,为肥妻孥计,于鬼神何有?[2]

其实,两则材料说的是一回事,整个赛会的主持者是一名称作"会首"的人,此人可能有妻子家室,且居住于庙中,陈淳怀疑征集的钱物"大概皆是会首入己自用,为醉饱计,为肥妻孥计",而最底层的办事人员则很可能是一些无业人员,所以被陈淳斥为"游手无赖之徒"或"浮浪不检

---

[1] 陈淳《北溪大全集》卷43《上赵寺丞论淫祀》,《四库全书》,第1168册,第851页。
[2] 陈淳《北溪大全集》卷47《上傅寺丞论民间利病六条》,《四库全书》,第1168册,第873—874页。

之人"。列衔参与组织的人员包括由"乡秩之尊者"或"土居尊秩"者组成的"都劝缘","宗室"组成的"劝首","豪胥猾吏"构成的"会干"。这几类人在迎神赛会中扮演的身份角色各异：

会首，总揽全局，负责整个赛会的组织工作，既有物资方面的筹备，也包括神像的装饰，仪式的举行，其他人员都是在其领导之下各司其职。

都劝缘，日常的身份为"乡秩之尊者"或"土居尊秩"者，都是神祠所在地的长期居民，他们对地方社会具有相当的影响力，其"尊"位的获得信托于"乡秩"、"土居"，也就是地缘关系或宗族等级秩序，当然，也可能来自财富、知识等因素。"率之"二字的意味殊堪玩味，说明他们可能是赛会钱物筹备得以顺利进行的最重要群体，所以他们也有"都劝缘"之名。

劝首，主要是那些寓居漳州的宗室成员。他们是赛会组织者中的"羽翼"，所谓"劝首"很可能是名誉上的称号。虽然我尚未发现宗室成员介入赛会组织的具体资料，但南宋很多宗室成员寄居福建地区，他们逐渐成为地方上层社会的一股力量，同时由于他们是皇室的延伸，他们的介入可能象征意味多一些，暗示着神会得到朝廷的支持。

会干，其身份本为"豪胥猾吏"，代表了地方政府对赛会的支持。"爪牙"二字甚为精当，这些胥吏往往是当地人士，在地方官府中担任一些下层职务，地方政府的主要职能如征收赋税、维持治安、法律诉讼等都需要靠他们的出面才能办妥，他们是地方士绅与朝廷派驻地方的官员之间的联系纽带，也是官民之间的中介，他们的参与对于赛会的正常举行十分重要。[1]

最后是陈淳斥为"游手无赖之徒"、"浮浪不检之人"，或"群不逞十数辈"，这些人的确切身份很难确认。在陈淳看来，这些赛会最基层的执事人员基本属于无事生非之人，他们临时打破了四民分业传统，担当一些本

---

〔1〕参考黄宽重《唐宋基层武力与基层社会的转变——以弓手为中心的观察》，《历史研究》2004 年第 1 期，第 16—17 页；祖慧《宋代吏制研究述评》，载包伟民主编《宋代制度史研究百年（1900—2000）》，北京：商务印书馆，2004 年，第 353—364 页。

第三章 "祠赛社会"——以祠神信仰为中心的宗教集会

不应该由他们担当的职责,当然这些职责本不应存在,正如赛会也根本不应该举行一样。

陈淳对这些人的指斥不禁使我想到黄震在一份榜文中提到的"恶少",榜题为《烧划船公帖》,文曰:

> 傅九二故违约束,鼓集恶少,划船迎神,为生事害民之端。从轻勘杖一百,编管邻州,词人自便。仍帖三厢索上神庙僧寺人户划船并赴教场,十六日焚毁,帖诸县一体施行。[1]

"恶少"、"无赖"、"不逞"等语汇含有极强的社会道德批评意味,但赛会得以组织起来,这些人起了很大作用。《夷坚志》也常提到这类人在赛会中的作用。长沙地区有五月迎瘟神赛会的习俗,"恶少年奇容异服,各执其物,簇列环绕,巡行街市",送神还庙时,他们与社首一起向所在"坊陌"居民哀集钱物。[2] 江西鄱阳(今江西波阳)昌田的鸣山小庙,一度衰败,后来有一名巫师欲重兴此庙,他求助里中曹秀才为之主盟。但要使此庙影响扩大,则还要靠"恶少不逞,扰众规利之徒",结果此庙终成地区宗教信仰中心之一的"社庙"。[3] 同样是在鄱阳地区,每年农历四五月间还有竞渡的习俗,参加者"率皆亡赖恶子",洪迈在一则名为"吴六竞渡"的故事中叙述了一位"亡赖恶子"的经历。吴六本来是当地阳步村村民,身长五尺,且满身雕青,性格"狠愎不逊",后来离开父母来到城里谋生,在州县前的菜园里庸作,"雅善操舟,专捕鱼取给",还做过斋仆。吴氏在日常生活中难免有某些违规之举,但也还算是有相对固定的居所和职业,只是身体比较强壮,为人凶猛霸道一点。他参加了庆元三年(1197)鄱阳的竞渡,并溺水而亡。洪迈讲这则故事的意图当然在说明因果报应,但也透露出当时人眼中所谓的"无赖"、"亡赖恶子"的真实社会

---

〔1〕 黄震《黄氏日钞》卷78《烧划船公帖》,《四库全书》,第708册,第808页。
〔2〕 洪迈《夷坚志》三补,"梦五人列坐"条,第1809页。
〔3〕 洪迈《夷坚志》支癸卷2,"昌田鸣山庙"条,第1235页。

身份。[1] 参与竞渡的"恶少"、"无赖"与其他反映宋代祠赛社会文献中的"恶少"、"无赖"、"不逞"等词汇语义相同，指的应该是同一类人。他们体质或性格方面与一般人有些差异，且喜欢在地方社会抛头露面、惹是生非，于是得到这一系列的贬义称呼，但不可忽视的是，他们首先是平民百姓，也未必是经常作奸犯科之人。

与陈淳不同的是，"会首"在黄震笔下则成了值得同情的对象。咸淳四年(1268)九月，黄震以宣教郎出添差通判广德军，次年申明浙西提举、提刑诸司，请求禁止广德张王社会，理由之一即为张王社会有"差会首"的现象。他在申状中写道：[2]

> 自狄梁公不世出，世之淫祠固多矣。然其社首之轮流，皆出民情之愿欲，未闻有迫于官差者也。今此祠山岁差会首，同于差役，雁鹜成行，诛责已遍，抽签方行。民一充应，率至破产。夫差役犹曰不可废也，此亦不可废乎，差役既扰之，差会首又扰之，不知为民父母者何心。况祠山自有租入庙祠，自能设供，初无以会首为也。[3]

黄震认为，社首即会首，通常由民众推举产生，是否担任出于民众自愿，且一般采取轮流制。而祠山张王赛会则由官方派遣会首，如同承担差役，民众一旦充任会首就有可能要破产，这与陈淳所说漳州地区的会首将募集的钱物"入己自用，为醉饱计，为肥妻孥计"，简直是天差地别。难道这只是地区差异？值得庆幸的是，《指掌集》详细记载了广德张王诞会的情况，其内容应该比黄震在申状中所云更准确，黄毕竟只是临时到广德担任地方官。

---

[1] 根据康豹(Paul R. Katz)的研究，竞渡与瘟神信仰之间存在十分密切的关系，参考 *Demon Hordes and Burning Boats: The Cult of Marshal Wen in late imperial Chekiang*, pp. 143–174.

[2] 学界对于黄震在广德任内的作为已有不少研究，概括性的介绍见张伟《黄震与东发学派》，北京：人民出版社，2004年，第25—29页。

[3] 黄震《黄氏日钞》卷74《申诸司乞禁社会状》，《四库全书》，第708册，第747页。

第三章 "祠赛社会"——以祠神信仰为中心的宗教集会

《指掌集》对张王诞会的记载见书中卷六《生辰》，周秉秀列举了张王庙十位主要神灵的生辰社会，其中二月十一日张王社会场面最为盛大，书中某些叙述可以与黄震在申状中的批评相互印证，但关于社会组织情况两者有很大出入，不仅社首与会首不同，还有"神头"、"社"、"会"、"行"等语汇。其实，他们之间的关系并不复杂。

会首一般指整个张王社会的主持者，负责社会的总体筹划。由于张王社会历史悠久，往往有地方官员参加，其仪式自有成法可依，参与人员、群体也相对稳定，会首只要依例行事即可。如正诞日，守丞退席之后，会首要到天宁寺设无碍斋，主持分发信众为僧人准备的僧衣、道具、佛像、经卷等物品，分发的方法则为"抽拈"，那些云游道人也要由会首抄注，然后分散到具体的信众家中供养。由于社会期间"献伎艺者无虚日，士庶贵贱祈谢如炽"，这些人来自各地，献艺之先后次序、地点以及必要的奖励都须有人主持，这也是由会首承担。通常的做法是，"会首出利物赛于郡庭之下，部署者一人，喝赛，以赏罚多寡为优劣。既毕，当厅取利物而去，以革纷争"。[1] 这些都是"其来有年"的惯例。显然，这个会首与黄震所指责的由官方指派、且一旦充任就会破产的会首全然不同，我怀疑黄震的批评很可能是因为对广德张王社会具体情况不了解所致，当然也不排除出于取缔张王社会之目的而强加的罪名。

"神头"在宋代文献中很少出现，我只在《指掌集》见到这一称呼，应该是前往神祠朝圣进香的信众群体的组织者。文中提到，每年岁首至张王诞辰之日，从各地到广德张王祖庙的人络绎不绝，有为进香祈谢者，也有前去表演技艺者，不分贵贱。这些人往往以类相聚，由"神头主之"。在前往广德的路上，神头要"背负金屋，置圣像其中，谓之金案。有大者则舁而至，其下有小级者数人，持彩帜，书曰：某社某会某行。鸣锣迎于数里外，至则陈香火于案前，谓之立案，门植有长一二丈或三四丈，择日以

---

[1]《指掌集》卷6《生辰》。

次诣祠下"。[1]《指掌集》还说:"凡祈谢者,既献,掷杯珓,得吉则以酒酹,纸钱灰涂神头者之面,一社尽欢,鼓吹以归,饮福而散。神头每岁一更,辄转授以金案,岁率为常。"[2]社中的每一位信众都可以直接向张王祈谢,但从文中的意思来看,还有一个集体性的祈谢活动,由神头代表一社信众向张王祈谢,先是向神进献贡物,然后掷杯珓以定吉凶,若得吉兆则以酒酹,以纸钱灰涂抹在神头的面额之上,社众欢呼鼓吹,饮福而散,这应该是每一社进香活动中最重要也是最热闹的场景。集体性报谢祈福则暗示社众可能有某种共同的经历,他们应该是一个相对稳定的群体,他们在居住空间或所从事的行业上有某种相似之处,否则不可能"神头每岁一更,辄转授以金案,岁率为常"。文中所云每一队进香信众在神头率领之下,持彩旗,上书"某社某会某行",也就是说,神头是进香的社、会、行之首领,这名组织者由社、会、行的全体成员推荐产生,轮流收藏该社、会、行的神像,也应该包括筹集、管理每年一度进香活动的钱物。

关于宋代祠赛社会中社、会、行的名目,比较齐备的还是张王诞会,《指掌集》《梦粱录》《武林旧事》等文献都有所记载,由于举行诞会的地点不一样,所以具体的社、会、行的名称也略有不同。《指掌集》卷六的记载为:

社有七宝、同声、同文、杂班、律华、唱遏、齐云、大乐、清乐、杂剧、鼓板、花果、冠梳、神鬼、百戏、相扑、踢打、枪棒、弩子、烟火、刀镞、医卜、雅韵、云水、礼拜、瀌马。

行有金银、香药、食饭、枣面、茶酒、香烛、商贾、漆器、双线、针行、轿行、手工巧会。

有台阁,高者数丈,或为诸史故事,或为释老因缘,有马骑,亦为

---

[1]《指掌集》卷6《生辰》。
[2]《指掌集》卷6《生辰》。

第三章 "祠赛社会"——以祠神信仰为中心的宗教集会

前代名将故事,老人则有老人会,童子则有童子会,亦各有名,如小罗汉、子孙堂之类,皆是也。[1]

这一段文字的前面为"献有膳服、宝玉、玩好、幡幢、货贿,焚之者曰火献,牵羊曰生献,既烹曰熟献"。无论"火献"、"生献"还是"熟献",都是以物质为媒介向神表示感谢,并祈祷福佑。其后所列举的参加张王圣诞的社、会、行则是通过表演技艺的方式娱神,以祈福佑。行在临安霍山张王行祠也按例要举行诞辰集会,其盛况具见《梦粱录》卷一《祠山圣诞》和《武林旧事》卷三《社会》,后者关于进献社会的介绍可与《指掌集》对照,特引如下:

> 二月八日为桐川张王生辰,霍山行宫朝拜极盛,百戏竞集,如绯绿社(杂剧)、齐云社(蹴球)、遏云社(唱赚)、同文社(耍词)、角抵社(相扑)、清音社(清乐)、锦标社(射弩)、锦体社(花绣)、英略社(使棒)、雄辩社(小说)、翠锦社(行院)、绘革社(影戏)、净发社(梳剃)、律华社(吟叫)、云机社(撮弄)。而七宝、漠马二会为最。玉山宝带,尺璧寸珠,璀璨夺目,而天骥龙媒,绒鞯宝辔,竞赏神骏。好奇者至翦毛为花草人物。厨行果局,穷极肴核之珍。有所谓意思作者,悉以通草罗帛,雕饰为楼台故事之类,饰以珠翠,极其精致,一盘至直数万,然皆浮靡无用之物,不过资一玩耳。奇禽则红鹦、白雀,水族则银蟹、金龟,高丽华山之奇松,交广海峤之异卉,不可缕数,莫非动心骇目之观也。[2]

二者在社、行、会的名称、数目上都有差异,很可能是举行地点分别在广德地区与首都临安的缘故。但二者更多的是相同之处,同文、齐云、律

---

[1] 《指掌集》卷6,由于缺乏相关文献对校,某些字词难以解释,此段标点尚有一定问题存在,正解只有留待他日。
[2] 周密辑《武林旧事》卷3,第45页。

华等社二者都存在,而角抵、相扑、净发、冠梳等名异实同,前者七宝、瀌马名列于社,后者则称之为会。周秉秀以当时人的身份记载,社、行、会三者分明,而周密对临安张王诞会的叙述应属追忆,三者的区分已不太清楚。[1] 我认为周秉秀的叙述更可靠,社主要为带有比赛性的表演群体,其内部组织、人员来源已难详考,但《武林旧事》对七宝、瀌马二会有详细介绍,应该就是《梦粱录》中的"府第及内宫迎献马社"和"七宝行",[2] 无论献马还是七宝,既有向张王贡献之意,亦含与同类进献者比较高下的意思,而出钱、出物组织方面为府第与内宫,依此类推,其他社也应该是各群体、行业尽其所能,与相关群体、行业一争高下。[3] 行的情况相对简单,应该都是工商业者组成的群体,参加既可能是张王信众前来进香,更可能是利用诞会之机进行商品、服务方面的交易。最后装台阁故事的老人会、童子会、小罗汉会等是根据表演者的年龄、血缘关系方面的特征组织起来的,从《指掌集》的一则故事来看,这类会的参加者应该是张王的信众,而且是长期组织,有点类似释道等组织性宗教的斋会,但活动不如后者频繁。[4] 当然,这种会与整个赛会之会的差别不言自明,如果它们有会首(即会之神头)也应是具有某一共同特征的进香群体的组织者,与前面说到的整个集会活动的组织者有很大不同,跟社首倒是同一类的人物。在宋代文献中,会首多指称整个集会的组织者,而很少在社首的层面使用该词,这跟明清会首的含义有了很大区别,这中间的演变尚待进一步研究。[5]

其实,会与社、会首与社首的社会功能应该有一定区别。会强调的某一个神灵所有信众的认同,尽管神祠的影响力很可能限于一个地区,

---

〔1〕 吴自牧《梦粱录》中对参加临安张王诞会的社、会、行也有提及,与《武林旧事》的情况相似,对三者并不加区分。
〔2〕 吴自牧《梦粱录》卷1,第6页。
〔3〕 但其中的冠梳、医卜似乎与此不同,待考。
〔4〕 《指掌集》卷4《显应事实》。
〔5〕 如北京郊区的妙峰山庙会,会与会首一直为各地进香民众的组织形式和组织者的指称,参顾颉刚《妙峰山》(上海文艺出版社,1988年),吴效群《妙峰山:北京民间社会的紫禁城》(游琪、刘锡诚主编《山岳与象征》,北京:商务印书馆,2004年,第377—408页)。

第三章 "祠赛社会"——以祠神信仰为中心的宗教集会

但会所包容的是所有信众,不论其居住区域,也不管信众的职业、身份、地区等因素。从会或会首的角度而言,集会期间所有信众之间的差别均被消解,大家都以会众或信众的身份出现在集会中,所有人只有一个中心,即祠神,从空间位置而言,其中心则为神祠。会首必须是神祠所在地的信众,很可能是参加赛会的各社共同推举产生的,漳州的某些会首甚至住在神祠之内。社、社首则略有差异。社众之间不仅有共同的信仰对象,而且多为居住在相同的小区域内,或者从事相同行业,社强调的是同一区域、行业内部的认同,事实上信仰也增强了社内民众的凝聚力,这点也为当今人类学研究成果所确认。[1] 一般来说,参加某个祠神赛会的社通常有两种情况,一种是与神祠空间距离较近,在祠神信仰的日常维持方面起重要作用的社会群体组成的社。例如湖州南浔镇的嘉应庙,供奉的是崔、李二位土地神,平时"七社人烟,岁时以享以祀",向朝廷申请庙额的是"七巷社首";[2] 而歙县黄墩程仪同庙,"水旱必求,求必应,比近所报,常有八十余社"。[3] 毫无疑问,此二庙的七社、八十余社之人以及社首是支持祠庙修建与日常运作的主要力量,也是赛会的主要参加者和组织者。另一种是与神祠空间距离较远,基本属于外地朝圣进香的信众组成的社。例如嘉兴的五通信众"岁岁朝献不绝",到婺源参加五通诞会,[4] 而常熟东岳行祠诞会,"旁郡人不远数百里结社火、具舟车、赍香信诣祠下"。[5] 影响较大的祠神信仰一般都有数量不等的外地信众,在诞会期间都会组成不同的社前来进香朝献,其组织者通常称为社首,也可能如《指掌集》所说的那样称为"神头"。

---

[1] 例如秦建明、吕敏通过对陕西省蒲城县尧山庙与十一社关系的考察,指出二者相互关联,历经朝代更革而成百上千年地延续下来,"十一社在当地的社会维持中发挥了一种特殊的作用,它的稳固结构使得地方社会也与之同样稳固"。参《尧山圣母庙与神社》,北京:中华书局,2002年,第59页。
[2] 《吴兴金石记》卷12《嘉应庙敕牒碑》,《宋代石刻文献全编》第2册,第591—593页。
[3] 罗愿《罗鄂州小集》卷3《程仪同庙记》,《四库全书》,第1142册,第487页。
[4] 鲁应龙《闲窗括异志》,《中华野史》宋朝卷3,第2892页。
[5] 《琴川志》卷10,《宋元方志丛刊》,第1244页。

任何一种祠神信仰的社的数量都维持某种相对的稳定性,社内成员除了具有共同的祠神信仰之外,更可能基于共同的居住空间、血缘关系形成的共同体,或者是相同的职业群体,信仰成为凝聚群体内部的重要纽带。但是,不同的社之间则存在某种竞争关系。广德的祠山诞会上各社之间要"角胜负"、"各呈献其能",并由会首决定其高下优劣,给予相应的物质奖励。临安的祠山诞会也有各社的龙舟比赛,官员出面裁定胜负。[1] 前面提到江西分宁的"打元斋",也是参加者"角勇技于祠下"。[2] 真德秀任职湖南,也劝诫百姓不要听巫觋之言信奉祠神,更不可于岁终"成群争耀凶器"。[3] 这类材料甚多,兹不赘举。它们反映了同一个现象,即祠赛社会的社虽然属于相同的信仰,但并不能掩盖相互之间因不同的居住空间、宗族、职业基础上产生的差异性,祠赛社会使社群内部认同感、凝聚力增强的同时,也可能使平常隐藏起来的地区、宗教、职业差异、冲突以象征性的表演活动甚至直接的打斗等方式诱发或表现出来。

不过,无论负责整个集会统筹的会首,还是被推荐为某一具体社、会、行的神头的社首,都是某一地区具有相当影响力的人物。前者还可能需要对祠神信仰作过一定贡献,如在神祠申请祠额爵号过程起过一定作用,或在修葺庙宇时出资出力。《句容金石记》卷五《重修建康府句容县南庙记》讲述了句容县张王行祠兴修的经过,乾道八年(1172)创议修葺庙宇的是"邑士许恭、李立等",得到大家的响应,最终大功告成,淳熙三年(1176)乡民之举得到知县赵善言称许,并于次年撰记刻石纪念,立石者即为"都会首许恭、副会首李立"。[4] 许、李二人虽然在碑文中被称为"邑士",但从碑记最后立石的落款来看,他们即使是读书人,也从未获得功名。他们很可能依托地方宗族势力或个人财富、能力使其在祠庙的修

---

[1]《指掌集》卷6;《梦粱录》卷1,第6—7页。
[2] 陈郁《藏一话腴》甲集卷上,《中华野史》宋朝卷3,第2701页。
[3] 真德秀《西山真文忠公文集》卷40《劝农文》,第32页。
[4] 杨世沅《句容金石记》卷5《重修建康府句容县南庙记》,《宋代石刻文献全编》第二册,第160页。

第三章 "祠赛社会"——以祠神信仰为中心的宗教集会

建中充当了发起者和组织者的角色,与地方官府也有一定关系,这是祠赛社会得以顺利举行的一个重要因素。许、李二人对句容县张王行祠的影响至少达五年之久,因为他们在淳熙四年刊立知县赵善言的碑文时仍充任行祠的正副会首,由此或可推知会首之任不必一年一换,只要在神祠所在地具有持久的影响力——其中经济实力可能至关重要,且为官民所认可——即可能长期担任会首。会首需要协调各方面的关系,而社首的影响范围则相对要小一些,只是参与赛会的某一特殊信众群体的负责人,对其个人能力、经济实力、社会地位的要求自然要低一点。下面我引两则材料来说明这个问题,一则是江西余干地区的五圣(通)赛会,《贵耳集》卷下云:

> 余干有一富人,作社火迎五圣,遂三次往行在看拜郊,画成图归。装官家驾出迎神,呼八千人为细甲军,皆用金银二纸为之,卤簿仪卫俱全。又装一人,俨然赭袍坐于辇上。后州郡因诉词,取社首数十人囚死之。此等真怪事,所以迎神社火有禁,故有意也。[1]

另一则是长沙民众为瘟神举行的赛会,《夷坚志》三补云:

> 长沙土俗,率以岁五月迎南北两庙瘟神之像,设长杠舆几三丈,奉土偶于中。恶少年奇容异服,各执其物,簇列环绕,巡行街市,竟则分布坊陌,日严香火之荐,谓之大伯子。至于中秋,则装饰鬼社送之还,为首者持疏诣人家哀钱给费。士子杨伸字居之者,处夜市桥侧。淳熙戊申之秋,与亲友酌酒小集书室,闻外间大呼扣门甚急,惊起询之,乃社首耳。[2]

---

[1] 张端义《贵耳集》卷下,《宋元笔记小说大观》,第 4323 页。
[2] 洪迈《夷坚志》三补"梦五人列坐"条,第 1808—1809 页。

第一条材料中社首有数十人,发起组织此次触犯国家法律的社火的人是一位富人,能够三次到京城观郊礼,其经济实力之雄厚由此可见,他应该是社火的总会首。另外数十名社首则是参与社火的各个村落或群体的代表,也要负责筹集部分资金,与第二则材料中的社首情况差不多。他们在地方社会中虽有一定地位,但只是由当地部分信众推举出来的,募集钱物也有固定的空间范围和对象,且居民是否捐纳全凭自愿,所以才会有士子杨伸对其"拒而不对",社首不能用强,只可耐心地于次日再往。故事的结尾是圆满的,由于有神的托梦,杨氏"亟为助力集钱,自是始知加敬"。不过,细读此则记载,社首的举动还是有些不妥,第一次是在"外间大呼扣门甚急",第二次上门则是次日杨伸早晨"冠栉之次",从时间、态度上看很是有扰民强募之嫌,与陈淳所批评的漳州的情况有些相似。

最后,我们来看释道人士在祠赛社会组织工作中的作用。我在绪论中曾提到,释道二教与民众祠神信仰之间的关系不能简单地理解为前者改造、影响后者,这种单维视角忽视了二者之间存在的互动关系。[1]祠赛社会是以祠神信仰为中心的民众宗教集会,其仪式活动则须求助职业宗教人士。乡村赛社固然可以请巫觋来主持简单的祈报仪式,规模稍大的迎神赛会则需要一些专职的宗教人员出场,他们有时还要参与赛会的组织。[2]建康府溧水县正显庙为县城隍,绍兴十年(1140)赐庙额,后又封侯,乾道元年(1165)庙宇重修。每年"四月十有八日,邑人记侯诞节,竞为侯寿。铙歌鼓吹,旌纛斧森乎其前驱;仙释威仪,倡优技巧,骈然而次进。临之如生,邑人荣焉"。[3]在广德张王诞会中,释道人士更是伴随始

---

〔1〕 参考索安士《西方道教研究编年史》,第88—92页。
〔2〕 尽管释道人士参与赛会仪式甚至具体的组织工作,且宋代官方对巫觋打击较以往严厉,但巫祝一直是祠赛社会最主要的仪式主持者之一,如广德张王诞会的高潮埋藏会,即由巫祝主持,在吉州吉佑庙的神诞会中,"巫操其权,禁贯在口。有敢出一语证其理之不然,巫之党战战相恐,若谓祸且立至"。《巽斋文集》卷16《灵佑庙记》,《四库全书》,第1183册,第635—636页。至于村社赛会中载歌载舞的仪式人员,绝大多数是巫祝,本章所引宋诗皆是佐证。
〔3〕 严观辑《江宁金石记》卷5《建康府溧水县重修正显庙记》,第9页,《石刻史料新编》第1辑第13册,台北:新文丰出版公司,1982年。

第三章 "祠赛社会"——以祠神信仰为中心的宗教集会

终:"先十有二日(正月大则以廿九,月小则以廿八)过圣妃庙,县令诣祠山告神。驾兴,乃备法仗,辂王及妃,二夫人,王子一、王四公、王女、王孙,自西徂东,旗旄晻蔼,铙鼓喧彻,僧尼道俗,妓乐百戏,迤逦前导。守丞而次,拜逆于郡西门之内。既至,作老释道场,昼夜不绝。仲春二日,妃诞辰,设大斋会,守丞而次,诣庙酹献。又越六日,还西祠,守丞而次,复逆于东门过郡亭,大合乐,具五献,复至西门内,送如逆礼。既还,妥奉神位,老释道场,视妃庙为盛。正诞日,守丞而次,诣庙酹献。毕,诣天宁寺,请住持升座炷香,然后退。会首就寺设无碍斋。"[1]释道人士同普通信众一样,是赛会的主要参加者,同时也是仪式的主持者。有时,某些经常在赛会上兼职的宗教人员,居然也被称为道士,《夷坚志》云:"胡五者,宜黄细民,每乡社聚戏作研鼓时则为道士,故目为胡道士。以煮螺师为业。"[2]正是释道人士在赛会中的这一身份,使得某些地方官员在批评、打击祠赛社会时经常牵连到他们,黄震惩治管内恶少"划船迎神",榜文中就提到"神庙僧寺人户",[3]而江西分宁的"打元斋"也是由"僧巫造舟置祠,每十月大集"。[4]

当然,尽管释道等宗教人士在赛会仪式活动中十分重要,但赛会的组织者主要还是那些有社会地位、声望、财力的信众。他们或负责整个赛会的组织工作,担任会首,或率领某个地区、宗教、职业群体的信众前来进香朝献,在表演中与其他社众进行竞争,甚至是暴力性的"斗社",日常状态中的紧张、冲突通过非常状态的赛会释放出来。赛会结束之后,正常秩序恢复,人们重新回到原来的身份、角色,社、会等组织形式为自然居住空间、行政区划、宗族、职业群体所取代,祠神信仰成为影响地方社会的一股潜在力量,只有出现地区性祈祷行为、修建庙宇、祠赛社会时,社、会与社首、会首才能再成为地方社会的重

---

[1] 《指掌集》卷6《生辰》。
[2] 洪迈《夷坚志》丁志卷8,"胡道士"条,第603页。
[3] 黄震《黄氏日钞》卷78《烧划船公帖》,《四库全书》,第708册,第808页。
[4] 陈郁《藏一话腴》甲集卷下,《中华野史》宋朝卷3,第2701页。

要组织形式和组织者。

第四节　差异性的态度：官方与士人

在分析官方、士人对祠赛社会的态度、政策之前,有必要对组织性宗教举行的集会与祠赛社会略加区分。这两类民众宗教集会的区别是显见的。"祠赛社会"是民众出于祈神、报神的宗教心理、现实利益举行的定期或临时性集会,参加者不存在宗教组织上的关系,组织者"会首"或"社首"的产生"皆出民情之愿欲",[1]多是临时充任,集会结束即恢复原有状态,这类集会大多是合法的。而组织性宗教集会结社虽然也可能包含对神祇的祭拜,但性质与前者显然不同,组织者与普通信众之间存在长期的相对稳定的宗教组织关系,集会是经常性的,组织亦是长期的。这类组织集会遂成为现行组织力量之外的新力量,对现行政治制度、社会秩序始终是一个潜在威胁,除了释道社会,几乎无一例外是官方打压的对象。《宋史》卷一九九《刑法志一》云:

> 左道乱法,妖言惑众,先王之所不赦,至宋尤重其禁。凡传习妖教,夜聚晓散,与夫杀人祭祀之类,皆著于法,诃察甚严。故奸轨不逞之民,无以动摇愚俗。间有为之,随辄报败。[2]

无论从流行的区域范围,还是从涉及的人员的广泛性来看,宋代的民间秘密宗教集会、结社都大大超过以往各代。它们在当时的官私文书中,常被称为"左道"、"妖教"、"邪道"等,相关法禁日益详密,处置亦越来越严厉。例如,南宋末年颁布的《庆元条法事类》,举例最多的法律条文就是关于传习妖法的集会的禁令。[3]以宣传某种法术,或对现存秩序有潜

---

[1] 黄震《黄氏日钞》卷74《申诸司乞禁社会状》,《四库全书》,第708册,第747页。
[2] 《宋史》卷199《刑法一》,第4981页。
[3] 学者对宋代打击民间秘密宗教集会、结社的研究可参郭东旭《宋代法制研究》,第184—205页;沈宗宪《国家祀典与左道妖异——宋代信仰与政治关系之研究》,第124—127页。

第三章 "祠赛社会"——以祠神信仰为中心的宗教集会

在威胁的集会即使由合法宗教人士召集,亦在官方打击范围之内。仁宗年间,林绩为吉州安福(治今江西安福县)令,"时有张嗣宗,挟持妖术作符箓,自称汉师君三十三代孙,率其徒自龙虎山至,谓能却祸邀福。百姓翕然以从"。林绩毁其印,"收治之"。[1] 张嗣宗在《汉天师世家》、《历世真仙体道通鉴》皆有传,只不过说他是二十六代天师,与此处之张嗣宗当为一人。张乃天师后裔,为道教嫡传,仍"收治之",由此可见官方对组织性宗教集会结社态度之严厉。两种态度之间是否存在某种关系已难以详考,但北宋末"吃菜事魔"等非法宗教集会、结社,乃至最后群起反抗朝廷的举动也可能会刺激官方加强通常视为合法的祠赛社会的管理。而官方对两种集会、结社态度的差异有时也被人利用,例如"吃菜事魔"屡遭官方禁止、打击,绍兴初温州、台州等地的村民便"改易名称,结集社会,或名白衣礼佛会,及假天兵,号迎神会,千百成群,夜聚晓散,传习妖教"。[2] 淳熙八年(1181),又有"吃菜事魔"的信徒"以社会为名,百十为群,张旗鸣锣,或执器刃横行郊野间,此几于假鬼神以疑众"。[3] 这些冒名的"迎神会"、"社会"被官方发现之后,都被禁止。不过,从中不难发现,官方对两种集会、结社态度的差异已为时人所熟知,并被某些民间教派所利用。[4]

尽管官方对待祠赛社会的态度、政策与民间组织性教派的集会、结社有很大不同,后者也大多是合法的,但这类以祠神信仰为中心产生的民众集会与现实政权所规定的节庆毕竟不同。有时,这类集会"连结数州,多者千余人,少者数百辈",成千上万民众在某一地区聚集,稍有不慎便可能出现不利现存统治秩序的事件发生,所以宋代官

---

[1] 吴曾《能改斋漫录》卷13,上海古籍出版社,1979年,第381页;另参张正常《汉天师世家》第2卷,《道藏》第34册,第826页;赵道一《历世真仙体道通鉴》卷19,《道藏》第5册,第211页。
[2] 《宋会要》刑法2之111,第6551页。
[3] 《宋会要》刑法2之120,第6555页。
[4] 执政者也经常将所有妖妄、反社会的宗教结社及其他活动冠以"吃菜事魔"等名义加以打击,甚至连大慧宗杲、朱熹也曾被攻击为"事魔",则"吃菜事魔"未必皆是摩尼教。参竺沙雅章《关于吃菜事魔》,《日本学者研究中国史论著选译》第七卷《思想宗教》,北京:中华书局,1993年,第361—385页。

方一直很重视对祠赛社会的管理,对赛会中发生的某些不合法行为则予以严厉打击。[1] 宋代官方对祠赛社会的管制、打击主要包括以下四个方面:

一、仪仗中的舆服之禁

祠赛社会最为人所诟病的是赛神时使用的仪仗,包括仪仗中的旗帜或神像的乘舆、器物、服饰。崇宁元年(1102)正月二十六日诏云:

> 应民庶朝岳献神之类,不得仿效乘舆服玩、制造真物,只得图画焚献,余依旧条。及令开封府并诸路府界监司逐季举行,粉壁晓示,仍严切觉察施行。

在此之前,有官员指出民众在祠赛社会中使用兵仗旗帜,"乘舆器服,或张黄盖,造珠帘,车马备饰仪卫,呼喝载路,京师尤甚",按照"元符令"的相关规定,此举必须禁止。这一建议得到高度重视,朝廷下令各地官府对民众宗教集会中的仪仗违规行为严厉查处。[2]

在等级社会中,仪仗中使用的这些物件早已超出其实用功能,与现存秩序、制度紧密关联,变易服色甚至可以作为改朝换代的代名词,其政治象征意味由此可见。具体而言,各阶层、等级可以使用的车马、服饰器物、出行锣鼓、旗帜等仪仗,甚至衣服的颜色都有明确规定。[3] 反之,它们又作为一种符号、象征暗示、指称着使用者的社会身份、政治地位、权力。由于宋代广泛推行祠神封赐制度,这就使一些民众祠神获得王侯等爵位,从

---

〔1〕 在各种祠赛社会中,乡村春秋两社集会因其规模小,且有历史传统支持,很少遭到官方的批评、打击。因为突发性灾异而举行的宗教集会也很少需要官方管理,毕竟这类集会许多时候是由地方官员主持的,现实灾难的压力、官方的参与使这类集会一般能维持良好的秩序。当然,偶尔也有借机生事的情况出现,宣州泾县一些村民"食菜结为邪党,近因旱暵,辄以祈雨为名,聚集不逞之徒,率数百为群,持棒鸣锣,遍行村落,穿历市井,至于邻境州县亦有相应而来者"。上奏者廖刚是在《乞禁奉邪神劄子》中提及此事的,而且这些以祈雨为名行走村落之间的村民很可能是吃菜结党之人,与一般的祈雨集会有异,所以廖氏建议"取为首者痛治之"(见《高峰文集》卷2《乞禁奉邪神劄子》,《四库全书》,第1142册,第333页)。

〔2〕《宋会要》刑法2之43,第6517页。

〔3〕《宋史》卷153《舆服志五》,"士庶人车服之制",第3573—3577页。

第三章 "祠赛社会"——以祠神信仰为中心的宗教集会

而其服饰仪卫便可和人间的王侯相同。故神祇受封与否其服饰有很大区别,金山顺济庙中的钱侯,未封侯时神诞日赛神"盐商海估,寨伍亭丁,社鼓喧迎,香花罗供。然前无位号,未应国经,仗队弓刀,遥称太尉,殆几野庙,殊阙声猷"。集会的规模也很盛大,仪仗等级却不高,且缺乏礼仪制度的依据,所以几乎与"野庙"无异。后因神在抗金作战中显灵,封为英烈侯,"端笏垂绅,荣彼章服,从饰仗卫,益变鱼雅"。祠神身份不同,仪像也随之发生变化。[1]

宋代神祇加封为王侯者甚多,按照制度,这些神(尤其是主神)在祈报集会时都可以使用王侯级别的服饰仪仗。但是,民众在祈赛活动中往往制造和使用超过神祇品秩的仪仗品服,甚至使用皇帝专用的服饰仪仗。如前引崇宁元年(1102)诏,民众便在祠赛社会中为其祠神"张黄盖,造珠帘"。政和八年(1118),四川、陕西地区的民众"因飨神祇,引拽簇社,多红黄罗为伞扇,僭越无度"。[2] 南宋末,四川怀安军社火,"所事之神则被之以黄衣赭袍,奉之以龙床黄伞"。[3] 如果说,使用普通逾制服饰意味着对当下礼制的漠视和冒犯,是对现实社会秩序的间接消解和潜在威胁,那么,仿造并使用只有皇帝才能拥有的舆服器物则往往被视为对最高权威的亵渎与觊觎,有犯上作乱之嫌。所以,两宋对逾制仪仗的禁令多关乎皇权的神圣性。

早在仁宗年间,编敕中便规定民众上岳及祭赛祠庙不得制造平头辇、黄凉伞、黄缨、茜绯鞍等禁用物。[4] 徽宗时又规定"乘舆服玩"只能"图画焚献",不许制造真物。[5] 不久,又申明赛神时不可使用黄罗伞(宫观奉天神除外,因为当时正尊崇道教),并要求诸路州县令佐官司"躬亲契勘,有处仍与免罪,当官焚毁讫,申本路转运司核实保明有无漏落以

---

〔1〕 赵孟坚《彝斋文编》卷4《金山顺济庙英烈钱侯碑文》,《四库全书》,第1181册,第362—363页。
〔2〕 《宋会要》刑法2之71,第6531页。
〔3〕 度正《性善堂稿》卷6《条奏便民五事》,《四库全书》,第1170册,第192页。
〔4〕 《宋会要》刑法2之16,第6503页。
〔5〕 《宋会要》刑法2之43,第6517页。

闻"。[1] 直到南宋末的《庆元条法事类》仍保留了这方面的禁令及相应的处罚、告赏规定：

> 诸因祠赛社会……仿乘舆器服者,造意及首领人徒二年,余各杖一百,满百人者造意及首领人仍不刺面配本城。并许人告,官司不切禁止杖八十……不满百人五十贯,满百人一百贯。[2]

朝廷禁令并非无的放矢,宋代确有利用神庙、赛会仪仗起事者。北宋末,濮州(治今山东鄄城北)人史康民"因迎神社会有伞扇挝剑之类从物,藉以为资,遂拥众渐盛",成为京东的一股力量。[3] 南宋宝庆元年(1225),潘氏兄弟拥立济王,起事者拥着济王从州治到东岳行祠,举行正式拥立仪式,"取龙椅置设厅,以黄袍加之"。此举利用了东岳行祠在湖州地方民众信仰中的影响,而仓促之际潘氏兄弟能想到祠中的舆服,可知此类物件对民众心理的暗示作用。[4]

不过,朝廷在仪仗方面的禁令似乎收效不大。如嘉定七年(1214)有官员称,京畿及江浙一带民众以迎神为名,立一男子以为神,冠冕之华,服色之僭,饰金车,张皇盖,"观者不骇,执法者不诃",不仅旁观的普通民众不以为非,连地方官吏也没有意识到这是违法行为。[5] 四川地区的怀安军(治今四川成都东)社火用黄衣赭袍,龙床黄伞,知军度正是个理学家,且新官上任,认为此举逾制违礼,"便欲禁止",但是,本地人士都跟他说"人之奉神本以祷祈,初无他意。且丰年乐岁,士庶会集,亦太平盛观"。能向地方长官进言之人恐怕不会是普通民众,但颇能反映民情,所以度正"不敢禁",只是"戒谕"百姓一心求福,不可相互纷争,结果"人情帖然,遂

---

〔1〕《宋会要》刑法2之69,第6506页。
〔2〕 谢深甫《庆元条法事类》卷80《杂敕》,北京：燕京大学图书馆藏版,民国三十七年(1948)印行,第25、28页。
〔3〕 徐梦莘《三朝北盟会编》卷138,上海古籍出版社,1987年,第1008页。
〔4〕 周密《齐东野语》卷14,"巴陵本末"条,第251页；《宋史》卷41《理宗本纪一》称拥立仪式发生在州治,疑误。
〔5〕《宋会要》刑法2之139,第6565页。

以无事"。[1]

二、刑具之禁

与舆服器物类似的是集会中囚帽、神枷、神杖的使用，这种风气反映了民众借助神灵权威、仪仗祛罪免灾，自我更新的心理。北宋仁宗时夏竦在江州收缴巫师的法器中即有"神杖"，[2]东岳庙会更有所谓的"重囚枷锁社"。[3]此风最盛之处大概是江南。据欧阳守道所云，吉州地区十几年中"神枷神杖处处盛行，巫者执权过于官府。一庙之间，负枷而至动以数千计，重者装为大辟，笼首带铃，其家自以子弟亲戚拥曳之，至庙以听释放，或受所谓神杖而还"。[4]

祠赛社会中使用神枷、神杖出于信众的现实解赎目的，但政治敏锐的官员看到的则是仪式主持者巫师在民众中形成超越或取代官府权威的可能，这与官方打击民众"信巫不信医"在政治方面的考虑类似。而且，枷、杖等本来是官府审讯罪犯的刑具，判决处罚犯人也是官府的专利，民众宗教集会中对现实审判程序的模拟，刑具的象征性运用极易导致"民俗视狱具为戏弄之物，谓罪恶有厌胜之方，作奸犯科，略不知忌"。[5]欧阳守道、黄震等人曾力主禁止祠赛社会中使用刑具，可是似乎也并不成功，这种风气此后一直保留下来。[6]

三、兵仗之禁

禁兵器是宋代立国以来的政策。[7]宋承五代长期战乱，深知安定之重要，所以开之初便采取各种措施防止地方割据，加强中央权力，收缴五代以来民间藏有的兵器也是"消祸乱于未萌"之举。民众私自制造、藏

---

[1] 度正《性善堂稿》卷6《条奏便民五事》，《四库全书》，第1170册，第192页。
[2] 《宋会要》礼20之11，第770页。
[3] 吴自牧《梦粱录》卷19，第168页。
[4] 欧阳守道《巽斋文集》卷4《与王吉州论郡政书》，《四库全书》，第1183册，第538—539页。
[5] 黄震《黄氏日钞》卷74《申诸司乞禁社会状》，《四库全书》，第708册，第747页。
[6] 参见康豹对清代浙江温州、杭州地区瘟神庙会中神判仪式的叙述和分析，Paul R. Katz, *Demon Hordes and Burning Boats: The Cult of Marshal Wen in late imperial Chekiang*, p. 151, 167, 184.
[7] 关于宋代之前及以后各代禁兵器的情况可参看《日知录》卷11，"禁兵器"条；《日知录之余》卷2，"禁兵器"条，分见《日知录集释》，第448—449、1181—1184页。

匿兵器皆为法令所严禁,开宝三年(970)五月即令"京都士庶之家,不得私蓄兵器"。[1]淳化二年(991)、景祐二年(1035)、庆历八年(1048)、嘉祐七年(1062)一再申明此令。[2]在一些官员看来,"私有兵器,在律之禁甚严",弓箭社之类民间组织的武器在训练结束之后应"悉送之官",如果让民众私藏兵器,几乎与"借寇"无异。[3]

祠赛社会乃群众性集会,手持兵仗的群体(还有一定的组织性)对官方的威胁远远超过个体的私藏兵器,所以,宋代进入安定时期之后越来越多地提到宗教集会中的兵器问题。天禧五年(1021)八月七日诏:"神社枪旗等严行铃辖。如有违犯,内头首取敕裁,及许陈告。"[4]而到了宣和六年(1124),即便不是真兵器,只要是"利刃",处罚也同用真兵器一样,只有那些"以竹木为器,蜡纸等裹贴为刃者,不在禁限"。[5]

如果说对迎神仪仗中舆服器物、神枷等的限制主要是从其象征意义考虑的话,禁兵器仪仗则更多的是出于现实政治安全。如前所述,祠赛社会蕴含着颠覆性或暴力性因素,群众集会所构成的情境很容易使现实中潜在的紧张和冲突释放出来,迎神的仪仗很可能变成造反者的武器,信众也可能成为反抗现存秩序的"暴民"。度正对此有清醒的认识,他认为,"事神之人例多良善。然其间岂无少年博徒,膂力强健,酒后耳热,慷慨悲歌。当此之时,或有奸人萌其非心,妄议大事,诱之以福,挟之以祸,劫而驱之,非常之变,起于俄顷,岂可不虑。使州郡城郭坚高,兵甲犀利,人马充壮,匹夫狂妄,初无足道。而今州郡事力空虚,万一有此,未易扑

---

[1]《宋史》卷197《兵志一一》,"器甲之制",第4909—4910页。
[2]《宋史》卷197《兵志一一》,"器甲之制",第4910—4912页。
[3]《宋史》卷190《兵志四》,"乡兵",第4729页。
[4]《宋会要》刑法2之16,第6503页。
[5]《宋会要》刑法2之90,第6540页,另参《宋会要》刑法2之123,第6557页,《庆元条法事类》卷80《杂敕》,第25页。南宋时,对赛会中使用兵仗的相关责任人处罚大致为:"诸因祠赛社会执引兵仗旗帜者,造意及首领人徒二年,余各杖一百,满一百人者造意及首领人仍不刺面,配本城。并许人告,官司不切禁止,杖八十。"见《黄氏日钞》卷74《申诸司乞禁社会状》后所附《提举黄右史铺书判》引"淳祐敕",《四库全书》,第708册,第749页。

第三章 "祠赛社会"——以祠神信仰为中心的宗教集会

灭"。[1] 这种担忧不是没有理由的,现代心理学研究也表明,群体的规模直接影响着个体的遵从量,利用集会对个体的遵从压力而起事的人也不少。[2] 北宋末,王云、康王等人北行至磁州时,一些军兵利用崔府君信仰,杀死坚持北行的王云,成为后来"泥马渡康王"故事的缘起,[3] 而南宋即有假借"坊市祠神之会,相挺为变"者。[4] 度正特别指出"而今州郡事力空虚,万一有此,未易扑灭",说明有宋朝廷、地方官员对祠赛社会的兵仗之禁与国家军事防御力量有一定的关联。据文献所载,朝廷特别提出禁赛会兵仗是在真宗大中祥符三年(1010),"永康军村民社赛用棹刀为戏",[5] 胡小伟认为此举与太宗时代蜀中发生的王小波、李顺起义有关联。[6] 而提及赛会兵仗之禁最频繁的是徽宗末年和南宋前期,正是宋代国家面临危机的时期,朝廷与地方官府都感到要加强内部的统一,以抵御外部的压力。

当然,对于一般官员而言,他们更注意的是迎神兵仗引起的地方治安问题。如前所述,参加跨地区宗教集会的民众来自各个村落,既使得集会丰富多彩,也将各个地区、宗族之间原有的矛盾汇集一处,一有不慎即会发生冲突,而兵器则又使普通冲突变成危及生命财产安全的械斗。淳熙二年(1175)十月十七日中书门下省言:

> 访闻乡民岁时赛愿迎神,虽系土俗,然皆执持真仗,立社相夸。一有忿争,互起杀伤,往往致兴大狱,理宜措置。诏:诸路提刑司行下所部州县严行禁戢,如有违戾,重作施行。[7]

---

[1] 度正《性善堂稿》卷6《条奏便民五事》,《四库全书》,第1170册,第192页。
[2] [美]J.L.弗里德曼等著《社会心理学》,高地等译,哈尔滨:黑龙江人民出版社,1984年,第448—450页。
[3] 康王谒崔府君庙时"民如山拥",形成临时性的集会空间,而一些信众又利用崔府君信仰在当地军民中的影响,崔府君的神轿、神马等仪仗对于制造杀王云的气氛起了很大作用。邓小南先生对此有精彩研究,见《关于"泥马渡康王"》,《北京大学学报》1995年第6期,第101—108页。
[4] 魏了翁《鹤山先生大全集》卷71《知南剑州洪公(秘)墓志铭》,第5页。
[5] 《宋会要》刑法2之11,第6501页。
[6] 胡小伟《宋代的二郎神崇拜》,《世界宗教研究》2003年第2期,第31—33页。
[7] 《宋会要》刑法2之119,第6555页。

这种因集会民众夸耀心理与原有矛盾引发的突发事件,导致群众伤亡以及相应的刑事案件,违背了祠赛社会祈神求福的初衷,官方自然要严行禁止。加之这类事件直接扰乱地方秩序,地方官员在处理时力度很大。例如,前面提到的绵上县东岳庙赛会,因为争夺供献祭品的优先权常发生相互殴击事件,[1]新县令将庙址迁至县衙之侧,公布禁约,集会群众按官方规定的顺序进香,于是"争斗之端庶几可以息矣"。集会秩序大为改善,也增加了政府的收入,"入酒酤之课,征税之额,岁增数倍"。[2]绍兴初,胡益之任江西分宁县令,取缔当地一年一度的"打元斋","焚其舟,拘其凶器,且作《毁元斋辨》,以祛民惑,而弊乃息"。[3]一方面是严厉禁止,焚毁舟船,收缴兵器,另一方面辅之以劝化教育,才暂时止住了这一习俗。

四、敛财之禁

欧阳修在《原弊》中谈到,当时农民的重要支出之一为"春秋神社、婚姻死葬之具",从中可知宗教性活动在民众生活中的重要性。[4]不过,士大夫在批评祠赛社会时,也往往从经济角度出发。

仁宗年间,赵抃为成都转运使,便批评属辖各州"每年有游惰不逞之民,以祭赛鬼神为名,敛求钱物"。[5]吴大忠请神宗立制禁止侈靡浪费之风,不免要提及"神祠巫祀,鼓舞祈赛,所费益不赀"。[6]南宋后期,黄震也告诫民众不要"罄竭家财,作会祭赛"。[7]陈淳指责漳州迎神赛会,其一便是会首敛财"入己自用,为醉饱计,为肥妻孥计",他在给地方长官

---

[1] 供祭或烧香争先是当时很普遍的心理,如东京六月二十四日二郎神诞日的集会,民众"夜五更争烧头炉香,有在庙止宿,夜半起以争先者"。见《东京梦华录注》卷8,第206页。
[2] 《山右石刻丛编》卷15《威胜军绵上县移建天齐仁圣帝庙记》,《宋代石刻文献全编》第1册,第712—713页。
[3] 陈郁《藏一腴话》甲集卷下,《中华野史》宋朝卷3,第2701页。
[4] 《欧阳修全集》卷60《原弊》,北京:中华书局,2001年,第871页。
[5] 李焘《续资治通鉴长编》卷192,"嘉祐五年十二月壬申"条,第4653页。
[6] 吴大忠《上神宗乞立制度禁侈靡》,《宋朝诸臣奏议》卷98,上海古籍出版社,1999年,第1059页。
[7] 黄震《黄氏日钞》卷78《咸淳九年正旦再谕敬天说》,《四库全书》,第708册,第808页。

第三章 "祠赛社会"——以祠神信仰为中心的宗教集会

的信中还谈到当地迎神赛会募集钱物的办法,包括直接到民众家里要求题疏,在街市通道拦街觅钱,印小榜上门求取。在陈淳看来,第一种办法"群呵队从,撞入人家",属于"迫胁题疏",而第二法"拦街觅钱,担夫贩妇,拖拽攘夺",简直跟"白昼行劫"一样,第三种办法"随门抑取,严于官租",连单丁寡妇都无能幸免,这些行为都是敛财扰民之举,所以官府应出面取缔地方赛会。[1]

在这些官员、士人看来,普通民众生活已十分艰难,所以他们反对民众支出钱物去搞迎神赛会,尤其是赛会中某些组织者与宗教人士存在敛财利己的行为,更使得他们对地方的赛会持反对意见。嘉祐三年(1058)九月二十二日,开封府曾下令"止绝百姓不得以献送为名,制造御服之类,于街市乞贷钱物"。[2]送献即参与赛会的团体或个人向神祇进献的物品。一些地方官员常指责集会组织者借机勒索百姓,朱熹做地方官时颁布劝谕文,约束城市乡村不得以禳灾祈福为名敛取钱物,装弄傀儡,[3]刘宰也批评地方"乐神"破损民财。[4]

然而,我们前面谈到宋代的祠赛社会有很强的经济性功能,它不仅能带动地方商业交易活动,也间接影响到官府的赋税收入,有些地区的官府、官吏甚至因经济利益直接介入赛会,这都影响到官方对祠赛社会的态度。当然,朝廷法令是反对地方官府、官吏借民众赛会牟利的,《庆元条法事类》中规定:"(诸色人)告获公人因迁补差遣使,若吉凶聚会,或夏秋收成之际,妄以祈赛之类为名乞索者,杖罪钱一十贯,徒罪钱二十贯,流罪钱三十贯。"[5]不过,此类规定能在多大程度实施尚无材料证明。

五、时间、规模方面的限制

官方对民众宗教集会的控制、管理还包括对时间、规模方面的限制。

---

〔1〕 陈淳《北溪大全集》卷43《上赵寺丞论淫祀》,《四库全书》,第1168册,第851页。
〔2〕 《宋会要》刑法2之33,第6512页。
〔3〕 朱熹《朱文公文集》卷100《劝谕榜》,第7页。
〔4〕 刘宰《漫塘集》卷18《劝尊天敬神文》,《四库全书》,第1170册,第515页。
〔5〕 谢深甫《庆元条法事类》卷52,第4—5页。

大中祥符三年(1010)四月,陕西扶风县法门寺社会"游堕之辈昼夜行乐,至有奸诈杀人者",诏令有司"量定聚会日数,禁其夜集,官司严加警察"。[1]夜聚晓散违反了日出而作日落而息的生活规律,夜间男女杂处可能引发的伦理道德问题也为礼制所不容,所以"夜聚晓散"常用来指斥"妖教"、"邪道"等,合法的祠赛社会当然不能如此,在所当禁。

对祠赛社会规模的控制多出于地方治安考虑,跨地区的宗教集会常"连接数州,多者千余人,少者数百辈",很容易出现"意外之变"。度正曾针对当地社火过盛的问题提出,"凡五六至十人各自为队,不得结连百人以上为队,庶几不至太盛。防微杜渐,以潜消意外之患"。缩小集会民众具体单位的人数,以利控制形势。这与法律规定正好相合,宋代法令根据聚会规模对组织者予以不同处罚,其界限即为一百人,也反映了官方努力限制民众集会规模的意图。

必须注意,对民众祈赛活动中的仪仗、兵器、经济、规模等方面控制固然是宋代对非组织性民众宗教集会管理政策的主要体现,但朝廷与地方力量的态度尚有一些细微差别。

朝廷较多地关注民众宗教集会中将直接或间接瓦解现有权力秩序的举动,集会的政治性意义往往被夸大。他们害怕迎神仪仗越制将使神器不神,枷囚则可能导致刑法不尊,[2]兵器则更是一种十分切实的威胁。在宋代的相关诏令中,这两方面的数量最多,处罚也最重。

地方官员的态度似乎更为现实、理性,如果不构成对地方社会秩序的直接危害,不损害当地的经济利益,皆可从宽。有时,还会出于地方利益支持民众的祠赛社会,与朝廷法令相抵触也不予理睬。比如南宋后期江、浙的迎神聚会,仪仗用金车黄盖,"观者不骇,执法者不诃";温、台村民迎神千百成群,"州县坐视,全不觉察"。[3] 黄震批评的方山社会"起四月

---

〔1〕《宋会要》刑法2之10,第6500页。
〔2〕而非像西方学者那样将之视为现实政治、法律运作的模拟、学习,如 Ahern 就认为民间信仰"教给普通民众与政府打交道的必要技巧"。参 Stephen F. Teiser, "Chinese Religions: Popular Religion", *Journal of Asian Studies* 54, no.1 (Feb. 1995), p.384.
〔3〕《宋会要》刑法2之139、119,第6565、6555页。

第三章 "祠赛社会"——以祠神信仰为中心的宗教集会

止八月尽用枪刀为社",当地官民习以为常。这说明地方官员对僭越仪仗政治象征的重要性认识不足,而对于兵仗也只是从地方治安考虑,当然,也可能与祠赛社会的性质有关。祠神信仰是各社会群体共享的观念世界,祠神的赛会一般都具有很强的开放性,官民共同参与(连皇室也参与某些祈赛活动[1]),地方官员与地方士绅在维持地方秩序等方面存在着某种合作关系,地方人士的态度又会影响地方官员对民众宗教集会的态度。如度正对任地社火不满,但"皆谓人之奉神,本以祈祷,初无他意……"所以不敢禁止。动摇度正禁社火决心的不会是普通百姓,应该是当地士绅一类人士。[2] 正因为此,朝廷并不放心地方官员对祠赛社会的态度,所以常在禁令之后加上"州县巡尉失于觉察,并寘典宪"之类话语,勒令各地官员切实奉行。[3]

不过,地方官员之中也有区别,与朝廷意见相对一致的是那些理学家,他们对祠赛社会中触犯现实权力政治、伦理道德秩序的行为比一般官员更为敏感,态度更为严厉。程颢为晋城(今山西晋城)令时,"乡民为社会,为立科条,旌别善恶,使有劝有耻"。[4] 朱子在临漳,"郡俗于春则诸寺为传经之集,诸坊为朝岳之会,于秋之诸乡为礼塔之社,先生闻之,一禁而尽息,诸庙附鬼为妖者,亦相视敛戢,不敢复为迎神之举"。[5] 而度正曾有"禁约社火,以防意外之变"的建议,[6] 黄震在《申诸司乞禁社会状》中一再呼吁禁止广德地区的民众宗教集会。

南宋后期,随着受理学影响的官员、士绅的数量不断增加,对祠赛社

---

[1] 孟元老撰,邓之诚注《东京梦华录注》,第205—206页;《梦粱录》卷1,第6—7页。
[2] 韩森在《变迁之神》中谈到地方官员与士绅在申请神祠封号庙额问题上的合作及其原因,对于民众宗教集会也基本适用,但集会中还有经济因素的作用。参见《变迁之神》第四章《赐封》。
[3] 《宋会要》刑法2之121,第6556页。
[4] 程颢、程颐《河南程氏文集》卷11《明道先生行状》,《二程集》,北京:中华书局,2004年,第632页。
[5] 陈淳《北溪大全集》卷17《侍讲待制朱先生叙述》,《四库全书》,第1168册,第632页;另见卷10《郡斋录后序》,《四库全书》,第1168册,第574页。
[6] 度正《性善堂稿》卷6《条奏便民五事》,《四库全书》,第1170册,第187、191、192页。

会的批评也不断增多。在陈淳看来,许多北宋士人习以为常的借赛神游观也存在问题,因为"男女游观"可能出现"争斗淫奔等讼",甚至会引发家不能齐,上下不能辨的隐忧。[1]

葛兆光先生认为,在唐宋之间特别是宋代,出现了相当迅速而广泛的文明推进过程,古代中国生活伦理的同一性由此建立。[2] 国家与理学背景出身的地方官员、士绅在民众宗教集会控制管理上的这种共同努力应该是该过程的组成部分,他们对民众宗教集会的批评、控制与打击在此后各王朝都有一脉相承之处,而朝廷与地方力量在宗教问题上的差异在宋代亦只不过初现端倪而已。

---

[1] 陈淳《北溪大全集》卷40《答陈伯藻再问大学》,《四库全书》,第1168册,第828页。
[2] 参见葛兆光《中国思想史》第二卷,第356—386页。

第四章　祈雨与宋代社会

在传统社会,雨水对农业生产具有决定性作用,降雨是否适时、适量直接影响到民众的生产、生活,也与王朝的政治、经济紧密相关。《宋史》卷四百三十一《儒林传》云:

> 上(真宗)勤政悯农,每雨雪不时,忧形于色,以(邢)昺素习田事,多委曲访之。初,田家察阴晴丰凶,皆有状候,老农相传者率有验,昺多采其说为对。又言:"民之灾患大者有四:一曰疫,二曰旱,三曰水,四曰畜灾。岁必有其一,但或轻或重耳。四事之害,旱暵为甚,盖田无畎浍,悉不可救,所损必尽。"[1]

邢昺将疫、旱、水、畜灾视为传统农业社会百姓最重要的四种自然灾害,其中又特意拈出旱灾,洵为确论。在现代社会,人们应对旱灾主要是通过兴修水利等措施,但在传统社会,更多的是吁求上天,祈祷

---

[1] 《宋史》卷431《儒林传》,第12799—12800页;黄庶则从社会影响强调了旱灾的破坏性,他说,"天旱,饥民之强者起盗贼,而弱者流亡以为常"。见黄庶《伐檀集》卷下《醴泉张主簿第二考词》,《全宋文》卷1111,第207页。

降雨。[1] 所谓祈雨,又称求雨、祷雨,是人们以象征性的仪式、方法试图影响降水数量、时间及空间的一种努力。[2] 在古代中国,每逢雨水失调,不同形式、规模、等级的祈雨活动便会在受灾地区举行,社会各个阶层、群体都要参加进来,祈雨因之成为各种力量交汇的场合,以祈雨为切入点,既可以了解一时一地的民众信仰、习俗,也可以考察介入祈雨的各种社会力量之间的关系。

较早把祈雨作为研究对象来考察的是西方人类学家,他们对美洲、大洋洲的原始人群举行的祈雨风俗作了大量记录和研究。[3] 受其影响,上个世纪二三十年代中国的民俗学者,对本土的祈雨习俗进行了调查,[4] 并追溯其本源,对古代社会的祈雨活动作了初步探讨。[5] 较为深入的研究出现在 80 年代之后,如裘锡圭利用出土文献证明春秋战国的"焚巫尪"与"作土龙"在殷商卜辞中早已有之。[6] 陈业新根据文献记载对汉代流行的祈雨礼俗应龙致旱与舞龙等作了勾勒,发现两汉祈雨祭礼中,内

---

[1] 当然,有些地区现在还保留着传统的祈雨方式,2002 年夏,印度遭遇大旱,北部的妇女居然裸体向雨神求雨,见http://www.people.com.cn/GB/guoji/25/95/20020718/778515.html;许多学者也已注意到女性与古代祈雨习俗的联系,可参考羡林《原始社会风俗残余——关于妓女祷雨的问题》,《世界历史》1985 年第 10 期,第 17—20 页;国光红《关于古代的祈雨——兼释有关的几个古文字》,《四川大学学报》1994 年第 3 期,第 86—93 页;王晖《商代卜辞中祈雨巫术的文化意蕴》,《文史知识》1999 年第 8 期,第 65—71 页。

[2] 宋代文献中对祈雨的称呼不一,有祈雨、祷雨、求雨、乞雨等,本文使用最常用的"祈雨",因止雨、祈晴也是为调节降雨而举行的祈祷活动,所以也可纳入讨论范围,至于二者的关系可参考胡新生《中国古代的巫术》的相关部分(济南:山东人民出版社,1998 年,第 284—311 页),兹不赘。另外,调节水旱举行的仪式包括常祀与特祀两种,前者是按礼仪制度每年在某一固定时间对神灵的祈祷祭祀,常常是祈求神灵保佑该年风调雨顺,如例行的春秋祈报,后者则是为应对已经出现的雨水失调而举行的祈雨仪式,本文讨论的主要是后者。

[3] 如弗雷泽在《金枝》中用了一整章的篇幅来讨论澳大利亚等地原始部落的巫师用巫术控制雨水、阳光、风的事例,见[美]詹·乔·弗雷泽《金枝》,徐育新等译,北京:中国民间文艺出版社,1987 年,第 92—122 页。

[4] 主要刊布在当时的《民俗周刊》、《民间月刊》上,如程云祥《潮州求雨的风俗》、愚民的《翁源人的求雨和闹房》,章尚庵的《阜宁的求雨》,具见雷闻《祈雨与唐代社会研究》注 1,袁行霈主编《国学研究》第 8 卷,北京大学出版社,2001 年,第 276 页。

[5] 如竺可桢在《论祈雨禁屠与旱灾》一文批评 1926 年春各省当局祈雨禁屠的做法,并历数文献,追溯其渊源,强调必须用科学方法预知雨晴,积极救灾,文载《东方杂志》第 23 卷第 13 期,《竺可桢文集》,北京:科学出版社,1979 年,第 90—99 页;樊恭炬《祀龙祈雨考》则系统梳理了历代祀龙祈雨的具体情况,载《新中华》复刊号第 6 卷第 4 期,1946 年 12 月,收入苑利主编《二十世纪中国民俗学经典·信仰民俗卷》,北京:社会科学文献出版社,2002 年,第 114—121 页。

[6] 裘锡圭《说卜辞中的焚巫尪与作土龙》,胡厚宣编《甲骨文与殷商史》,上海古籍出版社,1983 年,第 21—35 页。

第四章　祈雨与宋代社会

容和形式皆以董仲舒的雩祭之法为宗,同时又有历史渊源,并且认为祈雨的社会功能主要在于愚弄欺骗灾民,不利于国家组织灾民积极抗旱。[1]黄强则探讨了民间求雨仪礼中赎罪观念的形成与衍变,[2]安德明利用田野调查材料对保存在天水的求雨习俗作了研究,文章引入"常/非常"这组概念,分析了民间社会对非常事件的象征性处理。[3]雷闻的《祈雨与唐代社会研究》是研究唐代祈雨活动的一篇力作,他从礼法制度、宗教因素及淫祀与祈雨之关系三个角度分析了唐代祈雨与社会各方面的关系,指出唐代的祈雨一直是一种官方行为,有比较严格的礼法规定,并且以祈雨为切入点,探讨了国家参与社会的姿态和功能。[4]

两宋水旱灾害十分频繁,其强度、广度有甚于唐代。学者们对于宋代灾害的具体情况及救灾思想、措施都作了深入研究,[5]但对救灾重要措施之一祈雨则关注不多,据笔者所见,大陆学者尚无专文讨论宋代的祈雨问题。[6]

---

〔1〕　陈业新《两汉祈雨礼俗初探》,张国刚主编《中国社会历史评论》第4辑,北京:商务印书馆,2002年,第319—328页。
〔2〕　黄强《神人之间:中国民间祭祀仪礼与信仰研究》第十三章《从焚巫、曝巫到晒菩萨——民间求雨仪礼中赎罪观念的形成》,桂林:广西民族出版社,1996年,第331—349页。
〔3〕　安德明《天水的求雨:非常事件的象征处理》,王铭铭主编《象征与社会:中国民间文化的探讨》,天津人民出版社,1997年,第124—146页。
〔4〕　雷闻《祈雨与唐代社会研究》,《国学研究》第8卷,第245—289页。
〔5〕　邓拓将宋代的灾害分为九类:水(193次)、旱(183次)、雹(101次)、风(93次)、蝗(90次)、歉饥(87次)、地震(77次)、疫(32次)、霜雪(18次),共计874次。见邓拓《中国救荒史》,第22—24页,书中还专设一章介绍古代巫术救荒的情况,收入《邓拓文集》第二卷,北京出版社,1986年;康弘在邓拓、陈高佣等人研究的基础上,根据多种史籍的记载,对宋代的各类灾害作了统计,认为宋代一共发生各种灾害1219次,其中水灾465次,旱灾382次,蝗灾108次,地震82次,疫疾40次,风灾、雹灾、霜灾142次,并指出宋代自然灾害的特点是:在时间上,几乎无年不灾,甚至一年数灾或十几灾,或者一灾连续很长时间;在空间上,灾害分布遍于全国,而且往往是数灾并发,见康弘《宋代灾害与荒政述论》,《中州学刊》1994年第5期,第124—128页。专门研究宋代救荒的论著有两部,王德毅的《宋代灾荒的救济政策》(台北:中国学术著作奖助委员会,1970年)分预防措施、平时救济、灾时救济及灾后救济四部分,深入分析了宋代的灾荒救济政策,指出无论士大夫或政府对于社会安定和谐都很重视,这是宋代没有饥民暴动的主要原因,缺点则在检放迟缓,重城郭而忽乡村,胥吏乡官通同作弊;张文的《宋朝社会救济研究》(重庆:西南师范大学出版社,2001年,第25—156、367—369页)第二章《对灾荒人群的救济》,论述了宋代"灾害与饥荒"的情况,对宋代的荒政则分灾荒的预防、赈灾与救荒、灾后对流民的安置救济几个方面作了研究,张氏对宋代的救济思想、政策评价甚高,他认为宋代的救济思想、政策在中国荒政史上承前启后,逐渐实现了救灾程序的制度化、规范化、手段市场化。
〔6〕　有的学者在文章中提到祈雨,如汪圣铎《宋朝礼与道教》一文就介绍了祈雨晴中与道教相关的礼仪,但十分简略,载《国际宋代文化研讨会论文集》,成都:四川大学出版社,1991年,第229—230页。

对宋代祈雨活动有专门研究的是日本学者中村治兵卫,他的《宋朝的祈雨》一文对宋代中央祈雨的时间及其原因、宋代三种最主要的祈雨仪式都作了阐述,而文中第二节关于地方祈雨对象的统计分析尤具启发意义。[1] 石本道明、吹野安等人研究了苏轼、朱熹任地方官时写的祈雨文,通过对祈雨文写作时间、内容的考证和分析,深入探讨了其中体现的人神之间的关系,对身为地方官的宋代士人的祈雨观念有所发明。[2] 有两位港台学者对此期的祈雨也有专门研究,陈学霖的《金朝的旱灾、祈雨与政治文化》一文将国家礼典与民族、政治文化等要素结合起来,从祈雨的角度考察了金朝对汉族政治文化的接纳过程。[3] 沈宗宪在其博士论文中以较大篇幅分析了宋代常见的官方祈祷类型,并以祈雨为例,探讨原有国家祈祷祀典与儒家仕宦因应民俗祈雨仪式的态度。沈文材料扎实,揭示了祈祷中官方祀典衰落与民俗祈雨仪式的兴起这一现象,但分析略嫌不足,尤其是对礼仪制度与具体实践、宋代祀典与封赐制度之间的区别缺乏认识,导致其对宋代官民祈雨的某些问题理解稍有偏颇。[4]

显然,由于祈雨的对象往往为祠神,其仪式亦围绕祠神展开,是探讨祠神信仰的很好切入点。此外,祈雨体现的不仅是人神关系,更有人与人之间的关系。透过祈雨不仅可以考察人间力量采取超人间力量的形式,更要具体分析在应对超人间力量的过程中各种人间力量之间错综复杂的

---

[1] 中村治兵卫《宋朝の祈雨について》,原收入磯部武雄编《アジアの教育と社会——多賀秋五郎博士古希記念論文集》,东京:不昧堂出版,1983年。后来收入中村先生研究中国巫术的大作《中国シヤーマニズムの研究》一书之第六章,东京:刀水书房,1992年,第139—156页。
[2] 石本道明《苏轼磻溪祷雨文》,《汉文学会会报》第31辑,1986年,第212—230页;吹野安《朱熹〈祈雨文〉発想考》,《汉文学会会报》第36辑,1990年,第124—142页。
[3] 陈学霖《金朝的旱灾、祈雨与政治文化》,《漆侠先生纪念文集》,保定:河北大学出版社,2002年,第542—561页。
[4] 沈宗宪《国家祀典与左道妖异——宋代信仰与政治关系之研究》第五章《祈祷》。例如沈氏在"从社稷礼看祈祷祀典之没落"一节,未注意到宋代祈祷祀典除了对唐制的继承还有新因素的注入,有宋官方多次颁行的各种祈雨法都已纳入祈祷祀典,而并非只有社稷祈祷才是正宗的礼制,此外,宋代祀典也曾出现变数(详参本书第六章第一节),沈氏对此未加区分,遂有将社稷祈祷等同祈祷祀典之嫌。本章撰写结束之后略加删改,曾发表于《华学》第六辑(北京:紫禁城出版社,2003年6月,第322—343页),后来笔者才读到沈宗宪的论文,发现部分内容同沈文有相近之处,不过二者视角、分析取径还是有很大差别,所以这次改定时未作太大改动。

第四章 祈雨与宋代社会

关系。[1]因此,笔者认为对宋代祈雨尚有深入研究之必要。由于文献保留的主要是官方主持、召集的祈雨活动,受此限制,本章的分析也将以两宋的官方祈雨为主,且官方祈雨的方法往往出自民间,具体仪式一般离不开民众的参与、宗教人士的介入,以官方祈雨为切入点,基本可以了解宋代祈雨的一般状况,也可以更好地认识在某一特定情境下官民的互动关系及其对组织性宗教、民众信仰的影响。鉴于以上考虑,本章的分析将围绕祈雨方法、实践以及思想世界对祈雨现状的反应三个方面展开,其中祈雨实践不仅包括皇帝与朝廷遣官祈雨场所、对象的分析,也要讨论地方官员祈雨的实际情况,通过对地方官员选择祈雨场所、对象、仪式的分析,探讨地方民众力量与官员之间的关系。

第一节　形式多样的祈雨方法

近人严复认为,赵宋一朝是古今变革之中枢,他说,读史"当留心细察古今社会异同之点……若研究人心政俗之变,则赵宋一代历史,最宜究心。中国所以成于今日现象者,为善为恶,姑不具论,而为宋人所造就什八九,可断言也"。[2]严氏所说的"人心风俗"涵盖面甚广,无法一一求证,然就作为"风俗"之一的祈雨而言,应该大体成立。从笔者阅读到的材料来看,晚近中国社会的祈雨之法大多在宋代已经出现,或为此前已有而至宋代方普遍流行,本节将对宋代的各种祈雨方法略加梳理,亦或有助于认识古代祈雨方法之流变。

根据祈雨方法之渊源、仪式主持者之差异,宋代的祈雨方法大致可以分成五类,即传统礼制规定下的祈雨法、官颁祈雨法、道教祈雨法、佛教祈雨法、民间杂法。需要说明的是:一者各种方法有时相互包容,如传统礼

---

[1] 这里我们借用了恩格斯关于宗教的分析,但并不主张将宗教简单视为"支配着人们日常生活的外部力量的幻想的反映"。《马克思恩格斯选集》第3卷,北京:人民出版社,1972年,第354页。
[2] 严复《与熊纯如书》1917年4月26日,《严复集》第3册,北京:中华书局,1986年,第668页。

制规定下的祈雨法或源自民间杂法,而民间杂法有时也不妨从僧道人士那儿学上几手,本文将之分成五类固然是因为五者之渊源、仪式确有差别,但也是为了便于叙述;二者官颁祈雨法本属礼制规定范围,因其牵涉甚广,内容太多,特单列一类。

一、传统礼制规定下的祈雨法

"国之大事,在祀与戎",这是古代中国的一个传统,祈雨属于祀的一部分,是传统社会政治、经济生活中的大事,因而历代王朝都将官方祈雨纳入礼法典制中,宋代也不例外,如《太常因革礼》中与祈雨直接相关的就有:

> 卷三四:孟夏雩祀圜丘(包括皇帝亲祀与有司摄事)
> 卷四八:有司春分祀九宫贵神
> 　　　　立春后丑日祀风师、立夏后申日祀雨师及雷神
> 　　　　有司春秋上戊日祭社稷
> 　　　　诸州祭社稷
> 卷四九:祭五岳四镇
> 　　　　祭四海四渎
> 　　　　仲春祭五龙
> 卷五一:时旱祈报太庙社稷岳镇海渎
> 卷八二:州县祭风师雨师雷师[1]

不久之后颁行的《政和五礼新仪》对于各种祭祀礼仪的规定更为详尽,其中涉及祈雨的共有十四卷,与嘉祐年间的太常礼相比只是减少了"仲春祭五龙"与"时旱祈报太庙社稷岳镇海渎"两项。[2] 二礼之详略虽

---

〔1〕 欧阳修等纂集《太常因革礼》,《丛书集成初编》本。遍查各种版本,皆缺五十一至六十七卷,所以《时旱祈报太庙社稷岳镇海渎》皆阙。
〔2〕 郑居中等撰《政和五礼新仪》,今存二百二十卷,与祈雨有关者为:卷39—42《雩祀上帝仪(今有司摄事)》、卷70《祀九宫贵神仪》、卷75《祀风师雨师雷神仪》、卷76《州县祀风师雨师雷神仪》、卷89—92《祭太社太稷仪(含皇帝与有司摄事)》、卷93《州县祭社稷仪》、卷95《祭五方岳镇海渎仪》、卷96《诸州祭岳镇海渎仪》。

第四章 祈雨与宋代社会

有不同,却都反映了宋代礼制规定下的祈雨方法之基本状况。

传统礼制规定的祈雨方法中位置最突出的是雩祀。雩礼一度是古代最常用的祈雨方法,《周礼》云"若国大旱,则帅巫而舞雩",又云"旱暵则舞雩",[1]这是出现旱灾时的雩礼,正常状态则是"龙见而雩"(桓公五年,前681),[2]亦即《礼记·月令》仲夏之月所说的:"命有司为民祈祀山川百源,大雩帝,用盛乐。"郑注:"阳气盛而常旱,山川百源,能兴云雨者也。众水始所出为百源,必先祭其本,乃雩。雩,吁嗟求雨之祭也。雩帝,谓为坛南郊之旁,雩五精之帝,配以先帝也。"[3]此时的雩祭祈雨尚有很强的巫术色彩,仪式主持者为司巫或女巫,由他们率领童男女各八人"舞而呼雩",[4]祈祷对象不仅有上帝,而且包括山川百源,这大概是后世祈雨社稷山川也作为雩祀组成部分的原因。至唐代,雩祀虽仍保留了梁武帝以来实施的"七事"与七日循环祈祷的程序,但政治性大大增强,而原始的巫风已荡然无存了,而且极少见到皇帝亲自参加雩礼的记载。[5]

宋初,雩祭常祀还偶尔由皇帝举行,如太祖便专程至西京"以四月有事南郊,躬行大雩之礼",[6]不过,自"熙宁迄靖康,惟有司摄事而已"。[7]且一度无专门之雩坛,只在南郊圜丘行礼。元丰五年(1082)七月,始在圜丘之左巳地专立一坛,"其高一丈,广轮四丈,周十二丈,四出陛,为三壝各二十五步,周垣四门,一如郊坛之制"。[8]配祀的祖先也有一个变化的过程,起初"以四祖迭配,太宗即位以宣祖、太祖更配",神宗

---

[1] 分见《周礼·春官·司巫》与《女巫》,《十三经注疏》,第816页。
[2] 《十三经注疏》,第1749页。
[3] 孔颖达《礼记正义》卷16,《十三经注疏》,第1369页。
[4] 《公羊传》桓公五年何注,《十三经注疏》,第2216页。
[5] 对汉以前雩礼的研究可参考詹鄞鑫《心智的误区——巫术与中国巫术文化》下编第三章第三节之"舞雩求雨"部分,上海教育出版社,2001年,第568—572页;雷闻则探讨了汉以后,尤其是唐代雩礼的实施情况及其特点,见雷闻《祈雨与唐代社会研究》,《国学研究》第8卷,第248—250页。
[6] 《宋史》卷100《礼志三》,第2456页。
[7] 《宋史》卷100《礼志三》,第2458页。
[8] 《宋史》卷100《礼志三》,第2458页,此事并见《宋史》卷16《神宗本纪三》,"元丰五年七月己酉"条,第308页。南宋初亦无雩坛,至绍兴十八年(1148)六月甲辰方"筑九宫贵神坛于东郊",《宋史》卷30《高宗本纪七》,第568页。另,《玉海》卷101载有咸平、祥符、绍兴九宫坛法,江苏古籍出版社、上海书店出版社,1987年,第1849—1850页。

时定为太宗配,徽宗时还一度将从祀群神取消,[1]祭品为犊、羊、豕各一。至南宋,仪式举行时用舞僮六十四人,衣玄衣,歌《云汉》之诗。[2]对于具体的仪式,前举嘉祐、政和二礼皆有明确规定,《太常因革礼》中的"孟夏雩祀圜丘"叙述较为简略,而《政和五礼新仪》卷三九至四一有"皇帝雩祀上帝仪",包括"时日、斋戒、奏告、陈设、车驾自大庆殿诣青城、省牲器、奠玉币、进熟、望燎、车驾还内"十个环节;卷四二为"雩祀上帝仪"(有司行事),少第五、十两环节,其他环节规格亦有所降损。二者所规定的雩祀皆属常祀,理论上与祈雨相关,但就目前保存的仪式文本来看,很难察觉雩祀上帝与祈雨有什么关联,基本是纯粹的仪式操作。

雩祀的具体实施情况如何呢?从楼钥《攻媿集》所保留的六首雩祀祝文来看,这些仪式应该是得到具体实施的。[3]至于因时旱举行大雩之礼在宋代已不多见,皇帝亲自参加的雩祀《宋史》中只记载了嘉泰元年(1201)、二年、嘉定八年(1215)三次,[4]另周必大《文忠集》卷一五〇有"雩祀御笔"一条,时间为淳熙十四年(1087)七月十日,也属于皇帝时旱雩祀。[5]从这个角度而言,时旱之雩在各种传统礼制规定的祈雨方法中虽然规格最高,但在实践中不再占据主导位置。[6]

---

[1] 马端临《文献通考》卷77《郊社十》,北京:中华书局,1999年,第711页;《宋史》卷100《礼志三》,第2458页。

[2] 这件事是由礼官朱时敏提议的,当时"因雨泽愆期,分祷天地、宗庙,精修雩祀。按礼,大雩,帝用盛乐,而唐开元祈雨雩坛,谓之特祀,乃不以乐荐。于是太常朱时敏言:'《通典》载雩祀用舞僮歌云汉,晋蔡谟议谓:《云汉》之诗,兴于宣王,歌之者取其修德禳灾,以和阴阳之义。乞用舞僮六十四人,衣玄衣,歌《云汉》之诗。'诏亟从之"。见《宋史》卷130《乐志五》,第3044页。

[3] 楼钥《攻媿集》卷48,这六首祝文是:《前一日奏告太宗室》、《上帝》、《太宗》、《皇地祇》、《再奏告宗庙别庙》、《太社大稷岳镇海渎五方山林》;然此雩祀未必是遇时旱而举行的,而是传统礼制中一年一次的"孟夏而雩"。

[4] 《宋史》卷66《五行志四》,第1445页。

[5] 《宋会要》礼18"祈雨"亦云孝宗曾亲行雩祀,唯时间作淳熙十三年(1186)。见《宋会要》礼18之24,第744页。《宋史·孝宗本纪三》未载此事,然据卷35所载淳熙十三、十四年天气状况以及相关政治措施,这次雩祀应该发生在淳熙十四年,《宋会要》或有脱误。

[6] 沈宗宪也注意到宋代雩祀之礼已趋于没落,但他对常祀之雩与时旱之雩缺乏必要区分,实际上作为常祀的雩礼在宋代一直保留,时旱雩则很少举行。其原因恐怕不是沈氏所说的"实行难度较高,可能会影响朝廷举行意愿",而是祈祷对象过于抽象,佛教、民众神祇则往往有丰富的灵应故事,更能满足祈祷的心理需求。参沈宗宪《国家祀典与左道妖异——宋代信仰与政治关系之研究》,第190—193页。

第四章　祈雨与宋代社会

仅次于雩祀的是九宫贵神祀。九宫贵神与道教关系紧密,唐玄宗将之列为国家礼典,并定为大祀。[1]《宋会要》礼十二云:"国朝承唐制,祀九宫贵神东郊,用大祠礼。"后来又降为中祀,所以有咸平四年(1001)杜镐的奏议,认为"九宫所主风雨霜雪雷雹疾疫之事",应该与五帝同为大祀,翰林学士宋白等也附和杜议,于是改为大祀,对其坛墠、用玉、用乐以及祭品应为牲牢还是素馔等仪制都有激烈讨论,随后都作了相应修正。[2] 九宫贵神作为国家大祀似乎是因其"主风雨霜雪雷雹疾疫之事",实则此次改制与次年的东封有关,水旱之事云云只不过是借口。治平元年(1064)五月四日,翰林学士胡宿上言:

> 窃见前书载,九宫贵神实司水旱,虽不见经,而当时尊祀,仅次于昊天上帝……国家祇若旧典列于常祀。至和中,因修时祭,光禄小吏慢祀而震死者二人,威灵所传,耳目未远。今首夏垂尽,而时雨尚愆,有恻上仁,遍走群望。昔宣王遭旱,《云汉》之诗曰:"上下奠瘗,靡神不宗。"况司水旱之神,又可阙诸?臣愚以谓,宜因此时特遣近臣并祠九宫贵神。[3]

《宋会要》的其他记载也表明,宋初的九宫贵神之祀显得十分奇怪:一方面该神司水旱风雨兵革饥馑疾疫等灾害已经成为常识,人们已不再多谈九宫贵神与道教或术士之间的关系了,而是将之作为唐代礼制的一部分继承下来;另一方面它在为某一具体的水旱失调而举行的祭祀祈祷中并未取得相应位置,几乎完全成为常祀。胡宿的上言改变了九宫贵神

---

[1]《旧唐书》卷168《礼仪志四》,北京:中华书局,1975年,第929—930页;唐中宗、武宗时对九宫贵神祭祀有激烈讨论,具载王浦《唐会要》卷10下《九宫坛》,上海古籍出版社,1999年,第295—299页;参考雷闻《祈雨与唐代社会研究》,《国学研究》第8卷,第262—263页。

[2]《宋会要》礼12之15、16,第573页,祀九宫贵神的具体仪制参《太常因革礼》卷48与《政和五礼新仪》卷70。

[3]《宋会要》礼19之5,第755页。

在宋代水旱祈祷中的地位，从此，每遇水旱不常，都要派遣官员祀九宫贵神。[1]

雩祀、九宫贵神之祀以外，宋代传统礼制规定的祈雨还有祈祷天地、宗庙、社稷、岳镇海渎、风伯雨师雷神以及地方之名山大川。其中，社稷、风伯雨师雷神、名山大川属于全国通祀，在官方祈雨实践中较雩祀、九宫贵神之祀、祈祷天地宗庙等更为普遍，影响更大。《宋会要》礼十八于"建隆四年(963)五月一日"条云："以旱命近臣遍祷天地、社稷、宗庙、宫观、神祠、寺，遣中使驰驿祷于岳渎。"随后又说："自是凡水旱皆遣官祈祷，唯有变常礼则别录。"[2]也就是说，遇有水旱都要派遣官员（近臣或中使）祈祷天地宗庙社稷、岳镇海渎与寺观神祠。至于风伯雨师雷师，自唐天宝年间升为中祀，[3]一直是各级政府祈祷水旱的对象，京师与地方州县皆设社稷坛及风伯、雨师坛（雷师坛附）。《宋史》一〇二《礼志五》云：

> 社稷，自京师至州县，皆有其祀。岁以春秋二仲月及腊日祭太社、太稷。州县则春秋二祭，刺史、县令初献，上佐、县丞亚献，州博士、县尉终献。如有故，以次官摄，若长吏职官或少，即许通摄，或别差官代之。[4]

风伯、雨师的祭祀情况与社稷差不多，"惟边地要剧者，令通判致祭，余皆长吏亲享"。[5]祭祀社稷、风伯雨师的仪制是官方礼典的重要内容，前举嘉祐、政和二礼都有明确规定，[6]因其具体仪节十分繁杂，已属专门之学，此不备述。

---

[1]《宋会要》礼18之11，第738页。
[2]《宋会要》礼18之3，第734页。
[3] 地方的社稷、风伯雨师雷神则一直是小祀，见嘉祐、政和礼相关规定。
[4]《宋史》卷102《礼志五》，第2483页。
[5]《宋史》卷103《礼志六》，第2516页。
[6] 据《宋会要》礼4之18云："淳熙七年(1180)正月二十七日，诏：礼部太常寺参稽典故，将州县祭风伯雨师雷神坛壝器服制度礼仪类成一书，镂版颁降。从礼部侍郎齐庆胄请也。"淳熙年间的这一规定对南宋后期影响很大，第464页。

第四章　祈雨与宋代社会

以上所述祈雨法与唐代礼制一脉相承,虽说具体的祭祀仪制(如坛壝、祭品、神主、从祀之神等)或有细微变化,但大体一致,甚至祭祀的等级都与唐代相同。从制度而言,它们也是官方祈雨方法的主体。当然,宋代礼制规定中的祈雨法与唐代相比也有一个显著区别,那就是大量祠庙乃至释道寺观的祈祷也纳入礼法典制之中,详见第三节。

二、官颁祈雨法

由朝廷向全国各级官府颁布统一的祈雨法始于真宗时期。咸平二年(999)初,久旱不雨,朝廷为此采取了一系列措施,如求直言政务阙失、减免天下犯人的罪刑、掩埋遗弃的尸骸等,真宗还亲自到太一宫、天清寺祈雨。[1] 应对旱灾的另一个重大举措是向全国颁行唐朝李邕的祈雨法:

> 内出李邕祈雨法:以甲乙日择东方地作坛,取土造青龙,长吏斋三日,诣龙所,汲流水,设香案、茗果、糍饵,率群吏、乡老日再至祝酹,不得用音乐、巫觋。雨足,送龙水中。余四方皆如之,饰以方色。大凡日干及建坛取土之里数,器之大小及龙之修广,皆以五行成数焉。诏颁诸路。[2]

此事并见《宋会要》礼十八,[3] 二者关于祈雨仪式的叙述也基本相同,前者很可能即出自于此,唯"日干"误抄为"旱"。不过,两条材料关于此法来源说法则很不相同,《宋史》笼统地说"内出李邕祈雨法",《宋会要》则明言"咸平二年闰三月三日,工部侍郎知扬州魏羽上唐李邕雩祀五龙堂祈雨之法",随后录真宗对此法之看法曰:"此法前代所传,不用巫觋,盖防亵慢,可令长吏清洁行之,郡内有名山大川宫观寺庙并以公钱致

---

[1]《宋史》卷6《真宗本纪一》,第108页。
[2]《宋史》卷102《礼志五》,第2500页。
[3]《宋会要》礼18之5,第735页。马端临将此事系于咸平元年,失考,见《文献通考》卷77,《郊社十》,第711页。

祷。"《宋会要》的记载可能更近事实,五龙堂祈雨始于唐玄宗,祭祀场所在兴庆宫,并在中唐后成为皇帝亲自祈雨的对象,[1]对巫觋的排斥是可以想见的。祈雨法的作者李邕,字善子,江都人,《旧唐书》卷一九〇、《新唐书》卷二〇二有传,《新唐书·艺文志》称邕有文集七十卷,今本《李北海集》唯有六卷(《四库》本),所佚甚多,集中不见"五龙求雨法"亦十分正常。李氏曾为中唐著名道士叶法善的祖父、父亲作碑,文见《叶真人传》,[2]传中提到这位叶真人在高宗时曾主持过一次祈雨仪式,仪式中的神物即一条大蛇。如果祈雨法果为李邕所作,受到当时道教祈雨方法的影响也不是没有可能。五龙求雨法与汉代董仲舒提出的祈雨方法一脉相承,[3]而董氏在汉武帝时期曾做过江都相,"以春秋灾异之变推阴阳所以错行,故求雨闭诸阳,纵诸阴,其止雨反之。行之一国,未尝不得所欲"。[4]汉、唐之江都皆属宋之扬州,因此,"五龙求雨法"由扬州地方长官上奏很可能与该地之地方知识、历史文化紧密相关,当然,也不能排除魏羽将流行当地的民间祈雨方法整理之后冠以本地先贤之名进献朝廷的可能。

在咸平二年颁行祈雨法的基础上,两宋中央政府曾多次对之增补、修改:

---

〔1〕 参见雷闻《祈雨与唐代社会研究》,《国学研究》第8卷,第256—257页。前面我们曾提到北宋首都重要的祈雨场所之一即为五龙堂,即可能是唐代朝廷五龙祈雨之残余。

〔2〕《唐鸿胪卿越国公灵虚见素叶真人传》,《道藏》第18册,第79—90页。刘克庄对李邕为叶法善祖作碑一事很为不满,认为"以台阁名士而为一黄冠秉显扬之笔,读之可发千载一笑",四库馆臣的看法则通达得多,指出"唐时名儒硕士为缁黄秉笔,不似两宋诸儒视二者如敌国,此当尚论其世,固不容执后议前。且克庄与真德秀游,德秀《西山集》中琳宫梵刹之文,不可枚举,克庄曾无一词,而独致责于邕,是尤门户之见,不足服邕之心矣"。强调论人评文当"尚论其世,固不容执后议前",对于当下的史学研究也不无启意义。但四库馆臣们在整理前人文集还是以当时标准删去了大量与释道相关的青词、醮祝之文,这种观念在整理宋代理学家文集时尤为明显,乾隆四十年(1775)十一月十七日关于纂修《四库》的上谕中有明确表示,因此《李北海集》未收李邕为叶法善祖、父写的碑文,而"五龙求雨法"若果真为李邕所作,四库馆臣将之删除亦在情理之中,况旧时文集多不收录这类文字。参刘克庄《后村诗话》后集卷1,北京:中华书局,1983年,第51页;《李北海集》四库馆臣所撰提要,《四库全书》第1066册,第2页;四库馆臣删除文集中道教斋醮祈祷的青词可参黄爱平《四库全书纂修研究》,北京:中国人民大学出版社,1989年,第366页。

〔3〕 苏舆《春秋繁露义证》卷16,北京:中华书局,1992年,第426—437页。

〔4〕《史记》卷121《儒林列传》,北京:中华书局,1982年,第3128页。

第四章 祈雨与宋代社会

真宗景德三年(1006)五月旱,"又以画龙祈雨法,付有司刊行";[1]

仁宗皇祐二年(1050)八月十五日诏,"再颁先朝祈雨雪法,令所在置严洁处,遇愆旱即依法祈雨";[2]

神宗熙宁十年(1077)四月,"以夏旱,内出蜥蜴祈雨法";[3]

神宗元丰五年(1082)三月二十三日,"中书门下言御前降到蜥蜴祈雨法。四月十八日举行,二十日而雨,诏附宰鹅祈雨法后颁行";[4]

孝宗乾道四年(1168)八月,"诏颁皇祐祀龙法于郡县";[5]

孝宗淳熙十四(1187)年六月戊寅,"以久旱,班画龙祈雨法"。[6]

然而,两宋前后七次颁行的祈雨法其实只有三种,一是景德二年颁布的从唐代流传下来的五龙堂祈雨法,一是仁宗时添加的画龙祈雨法,一是神宗时附上的蜥蜴祈雨法,而所谓的"宰鹅祈雨法",是因为前二法祭龙、验雨都与仪式中所宰白鹅相关。三种祈雨方法的核心是五龙堂祈雨法与画龙法,由于二者合而为一始于皇祐二年,因而后来有人径称之为"皇祐法"。[7]乾道四年(1168)八月六日的一份诏书对其内容与颁行程序有详细记载:

> 颁江阴军缴到祈雨雪法。两浙西路安抚司申:江阴军申祭龙求雨,乞散之天下。省[省]批送礼部看详。本部下太常寺勘会,缴到祈雨雪法,具载皇祐二年六月中书门下牒:先朝曾降祈雨法下诸处,虑年深损坠,令再将旧敕雕板模印成册,系崇文院送都进奏院颁下诸路州军监县等。至今委是年深,均虑损坠不存。今欲依两浙西路安抚司申,将江阴军缴到皇祐二年祭龙祈雨雪内添入绘画龙等样制,从

---

[1]《宋史》卷102《礼志五》,第2500页。
[2]《宋会要》礼18之10,第737页。
[3]《宋史》卷102《礼志五》,第2502页。
[4]《宋会要》礼18之14,第739页。
[5]《宋史》卷66《五行志四》,另卷34《孝宗本纪二》云:"乾道四年八月乙未,班祈雨雪之法于诸路。"第644页。
[6]《宋史》卷35《孝宗本纪三》,第686页。
[7] 参见真德秀《西山先生真文忠公文集》卷17《申请息山龙王封爵状》,第18页。

礼部行下临安府镂板,用黄纸印造成册。发纳礼部,礼部行下都进奏院,颁降诸州府军监县等如法收掌。遇您雨雪,严洁依法祈求。[1]

由此可知,皇祐二年颁布祈雨法时是依照中书门下之令,由崇文院送交"总领天下邮递"的都进奏院,然后下发到全国各地,乾道四年则主要由礼部负责,礼部让临安府按照样本雕版印刷之后,再由都进奏院颁降各级政府,而印造成册,则有利于长期保存。

皇祐祀龙求雨法包括五方面的内容,或者说该祈雨仪式由五个环节构成:置坛、画龙、祭龙、验雨、赛龙。祈祷的对象是龙,所以坛地的选择以"左侧有龙潭或湫涑东,水泉所出,水边林木郁茂或有洞穴深邃堪畏之处"为佳,也可以于神祠古庙建坛,置坛法同时规定:

> 取庚辛壬癸及成日满日,丑时置坛。本处刺史县令并官属者宿应执事人皆先斋洁。(注:祭日官属并公服靴笏,余人并常服。)其日具酒脯、白鱼干、信币、帛缯五束,时果名香,一俎二豆两爵,布净席两领,南向。以白鱼干、信置俎上,时果实豆中,香炉置俎豆南,又以新幞覆箱,箱内安帛缯,置香炉南,并陈于席上。又以净尊盛酒陈席东,又设祀官位于席南。(注:州则刺史亲祀,县则县令亲祀。)
>
> 礼生引祀官就位,执事者实一爵置俎上,祀官再拜跪奠,执事者又实一爵,祀官又拜殿,读祝于坛地之东南角(注:读祝人州县各依常式),祝文曰……
>
> 读文讫,祀官再拜,执事捧币箱立,祀官前授爵饮酒,再拜,遂取币缯及酒脯等于席南瘗之。坎深一尺。瘗讫撤席。[2]

---

[1]《宋会要》礼4之15、16,第463页。《宋会要》礼18之21亦录此事,唯不系年,且上连绍兴十九年(1149)之事,实则为一事二见,又《宋史》卷66载乾道四年八月乙未向全国各地颁布祈雨法,检陈垣《二十史朔闰表》是年八月乙未正是八月六日,则《宋会要》礼18此条之后所录之事应属乾道时期,而非绍兴。

[2]《宋会要》礼4之15、16,第463页。

第四章　祈雨与宋代社会

内容包括设置坛场的时间、参与人员及其服饰、祭品、仪式的程序、祝文，读祝文之后才能造方坛，方坛必须"用净土筑成，凡三级，每级高一尺，上级方阔一丈三尺，中级下级四面各容一尺七寸。皆以净泥泥之，去坛二十步围以白绳，无令人入（注：应州县官属耆宿并于白绳外倍位，非祀官及执事者并不得辄入）"。[1]毋庸置疑，这些安排都是要让参与祈雨者从世俗生活逐渐进入到神圣领域。

画龙法属于模拟巫术，据《历代名画记》、《明皇杂录》的追述，可能在三国时就已经出现，画师曹不兴画龙之妙为后人所称，[2]但是文献明确记载的画龙法运用于五代，后唐庄宗同光三年（925）五月壬子敕：

> 时雨尚未沾足，宜令河南府徙市、闭坊门，依法画龙置水祈请。[3]

"依法"二字透露出此时画龙祈雨已经有了约定俗成的方法，至于具体做法如何，则语焉不详。宋代的情况则清楚得多，《宋史》、《宋会要》以及后来的类书、政书皆有详细记载，[4]其方法大致为："取新净绢五尺，横界为二节。于下节画水，水有波岸。水中画龟，左顾，口吐黑气，初如线形，引至二三寸，渐大散作黑白云。又于中节画龙，龙色随日干。庚辛日画作白龙，壬癸日画作黑龙。若取张僧繇画盘龙样，尤佳也。龙口吐黑白气成云，黑色宜多。又于上节画天，用朱砂点十黑为天元龟星形。星中画黑鱼，亦左顾，勿令太分明，亦勿令与龙所吐云气相接。其龙以金银朱砂和黄丹作色饰之，极令鲜明。"[5]对画龙使用的材料、具体图形、颜色等都有规定，具有较强的操作性与适用性，并不太强调绘画的技巧，与此前由画

---

[1]《宋会要》礼4之16，第463页。
[2] 参见刘志雄、杨静荣《龙与中国文化》，北京：人民出版社，1992年，第251、252页。
[3]《册府元龟》卷145《帝王部·弭灾第三》，台北：中华书局，1996年，第1761页。
[4] 必须指出，《宋史》对画龙法的叙述并不准确，画龙法起初是附在五龙祈雨法之后颁行，而宰鹅、赛龙应该是五龙祈雨法的内容，《文献通考》亦循《宋史》之误。
[5]《宋会要》礼4之16，第463页。

工随意作画有异,这是官方制度的特点。

置坛、画龙是祈雨的准备工作,皇祐祈雨仪式的核心是祭龙法,具体做法为先让道士或其他宗教人士对坛场进行简单的禳除仪式,然后在坛两侧竖两根竹子,各挂一帛幡,将龙灯挂在两竹中间,坛上置放祭祀用品、用具等,除了仪式的具体操作人员(即所谓"执事者"),只有祀官能进入坛场,其他陪同人员都站在坛南二十步的一根白绳之外,在仪式过程中还要宰鹅一只,用来验雨。祈雨当天将鹅血盛在盘中,坛的四周都有人巡逻。

次日寅时,参与礼仪的人员一同来到白绳外,由执事者到坛内根据进入鹅血盘中的事物验雨,此即皇祐祈雨仪式的第四个步骤——"验雨法"。如果如期降雨,就必须按照事先的许诺在雨雪足后三天赛龙谢雨,祭品不再是简单的香花时果,而是一只豮猪(公猪),仪式完成,将龙灯、进入鹅盘中的小动物都送到水中或潭穴之中。置坛、祭龙、赛龙都有相应的祝文,格式统一,读祝文的人员也有规定。[1]

无论是五龙堂祈雨法还是画龙祈雨,仪式都是围绕龙神展开,龙灯被置于坛的中央,祝文中"里社神龙"是祈请的对象,它决定雨雪是否能够获得。但是,从祈雪仪式、坛场的布置来看,仪式的中心实际上是祀官,坛场南面的白绳将整个空间区别为凡、圣两个部分,仪式过程中祀官进入白绳以内,代表所有参与人员以及本地民众向龙神发出请求,参与仪式的随从官吏、地方士绅都只能静候在白绳之外,而礼生与仪式的操作人员——执事者(后者还是祀官之外唯一可以进入白绳以内的人),在仪式中也不过是道具;当然,验雨若出现不利征兆,"祷无应,雨雪降迟",其原因也在"祀官心不精洁",祈雨法要求地方长官也就是祀官"再虔诚祈告"。所以,我们说皇祐祀龙求雨法的中心是祀官,与此前的祀龙求雨法有很大区别。例如,后唐同光三年(925)四月,因大旱命河南府在府门"造五方龙,集巫祷祭",[2]仪式的主角是巫觋,他们负责与龙神沟通,官方在祈雨仪

---

〔1〕《宋会要》礼4之16、17,第463—464页。
〔2〕薛居正等《旧五代史》卷32《唐庄宗纪六》,北京:中华书局,1976年,第448页。

第四章　祈雨与宋代社会

式中只不过是召集者。而皇祐祀龙求雨法则"不用巫觋,盖防亵慢",虽然仪式的操作过程中也允许道士到坛上"敕水解秽",还有礼生引导、执事者读祝文等,但他们与巫觋身份不同,或为组织性宗教人士,或为当地官方礼仪的操作者,都只是仪式的技术人员,仪式的主体则是祀官,也就是地方长官。

去魅之后的皇祐祈雨法突出仪式具体过程的庄严肃穆,而传统祈雨仪式方法的神秘性特征被削弱,作为其补充,便是元丰五年附入的蜥蜴祈雨法,这是一种巫术性色彩很浓的求雨方法:

> 其法捕蜥蜴十数至瓮中,渍之以杂木叶。选童男十三岁以下,十岁以上二十八人分两番,间日衣青,以青涂面及手足,人持柳枝,沾水散洒,昼夜环绕,诵咒曰:"蜥蜴蜥蜴,兴云吐雾,雨若滂沱,放汝归去。"[1]

《全唐诗》卷八七四《歌》中有《蜥蜴求雨歌》,序云:"唐时求雨法,以土实巨瓮,作木蜥蜴,小童操青竹、衣青衣以舞,歌云云。"不过,唐代的蜥蜴祈雨法与五龙祈雨法之间的关系尚不清楚,至宋代遂成为五龙祈雨法的辅佐手段,由于非官方、非组织性宗教人士巫觋在五龙法中缺席,既歌且舞的青衣小童遂弥补了五龙祈雨法"不用音乐"的不足,但他们只不过是祈雨仪式的道具,整个仪式的主体、中心仍是地方长官,即祀官。[2]

以上分析表明,宋代官方颁布的几种祈雨法都渊源有自,且有一定程

---

[1]《宋会要》礼18之14,第739页,《宋史》卷102与李石《续博物志》卷5亦载此法。此法在北宋地方祈雨中可能已经得到广泛运用,一些地方官员已经把它与官颁五龙祀雨法配合起来,详后。另,杨亿任地方官曾试用该法,取得效果后在一份《奏雨状》中向朝廷推荐,结果不得而知,但杨在奏状中称当时的官员魏庠曾亲眼见到一名"善雨法"的僧人在寺中使用该法为村民祈雨,意思似乎是说该法乃佛教所创,本非中土之物,这是很有趣的现象,它透露出祈雨方法中各种宗教因素交互影响的复杂性。见《全宋文》卷287,第597—598页。

[2] 值得一提的是,官方化之后的蜥蜴祈雨法也有时会变了味道,熙宁年间,开封府"责坊巷、寺观祈雨甚急,而不能尽得蜥蜴,往往以蝎虎代之",于是有儿歌云:"冤苦冤苦,我是蝎虎。似恁昏昏,怎得甘雨。"见彭乘辑《墨客挥犀》卷3,"京师久旱"条,北京:中华书局,2002年,第313页。

度的改造,伴随仪式主持人身份变化的是仪式重心的迁移,巫觋的缺席也是民间知识进入官方仪制的重要条件,更具象征的画龙、龙灯代替了具体的土龙,正规的坛场、严格的程序、庄严的气氛取代了原来的巫觋的载歌载舞。

然而,祈雨仪式毕竟是非常情形下的应急措施,在当时人看来,困难能否度过取决于对神灵的吁求、与神祇的交通是否有效,仪式举行前祀官"斋洁,绝荤辛、宴饮及吊丧问疾",目的就在于使其从凡俗状态脱离出来,从而具备人神沟通的能力。但总的来说,官颁祈雨法实有过于秩序化之嫌,在沟通人神关系上似乎不如巫师与释道人士那样让人放心,地方性信仰传统也会影响官颁祈雨法在各个地区的实行,因此,地方祈雨的实践远不如官方规定那样整齐划一。

三、佛教、道教祈雨法

宋人谢采伯曾说:"祈雨,三代用巫觋,后世用僧道。唐僧不空、罗公远、一行、无畏,祈雨法各不同。"[1]由于祈雨在传统社会的重要性,佛道二教都竭力在其中求得一席之地,既可藉此获得官方的支持,也是向民众社会渗透、扩大其势力的重要途径。谢采伯提到的四人都是唐代佛道二教的著名人士,实则魏晋以来祈雨的队伍中就不时能见到僧人、道士的身影,雷闻的文章对唐以前的佛教、道教祈雨已有详细分析,[2]下面的讨论主要以宋代佛、道二教祈雨法为主。

(一) 佛教祈雨法

与龙神建立联系是佛教介入祈雨的重要契机,早期名僧多有咒龙求雨的经历,[3]到宋代,求龙祈雨已成为一般僧众熟悉的祈雨方法。经常可以看到这样的记载,民众至龙潭请水,即所谓的"请圣水"、"迎圣水",整个过程都由僧人举行仪式,如楼钥在一则祝文中写道:

---

〔1〕 谢采伯《密斋笔记》卷4,《中华野史》宋朝卷3,第2804页。
〔2〕 雷闻《祈雨与唐代社会研究》,《国学研究》第8卷,第261—267页。
〔3〕 最有名的是佛图澄,见慧皎《高僧传》卷9《神异上·佛图澄传》,北京:中华书局,1992年,第345—357页。

第四章 祈雨与宋代社会

> 岁以旱告,靡神不举。百谷方仰于膏雨,神龙犹卧于灵湫。爰遣属僚,修郡故事。仍将缁流,讽呗致祷。挹彼注兹,虽曰圣水一勺之多;赋灵于中,端如泰山肤寸之润。三日之霖,将于此乎求之。神尚肯来,慰此渴望。[1]

类似的祝文在宋人文集中甚多,[2]楼钥将僧众"讽呗致祷"称为"故事",可知这种情形十分普遍。宋代龙神在国家祭祀中地位较以往有所提高,京师的五龙祠为中祀,已纳入国家礼典。大观二年(1108),天下五龙神都封为王爵,而且广封全国各地的龙神、龙祠、龙洞、龙湫。[3] 如前所述,唐代的五龙祠祈雨与道教有关,[4]但宋代遍布各地的龙神中有不少与佛教关系密切。比如最著名的仰山二龙,便皈依了沩仰宗。[5]龙祠有时是寺庙的一部分,临安涌金门外的惠明寺便有五龙王庙,荣国寺后的钵盂潭是南高峰龙王的栖身之所,而玉泉龙王庙则在净空院内。[6]还有一种情况是由僧人负责龙祠的香火,如《乾道四明图经》卷11 的"龙井新庙",乾道二年(1166)县尉赵某到龙井迎请蜥蜴祈雨,仪式中最重要的人物之一即庙中的"香火老僧"。[7] 福州通仙门外的灵泽庙,旧号五龙顺化王,素以祈雨灵验著称,其庙额即因乾道二年祈雨有应获得,该庙有田产及莲塘二十余亩,"州许蠲租,以僧掌之"。[8] 由于有这层关系,有时

---

[1] 楼钥《攻媿集》卷82《二龙潭请圣水祝文》,第14 页。
[2] 《攻媿集》同卷还有《巾子山龙潭请圣水祝文》、《九龙潭请圣水祝文》,第14、15页;而赵鼎臣《竹隐畸士集》卷16 则有《亲诣骑立山崇应公祝祷雨请水祝文》、《定州请圣水祝文》、《请内乡县圣水祝文》、《祈雨请圣水祝文》、《祈雨请水祝文》等五首祝文,内容、结构都基本相似,《四库全书》,第1124 册,第236、237 页。
[3] 宋代五龙祠的具体情况见《宋会要》礼4 之19,第465 页,对各地龙神、龙洞等的封爵见《宋会要》礼20 之61—83,第795—896 页。
[4] 前揭雷闻《祈雨与唐代社会研究》,《国学研究》第8 卷,第256—257 页,但从《太常因革礼》卷49《仲春祭五龙》的规定来看,宋代五龙祠的祭祀仪制与道教关系已日渐疏远,更不可能像唐代那样出现龙堂祈雨过程中兼采道教投龙之法的事。当然,唐宋以降在龙与释道两方面都很受欢迎,参前揭樊恭矩文,118—121 页。
[5] 张商英《仰山庙记》,《全宋文》卷2231,第622—623 页。姚勉《雪坡集》卷47 有《迎仰山祈雨》、《迎龙王祈雨》,将仰山二龙迎至佛寺以祈雨,《四库全书》,第1184 册,第332 页。
[6] 《咸淳临安志》卷71,《宋元方志丛刊》,第4000—4001 页。
[7] 《乾道四明图经》卷11《龙井新庙纪德碑》,《宋元方志丛刊》,第4974 页。
[8] 《淳熙三山志》卷8,《宋元方志丛刊》,第7865 页。

龙祠中也会专门塑僧人之像,镇江白龙庙在长山之麓,龙王之侧有小祠供奉僧人倪尊师,绍兴癸酉(1153)曹岯的记文对这一现象作了解释:

> 元丰时,许公之祷雨也,万方曲尽。因访佛老之徒有名行者,得倪尊师而礼之。尊师曰:"吾不能致雨。有弟子姓白,近在扬州城中,以革补鞋为业,当得其所据小木床,斯来矣。"遂如其言,果至。以师故,不敢隐。则曰:"今欲雨,无所取水。凡溪壑坎井,一泓一滴,各有所司。"乃取太守砚池墨水,吸而噀之。有顷,雨至,而色尽墨。其人不知所在。又从其师物色之,云:"已归长山。"方知为长山之龙也。[1]

记文中的故事或为虚构,却反映了世人观念世界中僧人与龙的关系:僧人熟知神灵谱系、并负责操作具体的仪式,但自身不能致雨;龙神可以致雨,但普通人又不了解相关知识、仪式。宋人文献中保留的僧人祈龙求雨的事例不胜枚举,所祈之龙神或为一勺之灵湫,或为专门的黑龙、白龙,或为一龙洞,等等,其仪式或为结坛、[2]或为水陆大会、[3]或为瑜珈法,[4]各不相同。然而其观念基础则基本一致,皆源自上面这则记文所揭示的"民众—僧人—龙神"关系链条,了解这一点对于认识宋代民众祠神信仰中的诸多现象都会有所帮助,如大量龙神的诞生、佛教的世俗化及其对民众信仰的渗透,等等。

在佛教世俗化的过程,祈雨僧珈塔、观音菩萨亦是十分突出的现象。

---

[1]《至顺镇江志》卷8,《宋元方志丛刊》,第2729页。
[2] 胡聘之《山右石刻丛编》卷14《大宋绛州稷山县十方善寺故大乘戒师义宗和尚塔记》,《宋代石刻文献全编》第1册,第695页。
[3] 史浩《鄮峰真隐漫录》卷23《福州祈雨谢雨诸文》,《四库全书》,第1141册,第708、709页。
[4] 舒亶《宋故上护军致政罗公墓志铭》说,罗适晚年退归之后,"明(即其故乡台州宁海)适大旱,公曰:'民疾甚,国事也。余虽老,且得谢,窃服明诏,所以褒谕甚宠,夙夜念不报万分,义终不忍以仕已贰其心。顷今江都早,命浮屠氏作瑜珈法,祷于扬子神验。'(按《全宋文》断句于'其心'之前,误,文意不通,罗曾知江都,命佛教徒作瑜珈法祈雨扬子神,即其在江都任上之事。)乃即佛域,用前法,方袒暑,自夕通旦,擎忌曲拳,百拜不少阙,因以感疾,浸剧,遂卒于其家。实建中靖国元年辛巳八月十有六日乙巳也。"据墓志,罗氏晚年"奉佛法尤严"。《全宋文》卷2181,第433页,并见《舒懒堂诗文存》卷3。

第四章　祈雨与宋代社会

北宋时泗州普照寺僧珈塔是国家祈雨、祈晴的重要场所,对泗州大圣的信仰盛行一时。[1]元祐七年(1092),苏轼知扬州,因淮东淮西连年不雨,"谨以香烛茶果之供,敢昭告于大圣普照王之塔",[2]至于泗州本地祈雨,普照寺之塔更是不可或缺,"大观间,公(李素)自工部郎中出典泗州,是岁淮甸久不雨,至于苗谷焦垂,郡幕请以常例启建道场,祷于僧伽之塔……一日晨起,视事毕,呼郡吏亟令告报塔下,具佛盘,启建请雨道场。仍报郡官,俱诣行香,且各令从人具雨衣从行……既至塔下,焚香默祷敬讫"。[3]值得一提的是,宋代拜塔成风,往往形成以塔庙为中心的民众佛教信仰集团,至南宋开始为一些地方官员(主要是理学家)所批评,朱熹在临漳禁止诸乡百姓秋天组织的"礼塔之社",[4]黄震在《晓谕敬天说》的劝谕榜文中,批评"拜祭塔庙",反复劝告百姓敬天。[5]民众的拜塔之风与唐宋以来佛教的世俗化关系甚大,拜塔祈雨、祈晴则是该现象的组成部分之一。[6]

不过,北宋时祈雨观音菩萨的现象似乎并不多见,[7]仅见的几则祝文多发生在杭州,[8]祈祷对象即著名的上天竺灵感观音。[9]到了南宋,

---

〔1〕 参徐苹芳《僧珈造像的发现和僧珈崇拜》,《文物》1996年第5期,第50—58页,徐文也谈到僧珈与观音信仰有密切关联,许多材料都反映了这点,如李纲《梁溪集》卷160《书僧珈事》便提到僧珈为观音的化身之一,《四库全书》,第1126册,第701页。
〔2〕 《苏轼文集》卷62《祈雨僧珈塔祝文》,北京:中华书局,1986年,第1926页。
〔3〕 何薳《春渚纪闻》卷1,"李右辖抑神致雨二异"条,北京:中华书局,1983年,第10页。
〔4〕 陈淳《北溪大全集》卷17,《四库全书》,第1168册,第632页;另见卷10《郡斋录后序》,《四库全书》,第1168册,第574页。
〔5〕 黄震《黄氏日钞》卷78《咸淳八年正旦晓谕敬天说》与《咸淳九年正旦再谕敬天说》,《四库全书》,第708册,第806—808页。
〔6〕 各种材料都说明,宋人拜塔祈雨是从中央到地方的普遍现象,如《宋史》卷3《太祖本纪三》,开宝九年(976)三月曾为祈晴"辛卯,幸广化寺,开无畏三藏塔",第46页;《宋会要》礼18"祈雨"载仁宗景祐元年(1034)幸灵感塔谢雨,第737页;而苏轼除了祈雨泗州塔,还有《祷雨灵慧塔文》三首(作于徐州),见《苏轼文集》卷62,第1933—1934页。
〔7〕 前揭雷闻文较系统地介绍了唐以前佛教祈雨的情况,文中并提到地方州县的祈雨对象,皆未有祈雨观音之事例,我们虽未可就此断定宋以前无观音祈雨的现象,但由此推论此前观音祈雨并不多见应该是成立的。
〔8〕 如陆佃《陶山集》卷13《泰州感应观音殿祈雨祝文》,《四库全书》,第1117册,第163、164页。
〔9〕 杭州灵感观音在宋代民众信仰与官方的地位与整个佛教在宋代社会的发展走向有关,但具体而言,其兴衰却与水旱祈祷息息相关,据《咸淳临安志》卷80载,该寺原名梵天寺,寺中观音为官方注意缘于咸平初即守张去华的一次祈雨,此后"遇水旱必谒焉",天圣年间寺升上、下,治平中赐额,熙宁中许岁度一僧,但此后六七十年未获修治,绍圣二年(1095)重修又是因地方长官祈晴获应,礼部"许袁一路祠庙施利以充其费",见《宋元方志丛刊》,第4093—4094页。

上天竺灵感观音已是朝廷水旱祈祷的最重要场所之一,自南渡之后十分频繁,记载不断。《宋会要》礼十八云:

> 诏:雨泽稍愆,日轮侍从官一员,诣上天竺灵感观音前精加祈祷,务要速获感应。

此事发生在绍熙五年(1194)七月九日,其后史官为避繁冗,干脆直书"庆元元年(1195)六月、二年三月、三年四月、五年四月;嘉泰元年(1201)四月、六月、三年四月;开禧元年(1205)七月、二年六月、三年五月;嘉定元年(1208)四月、二年五月、六年五月、七年六月、八年三月、五月、九年五月、十年六月、十一年五月、十月、十三年六月、十四年正月、十七年六月亦如"。[1]官方的态度也影响到民众的信仰,直接到佛寺向观音祈雨,或将观音神像"舆致城中,作佛事与民祈禳",已成南宋社会祈雨常态之一。或许是因为观音职司水旱佛典所无,也可能是观音祈雨在南宋社会过于普遍,有必要对此作一番解释,黄震写了《绍兴府重修圆通寺记》,把观音说成是"大海神异之宗",所以"宜雨欤,翻溟渤雨下土;宜旸欤,卷浮云归太虚。灵变应祷,理势则然"。[2]

上述几种佛教祈雨法都要求祈祷对象与仪式操作相互结合,僧人与神灵兼重。不过,宋代的佛教祈雨法中还有一类,可能源自密教,祈雨过程多伴随自残行为,[3]如大中祥符九年(1016)九月,"泗州龟山僧智悟请就开宝寺福圣塔断右手祈雨",[4]《夷坚志》乙志卷一三"法慧燃目"条云:

> 绍兴五年夏大旱,朝廷遍祷山川祠庙,不应。遣临安守往上天竺

---

[1]《宋会要》礼18之25、26,第745页。
[2]黄震《黄氏日钞》卷87《绍兴府重修圆通寺记》,《四库全书》,第708册,第925页。
[3]雷闻《祈雨与唐代社会研究》,《国学研究》第8卷,第266页。
[4]《宋会要》礼18之7,第736页。

第四章 祈雨与宋代社会

迎灵感观音于法惠寺,建道场,满三七日,又弗应,时六月过半矣。苦行头陀潘法慧者,默祷于佛,乞焚右目以施,即取铁弹投诸火,煅令通红,置眼中,然香其上。香焰才起,行云满空,大雨倾注,阖境霑足。法慧眼即枯,深中洞赤,望之可畏,然所愿既谐,殊自喜也。[1]

有时官员中偶尔也有试用这类"番法"祈雨的,[2]不过因为这类方法过于残酷,且官方一直反对残损肢体的行为,因此它们在宋代祈雨中影响并不大。[3]

(二) 道教祈雨法

宋代道士祈雨法包括以斋醮为中心的仪式和咒术仪式。[4] 道教斋醮科仪的主要功能是祈禳,南宋吕元素《道门定制》称道教的二十七等斋法,皆各有所主,亦即各有特定的祈禳功能。从宋人文集中保留的青词来看,祈禳内容包括:祈雨、谢雨、祈晴、谢雪、祈福、祝圣寿、祈皇子催生、启建皇帝本命等,其中又以祈雨青词为最多。[5] 青词的作者都是儒家士人、地方官员,有时甚至由皇帝亲自署名,《栾城集》卷三十四《中太一宫祈晴青词》云:

> 维年月日,嗣天子臣(名)谨遣某官某,请道士三七人,于太一宫真室殿开启祈晴道场。谨上启元始天尊、太上道君、太上老君、混元上德皇帝,伏以多稼如云,淫雨若注,势逾三日,害及百嘉。永惟刑政之失中,顾念苍黔之何罪。矧复宗祀有日,百执致功,泥潦塞涂,中外

---

[1] 洪迈《夷坚志》乙志卷 13,"法慧燃目"条,第 292—293 页。
[2] 南宋时肇仕豫出知棣州,因大旱,用番法祈雨,"执笔坐于烈日,汲水数十桶,更互浇其体,遂得病死。"见《夷坚志》乙志卷 16,第 320 页。
[3] 如大观四年(1110)二月庚朔便下令"禁燃顶、炼臂、刺血、断指",见《宋史》卷 20《徽宗本纪二》,第 383 页;反映使用残损肢体之类的行为祈雨还与非常情形下的社会安定有关,"皇祐四年(1052)三月十一日,遣官祈雨,帝谓辅臣曰:开封奏妇人阿齐为祈雨断臂,恐惑众,不可以留京师,其令从徙居曹州。"见《宋会要》礼 18 之 10,第 737 页。
[4] 参考福井康顺等《道教》(第一卷)"宋代的斋醮"部分,上海古籍出版社,1990 年,第 183—193 页。
[5] 参考张泽洪《道教斋醮科仪研究》第四章第二节《青词中所见的祈禳法事》,成都:巴蜀书社,1999 年,第 250—267 页。

告病。仰惟真圣之妙,实司阴阳之权。廓清繁云,焕发朝日。屈伸俄顷,变化无方。使民获收敛之功,而国遂斋祠之礼。永望霄极,祗荐勤诚,无任恳倒之至。谨词。[1]

文有"刑政之失中"之语,应该是对人间政治的自我反思与批评,但更多的是代表百姓向上天祈求。当然,这类青词规格太高,比较少见,更有代表性的是一般官员、士人所撰青词,如《渭南文集》卷二三《江西祈雨青词》云:

天惟至仁,久宽水旱之谴;吏实有罪,仰累阴阳之和。既闵雨之历时,敢叩阊而请命。伏念臣滥膺上指,出使近畿,深惟冥顽固陋之资,莫副恻怛之训,徒积勤于夙夜,冀无负于幽明。然而风采不足以詟服豪强,惠爱不足以抚绥鳏寡。政媮愒日,田畴旷陂泽之修;讼积淹时,囹圄困桁杨之系。务均力役,而或弊于所见;思广赈恤,而或缘于为奸。既莫敢致于善祥,惧卒罹于饥馑。是用诹辰之吉,稽首以陈,伏望推善待之慈,霈曲成之惠。虽有司旷职,宜伏雷霆之诛;然比屋何辜,流为沟壑之瘠。若复未回于洪造,遂绝望于有秋。敢殚皇皇哀近之诚,冒贡恳恳吁嗟之祷,庶格九霄之泽,少纾一道之忧。稼穑顺成,倘又蒙于中熟;里闾疾苦,誓靡壅于上闻。[2]

按照天人感应的观念,人间的过错会导致阴阳失和,所以祈雨青词中通常有大段文字反省过去的行为,陆游在文中便谈到是否忠于职守,爱护鳏寡孤独之人,压制豪强,审理案件是否公正有效,力役的分配是否合理,设法抚恤赈济民众,等等,因为这些行为的不当都可能会引起上天的责罚,从而雨水不时。所以青词中通常要向上天表示,希望老天爷降罪于

---

[1] 苏辙《栾城集》卷34 有《中太一宫祈晴青词》一首与《中太一宫祈雨青词》二首,皇帝皆称嗣天子,并直书其名。见《苏辙集》,北京:中华书局,1990年,第603页。
[2] 《陆游集》,第2191页。

第四章　祈雨与宋代社会

己,宽宥百姓,速降甘泽。这种祈雨青词与其他向民间神灵祈雨的祝文实在没有两样。

如果将这则青词与《道藏》中保存的祈雨辞进行对照,便不难发现二者的差异了。[1] 如《道门定制》卷七所收《祈雨章》云:

即日列词具言:但某幸以尘微得值道化……然修奉多违,延致灾沴,封境之内,骄阳逾时,坐亏农功,深虞凶歉。伏念邦国所大,食为民天,岁或不登,何所依怙。窃虑星文之内,分野躔灾,历数之中,地境钟运,远远焦灼,民吏震惊。又恐抚治乖宜。又恐四民愚而不究本原,轻厌稻粮,致贻责罚,内自循省,冰炭在怀,虽山川祷祠,杳无通感,蒴爪待罪,必求于天。

诣(臣)求乞章奏,臣不胜所见,谨为伏地拜章上闻天曹,伏丐太上老君、太上丈人、天师、女师、三师君门下五炁君,留神平省小臣所上章书,通行上御,垂大慈之泽,哀悯生民,敕下上官典者,分别五行,区定律历、罗列八卦,标明节候,使阴阳叶序,风雨以时。

臣谨为上请九海北溪君一人,官将百二十人,治河天官,主天下水炁,风雷合符,兴云下雨。又请天公正炁君一人,官将百二十人,治中天官;又请海中玉女千二百人,衣赤衣,兴云致雨……又请九江平玄君、泰山宫中九谷、四水九谷君、阳成官九侯君、湖中玉女千二百人一合来下。与太社城隍,正直聪明,一切灵响,同心协力,上奉天命,召摄雷电,水炁风云,合符下雨,收制旱魃之鬼,应章消灭。使谷稼滋荣,百卉繁茂,风雨调顺,岁获丰登,国有蓄储,民用粒食。所请官将吏兵与风师、雨师、零星、先农等有功勤者,上诣三天,乞行迁赏,以为效信。恩惟太上省理(云云),上请天官君将吏兵,拜上弭旱祈雨朱章。[2]

---

〔1〕 张泽洪似乎将陆游的这则视为宋人祈雨青词的代表,准确地说它只是儒家士人撰写的青词的代表,与道士们写的完全属于两个系统。
〔2〕 吕元素《道门定制》卷7,《道藏》第31册,第724—725页。

虽然也有几句自我反省的话，比如"修奉多违，延致灾沴"，但在整个祈雨上章中只是轻轻带过，全文的主体是一整套庞大而抽象的神祇名称，也就是仪式中需要祈请的道教各路神灵。[1] 从祝文的这一区别可以看到，儒家虽然在祈雨时采纳了道教的仪式，但二者的观念却有很大差异，这也是传统儒家在现实宗教事务中处理与道教关系的一个通行策略。

道教祈雨较有灵验的斋醮科仪主要有：黄箓斋、太乙醮、雷霆斋、碧玉斋、灵宝斋、洞渊斋、孚泽斋、祈雨九龙醮等，[2] 但从文献记载来看，斋醮祈雨似乎已越来越不是当时祈雨的首选。吕南公在《黄箓祈雨记》一文中说，元丰六年（1083），南城大旱，县令为临卬李某，"率其佐祷于仙都，至则问道士亦有方术乎，对曰：教有黄箓道场，是可以致，而无信奉者，故未尝用"。[3] 道士的话颇有几分无奈，而真德秀长建康，遍祷山川，未应，才考虑"用道家法醮太乙于赏心亭"，[4]一些青词也说明地方官员往往是其他方法不灵时方考虑请道士起道场、修斋醮，祈求雨泽。

宋代最为盛行的道教祈雨法是使用咒术仪式祈雨，即雷法。[5] 徽宗时著名的道士王文卿便善使雷法祈雨，《历世真仙体道通鉴》卷五三《王文卿》云：

> 扬州久旱，主上宣祈求雨泽。先生奏乞剑、水盂。奉敕赐水盂并剑，先生噀水一口，祝云："大宋皇帝命臣祈雨，雨要霶沱，风要拔树，扬州千里之内，并要露足，借黄河三尺，急急如律令。"过数日，扬州

---

[1] 对释道二教的祈雨祝文略作比较也很有意思，北宋著名的僧人释智圆曾写过一篇《祈雨迴向》，文曰：兹日亲迎朝盖，俯降萧宫，然百和之名香，祝千轮之妙相，俾愿觳觫大野，祈微布于阴云，荡荡极虚，冀尸施于甘雨，然后使民田普洽，年谷有成，寅仰梵仪，不尽精歇，其次功霈品物，利润含生，等沐良缘，齐登觉道。其后还有《祈晴迴向》一首，与一些受佛教影响、或熟悉佛教思想的人写的祈雨祝文相比较，并无特别之处。见《闲居编》卷36，《续藏经》。
[2] 张泽洪书未有前两种，不知何故，实则隋唐时二法即运用于祈雨，参刘枝万《中国修斋考》，收入氏著《中国民间信仰论集》，台北："中研院"民族研究所，1994年。
[3] 吕南公《灌园集》卷9《黄箓祈雨记》，《四库全书》，第1123册，第99页。
[4] 真德秀《西山文集》卷48《太乙醮祈雨青词》，《四库全书》，第1174册，第769页。
[5] 李远国的《道教雷法沿革考》一文探讨了道教雷法的沿革、内涵、特征，文载《世界宗教研究》2002年第3期，第88—96页。

第四章 祈雨与宋代社会

守臣县具奏皆黄浊。上问先生所降甘雨何为黄浊,先生曰:"江河淮济,上帝皆禁之,惟黄河水不禁,故尔。"上大喜曰:"神哉。"[1]

事在宣和七年(1125)之前,王长《冲虚通妙侍辰王先生家话》亦载此事,唯遭旱得雨地区为京畿。[2] 现存《道藏》中保存的雷法材料很多,其中集大成者为编于元末明初的《道法会元》,共二百六十八卷,将宋代有名的道士如王文卿、林灵素、萨守坚、陈楠、白玉蟾等关于雷法的见解都收罗其中,另外,元人王惟一的《道法心传》也很重要,李零《中国方术概观·杂术卷》把各种道经中雷法祈雨的主要材料收集在一处,并有简要说明,对于了解宋元雷法很有帮助。[3] 不过,各家对雷法理论阐述、方法繁简或有不同,但源头都是王文卿,而且,雷法祈雨理论上并无太多玄妙之处,无非是天、地、人三才皆元气所生,阴阳所化,可以内外相感,天人相应,其具体法术则以内丹功夫为基础,以符咒济世为外功,也就是王氏所说的:"以道为体,以法为用,内而修之,斩灭尸鬼,勘合玄机,攒簇五行,合和四象,水火既济,金木交并,日炼月烹,胎脱神化,为高上之仙。外而用之,则斩除妖孽,勘合雷霆,呼吸五炁之精,混合五雷之将,所谓中理五炁,混合百神,以我元命之神,召彼虚无之神;以我本身之炁,合彼虚无之炁,加之步罡诀目,秘咒灵符,斡动化机,若合符契,运雷霆于掌上,包天地于身中,曰旸而旸,曰雨而雨,故感应速如影响。"[4] 雷法更强调道士个体的修为,也突出了人在天地造化中的主观能动性,且相对简便易行,因此逐渐成为道教祈雨的主要法门,明清小说中越来越多的呼风唤雨的道士形象,其法术多半是雷法。

四、民间杂法举例

这里说的民间杂法指不纳入官方礼制,且不属于组织性宗教体系的

---

[1] 赵道一《历世真仙体道通鉴》卷53,《道藏》第5册,第413页。
[2] 王长《冲虚通妙侍辰王先生家话》,《道藏》第32册,第393页。宋人笔记中也有相关记载,如洪迈《夷坚志》支丁卷第10"王侍晨"条谈到王文卿在福州祈雨的故事,并推测王氏所习或五雷法,第1049页。
[3] 李零《中国方术概观·杂术卷》,北京:人民中国出版社,1993年。
[4] 《道法会元》卷61,《道藏》第29册,第165页。

祈雨方法,当然,也不排除官方或某些宗教人士用之祈雨的可能。关于民间祈雨方法的材料很少,因为传统文献的撰写者多为士人,民间社会的信息经过他们的眼光过滤之后往往所剩无几,只是因某些士人猎奇存异的心理才得以保存下来,而这类知识、方法除了当作批评对象,一般又不能进入佛道典籍,这大概是研究民间社会生活、信仰等都会遇到的困难。笔者翻检了许多宋人笔记、文集,提及民间祈雨方法的并不多,所以只能进行最简略的介绍,深入研究则有待博雅君子焉。

民间祈雨法大多流行于某一地区,属地方性知识,现将反映宋代民间祈雨方法的一些材料列举如下:

1. 山西:"汾晋间祈雨,裸袒叫呼,奋臂反覆手状,又以水洒行道之人,殆可笑。按董仲舒传注,有'闭阴纵阳,以水洒人'之说,盖其自也。"[1]

2. 四川:"蜀中祈雨尤不同,增堰壅水入支江,三四宿水即遍,谓之摄水,水皆如期而应。嘉州(今四川乐山市)雷洞初祷,香币不应,则投死虺及妇人敝履之类以枨触之,雷风随发。"[2]

3. 湖北:"息壤遇旱,则郡守设祭掘之,掘至石楼之檐,则雨作矣。辛幼安云:亲验,信然。"[3]

"今荆州南门外,有状若屋宇,陷入地中,而犹见其脊者。旁有石,记云不可犯。畚锸所及,辄复如故。又颇以致雷雨,岁大旱,屡发有应。"[4]

4. 湖北:"岳州崇阳县村巫周狗师者,能行禁祷小术,而嗜食狗肉,以是得名。最工于致雨,其法以纸钱十数束,猪头鸡鸭之供,乘昏夜诣湫洞有水源处,而用大竹插纸钱入水,谓之刺泉。凡以旱来请者,命列姓名及田畴亩步,具于疏内,不移日,雨必降,惟名在祷疏者得雨,他或隔一塍越一垡,虽本出泉处,其旱自若。村民方有求时,先持钱粟为饷,未能者至牵

---

[1] 邵博《邵氏闻见后录》卷29,北京:中华书局,1997年,第228页。
[2] 谢采伯《密斋笔记》卷4,《中华野史》宋朝卷3,第2804页。
[3] 同上注。
[4] 《苏轼诗集》卷2《息壤》诗序,北京:中华书局,1982年,第59页。

第四章　祈雨与宋代社会

牛为质,及应感,则赍钱赎取之。周所获不鲜,然但以买酒肉饮啖,所居则茅屋一区而已。其所刺泉穴,或源水即时干竭,惧为彼民所抑,故必夜往。邑宰常苦旱,并走群祠,了不呼答,呼周使祷。周曰:请知县与佐官皆诣某所,须携雨具以行,恐仓卒沾濡,无以自蔽。宰勉从之。施法甫毕,雨大至。临川眼医郑宗说尝游行到岳,识其人,侮不捐囊装传其术也。刺泉之法,方策不载,他处亦未之有。"[1]

5. 江苏:"徐州城东二十里,有石潭……或云置虎头潭中可以致雷雨。"[2]

6. 福建:"建州浦城福罗山有龙潭,岁旱,土人祀之,或投铁,龙立至雨。"[3]

7. 广西:"(桂阳)日击羊豕,聚群巫,鼓舞象龙,或燃指以膏火,薄肉供佛。"[4]

这些方法中2、5、6为模仿巫术,1根据的是传统的阴阳五行理论,蜀中之法与盛弘之《荆州记》记载的耒阳县壅塞水濑求雨法相同(《太平御览》卷十一引),5、6则可能源自《尚书故实》提到的南中地区的祈雨法(《太平广记》卷四二三"虎头骨"条引)。"燃指以膏火,薄肉供佛"属于前面提到的佛教祈雨法,而"巫鼓舞象龙"则是流行于宋代各地的民间祈雨法:[5]民众在巫师主持下,击鼓奏乐,舞龙祈雨,也就是宋人诗中说的"吹鼓打笛农祷雨",[6]"手足无措,祷旱急农夫,迓神击村鼓,动以千百人,为此万一举,烈日仍朝朝,乞灵空处处。"[7]民众自发的祈雨有时对现行秩序是个潜在威胁,天圣五年(1027)八月七日,朱正辞在上奏中说:"河阳、怀、泽州已来乡村百姓,百十人为群,持幡花、螺钹、鼓乐,执木枪、

---

[1] 洪迈《夷坚志》支乙卷3,"周狗师"条,第816页。
[2] 《苏轼诗集》卷16《起伏龙行》诗序,第814页。
[3] 江少虞《宋朝事实类苑》卷69,"湫神"条,第921页。
[4] 陈傅良《止斋集》卷41《跋灵润庙赐敕额》,《四部丛刊初编》本,第8页。
[5] 该法在古代中国已使用多年,可参前揭胡新生《中国古代巫术》,第287—293页。
[6] 韩淲《涧泉集》卷6《十九日》诗,《四库全书》,第1180册,第647页。
[7] 邓深《大隐居士诗集》卷上《乡人祷雨有应,时寓乌石》,《四库全书》,第1137册,第757页。

棹刀,歌舞叫啸,谓之'迎圣水',以祈雨泽……"[1]要求下令禁止。但可以肯定,这类祈雨当时十分普遍,并流传下来。民众百十为群,高举幡旗,敲锣打鼓,手持木枪、棹刀,前去某个沼气迎请"圣水",祈祷雨泽,成为后世民间祈雨的常态。[2]

民间祈雨法还有一个特点,即简便易行,巫术色彩很浓,无太多的理论支持,且效果神异,例如周狗师的"刺泉术"就是如此。[3]《夷坚志》还记载了一则妙法,"其法以方三寸纸,朱书一圈,而外绕九重,末如一字,书'水月大师'四字于其上。凡水旱、疾疫、刀兵、鬼神、山林、木石之怪,无所不治。遇凶宅妖穴,书而揭之,皆有奇效"。[4]这个法子源自何处,已无法详考,不过很可能是出自道教,将道士们复杂的科仪、玄妙的符咒简化后,成了民间人人可以使用的祈禳妙法。[5]

第二节　祈雨实践——朝廷

对于朝廷的祈雨活动,《宋会要》礼十八"祈雨"有一个总体描述:

> 国朝凡水旱灾异有祈报之礼,祈用酒脯醯,报如常祀(官观寺院以香茶素馔)。京城玉清昭应宫、上清宫(今废)、景灵宫、太一宫、太清观(今建隆观)、会灵观(今集禧观)、祥原观(今醴泉观);大相国寺、封禅寺(今开宝寺)、太平兴国寺、天清寺、天寿寺(今景德寺)、启

---

[1]《宋会要》刑法2之16,第6503页。
[2] 可参考前揭安德明文对甘肃天水祈雨习俗的描述,另如滕占能《慈溪的龙王庙及求雨活动》一文对近世浙江慈溪祈雨的调查,载《中国民间文化》第五集,上海:学林出版社,1992年,第69—79页。
[3] 杜光庭《道教灵验记》卷15《程克恭拜章祈雨验》,所述祈雨之神效与周狗师相似,降雨之范围、数量随意决定,所谓"其家庄内有雨,犬牙田界,涸涧便殊",《道藏》第10册,第854页。
[4] 洪迈《夷坚志》丙志卷14,"水月大师符"条,第486页。
[5] 民间符咒与组织性宗教人士的符咒本质上是有区别的,后者画符咒和使用符咒的人具备一定的个人修持(往往包括道德与宗教两方面),前者则否。江西新干县乡下现在还流传一种符,大书"九"字,中间加上"鸡、火、各、竹、米"几个字,和水吞服,即可化解任何鱼刺,大家都相信它有神验,符的传授并无严格的身份限制。

第四章 祈雨与宋代社会

圣院、普安院,以上乘舆亲祷或分遣近臣。昊天上帝(于南郊)、皇地祇(于北郊或南郊望祭)、太庙、社稷、诸方岳镇海渎(于南郊望祭)、天齐仁圣帝庙、五龙堂、城隍庙、祆祠、报慈寺、崇夏寺、报先寺(今乾明寺)、九龙堂、浚沟庙、子张子夏庙、信陵君庙、段干木庙、扁鹊庙、张仪庙、吴起庙、单雄信庙,以上并敕建遣官(九龙堂以下旧只令开封府遣官,后皆敕差官)。仍令诸寺院宫观开启道场(今水旱亦令依古法祈求)。五岳四渎庙、河中府后土、亳州太清宫、兖州会真宫、河中府太宁宫、凤翔府太平宫、舒州灵仙观、江州太平观、亳州明道观、泗州延祥观、兖州景灵宫、太极观,以上并敕差朝臣或内侍,自京赍香合祝板驰驿就祈。泗州普照寺、西京无畏三藏塔,以上并遣内臣诣建道场。[1]

以上为宋代(主要是北宋)中央政府进行祈雨的主要场所,其祈祷对象主要包括传统礼制中的天地、宗庙、社稷、岳镇海渎,释道寺观,以及民众神祠三部分,根据主持者则可将宋代中央的祈雨活动分为两类:即皇帝的祈雨与朝廷派遣官员到京城及全国各地的祈雨。

一、皇帝的祈雨

参加祈雨的人身份最高的无疑是皇帝,其行为具有很强的示范意义,因此分析两宋最高统治者的祈雨活动很有必要。在各种自然灾害中,宋代皇帝对水旱灾害的重视程度可能是最高的,宋人编选的《宋大诏令集》卷一五一至一五三有"敬灾"类诏令99条,其中专为水旱颁布者42条(含水灾、雨灾4条),另有涉及旱灾者4条,共46条,几为总数的一半,可以想见水旱的应对在宋代社会政治生活中的重要性。[2]

---

[1]《宋会要》礼18之2,第733页。可参考《文献通考》卷77与《宋史》卷102的记载,前者的概括很有条理。另,《宋会要》礼18之3云:"(建隆)四年(963)五月一日,以旱命近臣遍祷天地、社稷、宗庙、宫观、神祠、寺,遣中使驰驿祷于岳渎。自是凡水旱皆遣官祈祷,唯有变常礼则录之。"第734页。雷闻曾指出唐代官方祈雨纳入官方正典礼制规定的特征,很有道理,官方祈雨,尤其是中央政府直接进行、或在其控制下的祈雨行为大都属于礼制规定范围。

[2] 仅次于旱灾的是星变(日食、彗星等),共34条,对于认识古人所说的"灾"的观念很有帮助,它与现在以实际损害数量多少来评定灾害等级的思想有很大差别。《宋大诏令集》卷1,北京:中华书局,1997年。

皇帝们往往根据水旱灾害的程度采取不同的应对方式。一般情况他们只在宫中自己向上天祈祷,如庆历三年(1043),仁宗到大相国寺等处祈雨之前,便在宫中"密祷上天,引罪责己",当天布阴云时,仁宗"露立殿庭,仰空祷望,须臾雨至,衣尽沾湿,嫔御辈亦立雨中久之"。[1]如果灾情比较严重,则要考虑采取避寝减膳撤乐等措施。孝宗时大旱,皇帝便向宰臣咨询:"可以避殿减膳末,卿等奏来,如可,便拟指挥来。"根据朝臣的回奏可知,宋代皇帝避殿减膳已经有了固定的仪制,有点像后世的习惯法,一般是皇帝自己提出,然后由朝臣商议面奏,最后由皇帝决定是否实行。[2]灾情减轻或者结束,再由朝臣提出恢复正常秩序。[3]蔬食比减膳更进一层,是旱情更为严重时才采取的,绍兴七年(1137),高宗斋居蔬食,以祈雨泽,而宰臣秦桧等则认为按照典礼只应该损太官常膳。[4]

只有在灾情特别严重时皇帝才会走出宫廷祈雨,我们根据《宋史》与《宋会要》的记载,对宋代皇帝祈雨的情况作了统计(参见附录四)。[5]二者明确记载曾经外出祈雨的宋朝皇帝有9位,共34次,其中真宗一人外出祈雨7次,数量最多。从祈雨场所分布来看,基本印证了上引《宋会要》中的概述,九位皇帝34次外出祈雨的地方共68处,除了有四次是大雩于圜丘,其他都是到寺观烧香,这说明两宋皇帝祈雨主要场所应该是佛道寺观,而且二者数字基本相当,寺院30次,道观34次,其中最频繁的依次是:大相国寺(12次)、太一宫(10次)、集禧观(7次)、天清寺(5次)。雷闻曾分析过唐代祈雨中的佛教、道教因素,但皇帝祈雨寺观并不常见。皇帝频繁出入寺观祈雨可能是在五代,《册

---

〔1〕《宋会要》礼18之9,第737页。
〔2〕周必大《文忠集》卷150引《避殿减膳内批》,《四库全书》,第1148册,第641、642页。
〔3〕王安石就曾连续写了两道《乞御正殿复常膳表》,《临川先生文集》卷60,台北:正大印书馆,1975年,第640页。
〔4〕《宋会要》礼18之19,第742页。
〔5〕这个数字可能不是宋代皇帝祈雨的全部,但皇帝祈雨是当时政治生活中的大事,一般不会漏载的,所以这个统计也能大体反映当时的实况。但中村治兵卫统计的数字则只有15次,不知何故,见前揭中村治兵卫文,第143页。

第四章 祈雨与宋代社会

府元龟》对此有大量记载,如后唐庄宗同光三年(925)"五月戊申,帝幸龙门之广化寺,开佛塔请雨";长兴二年(931)四月"乙巳帝幸龙门寺祈雨,至晚还宫";末帝清泰元年(934)"七月己亥,分命宰臣百僚诸祠庙祈雨。甲辰,幸龙门佛寺祷雨,至晚还宫";开运三年(946)四月戊寅,因久旱,"帝幸相国寺祈雨";汉隐帝乾祐元年(948)"(四月)丁亥,以旱幸道宫佛寺祷雨,赐僧道帛有差,未时还宫",次年(949)"七月乙卯,以久旱,帝幸道宫佛寺祷雨,仍分命群官祈诸神祠,赐僧道帛有差,日晚还宫"。[1]太祖时还曾经到广化寺祈雨,而相国寺后来成为北宋皇帝最重要的祈雨场所,应该是沿承五代而来的习惯。

对于皇帝的祈雨活动,应该兼顾其象征意义及现实政治功能。淳化二年(991),太宗因岁蝗旱减损常膳,并祷群望,但一直未下雨,便降手诏说:"宰相吕蒙正与参知政事等共于文德殿前筑一台,朕当暴露于其上,三日不雨,卿等当焚朕以答天谴。"[2]太宗之言很有点模仿成汤祷旱的意思,当然不能十分当真,但皇帝对祈雨的重视,间接地反映了他对生产、民众生活的关心。景德元年(1004)夏大旱,正好有西州入贡胡僧自称善咒龙祈雨,真宗便让他在精舍中施展法术,果然下了大雨,事后他解释道:"事虽不经,然为民救旱,亦无避也。"[3]神宗也曾请日本僧人成寻祈雨,大获成功。[4]有时,皇帝是否外出祈雨还反映了朝廷的政治动向,可以借机安定人心。仁宗时,王畴上疏"欲车驾行幸,以安人心,时大臣亦有请,帝乃出祷雨,都人瞻望欢呼"。[5]特别值得一提的是,在王朝政治体制下,突发性的自然灾害常常能刺激人们对现行政治的反思、批评乃至修正,与皇帝仪式性祈雨行为相伴的往往是一些政治上的具体措施,如商汤

---

〔1〕《册府元龟》卷145《帝王部·弭灾第三》,第1761—1765页。
〔2〕《宋会要》礼18之4,第734页。
〔3〕《宋会要》礼18之6,第735页。关于宋以前佛教的咒龙祈雨可参考雷闻《祈雨与唐代社会研究》,《国学研究》第8卷,第265—267页。
〔4〕成寻《参天台五台山记》卷7,蓝吉富主编《大藏经补编》第32册,台北:华宇出版社,1986年,第397—400页。
〔5〕《宋史》卷291《王畴传》,第9784页,此事并见郑獬《郧溪集》卷13《请驾出祈雨札子》,《四库全书》,第1097册,第234、235页;这件事在南宋则被当成皇宋"故事"用来劝说在位的理宗皇帝。见《攻媿集》卷98《中书舍人赠光禄大夫陈公神道碑》,第17页。

祷雨桑林时所行"六事"以及梁武帝以来相承之"七事",[1]下面将《宋史》本纪中所载每位皇帝为祈雨所行之辅助措施列表如下:[2]

表4.1 宋代皇帝祈雨辅助措施一览表

	大赦	录囚	避正殿	撤乐	减膳	求直言	罢役	减免赋税	赈恤	葬曝骸	出宫女	罪己诏
太祖		3		1	1		1	3	1		1	
太宗	2	6				1	2	3	1	1		1
真宗	4	11				1	4	8	7	4		1
仁宗	4	14	2	2	2	3	3	9	2		1	
英宗		3				1	1				1	2
神宗	4	9	3	1	2	3	1	3	3	1		
哲宗	4	8	2		2		2	1	1	1	1	1
徽宗	1	2						3			2	
钦宗												
高宗	1	8			3	2	1	6	3			
孝宗	2	7	4	1	4	1		7	5			
光宗	2	2						1	3			
宁宗	2	6				1	2	3	1	1		1
理宗			2		2	1		1	4	1		
度宗												
恭帝												
	26	79	13	5	16	14	23	44	29	9	6	6

[1] 分见《春秋公羊传注疏》卷4,《十三经注疏》,第2216页;《隋书》卷7《礼仪志二》,北京:中华书局,1973年,第125页。雷闻分析了唐代祈雨的辅助措施,见雷闻《祈雨与唐代社会研究》,《国学研究》第8卷,第250—252页。
[2] 除《宋史》本纪,本表还参考了《宋会要》礼十八"祈雨"、瑞异二"旱"以及刑法五"亲决狱"、"省狱"的相关记载。录囚、大赦则参考了清人沈家本的研究,但由于文献阙失,统计出来的数据实际上是一份抽样调查,只可用来佐证我们的定性分析。沈氏对历代赦之考论,见氏著《历代刑法考》,北京:中华书局,1985年,第521—805页。

第四章　祈雨与宋代社会

从表中可以看到,宋代皇帝祈雨的辅助措施按次数多少依次是:录囚、减免赋税、赈恤、大赦、罢役、避正殿、减膳、求直言、葬曝骸、出宫女、罪己诏、撤乐。据雷闻的研究,唐代这些措施的顺序为:录囚、避正殿、减膳、求直言、撤乐、减免赋税、大赦、下罪己诏、罢役、赈恤、出宫女、葬曝骸。唐代有而宋代无的措施为:徒市、闭坊门、减龙厩马料。在对这一数据作具体分析之前,必须强调一点,即将这些辅助措施分为实质性的与象征性的是以今人眼光看待过去的事,主要是为了分析的方便。录囚在当下研究者眼中当然比避殿来得实在,但在当时人看来,录囚决狱乃是为了宽舒人间冤气,是为了感召天地和气,避殿则是通过自责以感动上天,二者并无此重彼轻之别。

首先,宋代无减龙厩马料之事的原因很简单,因为宋代无厩马院,而徒市、闭坊门的消失则是因为唐宋之间坊市制度已发生重大变化,坊墙倒塌,市区拓展,城内外均可为闹市,与传统城市格局相结合的徒市、闭坊门以祈雨的方法遂在宋代官方祈雨中不复存在。[1]

其次,唐宋措施之间的延续性。尤其是录囚,唐代共41次,宋代则有79次,而且上表只计算了《宋史》本纪以及《宋会要》礼十八"祈雨"和刑法五"亲决狱"、"省狱"中明确指出是因旱录囚决狱的记载,实则自太宗雍熙二年(985)之后,凡"祁寒盛暑或雨雪稍愆,辄亲录系囚,多所原减。诸道则遣官按决,率以为常,后世遵行不废",[2]所以实际数字应该远远超过79次,而且水旱灾害之时的录囚后来又发展为每年四五月固定的录囚制度,研究者已指出宋代录囚制度呈频繁、多层、多样、常规化之势,[3]对录囚的评价不同的人观点不一,我不想对之作太多的价值判断,但有两点可以肯定:一是录囚的制度化与祈雨观念紧密相关,二是它有利于非常时期社会矛盾的缓和,这或许也就是古人所说的"以召和气"吧。

---

〔1〕 唐宋坊市制度的变化可参考周宝珠《宋代东京研究》第六章第一节"坊市合一型新市容面貌的形成",开封:河南大学出版社,1992年,第232—241页。
〔2〕 《宋史》卷199《刑法志一》,第4970页。
〔3〕 薛梅卿、赵晓耕主编《两宋法制通论》,北京:法律出版社,2002年,第500—505页。

第三,祈雨辅助手段的施行从某种角度反映了现实政治的运作情况。上表的材料、数据无疑受到文献记载多少的影响,如南宋末期史家记录有阙,这已是宋史研究者所共知的。但无论南宋还是北宋,末世辅助措施数量皆锐减,应该不是偶然,它既反映宋室对水旱之类与国计民生有关事务的重视程度,也说明官方如果应对自然灾害不得力,很可能加剧社会矛盾,并最终促成现存秩序的瓦解。

最后,需要特别强调的是表中那14次"求直言"与6次"下罪己诏"。现代人当然不会相信求言罪己能改变天意,但在当时人心中它们之间却有着必然联系,孝宗淳熙七年(1180)八月甲申,"以祷雨未应,谕辅臣欲令职事官以上各实封言事,是夕雨"。[1] 史家的书写方式也透露出当时人们的心理,天谴观念在传统社会一直是制约现实权力的重要因素,从宋代留下的大量因水旱而上的奏议来看,涉及的方面相当广泛,有国家根本大计如仁宗时的立太子、神宗时的变法,更多的则是与民众生活息息相关的具体政治措施,水旱之灾形成的非常状态创造了对现实政治进行批评的良好环境,而统治者在这种状态之下也比平时更能从善如流。[2]

二、朝廷遣官祈雨

朝廷遣官祈雨显然比皇帝亲自祈雨要频繁,这也是应对普通水旱灾情的一般性做法。皇帝祈雨的地方可能"分遣近臣"前去,首都开封的一些重要祈祷场所,则由朝廷派员前去祈雨,其中包括在南郊祭祀昊天上帝,望祭诸方岳镇海渎,在北郊望祭皇地祇(有时也在南郊举行),太庙、社稷、天齐仁圣帝庙、五龙堂、城隍庙、祅祠、报慈寺、崇夏、报先寺、九龙

---

〔1〕《宋史》卷35《孝宗本纪三》,第673页。
〔2〕随举一例,吴曾《能改斋漫录》卷13,"吴有方奏神宗宜检视政事"条云:熙宁七年(1074)旱,神宗遣御药吴有方诣集禧观设醮,且谕以"久旱,斋心致祷,庶有感应,汝宜前期检视醮科"。有方奏曰:"臣固当检视醮科,陛下亦宜检视政事。"帝不悦。翌日,帝笑曰:"吾昨夜三复汝言,甚当。足见汝之用心。吾已修政事,答天戒。汝宜更为严设。"有方再拜,往氾事竟。神宗不悦是很可以理解的,一个管药的小官直斥自己要"检视政事",即便现在的有些官员也是无法接受的,但他回去之后居然"三复"其言,并且表示要修政事,关键是天戒、天谴观念的作用。见《能改斋漫录》,第377页。吴有方之奏虽非"求直言",但若将《宋朝诸臣奏议》或《历代名臣奏议》中那些与水旱求直言有关的文章找来读读,我们不仅要佩服那些官员对现实政治的卓见,更要感叹他们言辞的激切。

第四章　祈雨与宋代社会

堂、浚沟庙、子张子夏庙、信陵君庙、段干木庙、扁鹊庙、张仪庙、吴起庙、单雄信庙等场所(九龙堂以下一度由开封府派员祈祷,后来才改由朝廷直接控制),除寺观举行的仪式肯定为僧道宗教人员做道场外,南郊、北郊、社稷太庙以及祠庙应该使用传统礼制规定的仪式进行祈祷。由朝廷直接遣官祈雨的场所是当时首都开封的宗教活动中心,其他寺观为配合朝廷官员的行动,也必须做道场。首都之外,朝廷派员前去祈雨的场所主要有:五岳四渎庙、河中府后土、亳州太清宫、兖州会真宫、河中府太宁宫、凤翔府太平宫、舒州灵仙观、江州太平观、亳州明道观、泗州延祥观、兖州景灵宫和太极观、泗州普照寺、西京无畏三藏塔,分别由朝臣或内侍带着香盒祝板前去祈祷,其中后二者派遣内侍。

各种文献记载在指称奉命外出祈雨的官员时往往用近臣、中使、内臣、内侍等词汇,所遣官员分为外朝官与内侍两个系列。其中外朝臣包括宰辅与普通朝官。

执政的宰辅亲自去为首都及近京地区寺观祠庙祈雨屡见记载。《宋会要》礼十八云:

> 大中祥符八年(1015)二月十七日,命宰臣以下分诣寺观祈雨,遣官祷岳渎。仍命参知政事丁谓建道场于五岳观。[1]

次年,秋天又旱,真宗"命辅臣分祈天地宗庙社稷、祠宫观佛寺,即日雨降。分遣官致谢于所祷之处"。[2]宰辅也偶尔到京城之外的寺观祠庙祈雨,南宋初,曾令"宰执率侍从官诣越州圆通观音院祈雨",不久,又在圆通院开建祈雨道场,"日轮侍从官一员烧香,每五日宰执官前去祈祷"。[3]这应该是南宋朝廷流离颠簸情形下的特例,宰相奉命祈雨的常

---

[1]《宋会要》礼18之7,第736页。
[2]《宋会要》礼18之7,第736页。
[3]《宋会要》礼18之16、17,第740—741页。文接宣和四年(1122)二月七日条,但从后面的内容来看,应该是南渡后的事。

态是在京城或附近地区。

奉命到京城之外地区祈雨的朝官《宋会要》提及的职官有左拾遗（乾德二年）、工部侍郎、刑部侍郎、给事中、知制诰（咸平元年）、秘书省著作佐郎兼权兵部郎官、大宗正兼权刑部郎官（淳熙十三年）等，除了京城的灵应祠庙、寺庙宫观，他们还要到全国各地，尤其是向名山大川如传统的五岳四渎祈雨。北宋时期对北岳祈雨尤为频繁，首都或者北方甚至南方的大旱都要派员到北岳祈雨，南宋则改为临安府的上天竺灵感观音寺或者广德军的广惠庙。[1]

与朝官系列相对的是内侍，他们一直是宋代遣官外出祈雨的重要组成部分。在求雨诏书比较多的是使用"中使"、"内侍"、"内臣"等语汇，有时也指明具体职衔、人名，如太平兴国七年（982）三月"以旱分遣中黄门遍祷方岳"。[2]淳熙九年（1182）六月"诏遣内侍关礼诣绍兴府降香祷雨，是月二十二日已获感应，复命报谢"。[3]内侍祈雨有一个突出特征，即其使用的仪式多属释道系统，也就是召集僧道作祈雨道场。《北海集》保留了两则为内侍撰写的祈晴文，受命前去祈雨的都是入内侍省东头供奉官睿思殿掌书管簿杨立本，两次都请了僧人四十七人来做祈晴道场。[4]当然，这两次祈晴地点都是在临安府上天竺寺，但宋代内侍祈雨场所常为释道宗教场所也很明显。前引《宋会要》关于两宋祈雨场所的概述中就明确指出"泗州普照寺、西京无畏三藏塔，以上并遣内臣诣建道场"，而且"敕差朝臣或内侍，自京赍香合祝板驰驿就祈"的12处除五岳四渎、后土庙外，皆是道观，而社稷、宗庙祷雨从现有材料来看多由朝臣主持，尚未见由内侍主持的。即便是民众神祠，内侍主持祈雨时也通常采取请僧道建场所的形式，大中祥符三年（1010）八月六日，因昇、洪、润三州

---

〔1〕　北岳、张王、灵感观音在官方祈雨中的凸显当然与其灵迹昭彰，且离首都距离较近有关，但南宋上天竺寺灵感观音的声名鹊起还跟南宋孝宗的佛教信仰有关，他是宋代诸帝中唯一尊佛胜过崇道的人，参见彭琦《宋孝宗与佛教》一文，《浙江学刊》2002年第5期，第93—97页。

〔2〕　《宋史》卷4《太宗本纪一》，第67页。

〔3〕　《宋会要》礼18之23，第744页。

〔4〕　綦崇礼《北海集》卷19，《四库全书》，第1134册，第650页。

第四章　祈雨与宋代社会

亢旱火灾,朝廷派遣"内侍驰往抚问军民,犒设将校耆老及醮祷管内名山大川神祠有益于民者"。[1] 仁宗庆历六年(1046)四月二十一日,"以陕西旱遣内侍往宁州要册湫,建道场祈求"。[2] 地方官员对朝廷派来祈雨的内侍的态度更能说明内侍阶层在外出祈雨时的宗教倾向性。仍是在仁宗时期,皇祐三年(1051)六月七日诏,"近遣内侍往嘉州祈雨,而本州具僧道威仪候迎境上,远人劳扰,其令转运司自今禁止之"。[3] 地方官员让僧道去迎接朝廷派来的内侍,遭到批评,中央专门下令让转运司禁止。地方官员此举显然有扰民之嫌,合理的推测是,他们是投内侍所好,因为僧道是内侍到该地主持祈雨时必须依赖的力量。

由于遣官外出祈雨十分频繁,在实践过程中逐渐形成了一系列制度,也就是所谓的"典礼"或"礼令故事",对中央遣官外出祈雨使用的祭品礼料、祈祷对象、官员的行为等都有具体规定。

至道二年(996)三月,太宗本来准备亲自到各个寺观祈雨,碰巧遇上大风,只好"遣宣政使王继恩以下分祷"。为使仪式合乎礼仪制度,太宗"命有司讲求故实,太常礼院上言:按典礼,凡京都旱,则祈岳镇海渎,及诸山川能兴云雨者于北郊,望而祭之。又祈宗庙社稷。每七日一祈,不雨还从北郊如初,旱甚则雩。雨足则报。祈用酒脯醢,报如常祀。皆有司行事。已赉及未祈而雨者,皆报祀"。[4] 这主要是对祈雨时的祭品、祈祷以对象、时间的规定。但到真宗时,该规定开始流于形式。大中祥符初,有司在命官祈雨时"止给祝板,不设酒脯",于是真宗"出礼令故事示宰臣,命申明之"。这次的规定较太宗时更详细,要求受差遣的官员须在前一天斋戒,"祠庙祭告并用香币酒脯醢等,仍令太常礼院牒诸司寺监供应"。可见祭品由被遣官所在官司提供。此外"赛谢日诸宫观寺院官给钱五千

---

[1]《宋会要》礼18之7,第736页。
[2]《宋会要》礼18之9,第737页。另如元祐四年(1089)三月二十四日,诏"京西路阙雨,中岳河渎及淮济各委长吏祈祷,仍遣内侍赍香就建道场"。长吏的"祈祷"与内侍的"建道场"对举,应属两个系统。《宋会要》礼18之15,第740页。
[3]《宋会要》礼18之10,第737页。
[4]《宋会要》礼18之4,第734页。

造食,宫观仍用青词,神庙则翰林给酒,御厨造食,遣宽衣天武官赍往,仍给纸钱陀马"。整个过程由御史台监督,"祠官不虔,御史台纠举以闻"。[1] 同年,在遣官去太一宫祈祷十精太一(也就是十神太一)时有人提出祈报之礼是否要设配座的问题,按照太常礼院的意见,应该是"祭必有配,报如常祀",报谢时,"诸神祠、天齐、五龙用中祠例,祆祠、城隍用羊、八笾八豆,既设牲牢礼料,其御厨食翰林酒纸钱驰马等更不复用",五岳四渎、泗州普照寺、西京无畏三藏只由枢密院遣使臣驰往报谢。[2] 以牲牢礼料代替酒食纸钱驰马实际上是对传统祭祀的恢复。[3] 神宗时对这一制度有所修改,熙宁元年(1068)正月二十一诏:

> 古者有望祭山川之礼,今独阙此。宜令礼官讲求故事,以时举行,令在京差官分祷。宜各就本司先致斋三日,然后行事。诸路择端诚修洁之士,分祷东海四镇、五岳四渎、名山大川,至祠所斋洁行事,毋得出谒宴饮、贾贩及诸烦扰,仰监司察访闻奏。诸路灵神祠灵迹寺观虽不系祀典、祈求有应者,并委州县差官洁斋致祷。[4]

其实,北宋前期每遇水旱必有祈请,"命朝臣乘传诣天下名山大川、祠庙请雨"之类文字时有所见,神宗此诏用意恐怕不在讲望祭山川之礼,而是对外出分祷之士作必要的约束,以免他们扰民。祷祭前三日即须致斋,较真宗时的前一日斋戒显然要严格。诏书还反映出外派祈雨官员有

---

〔1〕 《宋会要》礼18之6,第735页。
〔2〕 《宋会要》礼18之7,第736页。
〔3〕 祭品是素供还是牲牢一度成为北宋末年祠神信仰的一个关键问题,研究者指出,"道教运动在反对对一切(得到或未得到政府认可的)神祇进行血祭时所取得的程度不等的成功",许多神祇的称号也变成了道教的"真君",参考《西方道教研究编年史》,第91页。道教的这一做法遭到某些神祇的信众的反对,最著名的例子是二郎神,南宋初又恢复了血食,参黎靖德编《朱子语类》卷3《鬼神》,第54页。而佛教在改造民众神祇时将血食变为素供也是其一贯做法,如袁州的仰山神,佛印禅师对神提的第一个问题即是:"血祭乎? 蔬食乎?"结果当然是神归化了佛教,见张商英《仰山庙记》,《全宋文》卷2231,第622—623页;南宋周必大写的记文中亦有此事,见《文忠集》卷59《太和县仰山二王行祠记》,《四库全书》,第1147册,第622—623页。
〔4〕 《宋会要》礼18之11,第738页。

第四章 祈雨与宋代社会

从事商业贩运、宴饮娱乐等有损朝廷形象的举动。此时的宗教信仰政策也开始趋向实用功利色彩,昭示着改革时代的到来。次年闰十一月二十三日,三司使吴充言:

> 每岁宫观祈祷率用黄白纸钱不少,窃谓祇奉上真,理宜虔洁,纸钱于古无稽,乞自今请寝罢,从之。[1]

检《宋史·吴充传》,吴充为吴王宫教授时曾作《六箴》,崇俭即六者之一,王安石执政后,他因为其子安持是王安石的女婿,"引嫌解谏职,知审刑院,权三司使",[2]吴氏的主张一来是个人思想之结果,再者与当时革故鼎新之变法气象也不无关联,于古无稽只不过是借口,实际上是因为使用黄白纸钱的做法有些浪费,虔洁之名掩盖不了功利主义的真实意图。从经济角度出发制定宗教政策是熙丰变法时期的一个突出特点,熙宁九年(1076)出现的买卖祠庙事件也是这种思想的产物,张方平在《论祠庙事札子》中称:"臣伏见司农寺奏请降下新制,应祠庙并依坊场河渡之例召人承买,收取净利。本府勘会在府及管下所管祠庙五十余处,寻已应施行讫,内有阏伯庙、宋微子庙已系百姓承买。"认为此举"岁收细微而损国体至大",[3]《宋会要》礼二十记载了此事的处理结果,"御批:司农寺鬻天下祠庙,辱国默神,此为甚者,可速令更不施行,其司农寺官吏令开封府劾之,又诏擅鬻祠庙为首之人已劾罪,其敕后不觉举改正官可并劾之"。显然,司农寺此举不如吴氏主张那么冠冕堂皇,所以结果不同,但二者应

---

[1]《宋会要》礼18之12,第738页。但是吴充的提议似乎不久就遇到寺观方面的反对,当年十二月二十四日三司又言:"准诏:今后应奉道场之物,悉准旧例。然祷雨雪或有未应,则计日支赐,倍有烦费。欲望除本命生辰年交保夏道场,僧道恩例准旧外,非泛供设满一月,班首人十五千,余各十千(一月外只依一月例,半以上及二七日、七日、三日皆递减半),惟衣服仍旧。从之。""旧例"应该包括吴充主张废除的"黄白纸钱",研究中国宗教史的学者,一般将宗教仪式中焚烧纸钱的起源追溯到公元5世纪初至6世纪末。
[2]《宋史》卷312《吴充传》,第10239页。
[3] 张方平《乐全集》卷26,《四库全书》,第1104册,第271页。此事在许多文献都有记录,如赵善璙《自警篇》,《丛书集成》本,第993册,第218页;《鹤林玉露》乙编卷5;《言行龟鉴》卷6;《宋朝事实类苑》卷74引《倦游录》等,说明此事在宋代已很为人所注意,是宋代宗教史上的大事。

该是基于相同的出发点。

南宋中期,祭品问题再度提起,两宋之际的动荡使许多制度一度中断,亟待恢复。淳熙十三年(1185)七月,根据太常寺的意见,令宰臣以下分诣宗庙社稷等处祭告,获应后报谢时却遇到问题,宰执认为太常寺提出的谢雨请求离求雨获应的时间稍远,有"后时"之疑。孝宗的亲自介入使问题得到解决,谢雨按太常寺的意见举行,孝宗还就报谢无牲牢一事提出质疑,宰相王淮等奏"国朝典礼祈用酒脯,谢如常祀,合用牲牢,但绍兴以来并止用酒脯,惟雩祀用牲,然雩无报谢之礼"。真宗以来形成的以牲牢代替酒食的制度在南宋初逐渐被人遗忘,礼制的执行有赖于国家的政治形势,孝宗时内政外交皆趋于稳定,礼制的讲求也在情理之中。三年后,祈雨奏告天地用牲的制度在一些臣僚的要求下得以恢复。淳熙十六年(1188)十月十九日,臣僚言:

> 祈雨奏告天地,大抵用法酒二升,鹿脯五合,此则所宜厚者简而不虔。乞依仪制,用酒脯醢,报谢用牲牢。[1]

这一建议获准。在传统社会,仪制是传统的高度凝聚,对传统仪制的不断追忆与恢复又构成传统的重要内容,两宋遣官祈雨的仪制正是在追忆与恢复的寻求之中逐渐形成并得到维护的。

除了祭品外,外出祈雨的官员常常要准备香和祝文。祝文一般是由"学士院依例修撰",[2]所用之香有时又称"御香"。[3]不仅寺观需降香祷雨,祠庙也形成烧香求雨的习惯,用的香大约到北宋末、南宋初统一由内廷提供。《宋会要》礼十八云"令宰执率侍从官诣越州圆通观音院祈雨,令用香,令入内内侍省请降,自后凡用香并如之。绍兴元年(1131)十

---

[1]《宋会要》礼18之24,第744页。
[2] 绍圣四年(1097)五月三日条,元符二年(1099)三月二十二日条,见《宋会要》礼18之16,第740页。
[3] 淳熙十三年(1186)八月十四日条,《宋会要》礼18之24,第744页。

第四章 祈雨与宋代社会

九日亦用此礼"。[1]此处疑有缺漏,且宰执率侍从官到越州祈雨也不可能出现在北宋,应该是南宋初的事,可惜关于遣官外出祈雨降香前此皆未有记载,而这条材料亦有难以解释之处,姑置不论。但可以肯定,南宋时官员到全国各地祈雨所携带的香都是由入内内侍省提供的。乾道七年(1171)五月宰执等到明庆寺烧香祈祷,所用香就是从入内内侍省请降,而绍熙五年(1194)七月诏:"雨泽稍愆,日轮侍从官一员,诣上天竺灵感观音前精加祈祷,务要速获感应。凡遇神祠及获应日,宫观祠庙则命元差官,上天竺观音前、霍山广惠庙则命日输(轮)至官致谢,其香皆条入内内侍省请降。"[2]此后自庆元元年(1195)至嘉定十七年(1224)共29年,其间有23次"亦如",可见祈请获应不仅报谢有一定之规,所用之香也形成惯例由内廷提供,这应该与内廷在国家宗教事务中的地位有一定联系。[3]

朝廷遣官祈雨有以下两点值得注意:一是祈雨的场所散布全国各地,体现了中央政府对整个国家的统治权力,但具体而言,朝廷遣官祈雨主要是在北方黄河流域,尤其是真宗封禅、祀汾阴后土沿线,这是与北宋政治文化中心在北方相关联的,祈雨虽然首先是宗教行为,但其官派特征又使它有很浓的政治色彩。[4]二是这些场所的宗教归属,南北郊、社稷太庙、五岳四渎等属于传统礼制规定的范围,寺观则是释道系列,开封府境内的历史人物庙既可纳入传统礼制范围,也可以算作民众神祠,但城隍庙则肯定是民众神祠,五龙堂祈雨虽然是传统礼制,但前者有很浓的道教色彩。[5]另外,祆祠更属于摩尼教,虽然有材料表明唐代祆祠已经介入沙州地方的祈

---

[1] 宣和四年(1122)六月八日条,《宋会要》礼18之16,第740页。
[2] 《宋会要》礼18之25,第745页。
[3] 内廷不仅负责后宫的宗教事务,而且皇帝个人的宗教活动也不可能离开内侍们的参与,众所周知唐代就有所谓的内道场,而两宋内侍们在宗教事务中的活跃从奔波于全国各地的内臣们也可见一斑。
[4] 法国学者蓝克利(Christian Lamouroux)认为,真宗东封西祀将宗教空间、行政空间与财政空间统一起来,促进了11世纪中国主权重组,不可以简单地将之视为宗教迷信或闹剧,见氏著《礼仪、空间与财政——11世纪中国的主权重组》,载《法国汉学》第3辑,北京:清华大学出版社,1998年,第129—162页。
[5] 五龙堂祈雨与道教的关系见雷闻《祈雨与唐代社会研究》,《国学研究》第8卷,第256—257页。开封五龙堂太祖建隆三年(962)从玄武门迁至春明坊,宋承唐制,成为春秋常祀,熙宁十年(1077)全国五龙堂庙额皆为会应,徽宗时又进封王爵,见《宋会要》礼4之19,第465页。

雨活动,但中央政府祈雨求助于祆祠的明确记载则始于北宋。[1] 祈雨对象、场所、仪式的复杂性反映了中国宗教信仰实践极强的包容性。

第三节　地方官员的祈雨实践

前面提到,宋代在祈雨方面的一个创举是由国家颁布统一的祈雨法,指导各地州县祈雨。不过,考察历史如果仅仅停留在文本、制度之上,将制度规定的便当作现实的,很容易出误会,也就是说,我们不仅要研究制度的制定,更要探讨制度的实行,分析现实中的制度。

先来看看官颁祈雨法在地方的实行情况。地方官员遇旱祈雨时经常会提到自己是"奉诏致祷",[2]或者是"援令典以修明荐",[3]表示此举乃是有国家制度或政令为依据。应该说,由于官颁祈雨法有国家权力与印刷技术的支持,在某种程度得到了实施,这从现存宋人文集中的一些祈雨祝文可以看出。如刘挚《建坛祈雨文》云:"旱熯为灾,至于此极。群祀遍走,膏泽尚屯。今将求龙,启坛此地。惟神矜恻农事,鉴此至诚,毋或厄龙,不俾顾享。苟获多应,神预有功。"[4]与官颁五龙祈雨法规定的祝文格式一致,其后的《请龙神文》即官颁祈雨法的核心环节祭龙的祝文。陆九渊主持地方祈雨时"刑鹅荐血,瘗于坛侧",也是按规定行事。[5]朱熹在南康军时大旱,"恭依御笔处分,严禁屠宰,精意祈祷","遍诣管属灵迹寺观神祠诸处渊潭取水建置坛场,依法册祭龙,及修设醮筵"。[6]所谓"依法册祭龙"就是皇祐祈雨法。洪迈记载的一件事也很能说明问题,他在《容斋四笔》"水旱祈祷"条写道:"乾道九年(1173)秋,赣、吉连雨暴

---

〔1〕　前揭雷文第268页,宋代东京祆祠的情况可参前揭周宝珠《宋代东京研究》,第565—566页。
〔2〕　朱熹《朱文公文集》卷86《祈雨文》,第8页。
〔3〕　吴咏《鹤林集》卷14《祈雨祝文——诸庙》,《四库全书》,第1176册,第127页。
〔4〕　刘挚《忠肃集》卷10《建坛祈雨文》,第222页;宋祁《景文集》卷48《的《里社神龙祈雨文》与此类似,《四库全书》,第1088册,第439页。
〔5〕　《陆九渊集》卷26《东山刑鹅祷雨文》,第311页。但必须注意,陆氏也是将官颁祈雨法与当地信仰结合在一起的。
〔6〕　朱熹《朱文公文集》卷16《奏南康军旱伤状》,第2页。

第四章 祈雨与宋代社会

涨。予守赣,方多备土囊,壅诸城门,以杜水入,凡二日乃退。而台符令祷雨,予格之不下,但据实报之。已而闻吉州于小厅设祈晴道场,大厅祈雨。问其故,郡守曰:请霁者,本郡以淫潦为灾,而请雨者,朝旨也。"[1]此处道场乃泛指普通祈雨法,而非释道祈雨仪式。看来,地方官员按照上级命令举行规定的仪式是很普遍的,即便上级命令与本地情况发生冲突,以至弄得小厅祈晴、大厅祈雨也不敢违背。洪迈"格之不下"的做法则属例外,这也是他在笔记中特意记载的缘故吧。[2]

但是,朝廷要求地方官员祈雨时,只是让"久愆雨泽去处,长吏择祠庙精加祈求",或者令"逐路有载在祀典灵显祠庙,所在长吏精虔祈祷",[3]一般不作太多的具体规定。[4]对官颁方法的强调往往是在颁布该法之时,因此,真正遭逢水旱灾害时,地方官员固然要按照中央命令祈雨,但具体方法未必完全是官颁方法,即便使用了五龙祈雨法,也是与其他方法相互配合。元丰元年(1078)曾巩知福州,他在一份祷雨文后写了一段文字,详细记载了当年五月八日至二十七日之间他作为一个地方长官祈雨的过程,题为《题祷雨文后》,全文如下:

> 元丰元年(1078)戊午,自四月甲子(二十一日)至五月辛巳(八日),凡十有八日不雨,田已忧旱。太守率属吏士分祷诸佛祠,迎像能致雨者,陈之通路,用浮图法为道场,率属吏士罗拜以请。丁亥(十四日)夜五鼓,出祷鳝溪,属吏士分祷群望。己丑(十六日),率属吏士蔬食。夜四鼓,就城南近水祭告后土,将为坛,祭龙。庚寅(十七日),蔬食如己丑,夜三更就坛壝刲鹅祭龙。辛卯(十八日)夜五

---

[1] 洪迈《容斋随笔》四笔卷3,上海古籍出版社,1996年,第651页。
[2] 孙觌在一封信中也提到自己一度因"旱涝不常,谒晴之墨未干,而祷雨之词复出",他将解释此举缘于"为农"与"望岁"心切,亦可通。《鸿庆居士集·内简尺牍》卷1,《与信安郡王孟少傅》,《四库全书》,第1135册,第473页。
[3] 《宋会要》礼18之13、14,第739页。
[4] 当然偶尔也明确指出应使用何种方法,如景祐元年(1034)正月九日诏:"开封府令街坊人户依古法精虔祈求雨雪。"四月二十六日,"诏:河东路愆雨,令逐州军长吏躬诣名山、祠庙、宫观、寺院,依古法精虔祈求"。所谓"古法"即五龙祈雨法,见《宋会要》礼18之8,第736页。

187

鼓,就视牲血,以法推之,当得雨。壬辰(十九日),就紫极宫坛用青童二十有八人,更咒蜥蜴如古法。癸巳(二十日),分祷诸祠未遍者,取黄蘗山龙潭水,置道场,率属吏士往请。甲午(二十一日)又往。乙未(二十二日)夜二更,得雨,连三日夜,远近皆有余。盖自辛巳(五月八日)至丙申(五月二十三日)凡十有六日无日不致祷。自丙戌(五月十三日)至甲午(五月二十一日),四境多得雨,至丁酉(二十四日)乃皆有余。是日罢道场,还所迎像及水、蜥蜴南涧之滨。庚子(二十七日)遍祭谢,欲知闽粤之间,兼旬不雨,则已忧旱,而请祷之为不诬也。故刻其祝辞于石而并识之。[1]

为便于分析,笔者将这场持续时间近20天的祈雨制成下表:[2]

表 4.2 曾巩祈雨日程表

时　间	地　点	仪式、方法	参与者	效　果
第一天 辛巳	佛祠	迎佛像能致雨者陈之通路,用浮屠法为道场,罗拜	太守及所属吏士	无雨
第二天 壬午	同上	同上	同上	同上
第三天 癸未	同上	同上	同上	同上
第四天 甲申	同上	同上	同上	同上
第五天 乙酉	同上	同上	同上	同上
第六天 丙戌	同上	同上	同上	有雨,但不足

---

[1] 曾巩《曾巩集》卷40,北京:中华书局,1984年,第553—554页,括号内所转换之日期为我所加;同卷有《福州鳝溪祷雨文》,这段文字应该就是写在它后面的。
[2] 本文写成后,读到北大历史系王锦萍同学《宋代地方社会中的祈雨》一文(未刊),受益颇多,本表见王文第7—8页,其中王表认为第六至十四(丙戌一甲午)为"无雨",这可能是对古人祈雨的一些通常做法不甚了解所致,曾巩为一方长官,他是代表一州百姓祈雨,目标是全境雨足,部分地区有雨只是表明祈雨已初见成效,与其继续祈祷并不矛盾,所以本表改作"有雨,但不足"。

第四章　祈雨与宋代社会

续　表

时　间	地　点	仪式、方法	参与者	效　果
第七天 丁亥	鳝溪	祈祷	太守	同上
	群望	分别祈祷	吏士	同上
第八天 戊子				同上
第九天 己丑		蔬食	太守及吏士	同上
	城南近水祭告后土	为坛祭龙	太守及吏士	同上
第十天 庚寅		蔬食	太守及吏士	同上
	坛墠	刲鹅祭龙	太守及吏士	同上
第十一天 辛卯	坛墠	就视牲血	太守及吏士	同上，预测有雨
第十二天 壬辰	紫极宫坛	蜥蜴求雨法，用青童二十八人	太守及吏士	同上
第十三天 癸巳	未祷之诸祠	分祷		同上
	龙潭	请龙潭水，置道场	太守及吏士	同上
第十四天 甲午	同上			同上
第十五天 乙未				远近皆有雨
第十六天 丙申				同上
第十七天 丁酉		罢道场 还所迎佛像 还龙潭水 送蜥蜴		同上，雨足
第十八天 戊戌				
第十九天 己亥				
第二十天 庚子		遍祭谢		

曾巩"刻其祝辞于石并识之"，文中所述应该属实。前六天皆在佛祠，并迎请佛像到交通要道祭祀，第七天起到本地的著名祈祷场所鳝溪祭祀，"群望"则是地方官府经常祭祀的对象，第九至第十二天用了蜥

蜴求雨法,地点是紫极宫,第十三天干脆将所有未祷之祠统统派人祈求一遍。按照通常的分类法,曾巩祈雨的对象、场所包括了佛教、道教、官方祀典和民间诸神。曾氏祈雨的具体程序在某些方面与皇祐祈雨法基本吻合,但也有很大区别。曾巩遇到旱情时首先是"率属吏士分祷诸佛祠,迎像能致雨者,陈之通路,用浮图法为道场,率属吏士罗拜以请"。然后才按照官颁方法设坛祀龙,在祭龙过程中,还举行了咒蜥蜴的祈雨仪式,地点却是道教系统的紫极宫,赛谢时"还所迎像及水蜥蜴南涧之滨",将民间方法、官方规定与组织性宗教的仪式有机地结合在一起。[1]

其实,只要随意翻检宋代文献对地方社会祈雨的叙述,便会发现曾巩的祈雨具有相当的普遍性:即在遵行的同时对之做适当修正,包括具体步骤、程序。官颁祈雨法为防止"亵慢"、"渫渎",明确表示不许使用巫觋,[2]但地方官员祈雨中"巫呼舞之"却是习见的。[3]至于组织性宗教人士,虽然官颁祈雨法中规定祭龙之前须"先令一道士于坛上敕水解秽",[4]但他们只不过是整个祈雨仪式中一个细小环节,仪式的中心仍是地方官员,即祀官。

也就是说,虽然有官颁祈雨法,但地方官员的祈雨实践往往是巫、佛、道杂用。北宋初年,王禹偁任职单州(治今山东单县),曾向当地丰山的汉高祖神祈雨,他在事后回顾说,他和其他官员虔诚祭拜之后,"巫约雨日,或五或七"。结果不到三天就下了大雨,于是有赛雨之举。[5]预测雨期的巫从"或五或七"一词来看,似乎还不止一位。当然,有人会说这是官颁祈雨法尚未颁行之时的情况,但事实是随着官颁祈雨法的反复强调,这种风气丝毫不减,反而有加强的趋势。文集中经常能看到这样的描写:

---

〔1〕 郑獬《郧溪集》卷11《集禧观洪福殿开启宰鹅祈雨道场表》采用的是典型的画龙、祭龙宰鹅祈雨法,但地点却是在道观,《四库全书》,第1097册,第209页。
〔2〕 《宋会要》礼18之5,第735页。
〔3〕 王十朋《梅溪后集》卷17,《四库全书》,第1151册,第485页。
〔4〕 《宋会要》礼4之16,第463页。
〔5〕 王禹偁《赛雨祝文》,见魏齐贤《五百家播芳大全文粹》卷85,《四库全书》,第1353册,第487—488页。

第四章　祈雨与宋代社会

"仙篆驱龙效水灵,佛螺吹梵演《云经》",[1]"巫祝呼神去,缁黄送水还",[2]或者"刑鹅割牲厌口腹,缁衣黄冠诵章句"。[3]祷雨时,将菩萨迎至县厅,请佛众作水陆大会,更是常事。[4]而王炎则将祈雨佛寺径称为"修祈祷之故事,翻经精舍,取水灵湫,叩诸佛之慈悲,丐神明之佑助"。[5]仪式的中心发生转移,不再是地方官员,而是仪式的操作人员,或者是祈祷对象,这显然与官颁祈雨法不符。出现差异的原因在于决定地方官员祈雨实践的并非自上而下的朝廷诏令制度,而是地方信仰传统及代表地方传统的社会力量。

古代中国有一个传统,即现实世界的官员与幽冥之中的鬼神相互配合,对朝廷与广大民众负责,也就是《乐记》所说的"明则有礼乐,幽则有鬼神",[6]这一明一幽具体到地方社会便是"令职其明,神职其幽。修政布德以召和,令之职也。驱雷行雨,以利物,神之职也"。[7]本地神灵负有调节水旱的职能,这是宋人的普遍观念,所以,地方官祈雨的对象往往为当地神祠、寺观中的神灵。但宋代地方官员通常是三年一任,他们与治地神祇的关系远不如本地民众密切。[8]卫泾在一篇祈雨文中提到,"神血食兹邦,不知几百年矣,而吏于此者,朝往暮来,不一二年而去",[9]彭龟年的说法则更为直白,他说,"邦人祀神,其始其穷;神亦惠人,莫知其终。吏之去来,何啻传舍"。[10]不论是"朝往暮来"还是"传舍",都反映了神灵与本地民众、地方官员之间关系的亲疏远近,这直接影响到地方官员举

---

[1]　范成大《范石湖集》卷31《再次喜雨诗韵,以表随车之应》,第423页。
[2]　刘克庄《后村先生大全集》卷27《喜雨五首》之三,第8页。
[3]　赵善括《应斋杂著》卷5,《四库全书》,第1159册,第49页。
[4]　史浩《鄮峰真隐漫录》卷23《福州祈雨谢雨诸文》,《四库全书》,第1141册,第708、709页。
[5]　王炎《双溪类稿》卷27,《四库全书》,第1155册,第757页。
[6]　孔颖达《礼记正义》卷37,《十三经注疏》,第1530页。
[7]　周行己《浮沚集》卷6《原武神庙祈雨文》,《四库全书》,第1123册,第657页。
[8]　朱瑞熙认为,"(宋代)官员一般不能在自己的原籍担任地方官,必须赴外地任职,官员的任期较短,一般两年至三年,因而调动频繁"。见氏著《中国政治制度通史》(第六卷,宋代),北京:人民出版社,1996年,第8页。
[9]　卫泾《后乐集》卷19《隆兴府祷雨诸庙文》,《四库全书》,第1169册,第748页。
[10]　彭龟年《止堂集》卷15,《四库全书》,第1155册,第904页。同样的说法并见《黄氏日钞》卷86《修吴县尉廨纪事》,《四库全书》,第708册,第886页。

行祈雨时对祈祷场所、对象、方法的选择。可供他们参考的信息大致有三类：

一是本地的祀典。绍圣二年（1095）礼部侍郎黄裳等请求"诏天下州军籍境内神祠略叙本末，勒为一书，曰某州祀典"，从之。[1] 政和元年（1111），秘书监何志同又提出重新编订各州祀典，与"舆图志相表里"。[2] 韩森认为，全国每个地方都有各自的祀典，以供州郡长官查考，大体属实。[3] 然而，从《宋会要》等文献来看，各县并无详备的祀典以供长吏参考，这也就使得地方官员祈雨时约定俗成的惯例有了很大的影响力。

二是方志、碑刻。曾巩祈雨蕰山，祝文中特别提到神祇的事迹"记于古经"，并直接引"志言"为证，应该是通过阅读本地方志之后得知的。[4] 真德秀在地方任上因旱"群情皇皇"，"邦之民乃有以刻文来告者"，真氏读碑文后知西济王后殿"有池灵变甚异"，立即命幕僚前去祷请。[5]

三是地方民众，尤其是对地方社会有较大影响力的士人、父老。地方官员在选择祈雨场所、对象、方法时往往要听取他们的意见，文献中此类记载数量甚多。刘挚祈雨于"高山圣贤之神"，就是因为府吏民"咸以神为言"；[6] 苏轼祭泗州塔既有上级的命令（所谓"府檄"），也是因"旁采民言"。[7] 许多祝文都会强调之所以向神灵祈求是顺应"民欲"、"民心"。[8]《夷坚志》中的两则故事说明，这类措辞并非虚文。《夷坚志》三

---

[1]《宋会要》礼20之9，第769页。
[2]《宋会要》礼20之9、10，第769页。
[3]《变迁之神》，第80页。
[4]《曾巩集》卷39《蕰山谢雨文》，第544页；卷40《蕰山祈雨文》，第548页。陆游向严州马目山祈雨也是因为"考于图志，得神之威灵而致祷焉"。见《陆游集》，第2210页。吴咏祈雨大龙湫，依据即为《东嘉志》，《鹤林集》卷14《青龙水祝文》，《四库全书》，第1176册，第131页。
[5] 真德秀《西山文集》卷53《西济王后殿祈雨祝文》，《四库全书》，第1174册，第849页。
[6] 刘挚《忠肃集》卷10《应诏祈雨文》，第220页。
[7] 苏轼《苏东坡全集·续集》卷11《祭泗州塔祝文》，第391页。
[8] 如陈襄《古灵集》卷22《祈雨》，称朝廷诏令本来是让"郡中举祀典"，但因"俗云有鳗鱼，灵异古所传，太守顺民心，命驾而迎焉，乐以钟鼓音，熏以沈檀烟"，《四库全书》，第1093册，第683页；毕仲游面对灾情，无计可施，只好"询诸邦人，皆曰：莫如我嵯峨圣母……故躬走祠下"，《西台集》卷12《嵯峨山祈雨文》，《四库全书》，第1122册，第155页。

第四章　祈雨与宋代社会

志己卷八"陈州雨龙"条云："陈州以六月不雨,遍祷莫应。父老诣郡守,言旱既太甚,非路通判不能以致雨。守素谓路为妄人,殊不信,勉从之。路欲就设厅作法,亦唯唯。"[1] 后来路焚香步印作法,果然下了雨。平时将路通判视为"妄人"的知州不得不听从"父老"的意见,当路得寸进尺,又提出"设厅作法"时,也只能"唯唯"。《夷坚志》三志辛卷六"玉山陈和尚"条则谈到乾道九年(1173)发生在信州玉山县的一件事:当地务林乡下岩寺童行陈生,善于祈雨,有"陈佛"之称,"乾道九年七月间,县大旱,士民投词于丁邑宰,乞招之祈雨,丁迫于民情,勉从之,而终不信也"。设斋布坛之后,陈生预言次日某时下雨。到时却未雨,于是陈生批评县令缺乏诚心,不雨的原因在于县令依然茹荤。结果,县令被迫道歉改过,重建道场。[2] 民间调查的材料也说明,如果官方祈雨时与民众不合作,很可能发生冲突,这当然是双方都不愿意的。[3]

韩森根据碑刻资料,对地方士人、父老与本地神祇获得官方赐封的关系曾有深入分析,认为地方官员与这些地方精英合作才使一些地方神祇争得官方的赐封,[4] 双方的合作在地方祈雨活动中更为明显。吴咏在查考方志,知道大龙湫"神灵无与比方"之后,仍不忘"扣之父老",[5] 楼钥之所以祷旱平水王是因"故老有言",[6] 真德秀听了"学校之士"的意见之后决定亲自向零陵王庙祈雨,[7] 有时干脆让"乡士"代表自己向神灵祈求。[8]

以上三方面的信息对地方官员祈雨实践的影响力度并不一样,但可

---

[1]　洪迈《夷坚志》三志己卷8,"陈州雨龙"条,第1362—1363页。
[2]　洪迈《夷坚志》三志辛卷6,"玉山陈和尚"条,第1426—1427页。
[3]　朱永林在《龙是什么——象山半岛龙信仰调查》一文中提到象山半岛在民国年间发生的两次官民祈雨冲突,都是因官不从民俗而起,朱文载《中国民间文化》第五集,第53—68页。
[4]　韩森《变迁之神》,第92—100页。
[5]　吴咏《鹤林集》卷14《青龙水祝文》,《四库全书》,第1176册,第131页。
[6]　楼钥《攻媿集》卷82《平水王祷旱祝文》,第15页。
[7]　真德秀《西山文集》卷53《零陵王庙祈雨祝文》,《四库全书》,第1174册,第849页。
[8]　《西山文集》卷54《惠安县龙宫山圣妃祠等再祈雨祝文》,《四库全书》,第1174册,第859页。

以肯定,它们所代表的均为地方信仰传统。其中传统祀典在宋代朝廷广泛推行祠神封赐制度之后有所变化,获得封赐的祠神无论从数量还是影响力而言都大大超过传统祀典,它们的支持者往往为地方社会的宗族、士绅等群体,当然也包括大批普通民众,它们比传统的祀典更代表地方性传统。地方官员从图经方志、父老那儿得知的祈雨对象也多半是这些代表地方性传统的祠神,正是这种十分活跃的地方传统始终左右着地方官的祈雨实践。人们对神祇、仪式的态度取决于其灵应程度,程式化的文本制度则往往被束之高阁或者受地方传统影响而发生改变。[1]

地方官员对地方祠神信仰的尊重不仅是因为他们在自然灾害的特殊情境下需要求助于它,更重要的是,代表祠神信仰或者说地方性传统的力量——父老、士人等群体——对于征收赋税、地方治安等方面都起着至关重要的作用。对于地方精英而言,与官方合作即可使地方传统得到官方的承认,而且,因为祈雨是关系到本地全体民众能否渡过困难的重大事务,借助官方力量参与祈雨活动的决策有利于加强其在地方社会的地位。相比而言,在祈雨活动的官民合作中,地方传统更为积极主动,也处于更为有利的地位。[2]

同官颁祈雨法的命运相似,作为官方礼制组成部分的社稷祈雨在宋代很受冷遇,这固然是唐宋信仰世界发展的大势使然,但也与作为官方礼制组成部分的社稷难以在地方民众信仰传统找到合适位置有关。[3]

---

〔1〕 吕南公曾将民间祈雨与经典传统作过对比,见《灌园集》卷9《黄箓祈雨记》,《四库全书》,第1123册,第98、99页。
〔2〕 张晓虹则从官方角度分析了官方通过修庙、祭祀、赐封等方式对地方民间信仰的介入,与本文可互补,可以说,祈雨活动为官民双方提供了获取各自所需资源的场所。参考张晓虹《民间信仰中的政府行为——以陕西地区太白山信仰为例》,收入复旦大学历史地理研究中心主编《自然灾害与中国社会历史结构》,上海:复旦大学出版社,2001年,第469—487页。
〔3〕 中村治兵卫也发现宋人文集中的祈雨文祈祷对象往往并非社稷或风伯雨师等传统祭祀对象,而是龙神、山神等,为了探寻其原因,他将《宋会要》礼20中官方封赐额号的祠庙加以统计,发现龙祠占20.3%,山神祠占14.7%,其他祠庙占65%,认为官方的神祠政策影响到地方的祈雨对象的选择,二者当然有十分紧密的关联,但我认为更应该充分考虑到后者对前者的影响,中央的神祠政策受地方各种力量影响甚大,见前揭中村治兵卫文第146—148页,并参韩森《变迁之神》第四章《赐封》对宋代官方神祠政策的分析,第76—101页。

第四章 祈雨与宋代社会

第四节 对祈雨"异端"的批评

一、对祈雨"异端"的批评

祈雨于佛道寺观、民众神祠在北宋似乎未引起儒者的太多关注，直到南宋末这一做法也为大部分官员、士人、民众所奉行，并未觉得有何不妥。[1] 但是，自南宋中后期起，不断有学者对此提出批评。[2] 李之彦《东谷随笔》"异端"条云：

> 士君子莫不知崇尚正学，排斥异端。然朝廷及州县间，遇旱涝凶荒，非黄冠设醮，则浮屠礼忏。平日排斥异端，岂吾儒乏感格之道耶？切所未喻。[3]

《增入名儒讲义皇宋中兴两朝圣政》卷六十云：

> 淳熙十年(1183)秋七月庚午，礼部太常寺言："《开宝通礼》州县水旱则祈社稷，典礼具存。《政和五礼新仪》虽不该载，见今朝廷或遇水旱，亦行祈祷。今欲从臣僚所陈，遇有水旱，令州县先祈社稷，委合典礼。乞朝廷指挥从礼部太常寺修定仪注行下。"诏从之。
>
> 先是，臣僚言："州县遭水旱，神祠佛宫无不遍走，而社稷坛壝阒然莫顾。省彼五土五谷之神，百代是尊是奉，岂应祈报独不得与群祀

---

[1] 例如范仲淹守边时因为关中大旱，曾乞朝廷"选精谨使，命至西狱庙专行祭告，并于陕西灵、湫等处祈雨泽以救生民"，守饶州时更向当地的鹿头大王祈雨，至元丰年间，太守马渊还向朝廷提到范氏请雨之功。这应该反映了北宋时期儒者对于向民众祠神祈雨的普遍认识。参见刘静贞《略论宋儒的宗教信仰——以范仲淹的宗教观为例》，载《中国历史学会史学集刊》第15期，第153—164页。

[2] 当然北宋也有些人对"于山川外木土人身上讨雨露"的做法提出批评，但他们之所以赞成到名山大川祈雨，是因为它们"气之蒸成"，本身即可兴云致雨，而"庙中祈祷"则否，很少涉及正统、异端问题。见程颢、程颐《二程集》，第288页。

[3] 李之彦大约与杨简(1141—1225)同时，见《东谷随笔》"简翰"条，《百川学海》本。

同享精纯?"于是下礼寺看详,而有是命。[1]

然而,不到十年之后,也就是光宗绍熙三年(1192)八月十九日,监察御史曾三复又批评当时"社稷坛壝草莱芜没,执事者不可升降"。[2] 同日又言:"州县间社稷之位,士大夫不知先务而昵于非祀,反以为迂缓不切,仅存故事而已。乞行下应州县社稷坛场并加修葺,务在精严。春秋祠祭,须长官躬亲行事,必即坛壝之所,不许于他处就便行礼。仍于坛侧搭盖屋宇,以备雨潦望祭。守令到官之初,谒诣庙祀,首诣社稷之所。凡有水旱,必先致祷,使知崇本,无愧有邦。"从之。朝廷为此专门下诏:"遇有水旱令州县先祈社稷。"[3]

三者的批评一脉相承,祷雨求助于黄冠浮屠属异端之举,与之对应的则是儒家的社稷祈祷,是"本"。[4] 尤其值得注意的是,孝宗、光宗两朝都有臣僚将社稷坛壝的衰落、恢复与水旱祈祷联系起来。这可能是相当一部分人的想法,如叶适就在《温州社稷记》指出,纳入祀典系统的社稷风雨雷神乃"神明之所繇出,至严至敬,不敢忽也"。但当时现实社会中是"怪淫诬诞之说起,乞哀于老佛,听役于鬼魅。巨而龙冈,微而鳝蜴,执水旱之柄,擅丰凶之权,视社稷无为也。呜呼,岂民悖而不知礼哉,乃长吏导之非其义也。盖温州之社稷,昔者莫能详矣。某自童年,见其坛陛颓缺,旁无四堳,敝屋三楹,饮博嬉遨聚焉。祭且徐薙茀蔓草,燔燎甫毕,已丛生过其旧矣。地气一不应,浮屠之普觉,行庙之祠山,湫渊之玉菡,莆枸椒丘之三王海神,奔走拜伏,咒诵呶杂,社稷顾漠然无预也。夫莫尊于地,莫察于地,众灵群望,环拱效职者也,何急彼而慢此哉。"[5]

---

[1]《增入名儒讲义皇宋中兴两朝圣政》卷60,第7页,《宛委别藏》本。关于《圣政》的版本问题,梁太济有详考,见氏著《〈圣政〉今本非原本之旧详辨》一文,载《中国学术》2000年第3辑,北京:商务印书馆,2000年,第182—203页。
[2]《宋会要》礼23之14,第899页。
[3]《宋会要》礼23之14,第899页。
[4] 吴泳在二篇祈雨祝文也认为"燎芗寺观,用牲庙宇"是"不知本","受风雨、达天地之气,莫贵于社",与曾氏观点暗合。《鹤林集》卷14《祈雨祝文——社神》,《四库全书》,第1176册,第125页。
[5] 叶适《水心文集》卷11,见《叶适集》,北京:中华书局,1961年,第187页。

第四章　祈雨与宋代社会

据此,地方官员、民众厚彼薄此、急彼慢此的主要原因之一即佛老与民众神祠"执水旱之柄,擅丰凶之权",而社稷在这一关系民众生计的大问题上却"无为"。

可以说,南宋中后期对传统社稷祭祀衰落现状的忧虑几乎普见于当时所有的社稷记、祝之文中,士大夫认为,这种衰落与"异端"在水旱祈祷中不断扩大领地密切相关。

二、观念的差异——对"感格之道"的不同理解

为什么南宋的士人要对祈雨异端行为进行批评呢？表面上是儒家与释道、民众祠神信仰之间的分野,是对后者的贬抑,源头则是二者观念上的差异,是对"感格之道"的不同理解。

南宋末年,理学家度正的门人阳枋在给地方长官李某讨论时政的信中,列举了"赈救灾祸之实政"十二条,其中第十一条是"索鬼神",并注曰:"司农谓求废祀而修之,此不可尽信,凡有功德于民而祀,废则当修。若世俗淫祀,如狄仁杰所废者,不可修。"[1]在给另一位地方官王某的信中再次提到"索鬼神以弭灾殃",并说"古人于水旱凶荒,皆祷于社稷山川之示。所谓靡神不举,非若后世但索之绀宇琳宫而已也。夫诚者一心之德,万事之本,天地鬼神之所以感格而佑助者也。至诚而不动者有矣,不诚未有能动者也"[2]。李之彦所谓"岂吾儒乏感格之道耶"亦是此意,则儒者还是主张水旱灾荒时进行祈祷的,当然祈祷的场所应是社稷山川,纳入祀典或获得朝廷封赐的地方祠神,而不是佛道寺观或那些不入祀典或无名无号的民众神祠。

如前所述,官颁的祈雨法对祭祀人员组成、空间分布、服饰、祭器、祝文、仪式过程等都有严格规定,但在一些学者看来,这些似乎并不是最紧要的。他们更多地强调祈雨时主持者自始至终的虔敬、诚恳态度,自身的道德修养,以及相应的利民利国之政治措施,仪式主持者的德行是祈雨得

---

[1]　阳枋《字溪集》卷1《与约斋李守论时政书》,《四库全书》,第1183册,第263页。
[2]　《字溪集》卷2《与南畴王使君论时政书》,《四库全书》,第1183册,第273页。

应的核心,神意能否感格关键在祈祷者的道德修行。[1]

仁宗时大旱,他根据太史对天象的观测决定雨前一日外出祈雨,而谏官则曰:"臣谓是日无雨。"上曰:"卿何以知之?"曰:"陛下既知有雨,安用祈求。知有雨而祈,非诚也。天非至诚不格,臣是以知无雨也。"[2]仁宗的观点还是很理性的,祈雨有太史的技术支持,完全变成了一种仪式、象征。但在一些受传统儒学浸淫的官员看来,祈雨应否在人心与天心的感应,谏官担心的是知道有雨之后再去祈雨的做法,人心的不诚显然比是否有雨更为重要。另一个例子发生在南宋后期,嘉定丙子秋(1216)"建康旱,大田龟折,苗且槁死,人情相顾皇骇。既祷于山川,未应。遂以后七月丙戌用道家法醮太乙于赏心亭",时任江东转运副使的真德秀请天文生范某预测雨晴,范氏根据当时的天文观测技术告知"雨未可冀",但真氏仍坚持祈祷,最终获雨,真德秀在醮词注文的最后说:"呜呼,以某之庸驽,何敢言格天事,然惟幽明精祲之交,一念贯彻,诚有不可诬者,盖自是益知暗室屋漏之不容欺,而战兢临履之诚没吾身而后已,可也。自警云。"[3]

上面两个例子说明宋人在祈雨中已经开始有意识地使用天文预测知识以确保祈雨的灵验,但在科学知识、祈雨仪式方法、个人道德三者,人们尚处在犹豫徘徊阶段。一方面天文技术的发展使人们认识到利用它预测晴雨的作用,所以在宰臣以愆雨祈求时,仁宗根据天文预测知识很有信心地预言下雨日期,并不多谈祈雨的仪式。[4]皇帝、官员身后拥有的技术支持不容忽视,具体操作仪式的释道人士、巫士也常有丰富的天文知识,我们在《道藏》中读到一些将天气预测与仪式结合在一起的道经,如《雨旸气候亲机》叙述了星辰云彩的变化与雨晴的关系,经中"雨牌"部分上

---

〔1〕 考察宋代官员、士人祈雨的心理也是一件十分有趣的事,当时祈雨有应常被视为祈祷者、地方官员德行、德政的表现。于是有所谓"知县雨"、"司户雨"、"上杭雨",见周必大《文忠集》卷32,《四库全书》,第1147册,第365页;林希逸《竹溪鬳十一稿》续集卷22《陈判官墓志铭》,《四库全书》,第1185册,第771页;真德秀《西山文集》卷46,《四库全书》,第1174册,第742页。
〔2〕 王从《清虚杂著补阙》,《中华野史》宋朝卷1,第1002页。
〔3〕 真德秀《西山文集》卷48,《四库全书》,第1174册,第769页。
〔4〕《宋会要》礼18之16,第740页。

第四章　祈雨与宋代社会

图下文,详细描述云气与天气的关系以及相应的道教仪式、方法,其中关于天气预测的叙述应该是当时天文观测经验精华的汇编。另外一部《盘天经》也记录了大量气象学知识。可惜,这两部道书的年代都无法确定,[1]不过我们可以推测,道教祈雨仪式方法除了宗教因素,也有科学知识的支持。[2]另一方面,人们普遍对自身的道德热情高于具体的科学知识,技术似乎是不可靠的,天人感应的关键在人的德行修为。道德情感对祈雨灵应的作用远远超过了科学技术与仪式方法,甚至,在心诚的前提下,仪式的正统与否都不重要。[3]

儒家祈雨观念中灵应与道德的这种关系真德秀说得最明白,他在一篇名为《祷雨说》的文章中写道:"云蒸雨降,虽自于天,其实从一念中流出。故祷祈未效,不可怠,怠则不诚矣。既效不可矜,矜者不诚矣。不效不可愠,愠则不诚尤甚焉。未效,但省己之未至,曰:'此吾之诚浅也,德薄也,于神乎奚尤!'既效,则感且惧,曰:'我何以得此也。'不效,则省己当弥甚,曰:'神将罪我矣,吾其能容身覆载间乎。'盖天之水旱,犹父母之谴怒也,为人子者见其亲声色一旦异常,戒儆畏惕,宜如何邪?"[4]则祈雨的灵应与否似乎不再是问题的中心,祈雨过程仿佛是非常状态官员德行证明、自省与修持的过程,这或许是很多地方官员积极参与治地祈雨仪式的深层原因。[5]

---

〔1〕 前者任继愈主编《道藏提要》以为"约作于宋元间",北京:中国社会科学出版社,1995年,第1008页。
〔2〕 贺圣迪《道教风雨术》分析了道教风雨术对气象和天文科学发展的促进,载《世界宗教研究》1991年第2期,第49—57页。
〔3〕 这方面最极端的例子出现在哲宗朝,元祐二年(1087)久旱不雨,祈祷不应,右司谏王觌言:"陛下必欲有以感天意,即乞下诏责躬,以其未能肃钦,以致不肃之罚也。然后诏三省以振朝纲,去民贼,诏枢密院以严边防,治军政,诏六曹寺监以修职事,戢胥吏,台以举不职,诏监司以察纵弛,诏群守以戒偷惰,凡政事之不肃者皆修饰之,如此而雨犹未降,臣甘伏严诛,以为妄言之戒。"王氏的建议被采纳。以性命担保人的政治道德行为能影响天气变化,如非对之深信不疑是不可能的。见《宋会要》瑞异2之22、23,第2092—2093页。
〔4〕 真德秀《西山文集》卷33《祷雨说》,《四库全书》,第1174册,第515页。
〔5〕 阳枋替广安地方长官赵某写的榜文是这方面的代表作,因为久旱祈祷不应,于是号召整个地区的民众进行一场集体祈祷,以召和气,要求自我反省的阶层包括地方的官员、士人、农民、手工业者、商贩、军人、释道人士,乃至游手之徒,简直可以视为官方借自然灾害对全民进行的一次道德、职业教化。见《字溪集》卷9《广安旱代赵守榜文》,《四库全书》,第1183册,第396—398页。

《四库》宋人别集有不少受理学教育的官员或理学家写的祈雨文、祈晴文,人们通常将之理解为应付职责的行为,现在再细读这些文字,恐怕是误解了古人的意思。祈雨文反映的诚敬心理是不容怀疑的,经过一次次无神论洗礼的今人固然可以说那只不过是敷衍应付之作,但从宋代士大夫的私人通信、诗歌唱和来看,他们祈雨不仅仅是履行固定的仪式,更是在为民的前提下以自身的诚信向神祇、上天祈求,如果诚敬祈祷碰巧有所回应,矜则未必,喜悦和自豪是肯定的。[1]

　　相对而言,释道祈雨仪式不仅不正统,而且参与者缺乏心理情感上的诚敬。理学家认为,失去人心与天地之感格,仪式成为虚文,甚至会使参与者产生纯粹通过外在途径邀福避害的侥幸心理,而不是转向内心的反省和修持,更不会注重检讨实际政治行为以挽回损失,回转天意。显然,这不符合理学的致思方向。所以阳枋曾指出"今人祷祈从事佛老以徼福",于理不合,且"佛经纸币素修"只是虚文,不足以感格天地之心。他还将儒家与释道祈雨观念在实践上的差异进行比较,一为遇水旱灾荒"咏《云汉》之什以侧身修行,爱民畏天",一为"骏奔走者不适方社群望,而适天竺灵隐,披缁衣黄者流群行通衢。顷而片云忽兴,则曰此和尚雨也;甘泽霡霂,则曰此观音雨也"。他批评佛道祈雨违背桑林祷旱,云汉遇灾的传统,并且说,"大率《云汉》之诗以侧身修行为本,至于祷祈,则曰:靡神不举,靡爱斯牲,圭璧既卒,宁莫我听;又曰:不殄禋祀,自郊徂宫,上下奠瘗,靡神不宗。则唯以祭为重,而不靳于圭璧牲牷之用。此事天以实,不以文之大训。《周官》荒政十二,无非便民之事。至于索鬼神,则以祭而享之,盖鬼神者造化之功用,雨旸实其所司,于佛何与!"与儒家的祈雨观念相比,佛道及民间祈雨方法确实过于注意具体仪式方法的操作、祭品的数量质量、祈雨过程禁忌等方面,不如儒家的"责己省咎,举

---

〔1〕　陆九渊代地方官祈雨有应,言语之间颇是自得,《陆九渊集》卷15《与陶赞仲》,第192页;朱子在南康奔走群祀时,友朋的书信中言及州县祈雨之法,见朱熹《朱文公文集》别集卷3《与程可久》。王曾瑜在一篇宋史研究的综述中也谈到宋代士大夫祈雨祝文反映了他们的真实观念,是宋人思想的一个侧面,王曾瑜《宋史研究的回顾与展望》,《历史研究》1997年第4期,第155—156页。

第四章 祈雨与宋代社会

行荒政"来得合理。[1]

王柏在《祷雨札子》中则指出士人将释道祈雨法视为异端的另一个原因。在他看来,祈雨于社稷方才"于义尤为至当",传统的山川祭祀与释道之祠、民众祭祀之间,存在某种品级的差别,指责性的称呼显示了他对传统祭祀之外求雨途径的强烈不满。他认为祈雨于释道及祈求民间祠神的做法与受到冷落的"职分所得而祭,于礼为正者相对",它们或为"妖妄淫昏之鬼",来路就有些不正,或者"用黄冠而上供其皇天上帝",僭越礼的等级,而"髡缁夷族旋绕厕秽于宣布教化之庭",更是坏乱礼教之举。批评的同时,他运用气论来说明传统的山川祭祀求雨的合法性,并将道德修养与气论有机结合起来,认为如果"能正其祭祀之本……凡政事之淹郁者疏剔之,凡征催之苛急者宽弛之,使千里人民之气和,而山川之气已渐和矣。然后齐肃一心,积蓄诚意,会山川之气,通幽显之神,何祈祷而不应哉"。[2] 王柏努力为儒家的祈雨方法寻找理论根据,并用张栻在桂林的成功经验以增强其说服力,希望人们能采纳实行。

三、无奈的现实

儒家对祈雨中"异端"问题的提出既是自身与释道、民间祈雨观念的区别,也是迫不得已的举措。如前所述,各种祈雨法中尤其是佛教祈雨在当时已有占主导地位之势,民众"和尚雨"、"观音雨"的称呼让理学家们十分愤怒,他们或是指斥天雨与佛无干,或者说释道仪式的举行与下雨是偶然相合,[3] 根子里却是因为"一遇水旱,官吏奔走祈禳之不暇,于是五土五稷之坛,诞寘遐僻寂寞之地",[4] "水旱凶荒,率诣琳宫梵宇",[5] 而

---

[1] 阳枋《字溪集》所附行状,《四库全书》,第1183册,第459页。但石本道明、吹野安的研究也表明,苏轼与朱熹的祈雨文中都含有胁迫神祇的话语,后者甚至将朱子的祈雨文与咒术进行类比分析,则儒家在祈雨中对自我的道德反省之强调只其主要方面,而非唯一方面。

[2] 王柏《鲁斋集》卷10《祷雨札子》,《四库全书》,第1186册,第163、164页。欧阳守道《巽斋文集》卷4《与王吉州论郡政书》,也是用气论来解释祈雨,《四库全书》,第1183册,第538页。

[3] 阳枋《字溪集》所附行状,《四库全书》,第1183册,第459页。

[4] 周必大《文忠集》卷59《汀州长汀县社坛记》,《四库全书》,第1147册,第629页。

[5] 阳枋《字溪集》所附行状,《四库全书》,第1183册,第459页。

传统的儒家祈雨仪式、场所则受到冷落。

到南宋中后期,理学对传统儒学的改造已经基本完成,李之彦所说的"士君子莫不知崇尚正学,排斥异端"虽然有点夸张,但也大体属实。于是理学家们不仅要在思想领域,而且还试图在行动领域占据主导地位,要在现实社会中建立符合儒学原则的生活秩序,温公《书仪》、朱子《家礼》、吕氏乡约等都是试图将民众日常生活纳入理学的指导范围,也就是要使理学的原则真正渗入社会。[1]祈雨中"异端"问题的提出亦是这种努力的一个组成部分,这显然与唐以前集中在政治经济方面的批评不同。它是一种类似于釜底抽薪的做法,在大量吸收释道思想观念,加以改造之后,再在理论上批评指责对方。严厉谴责"异端"与宋代民族问题异同寻常的意义有关,也是儒家批评释道及民众信仰的一贯做法,对"异端"的批评波及祈雨仪式领域,应该是理学复兴后欲图恢复其对社会生活全面支配的一种反映。

然而,实践中比较坚定的大概只有张栻等极少数人。张栻在任地方官时有不少祈雨晴文,使用的都是传统祭祀,就是要以之取代民众神祠、释道在各地祈雨宗教仪式中的主导地位。[2]但是,自释道兴起之后,儒家在仪式方面就逐渐处于劣势,经典中关于雩、禜的记载并不详备,于是实践中大多数士人、官员不得不借鉴民间系统的仪式方法。[3]如叶适在作《温州社稷记》时大大地批评了一通祈雨于佛老及民众神祠,忽视传统社稷祭祀的行为,而自己任地方官时亦不妨祈雨龙湫、祠山。[4]真德秀《西山文集》卷四十八至五十四社稷祝文所收皆为青词、各类疏文、祝文,涉及社稷的只有数篇,他在一篇《社稷祝文》中写道:"凡祈祷之事,必先社稷,礼也。属者霖雨过度,几于靡神不请矣,而独未及于土穀之神,此其

---

[1] 葛兆光《中国思想史》(第2卷),第333、334页。
[2] 张栻《南轩集》卷42,《四库全书》,第1167册,第762—768页。
[3] 朱熹在南康时,就深感儒家仪式、方法的不足,他在给程可久的信中说:"州县祈水旱,《政和新礼》所不载,而《通典》、《开元礼》尚有可依仿者。唯乡村所祷,全无可据,苟且从俗。"见《朱文公文集》别集卷3《与程可久》。
[4] 叶适《水心文集》卷26,《叶适集》,第536—538页。

第四章　祈雨与宋代社会

不知礼之罪也。"[1]真德秀大儒也,然其祈祷不及社稷,虽自谴为"不知礼",则亦可知当时一般官吏之情形。楼钥的情形也差不多,祈雨晴文数十篇,却无一篇是祈雨社稷的,他所作的《迎神像行道祈雨》提到旱灾致祷,虽然每天都去灵祠祈祷,但一直无雨,"意尚亏于旧礼,愿同佛像周历郡城,列处黄堂,慰万众瞻依之切"。[2]"旧礼"即民众旧习,官从民在祈雨中特别普遍,抬着佛像"周历郡城,列处黄堂",民众祠神信仰与组织性宗教混融,只是为了满足民众在非常情境下求雨的迫切愿望。

理学家、士绅、地方官在祈雨"异端"这一问题上实际行为与公开话语的疏离反映了其主观意愿与实际拥有资源之间的矛盾。因为缺乏足够的仪式、方法资源以实现其理想,他们只好在儒家原有仪式方法的基础上,对释道、民间传统暂时容忍,或略加修改,并在其中注入儒家的理念,从而恢复儒学对社会生活的全面控制。[3]在《朱子家礼》中不难看到这种坚持与权变的统一,并最终获得了成功。[4]祈雨问题上他们采取的也是同一策略,只是祈雨毕竟与家礼所规范的婚丧礼仪有异,天意终究不是人心所能回的,儒家祈雨仪式方法过于简略乃至于缺乏必要的神秘感,诚敬的心理要求本质上即与祈雨的功利性相违,所以,理学对祈雨"异端"的批评与清理只是留下了雪泥鸿爪,使我们看到了当时思想史上曾经有那么一种心情和努力,此后祈雨的实践则依旧在"异端"的笼罩之下。

---

[1]　真德秀《西山文集》卷53,《四库全书》,第1174册,第845页。
[2]　楼钥《攻媿集》卷82,第10页。
[3]　值得一提的是黄震关于祈雨的观念,一方面他认为"天人感应,止由至诚之一念",批评释道"祷晴而益雨,祷雨而益晴,则讳之而不言。及晴久而自雨,雨久而自晴,即贪之以为功大"(见《黄氏日钞》卷69《戊辰轮对札子》,《四库全书》,第708册,第676页),"祷雨往往不于山川,而指土木偶以为神"是"邪说诬民"(见《黄氏日钞》卷94《麻源真君祈雨》,《四库全书》,第708册,第1009页);另一方面,如前面提到的,他却在一篇记文中努力为观音祈雨寻找理论依据(见《黄氏日钞》卷87《绍兴府重修圆通寺记》,《四库全书》,第708册,第924、925页),这或许反映黄氏面对"古者水旱祷于山川,后世则舍而祷于佛氏之祠"的一种矛盾心理。
[4]　当然也包括理学家和官方的推动,参杨志刚《中国礼仪制度研究》,上海:华东师范大学出版社,2001年,第205—210、238—239页。

第五章 他乡之神——宋代民众祠神信仰的传播

任何一种民众祠神信仰,其最初产生及信众都具有一定的区域性,该区域可以是自然地理条件形成的,也可以是行政区划形成的,还可能是经济关系造成的,祠神信仰所形成的信仰圈与自然条件、行政管理、经济交流所形成的区域既有重叠,相互之间也有互动。[1]

不过,按照早期儒家的观念,人们的祭祀权力与其社会地位紧密相关,《礼记·曲礼下》云:"天子祭天地,祭四方,祭山川,祭五祀,岁遍;诸侯方祀,祭山川,祭五祀,岁遍;大夫祭五祀,岁遍;士祭其先。"[2]统治天下者可以祭祀所有的神灵,而诸侯只能祭祀境内的神灵,一旦失去土地的统治权,也就丧失了该地神祇的祭祀权。这是一种将现实世界秩序与虚

---

[1] 参见包弼德(Peter K. Bol),"The Multiple Layers of the Local: A Geographical Approach to Defining the Local",提交给"第九届中华文明的二十世纪新意义学术讨论会"的论文,上海:复旦大学,2004年4月8日至10日。一些学者认为,信仰圈指以某一神明或(和)其分身之信仰为中心,其信徒所形成的志愿性宗教组织,信徒的分布有一定的范围,通常必须超越地方社区的范围,才有信仰圈可言,由于宋代文献相对缺乏,无法对信徒所形成的志愿性宗教组织进行充分考察,所以本文所说的信仰圈并非严格意义上的信仰圈,而是指以祠神或其分身(即祖庙和各地行祠)所形成的信仰范围。参林美容《妈祖信仰与汉人社会》,哈尔滨:黑龙江人民出版社,2003年,第7—12页。

[2] 另如《礼记·王制》:"天子祭天地,诸侯祭社稷,大夫祭五祀。天子祭天下名山大川,五岳视三公,四渎视诸侯。诸侯祭名山大川之在其地者。"《祭法》:"有天下者祭百神,诸侯在其地则祭之,亡其地则不祭。"分见《十三经注疏》,第1268、1336、1588页。

第五章 他乡之神——宋代民众祠神信仰的传播

拟世界秩序重叠并给予整齐化的观念,用春秋时期楚昭王的话来说,就是"祭不越望"。[1]这种观念或原则在对人们祭祀对象加以规定的同时,也限制了信仰世界神灵传播的可能性。既然人们只能按政治权力、社会地位供奉与本地有关的神灵,那么神灵就无法超越边界,因而大部分神灵最初只能是地方性的。[2]

当然,现实不可能完全符合理想中的观念或原则。早在春秋战国时期,已经出现了某些非礼祭祀,如越望之祭、越份之祭,遭到一些传统维护者的批评。东汉末还出现了单个祠神广泛传播的现象。例如,汉初助汉室平定诸吕、立文帝的城阳王刘章死后,后人在其封地内立祠祭祀,其信仰连绵不断,至东汉后期,"自琅琊、青州六郡,及渤海都邑乡亭聚落,皆为立祠,造饰五二千石车,商人次第为之,立服带绶,备置官属,烹杀讴歌,纷籍连日,转相诳曜,言有神明,其遣问祸福立应,历载弥久,莫之匡纠"。[3]据王沈《魏书》记载,当时奉祀刘章的神祠共有六百多座,推动该信仰的群体除了巫觋之外,最重要的可能是商人。[4]

对刘章的奉祀已偏离传统儒家的祭祀准则,所以很快受到地方官府的打压。而笔者在翻阅宋代以前的传世文献、出土碑志、敦煌文书以及今人论著时,也很少见到这类违背"祭不越望"原则的现象,常见的祠神信仰的范围一般在与祠神有关系的地区,人物神在与其生前有关之地区,山川神须是山川所在之地。这是宋以前祠神信仰的大致状况。

越望之祭的大量出现应该始于宋代,尤其是南宋,不仅有东岳那样在官方推动下行祠遍布的事例,也出现了受民间支持的蜀中灌口二郎神和梓潼神"似乎割据了两川"的现象,[5]神祇在各种力量的推动下走向他乡已经很常见。这种情形在宋代文献中的反映,便是与"祖庙"、"本庙"

---

[1] 楚昭王关于祭祀的观念被孔子称赞为"知大道"(《春秋左传集解》哀公六年,上海人民出版社,1977年,第1741页)。
[2] 詹鄞鑫《神灵与祭祀——中国传统宗教综论》,第179—181页。
[3] 应劭撰,王利器校注《风俗通义校注》卷9《怪神》,"城阳王祠"条,北京:中华书局,1981年,第394—395页。
[4] 陈寿《三国志·魏书·武帝纪》注引《魏书》,北京:中华书局,1982年,第4页。
[5] 黎靖德编《朱子语类》卷3《鬼神》,第54页。

相对的"行祠"、"别祠"、"行庙"、"行宫"、"别庙"等用语已十分普遍,官私所修方志"祠庙门",也经常提到某某行祠,都城临安的方志更有"外郡行祠"一目。[1] 说明宋代已有相当数量的祠神信仰走出其源发之地,向其他地区,甚至向都城传播,拥有一定数量的信众之后,在他乡建立起比较稳定的祠宇,形成新的信仰中心。这些外乡来的行祠遍布各地,影响甚大,通常能够得到传入地民众和官方的认可,以至官修的《咸淳临安志》需要为之单立一目。

应该说,从"祭不越望"到行祠林立是中国民间信仰发展历程中的重要变革之一,也是唐宋变革中民间信仰世界出现的诸多新现象之一,对后世影响深远。对此,国外学者贡献比较突出,较早的是祁泰履(Terry Kleeman)对梓潼神的研究,他指出梓潼神的传播与南宋末年的四川移民、道教有密切关系;[2] 韩森(Valerie Hansen)对宋代的四位地区性祠神——五通、张王、天妃、梓潼——作了全景式的分析,认为新庙宇的增加是沿水路推进的,地区性祠神的崇拜最先都出现在经济发达地区,行商和任职于外乡的官员是其主要支持者和传播者,祠神信仰传播是商业革命在信仰世界的反映。[3] 最近,万志英(Richard von Glahn)针对韩森的观点,提出信徒和宗教人士在五通信仰传播中的作用不亚于商人,并谈到朝圣信仰中心对信仰传播的重要意义。[4] 而韩明士(Robert Hymes)通过对宋元时期华盖山三真君信仰的研究,认为推动三仙信仰传播的主要力量是士大夫而非韩森所说的商人。[5]

---

〔1〕 潜说友《咸淳临安志》卷73,《宋元方志丛刊》,第4011—4015页;吴自牧《梦粱录》卷14,第119—121页。
〔2〕 Terry Kleeman, "The Expansion of the Wen-chang Cult", in Patricia Buckley Ebrey and Peter N. Gregory, eds., *Religion and Society in T'ang and Sung in China*, Honolulu: University of Hawaii Press,1993, pp. 45 - 73. 祁泰履对梓潼从蛇精到负责全国士人科举功名的文昌帝君的过程有很细致的研究,见氏著 *A God's Own Tale: The Book of Transformations of Wenchang, the Divine Lord of Zitong*, Albany: State University of New York Press, 1994.
〔3〕 韩森《变迁之神》第六章《区域性祠祀的兴起》,后来,她进一步认为宗教上的变迁在现实社会的变化之前发生(见该书中译本序)。
〔4〕 参见王锦萍对《左道:中国宗教文化中的神灵与恶魔》一书的评论,《唐研究》卷11,北京大学出版社,2005年,第673—680页。
〔5〕 Robert Hymes, *Way and Byway: Taoism, Local Religion, and Models of Divinity in Sung and Modern China*, Berkeley: University of California Press, 2002, pp. 20,83 - 97,106,112.

第五章 他乡之神——宋代民众祠神信仰的传播

这些见解从各自的具体研究对象、视角揭示出宋代祠神信仰传播的某一方面,为进一步研究开辟了道路。但是,正如韩森对宋代祠神信仰其他现象的分析所存在的问题一样,她对祠神信仰传播的分析也有模式先行之嫌,其实商业经济或商业革命在唐宋社会变革中的地位还有待进一步探讨,而她得出以上结论的直接证据只有张王信仰传播至丹阳一例,[1]其他分析都是建立在行祠的空间分布之上的推测,这一分布特征很大程度上受到文献保存的空间分布的影响,而非商业经济、商人力量作用的结果。[2]而为什么支持地方性权威、个人模式的地方精英(例如吉州地区的士人)要接受外来的三仙?韩明士没有讨论。[3]

其实,如果不先入为主地受某一模式、框架的限制,将研究范围扩大,既对传播范围很广的祠神进行分析,也对某些小范围传播的祠神进行考察,便可得出一些普遍性的认识。由此,宋代祠神信仰传播的许多重要问题都有必要重新探讨,比如,信仰传播与唐宋变迁中的商业革命之间的关系,是否如韩森、万志英所说的那么直接,商人不仅向顾客推销他们的商品,还顺带推销家乡的神祇?佛教、道教人士在传播祠神信仰中扮演着何种角色,出于什么动机?商业经济之外,唐宋变迁中的其他因素,如政治因素引发的交通路线的变革对于信仰传播的路径、行祠的分布有何影响?祠神传播的现实必然与传统儒家经典之间产生矛盾,宋代士人又是如何解决这一矛盾的?等等,这些问题的解决,对于认识宋代祠神信仰的真实情形及其与宋代社会的关系都很有意义。

有鉴于此,本章拟对宋代祠神信仰的传播问题作一比较全面的探讨,当然这一问题的讨论同其他分析一样,要纳入整个社会变迁的视野之中,但本章不准备选择某一具体的研究框架、模式作背景,而是通过分析具体

---

[1] 韩森《变迁之神》,第149页。
[2] 现存宋元方志基本上集中在江浙运河沿线,再就是福建地区的三种方志,这也是韩森绘制四个区域神祇行祠分布图的主要依据,她搜集的明清方志也不出此范围,由此只能得出行祠沿运河分布的结论,进而又引申出商人在传播祠神信仰是最重要力量的观点。其实,只要对这些文献进行具体分析,便可能得出不同结论。
[3] 对该书的评论可参考我的一篇书评,见《唐研究》第11卷,第680—687页。

材料,对祠神信仰传播的一些重要问题提出一些看法,进而对其他学者的研究加以修正。本章讨论的问题是接续祁泰履、韩森、万志英等人而来,在讨论对象、使用材料上可能会有重叠之处,但由于笔者无任何先在框架、模式的限制,尽量将结论建立在具体的材料分析之上,为了使结论更为可靠,本章将在他们的基础上将讨论的范围进一步扩大,对与祠神信仰传播有关的一些重要问题重新检讨,如传播路径、动力、背景、方式等,也包括思想世界对祠神信仰传播的回应。

第一节 祠神信仰传播的几个基本问题

研究传播学的专家认为,传播行为是人类与生俱来的,没有不传播的人,人们每天都在以各种方式传播、接受信息。学者们对传播过程、类型、社会功能都提出了许多富有创见的观点,建立起一系列解释传播过程的模式、理论。〔1〕传播学领域的研究成果对于我们认识、理解祠神信仰的传播有很大的参考意义,本节的讨论就是试图借鉴传播学的某些观点,对祠神信仰传播的一些基本问题进行初步探讨,作为第二节具体个案分析的基础。

一般来说,任何一项传播活动都必须具备四个基本要素,即传播者、信息、媒介、受传者。祠神信仰的传播也是如此,必须有信奉者将该祠神信仰从一个地区传播给另一个地区的民众,其媒介或为语言,或为香火、祠神的塑像等。祠神信仰的传播包括以下几种情形:

1. 信奉者将祠神的灵应故事传播给本地的人群;
2. 信奉者将灵应故事向外地人群传播;
3. 信奉者在外地供奉神像或私设小神堂,以求祠神保佑;
4. 信奉者在外地的公共场所供奉神像,再次形成传播。

第1、2两种是最普遍的传播方式,宋人笔记小说中记载了不少灵应

---

〔1〕 戴元光、金冠军《传播学通论》第1、3、6章,上海交通大学出版社,2000年。

第五章 他乡之神——宋代民众祠神信仰的传播

故事,都是作者从当事人、信众处耳闻或辗转得知的,洪迈的《夷坚志》是这类笔记小说的代表。这些笔记小说将灵应故事文字化之后又成为新的传播媒介。洪迈曾说自己的《夷坚志》甲志出版之后,"士大夫或传之,今镂板于闽,于蜀,于婺,于临安,盖家有其书"。[1] 虽洪迈有自我吹捧之嫌,但大儒朱熹在谈到鬼神时也不时提到"册子"上所载故事,[2] 可见当时士人对此类志怪神异之书很是欢迎。信众为了扩大所信奉的祠神的影响或向朝廷申请封号、赐额,或将神灵事迹勒诸碑铭,或者编纂成书,甚至刻板流传,其中有些还为当时的目录学家所注意,加以著录。[3] 碑记、书册比起简单的口耳相传在流传时间、范围上有很大优势,对士人、官员了解及信奉某一祠神信仰影响力尤大。

第3种形式在宋代也十分普遍,往来于各地的人群常随身携带所供神像,既有民众祠神,也有释道神灵。乐平县长者吴曾就遇到一位寄居旅邸的异乡客,由于将行李置于房外丢失,来见吴氏曰:"微物不足惜,但贮五通神像,奉事多年,一旦属他人,道途无所依倚。知公长者,能为我访索乎?"从这位异乡客的口气来看,行李中的五通神像是其旅途平安的重要保障。[4] 而丽水的布匹小贩王七六,经常往来于衢、婺之间,"常日奉事僧伽大圣甚谨,虽出行,亦以画像自随,且暮香火赡敬"。[5] 也有的信奉者在固定的居所设置私人的小神堂,在祠神源发地之外祭祀供奉,例如安吉州乌镇的陈某便设有家堂供奉祠山大帝,世代信奉,而陈氏家堂祠山大帝显现的灵应又通过语言、文字的传播成为广德祠山张王信仰的组成部分。[6] 但

---

〔1〕 洪迈《夷坚志》乙志序,第185页。
〔2〕 所谓"册子"也就是当时印行的一些神灵志怪故事集,见《朱子语类》卷3,第35、36页。
〔3〕 如陈振孙著录了昭明太子、祠山、海神信仰的文献,晁公武则著录了蜀三神祠(包括梓潼、灌口、射洪三神祠碑文、板记)和袁州仰山二神的文献,分见陈振孙《直斋书录解题》卷7,上海古籍出版社,1987年,第222—223页;晁公武著,孙猛校正《郡斋读书志校正》,上海古籍出版社,1990年,第356、357、1132页。
〔4〕 洪迈《夷坚志》三志辛卷5,"吴长者"条,第1418页。
〔5〕 后来王某被人害死,大圣显灵使谋杀者暴露,这则故事也透露出商人信奉神灵未必出于纯粹的经济利益,可能是同普通信众一样祈求神灵保佑路途平安、身体健康等,见《夷坚志》支丁卷8,"王七六僧伽"条,第1032页。
〔6〕 《指掌集》卷4。再如同卷所载荆溪徐文之行船遇险,得张王、李侯保佑之事,徐氏"锓木详记其事以彰灵异",将此灵应故事刻板流传,后来又被收入《指掌集》,成为许多张王信众共知的故事,这也是一种传播。

以上三种传播形式的影响范围都有很大限制,第1、2种的传播媒介都不具有神异特性,受传者猎奇的心理居多,对于产生灵应故事的祠神未必能生信奉之心,而第3种由于神像、神堂的私人性,受传者多为设立神像、神堂者之亲属,或为与其有直接关联之个人,能够因此产生信仰行为的人员数量也十分有限。

第4种传播形式才是祠神信仰传播的最高形式,它说明祠神在源发地之外形成新的公共信仰场所,只要条件成熟,便可能形成新的信仰中心,即宋代文献所说的"行祠"、"行庙"、"别祠"等。一般说来,祠神要在外地建立行祠,通常是在其灵应故事已大量传入该地之后。

所以,上述四种传播形式之间虽然存在层次上的区别,但同时又相互影响,较低层次的传播通常是实现更高层次传播的条件,而高层次的传播又会推动较低层次的传播,正常情况下祠神信仰的传播是由低层向高层发展的。祠神信仰一般是在源发地信众之间、信众与其他民众之间传播相关灵应故事,随后可能有第2、3种形式的传播,信奉者将灵应故事传播到源发地附近或更远的地区,或者设立私人的供奉场所,该祠神信仰于是为更多的人所知晓或信奉。祠神信仰只有在源发地具有足够的影响力,才可能在源发地以外的地区建立公共祭祀场所,因为这不仅需要相当的资金来塑造神像、建立庙宇,更需要在新地区拥有足够数量的信众,才可能突破接受外地神信仰的心理障碍,这也决定了只有一部分祠神信仰能够有第4种形式的传播。

出于材料方面的考虑,本章主要讨论第4种形式的祠神信仰传播,也就是在祠神信仰源发地以外建立行祠类型的祠神信仰传播。但由于前三种传播是第4种传播的基础,对于理解第4种形式的祠神信仰传播具有重要意义,当然也会涉及。

一、传播者与祠神信仰源发地之关系

一般来说,传播者与祠神信仰源发地的关系大致有五种可能:一是传播者是祠神信仰源发地的信奉者,他们将本地的祠神传播到其他地区,并为之建立行祠;二是外地民众暂时经过、寄居于祠神信仰的源发地,成

第五章 他乡之神——宋代民众祠神信仰的传播

为信众,在其家乡建立祠神的行祠;三是外地民众暂时经过、寄居于祠神信仰的源发地,成为信众,在其家乡以外建立祠神的行祠;四是外地民众到源发地朝圣,最终在其家乡建立祠神的行祠;五是源发地以外的祠神的行祠成为新的传播源,出现上述四者之一的传播方式。这五种情况在宋代祠神信仰传播中具体事例甚多,以下举一些例子略加说明。

第一种情形最为普遍。如祖庙在衢州(治今浙江衢州市)的徐偃王,其行祠遍布江浙各地,其中昌化县(今浙江临安市昌化镇)的行祠在县东南上清宫之东,创建者为客居昌化县的衢州人,而庆元元年(1196)扩建庙宇的县令赵谅也是衢州人,[1]而严州建德县(今浙江建德县东)慈顺乡的行祠,则由迁入的徐姓人所建。[2]再如皮场庙,北宋时为东京著名的祠神,既主医治疾病,更主士人科举功名,南宋初,北方移民将自己的神带到江南,仅临安便有三座,"威灵不减汴都",是进京考试的士子所信奉的重要祠神。据元人所撰方志,镇江、明州也有皮场庙,不言修建时间,很可能是南渡初北方移民建立的。[3]从目前所见到的材料来看,此类传播者通常是地区之间移民引起,再就是官员或商人因任官或经商在他处建立本乡神灵的祠宇。[4]

第二种情形以史浩请广德张王香火回家乡二灵山供奉最为典型。[5]五显灵顺庙能够从其祖庙所在地徽州传至象山(治今浙江象山县),完全是因为"开禧年间乡人徐侍郎守徽州,神尝效灵,迎香火建庙于此"。[6]

第三种情形以游宦各地的地方官员居多,因为传播者与祠神信仰的源发地、行祠所在地三者皆无乡土关系,这要求传播者有很强的能力,动用相当的社会资源,其所建立的行祠才可能被他乡之人所接受。一般来

---

[1]《咸淳临安志》卷74,《宋元方志丛刊》,第4024页。
[2]《景定严州续志》卷5《建德县・祠庙》,同卷称此乡有徐村,北宋天圣二年(1024)开拓荒地,变为良田,《宋元方志丛刊》,第4387页。
[3]《咸淳临安志》卷73,《宋元方志丛刊》,第4010页。
[4] 赵世瑜先生曾说,明清徽州的汪公信仰传播到贵州等地就与当地移民有关,而徽商与晋商对家乡的汪公、五通、关帝的外传起了很大作用。但宋代这种情形的材料并不多见,待考。
[5] 参见第二章第三节对张王传播的分析。
[6]《延祐四明志》卷15,《宋元方志丛刊》,第6353页。

说,也只有地方官员有此需求。宋代地方官员将自己认为灵应的祠神带到任地的做法十分普遍,魏了翁在一则庙记中谈到一位姓史的地方官员,在任职武康时祈祷当地的威显庙获得灵验,"自时厥后,莅官所至,以民生之不易,水旱疠疫之不时也,有祈焉有报焉,罔有遏迩。故于武康,于峨眉,于龙,于万,于阶,于巴西,于丹棱,率建祠事,晚而居眉,祠是以兴"。[1]一个人为威显庙创建了七处行祠,这在宋代也应该是比较少见的了。

第四种情形传播者往往以群体出现,一般属于短距离传播。例如信州(治今江西上饶市)孚惠庙,本庙在贵溪县(治今江西贵溪),但州境内玉山(治今江西玉山)、永丰(治今江西广丰)等县发生危机时神也会显示灵迹。乐平县(治今江西乐平)与之相邻,由于"邑民诣其祠致祷者众,乃奉香火归于县治之西南二十里。亦有山焉,高倚如屏,洎水东至,拱揖其下。于是建祠,不忘其本,宜亦曰自鸣山。声传浸讹,唯曰鸣山"。[2]不仅祠宇名称,甚至连祠宇所在的山名也一度袭用贵溪祖庙。此外,孚惠庙还以此种方式传播到附近的新安地区,成为当地重要的外来信仰之一。[3]

第五种情形相对较少,目前我只见到两个例子。一则是新淦(治今江西新干)玉笥山的西岳别祠,其本庙在西岳华山,据云玉笥山之别祠系受唐玄宗之诏而立,后来,"有金陵彭彦规使于新淦,闻神之灵,乃画庙图而归,寻为丹徒令,因置庙于此。绍兴初,因火庙坏,越二十载,庚午,郡人相率重建"。这便是丹徒(治今江苏镇江)西岳别祠的来源。[4]另一个例子是信州玉山县的昭烈庙,本庙是沅州(治今湖南芷江县)城西南的张太保祠,[5]但将之传播至玉山者则为南安行祠的信众。由于此庙有三篇

---

〔1〕 魏了翁《鹤山先生大全集》卷41《眉州威显庙记》,第1页。
〔2〕 杨简《慈湖遗书》卷2《乐平孚惠庙记》,《四库全书》,第1156册,第619页。
〔3〕 《新安志》卷1,《宋元方志丛刊》,第7614—7615页。
〔4〕 《至顺镇江志》卷8,《宋元方志丛刊》,第2718页,新淦玉笥山的西岳别祠的情况参杨万里《诚斋集》卷75《玉笥山重修飙驭庙记》,《四库全书》,第1161册,第47页;《独醒杂志》卷3,《宋元笔记小说大观》,第3223—3224页。
〔5〕 其封赐情况见《宋会要》礼20之16,第772页。根据汪应辰、蔡戡的考证,这位新神原本是唐代张巡、许远的从将张扞,死后托梦自称"得请于帝,令辅南岳为司录事,出乘轻车,迅疾如飞,掌察人间善恶,具以闻而加赏罚,吾乘此可诛不忠"。变成了南岳的从神,"以水旱盗贼之变有大威力,士人德之,陈乞加封。自政和暨绍兴,累至今爵(忠靖威显灵祐英济王),妻曰协惠夫人"。

第五章 他乡之神——宋代民众祠神信仰的传播

庙记,我们可以了解这一传播案例的详细过程。[1] 玉山的昭烈庙在县南二里,原为东岳行祠,宋建中靖国元年(1101)初建于玉虹桥下,与普宁寺相邻。绍兴十二年(1142)因水灾重建庙宇,迁至新地,成为单独祭祀场所。五年后,也就是绍兴十七年,南安(治今江西大余)人查仲正等将一座新神像奉送到玉山,并将之安奉在东岳行祠,这位新神便成为东岳之佐,这段故事很是神异,"南安查仲正等捐金塑像名曰'取命案',崇奉经年,绍兴丁卯(绍兴十七年,1147)仲正梦王坐白马挥金鞭曰:祠在江东水绝处,香火速移他所,否则祸及兹土,觉遂识此语。是岁春暮,远送神像并其侍从,舟载沿江溯而东,卜皆不叶,至玉山始得卜。寰邑士庶官吏远迩,奉安于邑之暖水三山,实行岳之佐也"。但事实上玉山民众接受这位新神有一个过程,据蔡荐的记文,查氏众人是在晚上将这座名曰"取命案"的神像放到东岳庙中的,玉山百姓"廉其人或曰盱南丰民,而意卒莫之明"。似乎对这位外人送来的新神不太在意,不久后县中发生饥疫,这才引起玉山百姓的重视,有人怀疑是这位新神对民众的态度很愤怒,随后新神产生了第一个神迹,"有慌惚遇之者,曰:'吾实福汝。不信,视吾足下之泉。'寤而往,果得泉。饮之,疾良愈。已而谒饮之者皆愈,乃安而敬之"。此事还惊动了地方官,县令陆翼年将神像改名为"锡福案",紧接着民众在东岳行祠为新神建立了一座单独的殿宇,"邦人咸输财,戮力立祠于行岳之东边"。几篇庙记都提到此庙崇奉的是东岳,这位新神只是岳神之佐,但同时也强调此庙得以在地方社会维持长久的生命力,关键在于这位新神的相助。"祠之前有泓泉漪洁,凡有疾疫渴饮即愈。岁遇庚伏,民斋戒邀福,辞曰收瘟。稍茹市荤腥,击殴不贷。七月二十五日,相传为王诞,遐迩稚耋,蒙恩戴惠者,香花箫鼓,肩摩踵接,阗咽道途,以答神休,不但兹邑而已"。到后来,东岳行祠的庙额也改称为昭烈庙,一位外来祠神终于站稳了脚跟。

传播者与源发地的关系所涉及的不仅是祠神信仰传播中传出或引进

---

[1] 汪应辰《昭烈庙记》,见《文定集》卷9,《四库全书》,第1138册,第672—673页;宋人蔡荐、元倪中写的庙记见《稀见中国地方志汇刊》,第29册,《广信郡志》卷9,北京:中国书店,1992年,第939—940页。

213

的问题,不同的关系配置可能意味着传播模式的不同。从整个宋代民众祠神信仰的传播来看,以上五种情形都能找到例证,但落实到具体的某一个祠神信仰传播,则未必五者皆备。

二、传播群体之分析

如前所述,传播祠神信仰的群体必定是在地区之间流动性较强的人群,或者是有潜力动员社会资源的力量,符合这一条件的群体或力量主要包括朝廷或地方性政权、地方官员、士人、释道人士、商人、军人、水手等。

众所周知,传播学中有一个著名的拉扎斯菲尔德模式,亦称作两级传播模式。该模式认为信息传播中社会成员的态度有区别,作用各不相同,而"意见领袖"是传播过程中最活跃的部分,他们较多地接触媒介,并将信息传播给社会中不活跃的部分,后者在"意见领袖"的影响或指导下获得信息。[1] 祠神信仰传播亦是如此,那些在地区之间流动性较强的人群也往往是比较有能力动员社会资源的群体,地方官员、士人(包括未入仕与退休官员)、释道人士与商人无疑都属于地方社会最有影响力的人群。在祠神信仰中,他们往往扮演着"意见领袖"的角色,一方面,他们比其他社会成员有更多机会成为外地祠神信仰传播中的受传者;另一方面,他们一旦成为某一外地祠神的信众,便可以将该祠神的香火传播到其他地区,供奉塑像或建立庙宇,其影响力又使得其他民众较容易接受外地的祠神。

在韩森的著作中,地方官员,尤其是商人在推动祠神信仰传播方面的重要性得到了充分强调,不过因为这一强调是建立在商业革命对祠神信仰的影响这一预先模式下的,一些材料的解释难免有过头之嫌。在我看到的材料中,地方官员以及士人群体传播祠神信仰的例子最多,这两类人是最符合流动性强且能动员较大社会资源条件的群体。为官一地自不必说,退休官员与未入仕的士人群体往往也在地方社会很有影响力。那位晚年居住在眉州的史某,一人曾为威显庙建立七处行祠,这样的例子固然很少,但地方官员将家乡或任地的祠神传播到其他地区,建立一两处行祠

---

[1] 戴元光、金冠军《传播学通论》,第180—182页。

第五章 他乡之神——宋代民众祠神信仰的传播

的情况还是很多的。其次是释道人士,他们或在寺观中为外地祠神设立塑像,或建立单独的殿堂甚至独立的庙宇,其他群体在传播外地祠神时也经常采取先在寺观中供奉香火,逐渐扩大影响,最后建立独立的庙宇的策略。释道人士既是直接传播祠神信仰的重要力量,同时也是其他群体传播祠神信仰的中介。释道人士在祠神信仰传播中所起的作用与其依附合法组织性宗教有关,他们在民众的宗教事务中占据着领导地位,对民众的信仰具有导向性作用,而释道二教超越空间限制的特征也使得其在传播外地祠神信仰方面有着其他群体所不具备的优势。

朝廷与地方性政权在推动祠神信仰传播方面的重要性也不应忽视。江西新淦玉笥山居然建立起北方的西岳别祠云腾庙,据说就是出于朝廷的诏令。而宋代全国各地广建东岳行祠、行宫更是朝廷推动祠神信仰传播的重要例子。东岳恐怕是行祠最多的宋代祠神信仰,其推动力不仅有道教的影响,更与真宗封禅以及随后的加封密切相关,许多东岳行祠的碑记都特意提起朝廷对东岳信仰的态度。[1] 这里还可以举一个例子来说明地方性政权在推动祠神信仰传播方面的重要性,陈果仁信仰在江浙一带是很有影响力的地方性信仰,本庙在常州(治今江苏常州市),五代时吴越国因陈果仁显灵以阴兵相助,在一次重要的军事行动中取得胜利,"钱氏崇报之,请于梁朝,封福顺王,又使诸郡皆为建庙",[2] 当时在吴越国控制的地区修建了不少行祠,直到宋代仍至少有八处行祠存留。[3] 不

---

[1] 例如魏邦哲为常熟东岳庙撰写庙记,起首便谈"维我宋真宗皇帝东幸太山,告功于天,大修封禅,礼泰山之神",然后说百姓受其影响,"四方万里,不以道途为劳,往奉祠事,有加无已。且复用其丰而思所以竭力于神者,往往规模岱岳以营基,构立为别庙多矣"。这也是宋代许多地方建立东岳行祠、行宫的最初动因。魏记见《琴川志》卷13,《宋元方志丛刊》,第1297页。

[2] 蔡京《南双庙记》,《吴都文粹》卷3,《四库全书》,第1358册,第664页;不过,据张舜钦在《题陈果仁告身》中所说,陈果仁是保佑在南唐战胜吴越国的入侵之后得到推广的,见栾贵明《四库辑本别集拾遗》,北京:中华书局,1983年,第853页。

[3] 这八处行祠分别位于无锡县(《无锡志》卷3,《宋元方志丛刊》,第2250页;《咸淳毗陵志》卷14,《宋元方志丛刊》,第3076页)、丹徒县(《嘉定镇江志》7,《宋元方志丛刊》,第2376—2379页)、丹阳县(《至顺镇江志》卷8,《宋元方志丛刊》,第2732页)、金坛县(《至顺镇江志》卷8,《宋元方志丛刊》,第2735页)、常州武进县(《咸淳毗陵志》卷14,《宋元方志丛刊》,第3073页)、仁和县(《咸淳临安志》卷73,《宋元方志丛刊》,第4012页)、嘉兴县(《至元嘉禾志》卷12,《宋元方志丛刊》,第4495页)、台州(《嘉定赤城志》卷31,《宋元方志丛刊》,第7517页)。

过，朝廷对于祠神信仰传播的推动若无其他因素协力作用（如释道宗教力量），很可能政去祠废。宋代的陈果仁庙除了常州祖庙因为在历史上与陈氏有关联，一直是地方祭祀中心，其他地方建行祠完全是出于官方命令，所以很多都废而不存。北宋末的一则庙记说明苏州的一座陈果仁行祠已久废，只是为了建立与本地历史有关联的伍子胥庙才重新旧祠。[1]

军人，尤其是军官在传播祠神信仰方面的作用很值得注意。宋代正规军实行的是雇佣兵制度，而且为了防止将领专兵，自太祖始，创设了所谓"更戍法"，诸军没有固定的驻地，"番戍诸路，有事即以征讨"，此制虽在神宗时更革，但实际上更戍未能全免。[2] 士兵来源各异，军队转战各地，都使得军人成为祠神信仰传播的一个重要群体。一些士兵携家乡神灵香火外出作战，乞求神灵保佑取得胜利，福建士兵便曾携家乡的妈祖神像前往两淮作战。[3] 军官在外地作战或完成其他任务也常常乞求当地神灵，一旦事情顺利，出于报答心理便可能为之建立行祠，临安、镇江的仰山行祠，都是这样建立的。[4] 也有官员在驻地建立外地行祠，如建康人都统制御带朱广用假修城之机，在广西静江府（治今广西桂林市）的宝积山同时兴建了圣佛寺、南岳忠靖王庙、紫极宫，使一山之上"仙佛之庐与丛祠并列"。随后又"修仰山二神祠，作蜀三大神庙，剧[创?]佑圣殿"。这些祠神都是在湖南、江西、四川地区影响很大的大神，而此时蜀中已丧失大半，大量蜀人流寓各地，其中部分蜀人在两广地区继续抗击蒙古入侵，所以时任静江府知府、广西经略安抚使兼转运使的李曾伯对朱氏的行为大加赞赏，以为"宫以事帝，寺以奉佛，祠以妥神"，"非帝力助顺，佛力拥护，神休阴佑显相，何以保固吾圉，安辑吾民"。[5] 当然，对于军人、军

〔1〕 蔡京《南双庙记》，《吴都文粹》卷3，《四库全书》，第1358册，第663—665页。
〔2〕 王曾瑜《宋朝兵制初探》，北京：中华书局，1983年，第55—58页。
〔3〕 丁伯桂在《顺济圣妃庙记》中说："（开禧二年［1206］）金寇淮甸，郡遣戍兵，戴神香火以行，一战花靥镇，再战紫金山，三战解合肥之围。神以身现云中，著旗帜，军士693张，凯奏以还。"《咸淳临安志》卷73，《宋元方志丛刊》，第4014—4105页。
〔4〕《咸淳临安志》卷73，《宋元方志丛刊》，第4012、4013页；林希逸《竹溪鬳斋十一稿续集》卷10《行在仰山乎惠二王庙记》，《四库全书》，第1185册，第658页。
〔5〕 李曾伯《可斋续稿前稿》卷5《重建仙佛神宇记》，《四库全书》，第1179册，第545页。

第五章 他乡之神——宋代民众祠神信仰的传播

官传播祠神信仰的具体原因目前已无法详考,但至少有两种可能,一是这些神灵是许多士兵家乡的神灵;二是修建的军官是这些神灵的信众,希望借助祠神的力量鼓舞士气,抵御外患。

最后谈谈水手在祠神信仰传播中的作用。宋代水运在整个交通运输中的地位较以往有很大提高,不仅有较为完整的内河航运,更有东南沿海的海上运输,水运成为物质、人员流动的重要途径。然而,在当时的技术条件下,无论是内河还是海上航运都有一定风险,神灵的佑护为水运安全提供心理保障。当时大量文献都表明官员、商人等社会群体乘船外出须祈祷家乡或所经地区的神灵,而向他们传播外地神灵的人群便是那些往来各地的水手。一些研究提到福建地区的水手将家乡的天妃告诉出使高丽的路允迪,后者在海中祈祷天妃获得平安,由此天妃得到朝廷的承认。[1] 沿海、内河沿线的一些祠神的主要信奉群体之一便是那些天天在海上、江上航行的水手,他们向路过的行人传播祠神的灵应故事,后者在他们的劝说、引导之下向沿海、内河沿线的那些祠神祈祷叩头,贡献祭品,水手与过客共同维持着这些祠神的香火。绍兴年间,权广东东南道税官赵士藻罢官后,"与同官刘令、孙尉共买舟泛海如临安。士藻挈妻子已下凡六人,俱初抵广利王庙下。舟人言:法当具牲酒奠谒"。[2] 而陈辉任江西转运使,出巡各地,在南康,"船人曰:当以猪赛庙"。[3] 赵、陈二位起初都不听众舟人的意见,后来遇险才不得不向神请罪。不过,大部分往来各地的官员、商人都不会像这两个人那样固执,陆游在乾道六年(1170)秋入蜀,在《入蜀记》中记录了进谒英灵助顺王祠、小孤山庙、富池忠勇庙、江渎庙等沿江重要神祠的情况,都是根据船上水手的意见行礼如仪。[4] 水手之传播祠神信仰通常属于第1、2、3种类型的传播,很少出现第4种形式的传播。这可能是受两方面条件的限制,一是这些水手传播

---

[1] 江述《妈祖研究不同观点综述》,《寻根》1996年第1期,第34页。
[2] 洪迈《夷坚志》乙志卷4,"赵士藻"条,第217页。
[3] 洪迈《夷坚志》乙志卷15,"大孤山龙"条,第314页。
[4] 陆游《入蜀记》共五卷,收入《渭南文集》卷43—48,见《陆游集》,第2406—2459页。

的祠神大部分与特定的自然地理条件紧密相连,在信奉者看来,这些祠神的功能仅限于保佑行客平安通过具体的自然地段,在其他地区无建立该祠神行祠的必要;二是水手本身虽然有很强的流动性,但其社会地位决定了他们不能动员足够的社会资源,来为其信奉的祠神建立行祠。

当然,在以上群体或力量之外,普遍群众也可能成为推动具体祠神信仰传播的动力,只不过由于材料原因,我们无法对之进行详细分析。[1]另外,在每一个具体的祠神信仰的传播中,各种群体或力量所发挥的作用不同,对此我将在第二节具体个案的分析中进行讨论。

三、行祠与祖庙之关系

行祠与该祠神信仰源发地空间距离的远近,即祠神信仰传播的范围大小。一般说来,传播方式应该是由近至远,先在祠神信仰源发地附近建立行祠,形成一定的信仰圈,与此同时或在此之后向信仰圈以外的地区传播,这种方式可以理解为渐进式的渗透,其行祠一般处于祠神信仰源发地所在的交通网络上。

我在前面提到,祠神信仰传播所涵盖的空间区域通常可视为该祠神的宗教势力范围,我们暂且称之为以该祠神信仰为中心的宗教区域,它与自然条件、行政管理、经济交往所形成的区域存在互动与重叠。这包括两方面的含义,一方面以某祠神信仰为中心的宗教区域经常依托自然条件、行政管理、经济交往所形成的区域,后者是前者的基础;另一方面宗教区域又可能超越自然条件限制、行政管理区划以及经济区域的边界,同一宗教区域内信众进香、朝圣等活动又可能拉动不同自然区域、行政单位、经济区域之间人群的流动,从而形成新的区域观念,甚至人们的地区认同也可能由此得到改变。

这不是理论上的推衍,至少在宋代已有一些事实为证。自然条件、行政管理、经济交往所形成的空间区域对祠神信仰传播的基础性作用比较

---

[1] 一些材料中经常以邑人等概念表述传播祠神信仰的群体,如昆山县的五显行祠,便是由"邑人自娶源奉香火归",很难判断这个群体的身份,应该是当地的一般群众。见《淳祐玉峰志》卷下,《宋元方志丛刊》,第1090页。

第五章 他乡之神——宋代民众祠神信仰的传播

突出地体现在小范围的传播上。例如西蜀虽然在行政区划上分属数路，然而在自然条件上则为一大区域单位，由此蜀中一些重要祠神传播往往以整个川中为单位，如武侯祠"夔巫以东，泸黔以南，岷峨以西，剑栈以北，莫不家社而户稷，尝秋而禴春"，江油县（治今四川江油北）无祠反属特例，因此洪咨夔到任之后毁邓艾祠而兴武侯祠。[1] 而朱熹在谈到川中神祇时也称蜀中灌口二郎庙和利州路的梓潼神"今二个神似乎割据了两川"。[2] 有的祠神传播只是在同一州县行政区划范围之内，如江西庐陵（治今江西吉安）的灵佑庙，乃一方信仰中心，而"庐陵属邑皆有王之别庙，远近人士岁时走集，莫敢违宁"。[3] 台州（治今浙江临海）灵康庙祀赵炳，其行宫遍及台州远近，甚至隔境相望的婺州永康（治今浙江永康）也有行祠。[4] 不过，更多的祠神传播则是受几种空间区域的综合作用，前面提到的贵溪自鸣山孚惠庙，不仅在信州本地传播，也向附近的徽州传播，而昭烈庙本庙在沅州，本来是一位地方性祠神，但由于其灵应事迹的流传，开始有信众在其他地方建立行祠，"如潭、如邛、如柳、如榠、如抚、如南安、建昌，所至灵应，庙貌翬飞，不可缕数"，用汪应辰的话来概括传播方式便是"初庙食湖湘，迤演江右，施及玉山"。显然是一种渐进式的渗透，逐渐推进，而路线的选择又为湖南南部各地（潭、邛、柳、榠）—江西各地南部的南安军（治今江西大余）—江西东北部的抚州、建昌、信州玉山。[5]

邵武军（治今福建邵武）的惠应庙的传播也是一个很好的例证。此庙供奉的是大乾山广佑王，为隋代任职于福建的欧阳祐。他离任后路经邵武回中原，溺死溪中，后来产生神迹，遂供奉为神。此神受朝廷加封可能是因为祈雨、维持地方治安等方面的神迹，但其在地方社会的主要身份

---

[1] 洪咨夔《平斋文集》卷32《龙州新建武侯祠堂祭文》，《四库全书》，第1175册，第326页。
[2] 黎靖德编《朱子语类》卷3，第54页。
[3] 欧阳守道《巽斋文集》卷16《灵佑庙记》，《四库全书》，第1183册，第635页。
[4] 黄瑞《台州金石录》卷5《宋灵康庙碑》，《宋代石刻文献全编》，第二册，第73—75页。
[5] 汪应辰《文定集》卷9《昭烈庙记》，《四库全书》，第1138册，第672、673页。

则是科举考试之神。[1]《夷坚志》记载了许多福建士人祈梦大乾山广佑王的故事,后来有人将士人们求梦的故事汇编成册,刊而传阅,名曰《大乾梦录》。[2] 广佑王在科举方面的神迹使其迅速传播开来,一是福建本地,如清流、莲城、古田等地,另一种传播是向附近州县传播,如建昌、饶州等地,更远者甚至达到绍兴府的新昌、嘉兴府的大田。[3]

祠神信仰的这种渐进式的渗透传播既反映了区域之间联系的加强,又推动了各地的人员、物资流动,共同的信仰也将在一定程度上瓦解原有的自然、行政、经济区域之间存在的障碍。许多材料说明宗教区域形成之后行祠与祖庙、行祠与行祠所在地的宗教因素使得人群之间的流动加强,例如玉山昭烈庙,汪应辰在庙记中就特意提到"淳熙乙未(1175)春南安张珉等十三人复办供器来献,以备岁时供奉之需"。这说明玉山昭烈庙在不断发展中与其南安的信众仍存在关系。而广德张王、徽州五显更是各地信众进香、朝圣的中心,每年一度的圣诞庆会既是东南各地信众的一次大集会,同时也为各地商贾提供了商机。在长达数日甚至更长时间的集会中,各地的信众、商贾云集,不再有自然空间的轸隔,行政区域的分别,不同经济区域之间的人群借助集会进行交易。[4] 从这一角度而言,小范围的祠神信仰传播可能强化自然、行政、经济区域内部的交流,而超越原有自然条件、行政区划、经济区域的传播又可能瓦解后者所设定的边界,形成更大范围的人际、物资流动空间。

超越自然、行政、经济区域限制的祠神信仰传播除了以渐进方式向四周地区渗透推进之外,还存在远距离的直接传播,行祠所在地与祖庙所处的交通网络无关。此类传播由于行祠所在地与源发地的自然条件、行政

---

[1] 宋代欧阳祐的加封情况见《宋会要》礼20之35,第782页。
[2] 刘墉《隐居通议》卷30,《四库全书》,第866册,第254—257页。
[3] 分见《临汀志》,《永乐大典方志辑佚》,第1283、1284页;刘克庄《后村先生大全集》卷88《古田广惠应行祠》,第2、3页;姚勉《雪坡集》卷38《惠应庙塑魁星像序》,《四库全书》,第1184册,第268页;刘墉《水云村稿》卷2《大田广佑王庙碑》,《四库全书》,第1195册,第350—351页。关于惠应神的历史,田海(B. J. ter Haar)曾有研究,见氏著: The Genesis and Spread of Temple Cults in Fukien. In Development and Decline of Fukien Province in the Seventeenth and Eighteenth Centuries, ed. E. B. Vemeer, pp. 349–396, Leiden: E. J. Brill,1990.
[4] 关于祠神诞会与地区经济交流的关系详见第三章。

第五章 他乡之神——宋代民众祠神信仰的传播

区划、经济交往上的关联度很低,要求传播者有很强的影响力,才能动用相当的社会资源,创立新的信仰中心,其推动力通常是朝廷或官员。江西新淦玉笥山西岳别祠,随后又有南京附近丹徒的西岳别祠,二者之间以及它们同西岳本庙无任何自然条件、行政区划、经济交往上的必然联系,如果没有朝廷的诏令、因公务路过新淦后来又成为丹徒地方官的彭彦规的信奉,这两处行祠的创立是难以想像的。而地方官员转任各地,将祠神信仰传播到千里之外的事例更是比比皆是,例如张孝祥在桂林建立江西袁州仰山庙的行祠、在临安任官的莆田人将家乡的神灵推广到首都、福建莲城县令沈柔孙在任地建立婺源五显的行祠、知军鲍某在盱眙建立广德张王的行祠等。[1]

此外,各种原因导致的大范围、跨地区人口迁移也可能带来祠神信仰远距离直接传播。南北宋之交大量北方人口南迁,就有一些移民在江南建立其家乡祠神的庙宇。《咸淳临安志》卷七十三便专设"东京旧祠"之目,前举皮场庙就是其中的显赫者,不仅临安、镇江、明州也有行祠分布。而发源于蜀中的二郎神由于北宋末在东京创立庙宇,南渡移民也在临安重兴祠宇,《咸淳临安志》的作者也将之直接称为"东京旧祠"。南宋末年,蒙古攻取四川也曾导致川中人口大量外流,并由此导致蜀中三大神灵向外传播。[2]

四、行祠之社会功能

祠神一般具有多方面的灵应,而行祠一旦建立,它将纳入新的人文环境,并产生新的神迹,这种神迹很可能是传播者或受传者对祠神的期盼,神迹类型既可能是旧神迹的延续,也可能是在新的人文环境刺激下出现的新类型。考察行祠在其所在地区的社会功能对于了解传播祠神信仰的群体、动因以及传播之后信仰的变化十分重要。

---

〔1〕 分见《张孝祥集》卷14《仰山庙记》,合肥:黄山书社,2001年,第168页;《咸淳临安志》卷73,《宋元方志丛刊》,第4014—4015页;《临汀志》,《永乐大典方志辑佚》,第1284页;陈造《江湖长翁集》卷21《重建祠山庙记》,《四库全书》,第1166册,第264—265页。
〔2〕 吴松弟是较早注意到这个问题的学者,见氏著《中国移民史》(第四卷),福州:福建人民出版社,1997年,第233—245页。

大部分行祠都将延续祠神原有的神迹类型，如邵武惠应庙，其本庙是士人祈祷科举顺利的重要场所，绍兴府新昌的行祠"士奉之应如响，欲相率像魁星以祀"，建立者看中的正是惠应庙乃"主功名之神"。[1]但行祠一旦建立，便拥有自己的生命，会因应行祠所在地区民众的需要产生一些新的神迹，这也是行祠能否存续的重要条件。嘉兴府大田惠应行祠的功能主要是"旱涝寇疫祷辄应"，古田惠应行祠也主要发挥着雨旱祈祷、捕盗等方面的功能，而福州光泽的行祠还能为民众伸张冤狱。[2]

这里再举一个例子来说明祠神在源发地的主要神迹与行祠的区别。通常认为，天妃主要灵应之一便是佑护海上交通安全，但南雄州天妃行祠的建立与此全不相干。此祠建于嘉定三年（1210），"郡守赵公善偲以江西峒寇累犯境内，遣官吏往韶州迎香火，新创行祠于此，以祈护佑"。[3]知州赵善偲之所以在南雄建立天妃行祠，是因为他认为天妃具有佑护地方安全，抵御峒寇侵犯的神力。

行祠的功能与传播者关系十分密切，地方官员传播祠神信仰经常与其职任有关，看中的是神灵在水旱祈祷、佑护地方安全等方面的功能，而士人更乐意传播与科举功名有关的神灵，商人之所以为某一外地祠神建立行祠多半是因为此神与商业利益有关，当然也不排除商人出于生死寿夭、治病免灾等原因建祠，而水手传播的祠神则大多数与保佑交通安全有关。

以上四个问题不可能涵盖祠神信仰传播的所有面向，但它们应该是祠神信仰中的四个最基本问题，本节将它们提出来是建立在大量文献阅读的基础之上的，只是出于写作的原因，显现出来的是先提出问题再以具

---

[1] 姚勉《雪坡集》卷38《惠应庙塑魁星像序》，《四库全书》，第1184册，第268页。
[2] 分见刘壎《水云村稿》卷2《大田广佑王庙碑》，《四库全书》，第1195册，第350—351页；刘克庄《后村先生大全集》卷88《古田广惠应行祠》，第2、3页；洪迈《夷坚志》三志己卷5，"泰宁狱囚"条，第1336页。
[3]《南雄路志》，《永乐大典方志辑佚》，第2481页。

第五章　他乡之神——宋代民众祠神信仰的传播

体事例说明的形式。

毫无疑问,每一次传播都是各种力量综合作用的结果。最基本的条件是祠神必须具有足够的灵验,能满足不同地域、各社会阶层的各种需求,既包括所有人都需要的生死寿夭、治病免灾、水旱祈祷等方面的灵应,有时也得具有一些针对特定社会群体的功能,如预测科举、仕途、商机等等。但具备这一条件的祠神在宋代之前也有不少,却未见有像张王等祠神那样广建行祠的,这是为什么呢？我认为这与唐宋社会的变化有着紧密关联。

首先是人口流动、迁徙政策的变化。唐代前期,国家对均田制和府兵制下民众的迁徙有十分严格的控制,至唐中后期这两种制度开始破坏之后对人口流动限制才逐渐放松,客户的地位慢慢被承认。到了宋代,客户已完全取得合法地位,主、客户之分主要是土地所有者和佃户之间的区分,客户的外来者身份被淡化,可以"转徙不定",[1]所以宋代城乡之间、地区之间的人口流动也大大超过唐代。[2]唐宋社会的这一变化是祠神信仰传播的深层原因,只有在各个社会群体(而不是只有某些特殊群体、阶层)都能合法流动的环境之下才能使地方性祠神的灵应故事为其他地区的民众所共享,本节所谈到的几种传播才能成为现实,也只有人们能承认外地人合法地位的情况下才能认可并接受这些外地人所信奉的祠神。

其次,宋代社会出现的城市与市场的发展,商业交通路线的形成,地方官员的转任以及战争、自然灾害所带来的人口流动与迁徙等,也都推动了祠神信仰的传播,但这些推动力都应该是在整个国家对人口流动、迁徙政策变化的大背景下发生作用的,官员可以在任地建立一外地祠神的庙宇,但其存在与维持,不仅要看灵应程度,更关键的是当地民众对外来祠神的态度,很难想像连外来的客户都无法获得合法性的情况下外来的祠

---

〔1〕　吕祖谦《宋文鉴》卷106《民议》,北京：中华书局,1992年,第1477页。
〔2〕　关于宋代客户社会地位的变化,李华瑞最近发表的《论宋代乡村客户的流动》一文很值得参看,他在文中分析的客户横向流动中的"区域间的移动"间接地支持了本文对祠神信仰传播的解释,李文载《唐研究》第11卷,第621—632页。

神能够得到承认。

第三,宋代的祠神封赐制度客观上也为地方性祠神传播扫除了障碍。这些原本是具有很强地方色彩的祠神成为朝廷统一封爵等级的一员,有如官僚制度中的设官分职一样,王、公、侯等称谓在某种程度上冲淡了祠神原有的地方性色彩,有利于其他地区的民众接受它们。

当然,本节的讨论主要使用的只是一些传播范围较小的祠神的材料,而且未有全面探讨祠神信仰传播的先行研究以资参考,这里只是尝试提出一些问题,以下我们将转入具体的个案研究,集中讨论宋代几位重要祠神的传播情况。

第二节 五通、仰山、天妃、梓潼的传播

本节选取五通、仰山、天妃、梓潼这四位神灵为讨论对象,原因有三:一是因为它们在源发地拥有相当数量的信众,形成了比较稳定的信仰圈,祠神的灵应故事以语言、文字方式向四周地区渗透传播;其次一些概括性的叙述表明这几个祠神已经在源发地以外很大范围拥有信众,建立了行祠;第三是材料方面的考虑,这几位祠神有明确记载的行祠都至少有十处以上,在宋代民众诸神之中应该是比较突出的。[1]

除仰山之外的三位祠神的传播问题韩森都曾有所讨论,前面我已谈到,她的结论主要是建立在先入为主的模式之上而非对每一个有明确记载的行祠的具体情况的分析之上,所以笔者将不畏繁复,对每一处行祠的材料细加分析,希望能对祠神信仰传播提出一些比较可靠的结论。考虑到我在第二章曾分析过张王的传播,一些观点与这里讨论的四位祠神的情况有相通之处,所以本节的总结分析也将把张王纳入讨论之中。

---

〔1〕 当然,当时可能还有一些祠神也在外地建立了十处,甚至更多行祠,在很大的区域内拥有信众,产生影响,但由于文献流传方面的原因,其具体情况已不得而知,只能阙而不论。此外,东岳行祠遍布天下基本上是受朝廷态度影响和道教力量的推动,其与东岳本庙已基本无太大关联,至南宋更是如此,所以本节不准备对之进行个案分析。

第五章　他乡之神——宋代民众祠神信仰的传播

一、五通

五通,又称五显或五圣,祖庙在徽州婺源(治今江西婺源)。据《新安志》卷五,庙在婺源县西,其神五人,大观三年(1109)赐庙额灵顺,宣和五年(1123),五神分别封为通贶、通佑、通泽、通惠、通济侯,所以又称五通。之所以称为五显,是因为淳熙元年(1174)五神加封为显应、显济、显佑、显灵、显宁公。[1]至于五圣,自是信众对所奉祠神的尊称。对于五显、五通(五圣只是尊称)以及佛教的华光大帝之间的关系,学者们看法不一,我比较赞同贾二强的看法。[2]

从各种史料所反映的情况来看,婺源五显崛起之前,五通信仰已十分普遍,但它们与婺源五显又有所不同,例如它们虽然与佛教关系紧密,但有的也享用荤血祭品,后来有一部分与婺源五显混淆,但仍有一部分保留了其原有特征,因而常被人视为淫祀,贾二强认为它是佛教神灵民众祠神化的产物。也就是说,婺源的五通庙只是北宋存在的诸多五通庙之一,只是因为它率先得到朝廷封赐,遂逐渐被各地五通信众奉为祖庙,到南宋中后期,终于成为当时影响最大的民众祠神之一。但是,直到南宋时中期,五通祖庙仍有德兴、婺源二说,也说明婺源的五通信仰未必最早。由于它在获得朝廷封赐方面捷足先登,所以,尽管德兴五通庙后来也一度成功向朝廷申请到封号,但最终无法撼动婺源的祖庙地位。

南宋时五通在南方各地的信众相当多,王炎在《五显灵应集序》便说:"(婺源)阖境之人,旦夕必祝之,岁时必俎豆之惟谨。神之灵应不可殚纪……地方百余里,民近数万户。水旱有祷焉而无凶饥,疾疠有祷焉而无夭折,其庇多矣。余威遗德,溢于四境之外,达于淮甸、闽、浙,无不信向。"[3]宋末黄公绍谈到五显庙会的情形时也说"万方百姓,朝天下之正神"。[4]信众们

---

[1]《新安志》卷5,《宋元方志丛刊》,第7664页。
[2] 学者对于五通信仰的研究可参吕宗力《中国民间诸神》,第536—557页;贾二强《唐宋民间信仰》,第346—372页;郑守治《华光大帝信仰源流考》,载叶春生主编《民俗学刊》第4辑,澳门出版社,2004年,第61—71页。其中贾著所云佛教信仰淫祀化(应为俗神化)很有启发意义。
[3] 王炎《双溪类稿》卷25《五显灵应集序》,《四库全书》,第1155册,第720页。
[4] 黄公绍《在轩集·五通庙戒约榜》,《四库全书》,第1189册,第644页。

的热情在宋元易代之后丝毫不减,方回在元初便说:"四月八日庆佛诞者走庙下,无虑百万众。"〔1〕姚勉在庙记中提到"五显神莫知何所始,在徽之婺源,吴、楚、闽、越之间,皆祀之"。〔2〕吴师道甚至说:"婺源五显之神闻于天下尚矣……每岁夏初,四方之人以祈福会集祠下者,上穷荆越,下极扬吴,衔舟塞川,重雾翳陌。百贾列区,珍货填积。赋羡于官,施溢于庙。浃旬日乃止,尤为一邦之盛。故庙之穹堂华殿,飞楼复阁,宏侈钜丽,所以致崇极于神者,靡遗余力焉。"〔3〕信众的热情拉动着地方的经济,乃至官府的收入,当然也包括五通祖庙的修建。

根据笔者从文献中勾稽到的五显行祠数量、分布情况,王炎等人的叙述基本属实。宋代和宋以前存在过的五通祠至少有60处(见附录五),考虑到北宋末婺源五通庙的受封在五通信仰中的重要性,现将这60处行祠按时间分为两类。

第一类是婺源五通庙受封之前的五通祠,一共有八处,它们分别位于镇江、常州、处州缙云县(今浙江缙云)、南康军建昌县(今江西永修)、建昌军(治今江西南城)城北、福州城内、汉阳军(治今湖北武汉)、东京(今河南开封)。

镇江的五显王庙在宋代曾四度重建(其中一次为北宋),庙记中只提到主持修庙的几个姓名,其身份与动因不详,此庙在镇江亦未见明确的神迹。〔4〕常州的五显王庙临近运河,是刺史张崇"以郡多火灾建",希望五显能保佑地方免除火灾之厄。〔5〕在地方民众看来,缙云五通在祈祷雨旱方面有超出其他祠神的灵应,张仲偁任官缙云尉时,"岁旱,郡遍祷群祀不及五通,吏民以为请,君不得已,强往祷"。由于主持五通庙的巫觋预测不准,让张氏抓到把柄,趁机毁祠。〔6〕建昌军城北五通祠由信众邵氏

---

〔1〕 方回《桐江续集》卷36《辅德庙碑》,《四库全书》,第1193册,第725—726页。
〔2〕 姚勉《雪楼集》卷13《婺源山万寿灵顺五菩萨庙记》,《四库全书》,第1202册,第170页。
〔3〕 吴师道《礼部集》卷12《婺源州灵顺庙新建昭敬楼记》,《四库全书》,第1212册,第152页。
〔4〕 《至顺镇江志》卷8,《宋元方志丛刊》,第2728页。
〔5〕 《咸淳毗陵志》卷14,《宋元方志丛刊》,第3073页。
〔6〕 司马光《温国文正司马公文集》卷75《宋故处州缙云县尉张君墓志铭》,第2页。墓志作于皇祐五年(1053),张氏之任官缙云尉在此前数年。

第五章　他乡之神——宋代民众祠神信仰的传播

世代主持，"祷祠之人，日累什百"，李觏在为之撰写的庙记中提到的是五通免除民众疫疾的功能。[1] 福州城内的五通庙建于景德中（1004—1008），我们只知道建立者为叶宸、陈熙等人，康定元年（1040）祠宇扩大，主持者为陈绍济和僧人怀轸，城内许多大姓都是此庙的信众。[2] 另外三处五通庙的情况已难详考，只知道南康军建昌县的五通神居于佛寺之中，而东京五通一度被朝廷当作淫祀取缔，汉阳军五通的祭品之一为猪，而不是像后来婺源的五通庙那样已经化荤为素。[3] 如前所述，我很怀疑婺源祖庙获得封赐之前（尤其是北宋前期甚至唐代）各地建立的五通庙源出婺源，但在婺源祖庙地位确立之后，先前各地建立的五通信仰最终合并到以婺源为中心的五通信仰体系之中，对这八座五通祠的分析应该可以证明这一观点。

第二类五通庙是在婺源五通庙受封之后建立的，以下我将按区域分布对北宋末、南宋时期各地建立的 50 多座五通祠逐一分析。

1. 两浙西路的五通行祠

南宋时镇江府共创建三处五通行祠，始建于唐代者亦数度重修，丹阳县东之祠由邑士蔡逢所建，位置临近运河，而乌盆澳的行祠则曾经由市户居民重建。平江府也有四处五通行祠，苏州城内的三处有两处在寺庵之中，而昆山行祠建于佛寺废地，随后废寺重兴。其中胥门内朱家园之行祠后来一直是苏州五通信仰的重要场所，庙宇数度重修，由保存下来的两则庙记可知婺源五通进入苏州的原委。元代延祐七年（1320）吴江州儒学教授顾儒宝在《平江万寿灵顺行祠》中写道：

---

[1] 李觏谈到江南当时的情况，"江南地热湿，四时多疠疾。其病者谢去医药，闭门不与亲戚通，而归死于神，神之号名则曰某王，某王乃所谓古之有天下国家，而灭绝无后者耶。当其气盛而病革，禳祈不可解，则皆谓神曰五通者，能有力于其间，故牲毛酒浆狼戾于五通之室矣"。也就是说，建昌民众心中的五通主要具有禳除疾病的神力，其祭品应该是血荤之祭。李氏还说，"五通之神，不名于旧文，不次于典祀，正人君子未之尝言"。自己作记则是为了报谢，"而有功于予，其可以废，岩岩者石，可伐可磨，惟德之报，孰知其它"。见《李觏集》卷 23《邵氏神祠记》，第 267—268 页。
[2] 《淳熙三山志》卷 8，《宋元方志丛刊》，第 7862 页。
[3] 建昌军的五通也是血荤，而据《夷坚志》补志卷 15 "李五七事神"条可知，南宋时婺源祖庙五通祭品为"麦蔬面食"，见《夷坚志》，第 1692—1693 页。

惟神无方,由迩而远行,几遍天下,吴门距徽千有余里,民之敬信过于他邦。怀香裹粮而往拜者,岁不知其几,犹为未足以展其朝夕慕仰之诚,始建行祠焉。

也就是说,苏州的五显传播起初是一些民众前往婺源朝圣,后来在家乡建立行祠,关于建庙时间,顾儒宝在庙记中写道:

祠在吉利桥西南可百步,其地乃朱氏故园。古木萧疏,清流映带,门径通彻,诚为一郡胜地,神之妥灵,盖有攸自。或云,祠始于宋之建炎。正殿则重建于嘉熙(1237—1240),时比丘圆明为之,洎宝祐甲寅(1254),通一鼎创大雄殿于东序。景定(1260—1264)而后正知善已相继修庙事,一新三门,重辟两庑。既而行日,亦克善继。月有阅经之会,岁修庆佛之仪,晨香夕灯,靡不崇向。

"或云"云云,显然是一种不十分确定的说法。历史的久远往往对信众有很强的心理暗示和说服力,民众信仰中经常喜欢将祠宇或信仰成立的时间往前推,所以笔者倾向于苏州五显行祠建立的时间在正殿重建的嘉熙前后。[1] 此祠后来不断修建,主持者相继为比丘圆明、正知善已、行日,都是僧人,而且后来"月有阅经之会,岁修庆佛之仪",民众信仰与佛教已融为一体。值得注意的是,苏州五显行祠后来一直为佛教力量所控制,宋元易代,苏州的五显信仰维持不变,主持者仍为僧人行日,他在元初"劝信士孙子发偕弟子荣专建华光前阁"。而元明两代苏州五显祠庙记的撰写也有惊人的相似性,前者"邦人语僧曰:'岂无纪述以传将来。'一

---

[1] 韩森根据洪武《苏州府志》卷 15 将苏州出现五显行祠定为 1008—1016 年,并说这是因为苏州为重要的商业城市,祠庙的位置说明它是"徽州商人外出贸易途中建造的"。见《变迁之神》,第 139、187 页。但洪武《苏州府志》的记载需要略加分析,原文云:"五通庙,《祥符图经》云:'在吴县东南三里五十步,婺源土神。'"随后列举五通封号。韩林大概据《祥符图经》一语定苏州五通庙之时间。但此说别处不见,《祥符图经》早佚,属孤证。而《苏州府志》随后所载"灵顺行祠",即顾儒宝之庙,其兴建缘由亦与顾记同,所以我更倾向后者才是五通信仰进入苏州地区的路径,这也是后来苏州五通信仰的中心。

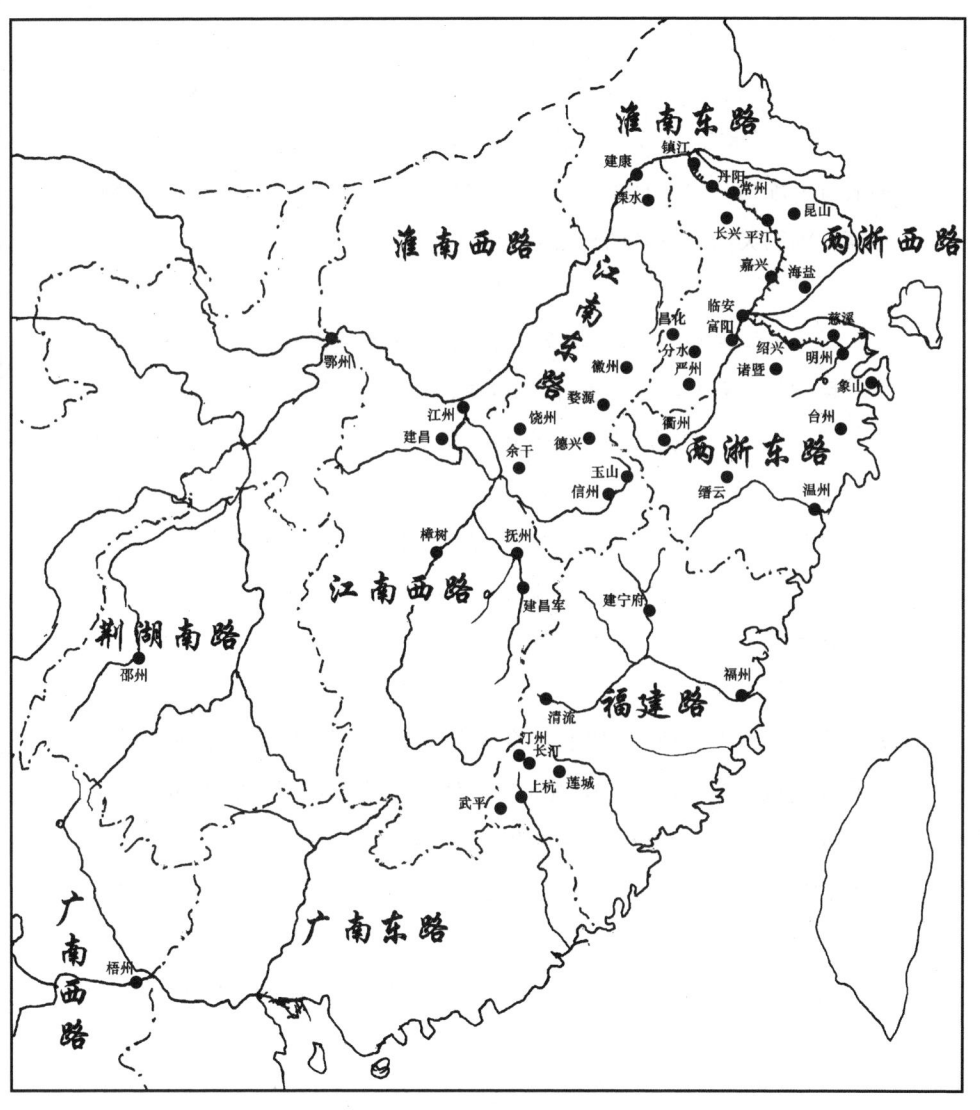

第五章 他乡之神——宋代民众祠神信仰的传播

图 5.1 五通行祠分布

日,僧书其概,谒予记",后者也是受僧人之托而作。[1]

嘉兴府五通行祠有二,均在佛寺之中,在德藏寺者传入原因与苏州五通行祠类似,也是当地信众"岁岁朝献不绝,淳祐中(1241—1252)乡人病于涉远,乃塑其像,迎奉于德藏寺之东庑,建楼阁居之"。据说,祠前有井,向来无汲水者,而立祠之后,"人有汲其水饮之者,疾辄愈,由是汲者祷者日无虚焉"。[2]所以,信众请五通香火回乡,可能是因为五通曾经有疗疾祛疫的灵应。《夷坚志》乙志卷十七"宣州孟郎中"条云:

乾道元年七月,婺源石田村汪氏仆王十五正耘田,忽僵仆。家人至,视之,死矣。舁归舍,尚有微喘,不敢殓。凡八日复甦,云:"初在田中,见十余人自西来,皆着道服,所赍有箱箧大扇。方注视,便为捽着地上,加殴击,驱令荷担行。至县五侯庙,有一人具冠带出,结束若今通引官,传侯旨,问来何所须,答曰:'当于婺源行瘟。'冠带者入,复出,曰:'侯不可。'趣令急去。其人犹迁延,俄闻庙中传呼曰:'不即行,别有处分。'遂舍去。"

从这则故事可以看到,南宋时,民众认为行瘟之鬼必须获得本地祠神许可方可在当地行瘟,所以,当乾道元年(1165)浙西各地流行疫疾而江东无事之时,遂有人创造婺源五侯庙阻止疫鬼行瘟的故事,洪迈因此感叹道"歙之神可谓仁矣"。[3]故事真伪可不置论,但它透露出当时人观念中五通与治病祛瘟关系密切。

行在临安府的五通行祠数量最多,共有14处。属县共5处行祠,分

---

〔1〕 祝允明《怀星堂集》卷30《苏州五显神庙记》,《四库全书》,第1260册,第775—776页;《吴都文粹续集》卷16《万寿祠记》,《四库全书》,第1385册,第417页。而《吴都文粹续集》卷16《况知府重建五显王行祠记》则显示苏州西米巷如意庵的五通庙自宋至明一直与佛教关系密切,见《四库全书》,第1385册,第418页。

〔2〕 鲁应龙《闲窗括异志》,《中华野史》宋朝卷3,第2892页。

〔3〕 《夷坚志》乙志卷17,"宣州孟郎中"条,第327—328页。关于五通与瘟神的关系可参徐晓望《略论闽台瘟神信仰起源的若干问题》,《世界宗教研究》1997年第2期,第121—123页。

第五章　他乡之神——宋代民众祠神信仰的传播

别位于富阳县、临安县、于潜县、新城县、昌化县。其中,富阳的行祠位置在永宁寺后,其余情况不明,但新城的五通信众有至婺源祖庙朝圣者,信众周雄在嘉定四年(1211)朝圣时去世,后来还显灵成神,获得朝廷加封。[1] 临安城郊的9处行祠中,有6处位于佛寺之中。位于南高峰顶荣国寺者曾得到权臣贾似道和地方长官潜说友的支持,旱河头宝山院的行祠则在绍定年间(1228—1233)由丞相郑清之重建。至于临安府众多五通行祠的功能,只有两则材料,一则是钱塘县徐村新石塘的行祠,"淳祐九年(1249)江潮冲激,里人乞灵其下,遂相与治新之"。[2] 这是五通在当地自然条件下产生的新型神迹。另一则是福州举人林刘举向钱塘门外九曲城下之五通行祠祈祷科举顺利。[3]

严州(治今浙江建德东)五通行祠二处,分别在严州城与分水县,建立缘起、人物皆不明。

2. 两浙东路的五通行祠

绍兴府(治今浙江绍兴)五通行祠二处,其中城内行祠之楼临街而建,"土人敬事",北宋末一度为地方长官翟汝文取缔,将之改成酒楼。但嘉泰《会稽志》载之,则说明此祠后又由民众重建。[4]

明州(治今浙江宁波)五通行祠有二。在慈溪县者分居两处,具体情况不明。[5] 象山行祠在城道观之中,建于开禧年间(1205—1207),由乡人徐侍郎所建,此人曾在徽州任官,"神尝效灵,迎香火建庙于此"。[6]

台州五通行祠与道教的栖霞宫相邻,据《赤城志》,五通行祠"诸邑类有之,今不尽载"。南宋末年刘辰翁谈到五通信仰传播时,曾说其最盛处

---

[1]《咸淳临安志》卷74,《宋元方志丛刊》,第4021页;方回《桐江续集》卷36《辅德庙碑》,《四库全书》,第1193册,第725—726页。
[2]《咸淳临安志》卷73,《宋元方志丛刊》,第4014页。
[3]《夷坚志》三志己卷10,"林刘举登科梦"条,第1379页。唯原文作"钱塘门外九西五圣祠",参以《咸淳临安志》卷73、《梦粱录》卷14,"西"字显属"曲"形近而讹,当改作"曲"。
[4]《会稽志》卷6,《宋元方志丛刊》,第6802页;《西溪丛语》卷上,第35页。
[5]《宝庆四明志》卷17,《宋元方志丛刊》,第5216页。
[6]《延祐四明志》卷18,《宋元方志丛刊》,第6410页。

在新安、婺、台三地,则《赤城志》所说或许属实。[1] 这里有必要指出韩森著作中的一个矛盾,她在书后所附"各路分州郡神祇祠庙分布表"中将台州出现五通庙的时间定为嘉定十四年(1221),但在书中的分析则将之定为淳化五年(994),认为这是最早的五通行祠,由此推导出五通传播与商业经济、徽州商人的联系。从《赤城志》的记载来看,1221年之说是对的,而994年之说很可能是材料误读的结果,将《赤城志》中的佑正庙当成了五通庙。[2]

衢州(治今浙江衢州)五通庙靠近西城墙,袁甫任知州时由官方出面重修,并为之撰写庙记,此祠兴建缘起及功能不明,但据《夷坚志》所载衢州人刘枢干施展法术为人治病的故事,则五通在当地有治病的神力。[3]

3. 江南东路的五通行祠

江南东路的徽州婺源是五通祖庙所在地,五通信仰在徽州地区十分盛行,州治亦有行祠,但此路的方志材料十分缺乏,只有建康府存有两部宋元时期的方志,元《[至正]金陵新志》提到建康、溧水有五通行祠,不过难以确定在宋代是否建立。而宁国府(治今安徽宣城)、太平州(治今安徽当涂)、饶州(治今江西波阳)分处徽州北面、西面交通网络之出口,五通信仰传播到这些地区应在情理之中,一些材料也说明这些地区有五通神的信众前往婺源朝圣,参加五通诞会,[4]但目前只能确定饶州德兴有五通庙,而且曾经成功地申请到封号,所以一些材料甚至称"德兴五显

---

[1] 刘辰翁《须溪集》卷1《五显华光楼记》,《四库全书》,第1186册,第420、421页。
[2] 《赤城志》卷31《祠庙门》云:"佑正庙,在巾子山,后祠五通。淳化五年柳延郡重建。按庙记,吴越时祈禳如响,事闻封保德王,建炎四年赐今额,门有双桧甚古,按诸邑皆有庙,此为正祠,余不书。"当然,也可以读为"佑正庙,在巾子山后,祠五通",但与后文矛盾,而且随后《赤城志》列举了台州的主要外来行祠,其一即为五显,并云出自婺源。据目前所看到的材料,五通未有封保德王之说,且其正祠不在台州,所以淳化五年所建之佑正庙肯定不是婺源五通行祠。
[3] 见袁甫《蒙斋集》卷12《衢州重修灵顺庙记》,《四库全书》,第1175册,第478页;洪迈《夷坚志》三志壬卷3,"刘枢干得法"条,第1484—1486页。
[4] 洪迈《夷坚志》补卷第15,"李五七事神"条,所载池州建德县人李五七在庆元二年"谒婺源五侯庙",第1692—1693页;而鄱人王某则"奉五侯泥像于室,香火甚谨",见《夷坚志》支甲卷8,"王公家怪"条,第773页。

第五章 他乡之神——宋代民众祠神信仰的传播

庙,本其神发迹处"。[1] 南部的信州也有五通行祠分布,城内有五通楼,信众群体之一为城内小商贩。[2]

4. 江南西路的五通行祠

此路各州军与婺源五通之间隔着饶、信二州,但其行祠数量不亚于江南东路各州军,仅江州城内便有五座五通行祠。[3] 而临江军清江樟树镇(今江西樟树)有一座高大的五显华光楼,依傍佛寺而建,宋元之交毁于兵火,随后又由寺僧师茂到四处募缘,重起楼阁。[4] 此外,抚州临川也有一座五通行祠,为"邦人徼福之所",当地水东的小民吴二,"事五通神甚灵,凡财货出入亏赢必先阴告",甚至还能向信众预言其生死。[5] 五通祖庙所在地的江南东路只有三座有明确记载的行祠,而江南西路则有七座,这种异常的分布恐怕只能以文献保存来解释。

5. 福建路的五通行祠

福建路离五通本庙所在地徽州很远,从交通与经济交流上都没有证据表明二者之间存在经常性的联系,但该路除了北宋前期在福州兴建一座五通祠之外,至少有9处行祠,而且这些行祠基本上分布在闽西的汀州(治今福建长汀)和闽北的建宁府(治今福建建瓯)。显然,这是一种很不寻常的分布,韩森用沿海(福州)—内地(汀州、建宁等地)推进的模式来解释。[6] 不过,这种解释很大程度上是主观推想:首先,没有任何材料证明福州的五通是从海路传播过来的;其次,也没有材料提及汀州和建宁的五通行祠与福州的五通之间有任何关联。

不过,如果不再预设徽州商人为各地五通行祠的主要传播者,而充分考虑到五通信仰在早期以及随后的传播中与佛教的密切关系的话,福建

---

[1] 洪迈《夷坚志》三志己卷10,"周沅州神药"条,第1378页。
[2] 洪迈《夷坚志》三志辛卷6,"五色鸡卵"条,第1427页。
[3] 见《江州志》,《永乐大典方志辑佚》,第1651页,庙名灵顺,但志中云此庙乃"闾巷奉徽州安源之神",安源显为婺源之误。据张国淦考证,志中内容多为宋代事迹,最晚者为淳祐年,大概修于淳祐后不久,见《中国古方志考》,北京:中华书局,1962年,第559页。
[4] 刘辰翁《须溪集》卷1《五显华光楼记》,《四库全书》,第1186册,第420、421页。
[5] 《临川志》,《永乐大典方志辑佚》,第1930页;《夷坚志》丁志卷16,"吴二孝感"条,第667页。
[6] 韩森《变迁之神》,第138页。

地区五通庙的分布也可获得一个比较合理的解释。

一些材料也透露出建宁梅山庙的五通神在福建地区的五通信仰中位置十分重要。此庙所奉祠神为五通,真德秀守泉时(约嘉定九年,1216),已是"邦人钦戴,奉祀尤虔",据真氏的一则申状,嘉定前后婺源的五通神已封为六字王,而"梅仙之祠乃尚仍五通,[阙]窃所未安,某与郡人同请于漕台,[阙]纶告,与婺源、德兴二庙封爵一体[阙]显圣灵,聿新观听,惟神其幸听之"。[1]此文虽有阙字,仍可推知建宁梅山五通即婺源、德兴之五通或五显,但其封爵则不如婺源、德兴,所以真氏与郡人请求梅山之庙与德、婺同名。华岳在开禧初(1205—1207)得罪权臣,编管建宁,两谒梅山的五通,求签题诗,对五通既有大王之类民众祠神的俗称,又指出梅山之五通与佛教五通仙之关系。[2]我怀疑梅山五通庙与福州、德兴以及其他早期五通庙一样,都是佛教神祇民众祠神化的结果,与徽州婺源五通庙之间原本没有祖庙—行祠的关系,只是后来婺源的五通庙封赐不断提升,它们逐渐承认了婺源的祖庙地位,梅山等处五通也就逐渐变成五通信仰的分支了。真德秀在申状中反映的情况可以代表一些梅山五通庙信众的心理,只要与婺源接上关系,后者的封号也自动挪移到梅山五通身上,在当时朝廷的祠神封赐制度下,祠神拥有朝廷显赫的封爵正是其信众的共同心愿。当然,闽北建宁府、邵武军的五通信仰也可能是从与之相邻的信州、建昌军传入,江浙一带入闽的主要交通路线之一便是从信州、建昌军经建宁府、邵武军,再进入闽中腹地。[3]

至于福建路的五通庙主要分布在西部的汀州,可能与《临汀志》的存在有关,[4]此地的五通庙传播有两种可能:一是汀州城很早就有五通庙,其出现原因与梅山、福州等地同,《临汀志》中就称汀州的东山五通庙

---

〔1〕 真德秀《西山先生真文忠公文集》卷48《梅山庙祝文》后所附申状,第9、10页。
〔2〕 华岳《翠微南征录》卷6《再祷梅山》、卷11《梅山》,分见《四库全书》,第1176册,第655、683页。
〔3〕 曹家齐《宋代南方陆路交通干线沿革述考》,载张其凡、范立舟主编《宋代历史文化研究(续编)》,第193页。
〔4〕 《临汀志》由胡太初修,赵以沐纂,修于宝祐六年(1258)胡氏知汀州时,赵氏之跋作于开庆元年(1259)。参张国淦《中国古方志考》,第430—431页。

第五章 他乡之神——宋代民众祠神信仰的传播

为"本州古迹",创立时间不详,恐怕不会太晚,随后以州城为中心向属县传播,并自动与婺源五通信仰接轨;二是从闽北传入汀州,进入江浙地区基本走闽北交通线,邵武的广佑王信仰也有传入汀州的事例,[1]由于汀州与闽北都地处武夷山麓,地区之间的人口、文化流动比较频繁,五通信仰由闽北传入的可能性也不是没有。宋人在提及婺源五通诞会的材料中经常要谈到五通信仰在空间上的广泛性,也有各地信众届时都将前往婺源朝圣的意思,福建汀州地区的五通信众前往婺源,其路线只可能走闽北进入信州一途,[2]这条朝圣或进香之路将婺源与福建五通信众联系起来,当然它也很可能是最初五通信仰传播的通道。

不过,也是因为文献资料过于简略,现在已无法得知福建地区五通庙建立的详情,只知汀州城内的两处五通庙一在官衙金厅之傍,另一处在淳祐、宝祐间两度由知州重修,似乎都得到地方官员的支持,[3]此外莲城县(今福建连城县)东的五显行祠也是由县令沈柔孙所创,[4]其他的五通庙可能都由不知名的信众所建。这些创建五通行祠的信众在地方上应该有一定影响力,例如,"宁化富民与祝史之奸者,托五显神为奸利,诬民惑众,侈立庙宇,至有妇人以裙襦畚土者"。此举遭到知州陈晔的制止。富民所拥有的恐怕不仅是财富,还应该包括在地方社会的地位,而祝史则是对于地方民众信仰有相当影响力的群体,这是他们的倡议能够得到赞同的重要原因;同时,宁化民众能够很快接受富民与祝史的"诬惑",乃至"妇人以裙襦畚土",响应可谓十分积极。[5]比较合理的解释是这些民众原本是五通的信众,如前述嘉兴等地的信众一样,本来就很希望在家乡建立五通行祠,以便祈祷,有人发起,自然纷纷响应。

---

[1] 清流县、莲城县都有邵武军广佑王的行祠,参《临汀志》,《永乐大典方志辑佚》,第1283、1284页。
[2] 往东入海由海道至台州、杭州,然后再往婺源的可能性基本上不存在,且不说这一路线过于艰险,其花费也非大部分信众所能承担。
[3] 《临汀志》,《永乐大典方志辑佚》,第1276页。
[4] 《临汀志》,《永乐大典方志辑佚》,第1284页。
[5] 此事发生在庆元二年至四年(1196—1198)之间,见《临汀志》,《永乐大典方志辑佚》,第1416、1417页。

6. 广南西路的五通行祠

庙在梧州,"在子城外西北隅",宝祐年间(1253—1258)由地方官府重修庙宇,知州亲书榜额。据明人撰写的一则庙记,元代此庙与地方人文环境已融为一体,"郡之风俗犷戾,氓獠杂处。病不投药,祷之即愈。有疑不决,惟神是卜"。祈祷治病是五通神的主要功能之一。[1] 我们只能推测这座五通行祠传入的路径,有两种可能:一是从婺源直接传入,目前尚无直接证据;二是从附近湖南地区传入,有资料表明,南宋后期湖南韶州已有五通庙,一度建在州学对门,遭到理学家陈淳批评。[2]

二、仰山神

仰山二神信仰的发源地为袁州宜春县(今江西宜春),其封赐情况在《宋会要》有详细记载。[3] 据张商英在北宋中期撰写的庙记,二神本为龙神,唐末为慧寂禅师收伏,化血祭为素供,后来又被巫祝控制。张商英任江西漕使时,著名的佛印禅师与官方合作,仰山神信仰再度由佛教控制。[4] 然而,在北宋时期,"袁实小邦,于京师为远地,近世守兹土者多不选任重人,非不才与有罪为时弃逐则不至焉"。[5] 沩仰宗在唐末五代乃禅门大宗,影响甚大,借助这层关系,仰山二神一直是袁州水旱祈祷的重要场所,然毕竟僻处一隅,只是个地方性信仰。[6]

然而,进入南宋以后,袁州在全国交通网络中的位置发生变化,成为东西陆路交通孔道上的重要一站,仰山神的地位也不断提升,一方面是朝廷封号的不断提高,另一方面开始有信众编撰、出版了相当完备的祠神灵

---

[1] 《苍梧志》,《永乐大典方志辑佚》,第 2914、2915 页。
[2] 陈淳《北溪大全集》卷 9《韶州州学师道堂记》,《四库全书》,第 1168 册,第 568—569 页。
[3] 《宋会要》礼 20 之 84、85,第 806 页。
[4] 张商英在《仰山庙记》中说:"元祐六年(1091)春,将漕江西,会庙令盗神禀者为奸,而佛印禅师下元者适居仰山,因移郡下元,择僧主之,元来言曰:'淫祀不可遽革,释乎?巫乎?一听于神。'祷而卜之,神以释告。于是国人改观,器悍调服,流膏割鲜,化为伊蒲塞之馔;淫歌蹈舞,化为清磬梵竺之音。"见《全宋文》卷 2231,第 622—623 页。
[5] 祖无择《龙学文集》卷 10《知袁州日谒仰山庙祝文》,《四库全书》,第 1098 册,第 838 页。
[6] 祖无择在袁州任上除了谒庙祝文,还有几篇祈雨、谢雨、春秋祭的祝文。见《龙学文集》卷 10,《四库全书》,第 1098 册,第 838—839 页。

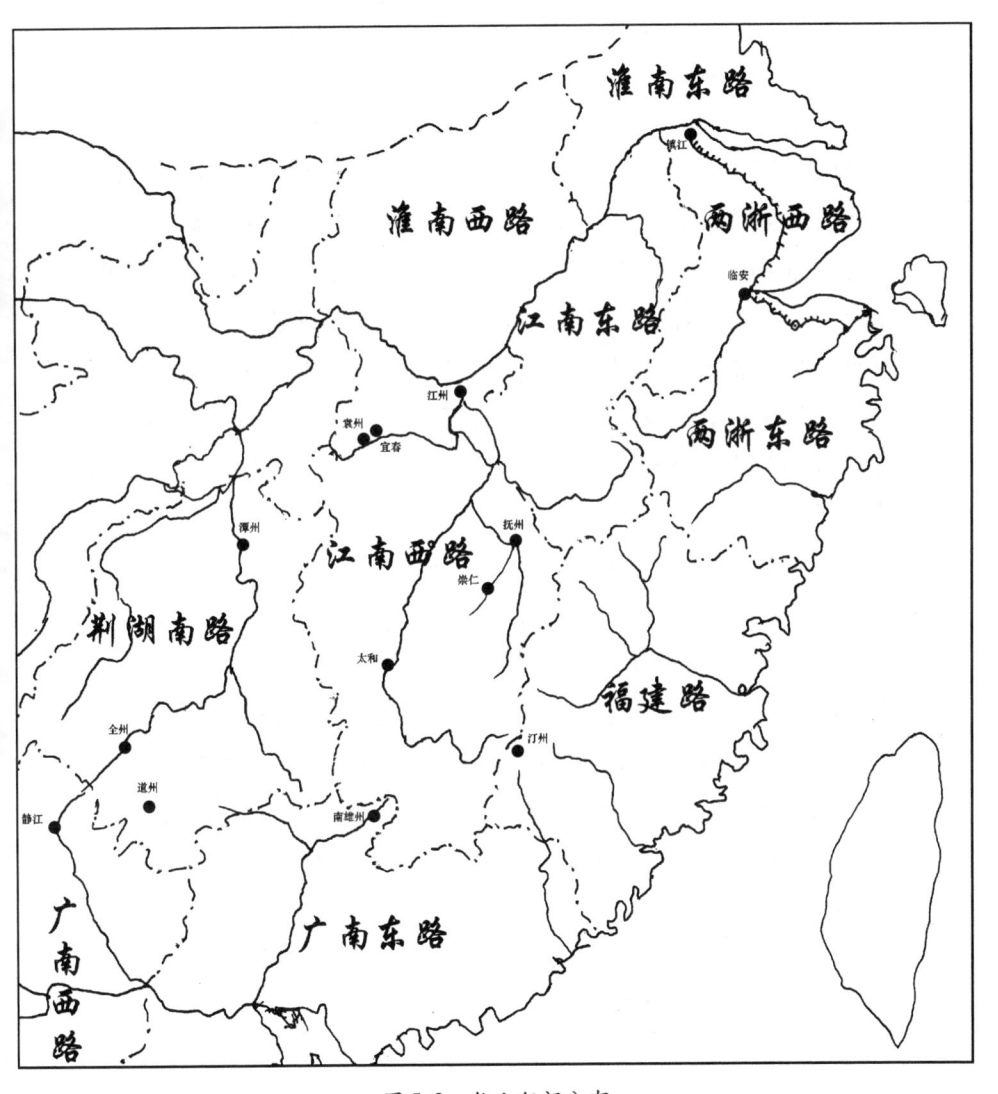

第五章 他乡之神——宋代民众祠神信仰的传播

图 5.2 仰山行祠分布

应故事集。[1]仰山神除了一般神灵所具备的灵应之外,还成为士人祈梦咨询科举前程的重要场所,《夷坚志》记载了许多湖南地区和袁州本地士人祈梦的故事。[2]《贵耳集》所记朱某一事也说明仰山在当时湖南、江西的许多士人心目中与科举关系很密切。

与此同时,仰山神的影响力不断扩大。周必大在一篇庙记中称仰山二神已成为附近地区民众信仰的重要神祇,"功利及物,逐日以新,自士庶达于郡邑,或绘事于家,或塑像僧舍,或祔享别庙,祈求者不绝"。不仅如此,其范围已越出袁州,"自袁遍于江西,自江西放乎岭表,咸被其赐,而祭享之"。[3]李曾伯在给临安仰山行祠撰写的一则庙记中也说"仰山孚惠二王庙,祀于江南,为大香火",其范围包括"湖南北兮江西东"。[4]真德秀在一则祝文中说"惟山之威灵德泽,肇于大江之西,而延及于重湖之南,有众恃之以为司命",这时他的身份是湖南安抚使知潭州,他的话应该可信。[5]

笔者从文献中勾稽出来的仰山行祠共有13座,数量不多,但其范围甚广,具见附录五。以下对部分行祠的传播情况略加分析。

1. 袁州的仰山行祠

仰山祖庙最初位于宜春南六十里的仰山之上,后迁至距城三十里左右的堵田,这里便成为仰山正庙。但宜春城内的仰山信众"犹患不得朝夕致敬也,故凡水旱疾疫迎神台上,以便祈禳,已事乃归"。两宋之交,袁州地区兵寇流行,神灵显异,护城有功,信众们遂在绍兴初依托台地建立

---

[1]《郡斋读书志》卷8,地理类著录有《袁州孚惠庙录》,一卷,皇朝张憼撰(袁本作"纂"),记仰山二神灵异之迹。嘉定庚午(1210)潘侃重编《仰山孚惠庙实录》二十八卷,《太平兴国禅寺附录》六卷,有郡守郑昉志于后,"希升自庚午以后续录之,为五卷"(赵希升《读书附志》),分见《郡斋读书志校正》第357、1132页。
[2] 分见《夷坚志》第746、748、768、808、810、1114页,其中潭州湘乡人王南强曾三次东行都到仰山祈祷,可知此时袁州已经是湖南地区东行之孔道,交通地位的提升使仰山神的影响进一步扩大。当然,也有交通路线改变使某一祠神衰落的事例,如太平州水府祠,见第一章。
[3] 周必大《文忠集》卷59《袁州宜春台孚惠新祠记》,《四库全书》,第1147册,第623、624页。
[4] 林希逸《竹溪鬳斋十一稿续集》卷10《行在仰山孚惠二王庙记》,《四库全书》,第1185册,第658页。
[5] 真德秀《西山先生真文忠公文集》卷49《仰山祝文》,第12—13页。

第五章 他乡之神——宋代民众祠神信仰的传播

仰山行祠。[1]推动行祠修建的力量没有明确记载,从建炎、绍兴年间二神所显神异的性质,以及地方官员奉像守城的情形来看,地方官员应该扮演了一定的角色。不过,周必大的庙记谈到庆元五年(1199)的重修,"郡守李谌捐金谷倡之,阖境争趋和之,武经郎赵伯泩,乡贡进士袁简及孟公震掌其事,兵马监押赵善渗董其役"。地方官员是发起者,本地士人积极参与,阖境之人"富者输财,壮者效勤",半年之内完工,还由本地士人潘侃请到周必大撰写碑记。[2]仰山庙从仰山到最后落户袁州州治所在的宜春城,反映了宋代许多地方性祠神不断向中心城市渗透的现象,祠宇空间位置的变化也扩大了仰山的影响,最为明显的是行祠赛会"缁素咸集,岁以为常,既迁城中,斋会滋盛,远人四集"。需要注意的是,赛会时间为正月八日,乃是与仰山二神关系密切的慧寂禅师灭度之日。[3]

2. 吉州太和仰山行祠

建于庆元三年(1197),周必大在庙记中叙述了此庙兴建的缘起,"吉州太和县(今江西泰和县)进士刘千龄,谓非设行祠,不足以揭虔妥灵。乃即县西北五里登科冈,背阴面阳,创正殿三间。乡人争附益之。夹以廊庑,各十二楹,前为门三,后为寝室七。至于崇释教,祀徐璠,与夫乐楼享亭,下暨厨库,罔不具备"。[4]

创议者是太和进士刘千龄,他认为只是前去仰山拜谒或将神像附于僧舍或独自在家里供奉,"不足以揭虔妥灵",于是建立起本地单独的仰山行祠。那么,行祠建立之前,太和民众很可能是前往宜春祈祷。此外,这座行祠有三点值得注意:

一是此举得到乡人大力支持,可知进士在地方社会的号召力,他还通

---

[1] 周必大《文忠集》卷59《袁州宜春台孚惠新祠记》,《四库全书》,第1147册,第623页。
[2] 周必大《文忠集》卷59《袁州宜春台孚惠新祠记》,《四库全书》,第1147册,第624页。
[3] 周必大《文忠集》卷59《袁州宜春台孚惠新祠记》,《四库全书》,第1147册,第623页。
[4] 周必大《文忠集》卷59《太和县仰山二王行祠记》,《四库全书》,第1147册,第622、623页。

过关系请到江西著名人士周必大撰写庙记,这对于地方信仰十分重要。

二是祠中还奉祀与仰山信仰密切相关的佛教神祇和徐璠,根据张商英的记载,仰山神第一次显灵便是因徐璠而起,他在自扬州回乡的路上偶遇仰山神,后来二神显灵"山水大至,夷高淖下",给徐氏拓田五顷。[1]

三是很快得到地方官认可,太和的仰山行祠成为祈祷雨旱的场所。

3. 江州、抚州、抚州崇仁县的三处行祠

如果包括袁州,整个江西路至少有六处仰山祠庙,江州行祠的具体情况不详,抚州两处行祠均与佛教有密切关系。抚州城内之行祠最初附于兴圣院内,曰仰山堂,绍熙五年(1194)因为地方官员祈雨有应,才由官方出面创立独立的祠宇,[2]而崇仁县的行祠后来径称为仰山寺,其记文由宜春尉罗炽所撰,宋末由县令重修,可知此处行祠与地方官府渊源颇深。[3]

4. 临安、镇江的仰山行祠

这两处的仰山行祠都由军官创建。临安行祠在观桥东面的马军司西营之内,该营李统领淳熙间奉命到袁州分宜购买木材,途中遇险获仰山神的保佑,遂建庙谢恩。嘉泰年间(1201—1204)重修,遂成为普通临安民众的信奉对象。[4]镇江行祠在通吴门内,由军官许俊所建,创建缘起是"许侯俊藉仰山之神灵收峒寇,获功,遂建庙于此",江西峒寇在嘉定四年(1211)平定,许氏为军队指挥者之一,交战之地即在江湖边境。[5]

5. 湖南潭州、全州、道州的仰山行祠

由于仰山本庙所在地离袁州州治很近,且处于湖南各地前往临安的陆路交通要道,仰山在湖南地区的影响仅次于江西亦在情理之中,这三处

---

〔1〕 见张商英《仰山庙记》,《全宋文》卷2231,第622页。
〔2〕 《临川志》,《永乐大典方志辑佚》,第1929页。此祠后来也直接改称仰山寺,见《江西通志》卷112,《四库全书》,第516册,第689页。
〔3〕 谢旻等监修《江西通志》卷112,《四库全书》,第516册,第690页。
〔4〕 《咸淳临安志》卷73,《宋元方志丛刊》,第4012、4013页;《竹溪鬳斋十一稿续集》卷10《行在仰山孚惠二王庙记》,《四库全书》,第1185册,第658页。
〔5〕 分见《至顺镇江志》卷8,《宋元方志丛刊》,第2728页;《宋史》卷39,第749—759页。

第五章　他乡之神——宋代民众祠神信仰的传播

行祠肯定不是当时仰山在湖南行祠的全部。然而仅就这三座行祠来看，仰山在湖南地区的传播与地方官员关系密切，潭州之行祠建立者不知何人，但据真德秀的祝文可知，潭州地方民众按惯例要于正月八日在仰山行祠之中举行佛教仪式，而地方官员则要撰写祝文，出席仪式，为本地区民众祈福。[1]而全州(治今湖南全州)行祠的建立者即为知州施广文，道州(治今湖南道县)行祠的神迹之一便是佑助地方官员防御流寇的袭击。[2]

6. 静江府、南雄州、福建汀州的仰山行祠

静江府(治今广西桂林)的行祠由张孝祥所建。乾道初他奉命出守桂林，正逢湖南桂阳等地骚乱，张氏路过袁州时祈求仰山神使广西免受兵难，并许立行祠于桂林，事后张氏亲自择地于桂林城北，建立行祠，撰写庙记，"且劝桂之民以虔事王"。[3]南雄州(治今广东南雄)的行祠最初由州内信众集资建立，时间不详，后来成为地方重要宗教场所，"绍定六年(1233)，郡侯张友鼎新之，用钱五十余贯文省，内外视昔遂为整备，专以御寇庇民致祷于神"。[4]从当时的交通情况来看，大庾岭一线成为岭南地区前往临安的最主要通道，大庾岭之南即为南雄，而这条路线往北需纵贯江西大部，其中便包括已经建立仰山行祠的吉州太和县，虽然不能断定南雄行祠是否为吉州等地行祠的延伸，但传播路线应该与南雄越过大庾岭北上的交通路线有关联。汀州的仰山行祠由县令黄荦创建，黄氏此前曾担任吉州龙泉县(今江西遂川)主簿，而吉州与袁州相邻，通过转任龙泉、汀州的地方官员黄荦，仰山实现了从袁州至汀州的传播，需要说明的是，袁、汀之间相隔近千里，行政区划上分属二路，且无直接的交通联系，如前所述，这也是地方官员传播民众祠神信仰的特征之一。

---

[1]　真德秀《西山文集》卷50《仰山灵济王生辰疏》，《四库全书》，第1174册，第816页；卷53《仰山祝文》，《四库全书》，第1174册，第848页。
[2]　分见《广西通志》卷42，《四库全书》，第566册，第219页；《睽车志》卷2，《宋元笔记小说大观》，第4087—4088页。
[3]　张孝祥《张孝祥集》卷14《仰山庙记》，第168页。
[4]　《南雄路志》，《永乐大典方志辑佚》，第2481、2482页。

三、天妃

明清以来,天妃已成为一个国际性的祠神,对于它的研究也是宋代诸多祠神中最充分的。[1] 不过,天妃早期的历史尚有许多不太明晰之处,天妃在宋代的传播或分布情况便是其中之一。韩森在其著作中认为天妃本庙所在地莆田(今福建莆田县)的地方官员以及靠海洋谋生的人推动了天妃信仰在各地的传播,这是很对的。不过,因为她要强调的是商业经济、商人对祠神信仰传播的推动,官员的作用只不过是陪衬,所以,她的结论是,天妃祠"即便不是在福建的沿海一带,也总是分布于大运河沿线。如果认为是商人——不仅仅指福建的商人——在支持着天妃的祠祀,是完全有道理的"。[2]

其实,宋代天妃的职能虽然与保护航海有关,但这在其多种职能中并不占有最突出的地位,当时的天妃主要是一位承担多方面责任的"乡土之神"。[3] 从影响范围而言,天妃信仰的大发展时期在元、明两朝,[4] 宋代天妃的影响尚十分有限。当然,莆田士人为天妃撰写的庙记通常要鼓吹天妃信仰已遍及东南各地,例如:"浙、闽、广东南皆岸大海,风飘浪舶焉,依若其所天";"神虽莆神,所福遍宇内。故凡潮迎汐送以神为心,回南簸北以神为信,边防里捍以神为命,商贩者不问食货之低昂,惟神之听,莆人户祠之。若乡若里,悉有祠。所谓湄州圣堆、白湖、江口,特其大者耳。神之祠不独盛于莆,闽、广、江浙、淮甸,皆祠也";"妃庙遍于莆,凡大墟市小聚落皆有之……非但莆人敬事,余北游边,南使粤,见承楚番禺之人祀妃尤谨,而都人亦然"。[5] 然而韩森在书中也只勾稽出天妃庙11

---

[1] 可参见李献章《妈祖信仰研究》,澳门海事博物馆出版,1995年。
[2] 参见《变迁之神》,第144—146页。
[3] 李伯重《"乡土之神"、"公务之神"与"海商之神"——简论妈祖形象的演变》,《中国社会经济史研究》1997年第2期,第47—50页。
[4] 参见陈高华《元代的天妃崇拜》和刘月莲《妈祖信仰与元代漕运》,并载《元史论丛》第7辑,南昌:江西教育出版社,1999年;李玉昆《妈祖信仰的形成和发展》,《世界宗教研究》1988年第3期。
[5] 见《至顺镇江志》卷8,李丑父所作庙记,《宋元方志丛刊》,第2730页;《咸淳临安志》卷73,丁伯桂作庙记,《宋元方志丛刊》,第4014—4015页;《后村先生大全集》卷91《风亭新建妃庙》,第17—18页。

第五章 他乡之神——宋代民众祠神信仰的传播

处,其中兴化军本地 5 处,其他 6 处实际上只有镇江丹徒县、杭州、明州、泉州可以肯定是宋代建立的,[1]如果考虑到宋以后天妃信仰日益兴盛以及民众祠神信仰中喜欢虚造历史的习惯,莆田本庙以外有数的 4 处行祠实在太少,不足以言分布特征并由此推出什么结论。不过,如果对每一个具体行祠的情况加以分析的话,还是可以对天妃的传播形成一些初步认识。

1. 镇江丹徒县天妃行祠

丹徒天妃行祠建立于嘉熙二年(1238),当时的情况已无法得知。淳祐十二年(1252)前后,贡士翁戴翼主持重修,开庆元年(1259)完成,请李丑父撰写庙记。此次重修庙宇有四点值得注意:

一是翁氏修庙得到浙东常平使赵(王奂)夫的支持,赵氏之子任总干,通过赵的关系镇江府拨给土地,"工费甚钜,而乐施亦众",联系到此前福建士卒载香火战于淮南地区的故事,赵氏的支持很可能是因为天妃具有佑军御敌的功能。

二是庙中既有本土神祇青衣师、朱衣吏,也有一位龙王。这位龙王即记文中所说的"龙君水府",丹徒金山(后迁至城门外)的下元水府为长江三水府之一,纳入国家祀典,也是地方信仰中心之一。天妃传至新地,在祠中塑龙王像祭祀,是很明智的做法。

三是丹徒的天妃行祠与佛教有关。庙中常住宗教人士即为僧人,而元代至顺三年(1332)重修庙宇,主持者不再是福建人士,而是金山僧人德焕,考虑到下水府与金山寺的关系,很可能翁氏重修庙宇时庙中的那位僧人就是来自金山寺。[2]

四是魁星祠的建立,说明此祠与福建士人关系甚大,修庙者翁氏为贡

---

[1] 苏州之祠建于宋时,出于明代方志,无明确时间,只能存疑;而明州与明州鄞县本属一处,鄞县乃地方治所在地。另外,《八闽通志》卷60中所载莆田延行里行祠亦只云"宋时建",无任何相关材料佐证,亦不可确认其真建于宋时,所以韩森所列天妃行祠只有8处,其中兴化军4处。我们在韩森的基础上共勾稽宋代的天妃行祠10处,详见附录五。

[2] 《渭南文集》卷43《入蜀记一》谈到金山寺负责下元水府的香火,"寺常以二僧守之,无他祝史,然榜云:赛祭猪头例归本庙。观者无不笑"。见《陆游集》,第2412页。

士,撰写记文的李氏为太学博士,都是士人,后者为端平二年(1235)武举进士。[1]

2. 临安天妃行祠

临安有两处天妃行祠,一在候潮门外萧公桥,一在艮山。[2]只有艮山庙有比较详细的记载,建庙者商份,福清(今福建福清)人,绍兴三十年(1160)榜进士,[3]"尉崇德日,感梦而建"。崇德在余杭东北,处在运河线之上。后来庙宇不断兴建,最大的一次在宝庆三年(1227)至绍定三年(1230)之间,发起者丁伯桂、陈卓均为任官京城的莆田士人,[4]他们动员的对象主要是"乡之持麾节者",捐助者还包括"乡之士友与都人知敬神者"。需要注意的是,记文未提到福建商人在修庙过程中的作用,这不可理解为士人丁伯桂在撰写记文时的疏忽。[5]

3. 明州鄞县天妃行祠

建于绍兴三年(1133),主持者为来远亭北舶舟长沈法询。沈氏前往海南途中遇风,得到天妃保佑,"遂诣兴化分炉香以归"。沈氏建庙得到地方官府的支持,此庙由"沈氏世掌之"。沈氏为闽籍商人,明州天妃行祠与当地民众关系如何,已不得而知。[6]

4. 福建地区的天妃行祠

莆田为天妃信仰源发地,按照宋代莆田士人的说法,福建的天妃行祠应该很多,但当时的事实可能是天妃信仰主要在兴化军的莆田、仙游一带流行,其支持者主要为海商与士人。[7]再就是泉州、漳州,据陈淳的批

---

[1] 佚名《南宋馆阁续录》卷8,北京:中华书局,1998年,第309、324页。
[2] 《咸淳临安志》卷73,《宋元方志丛刊》,第4014页。
[3] 《淳熙三山志》卷29,《宋元方志丛刊》,第8047页。
[4] 丁伯桂,字符晖,莆田人,嘉泰二年进士,由枢密院编修官累迁吏部侍郎兼给事中,另一位陈卓,绍熙元年榜,上舍释褐。《宋史》卷406有其父陈居仁之传,卓传附于后。
[5] 《咸淳临安志》卷73,《宋元方志丛刊》,第4014、4015页。
[6] 程端学《积斋集》卷4《灵济庙事迹记》,《四库全书》,第1212册,第353—354页;或作绍熙二年(1191),参前揭李伯重文,第50页,然据《丛书集成续编》影印民国二十一年(1932)四明张氏约园刻本《积斋集》,亦作绍兴三年,待考。
[7] 洪迈《夷坚志》支景卷9,"林夫人庙"条,第950、951页;支戊卷1,"浮曦妃祠"条,第1058页;仙游枫亭的天妃行祠建立情况见《后村先生大全集》卷91《风亭新建妃庙》,第17—18页;《仙溪志》卷3,《宋元方志丛刊》,第8310页。

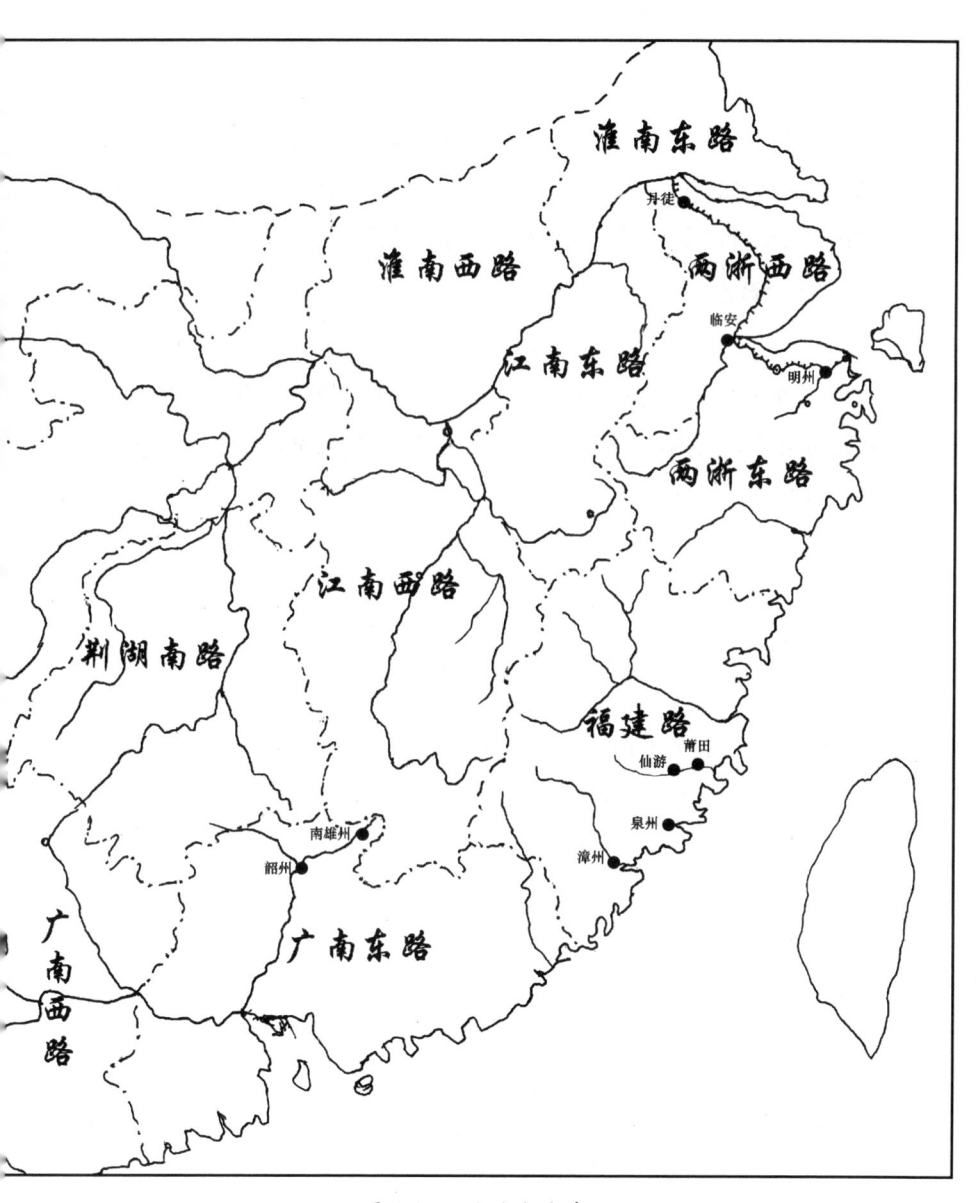

第五章 他乡之神——宋代民众祠神信仰的传播

图 5.3 天妃行祠分布

评,漳州地区不少民众信仰天妃,为之建祠者应该不少。[1]

5. 广南东路的天妃行祠

至少有两处。据《南雄路志》所载,嘉定三年(1210),"郡守赵公善偰以江西峒寇累犯境内,遣官吏往韶州迎香火,新创行祠于此,以祈护佑"。也就是说,此前韶州(治今广东韶关)应该已经有天妃行祠,且有一定影响力,赵氏方可能有请香火之举,而建祠用意亦在佑护地方,抵御寇患。[2]

四、梓潼

梓潼即后世所说的文昌帝君,本庙在四川梓潼(今四川梓潼县)七曲山,最初可能是一位蛇精,但在南宋已经成为著名的科举功名之神。[3] 不过最初四川地区影响最大的神灵还是永康的二郎神,早在北宋末,二郎神已从四川走向东京,梓潼则依托其在预测科举功名方面的灵应逐渐扩大影响。南宋时,四川的士人在全国进士总数中所占百分比从原来的7.1%增为13.2%,[4] 梓潼的地位逐渐上升,"故祠王遍郡国,虽里社亦屋以祭","所在郡邑侈大祠房,崇饰像设"。[5] 川中类试,考官与士人都要到成都的行祠祈祷。[6] 大约到南宋中期,梓潼在川中的影响已经可以与二郎分庭抗礼,所以朱熹说这两个祠神几乎"割据了两川"。[7] 但是,在13世纪30年代之前,梓潼与二郎神一样,基本是四川地区的地方性祠神信仰。[8]

---

[1] 陈淳《北溪大全集》卷43《上赵寺丞论淫祀》,《四库全书》,第1168册,第852页。
[2] 祠在州城,见《南雄路志》,《永乐大典方志辑佚》,第2481页。
[3] 参祁泰履(Terry Kleeman): *A God's Own Tale: The Book of Transformations of Wenchang, the Divine Lord of Zitong*;他对梓潼传播的研究见:"The Expansion of the Wenchang Cult", in Patricia Buckley Ebrey and Peter N. Gregory, eds., *Religion and Society in T'ang and Sung in China*, pp. 45–73.
[4] 贾志扬《宋代科举》,第190—191页。
[5] 章森《灵应庙记》,见宋程遇孙等编《成都文类》卷33,《四库全书》,第1354册,第666页;李流谦《瞻斋集》卷9《论庙事剳子》,《四库全书》,第1133册,第671—672页。
[6] 洪迈《夷坚志》乙志卷8,"歌汉宫春"条,第247页;《鹤山先生大全集》卷99《四川文昌醮疏文》,第14、15页。
[7] 黎靖德编《朱子语类》卷3《鬼神》,第54页。
[8] 二郎神虽然北宋末东京有行祠,南渡后东京移民亦将庙宇迁移到临安,然其影响相当有限,不见其他地区有祠宇分布。梓潼在科举功名方面的灵应故事在北宋末、南宋初已向各地传播,淳熙丁酉年(1177)甚至有人在杭州吴山天庆观刻梓潼之像供奉,见《金正补正》卷115《广济王像题记》,《宋代石刻文献全编》,第一册,第499—500页。这则题记最早见于《两浙金石志》卷9,阮氏认为是宋刻,而陆增祥在《金正补正》按语中怀疑其非宋刻。

第五章 他乡之神——宋代民众祠神信仰的传播

13世纪30年代初,蒙古开始入侵四川,蜀人陆续东迁,在此后的半个世纪中,四川战火不息,每当战乱向新的地区扩大,总有移民被迫东迁,蜀人的移民东迁持续了四五十年。梓潼也在蜀中移民迁居之地纷纷建立起来,[1]在宋亡之前,东南各地建立的梓潼行祠至少16处(见附录五),[2]由于梓潼主要是科举功名之神,创建者也主要是那些任职或迁居他乡的四川士人,以下对这些行祠的情况略加分析。

1. 江南西路的梓潼行祠

有两处梓潼行祠,抚州行祠创立者为提举江西狱使姚希得和常平使杨修之,其中姚为蜀人,此祠由官方提供庙田。[3]而吉州龙泉县行祠则由县令陈升主持建立,陈为闽人,撰写庙记是本地人文天祥,匾额者姚勉为新昌人,陈氏创建此祠是因为梓潼为士人公认的"司桂籍"之神,龙泉士风甚盛而无这一群体专门奉祀之神。祠的日常管理者为庐陵洞真观道士萧绍宣。[4]

2. 江南东路的梓潼行祠

共有三处梓潼行祠。建康府梓潼行祠与其他二位蜀地祠神同处一庙,被称为蜀三大神庙,此庙由当时任建康地方长官的蜀人姚希得创建,共襄此举者牟子才等皆为蜀人。此前不久成都被蒙古攻占,所以祠庙落成仪式上大家要歌楚歌之第九章,寄托"旧都之怀"。姚希得在记文中还提到三大神曾在四川防御战中显迹,所以他又说"是顷猰貐吠蜀,为梁千涪,中外束手,惟神之归",希望神灵再显神威,恢复故土,这也是东南各地奉祀梓潼等川神的蜀人的共同心愿。祠宇创立的次年,这些蜀人在祠旁创立道观一所,命道士王道立主三大神之香火。[5]信州弋阳县的行祠

---

〔1〕 吴松弟对南宋后期四川难民东迁的情况有详细介绍,他还指出"凡有梓潼帝君庙的地方,便应有蜀籍移民"。参见《中国移民史》(第四卷),第233—245页。
〔2〕 姚希得曾说"蜀三大神,庙食东南无虑数十州",《景定建康志》的作者也说"今东南州郡所在建祠"。可知这16处只是各地梓潼行祠的一部分,见《宋元方志丛刊》,第2061页。
〔3〕 《临川志》,《永乐大典方志辑佚》,第1930页。
〔4〕 文天祥《文山先生全集》卷9《龙泉县太霄观梓潼祠记》,第4—6页;赵文《青山集》卷4《文昌阁记》,《四库全书》,第1195册,第55—56页。
〔5〕 分见《景定建康志》卷44,《宋元方志丛刊》,第2061页;卷45,《宋元方志丛刊》,第2072页。

由当地衣冠大门方氏所建,从马廷鸾的庙记来看,方氏非蜀人,而是当地士人。[1] 饶州的梓潼行祠由当地人彭大雅所建,时间不明,但其创立与彭氏曾任官川中有关。[2]

3. 两浙西路的梓潼行祠

本路梓潼行祠最多,共7处。可以肯定由蜀人创立者为临安、湖州二处,主持者均为在朝中任官的蜀人牟子才,其中临安的梓潼行祠,位于吴山承天灵应观,端平三年(1236)建,每逢二月初三梓潼诞日,"川蜀仕宦之人,就观建会",是临安的蜀地士人宗教活动的中心之一,而梓潼在科举功名方面的灵应也早为其他地区的士人所知,所以"凡四方士子求名赴选者,悉祷之"。[3] 宝祐年间"蜀士仕于朝者"还在吴山建立了清源崇应观、显惠观以供奉家乡的另外两位大神二郎神与射洪陆使君。[4] 常州有梓潼行祠三处,皆在道观之中,而严州的行祠最初也是在道观内,景定元年(1260)拓修才形成单独的祠宫。丹阳县行祠建立于宝祐七年(1258),建立者为邑士蔡逢,此人在淳祐八年(1248)曾创立过一座五通行祠,其身份应该是丹阳的士人。[5]

4. 两浙东路的梓潼行祠

主要集中在明州地区,虽然此地为蜀人东迁的重要聚居点,但明州的三处梓潼行祠未必都是由蜀人所建。昌国县(治今浙江定海)行祠在县学之侧,本乡士人所创,原因是梓潼"司桂籍而主斯文"。奉化县(治今浙江奉化)士风甚盛,景定二年(1261)由贡士卢震龙捐资买田筑宫奉梓潼之像,最初在虚白观之内,后来才建立独立的殿宇。[6] 象山县的行祠,则直接由道士范介然创建。[7]

---

[1] 马廷鸾《碧梧玩芳集》卷17《梓潼帝君祠记》,《四库全书》,第1187册,第120页。
[2] 谢旻等监修《江西通志》卷109,《四库全书》,第516册,第602页。
[3] 参见《咸淳临安志》卷75,《宋元方志丛刊》,第4030页;《梦粱录》卷14、19,第121、167页。
[4] 《咸淳临安志》卷75,《宋元方志丛刊》,第4030页。
[5] 《至顺镇江志》卷8,《宋元方志丛刊》,第2732页。
[6] 《延祐四明志》卷18,《宋元方志丛刊》,第6409页;《雪坡集》卷33《明州奉化县梓潼帝君殿记》,《四库全书》,第1184册,第218—219页。
[7] 《延祐四明志》卷18,《宋元方志丛刊》,第6410页。

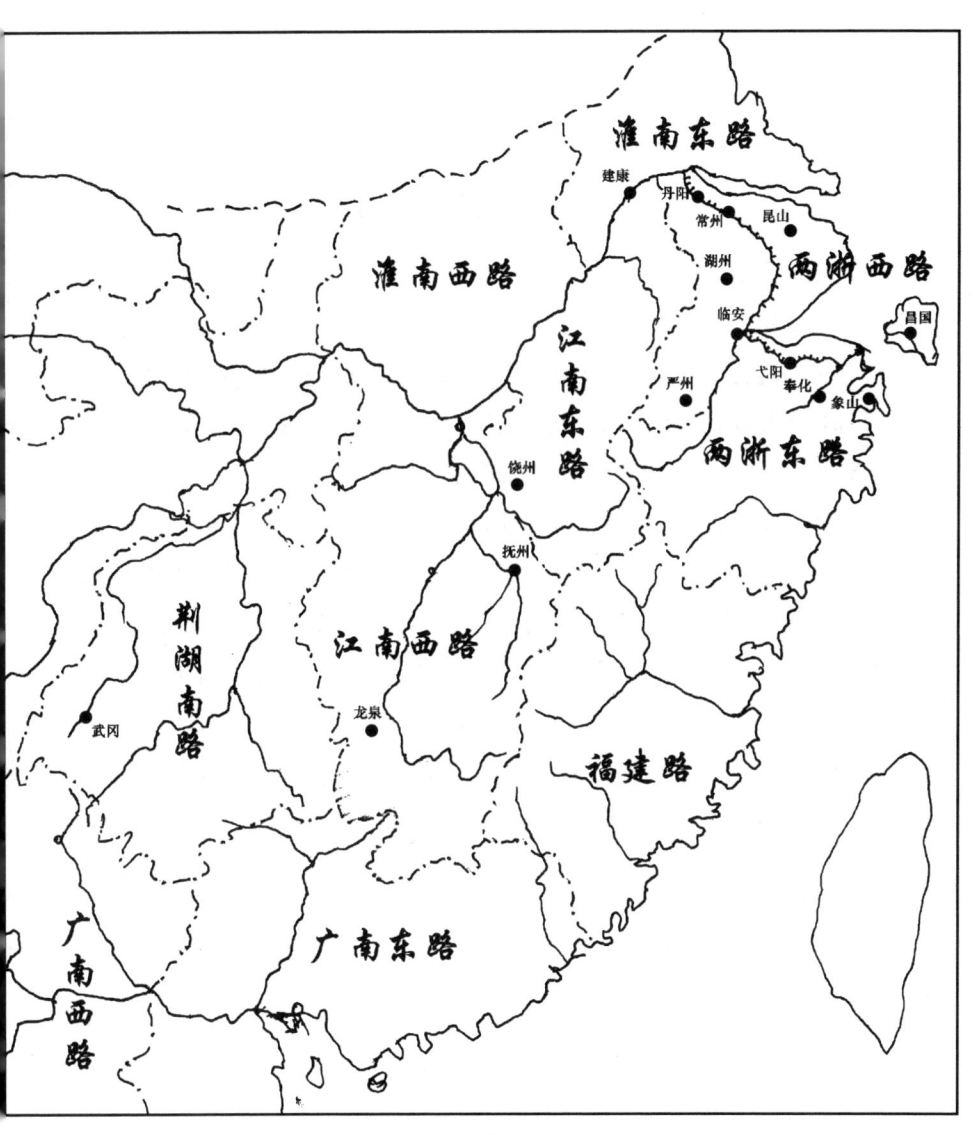

第五章 他乡之神——宋代民众祠神信仰的传播

图 5.4 梓潼行祠分布

5. 湖南武冈军梓潼行祠

除了以上 15 座行祠,我们根据牟巘的祝文推测湖南武冈军(治今湖南武冈)也可能有梓潼行祠。牟氏原为蜀地井研人,后随父徙湖州,任官武冈时曾撰祝文向蜀地三大神祈雨,还有专门的梓潼、二郎祝文,也点明是在都梁(武冈)祀蜀神。[1] 根据吴松弟的研究,湖南地区是宋末接纳四川移民最多的地区之一,武冈有梓潼行祠应该很有可能。

五、几点认识

加上第二章对张王传播的分析,笔者先后对宋代的五个重要祠神信仰的传播进行了比较细致的研究。这五个祠神的源发地、最初的主要神迹都各不相同,但在宋代,尤其是南宋,它们的行祠散布他乡,信众来自各个地方,由地方性信仰逐渐演变成跨地区的神灵。

梓潼是蒙古人侵后的信仰播迁,从某种意义而言这是一次被动传播。梓潼对于撰写庙记以及流散东南各地的蜀人而言不仅是司桂籍之神,还是抗敌御寇,故国之思的寄托,行祠的分布与蜀人移居地之间存在较大的关联性。天妃、仰山的传播者基本上是官员、士人。前者以本地人士为主,这是因为天妃源发地莆田僻处一隅,只能依靠本地信众向外推广,在灵应故事传播方面以水手、海商为主,而在外地建立行祠则需依托士人、官员的力量。这个群体在传播天妃时带有很强的群体色彩,例如镇江、临安、南雄的天妃行祠建立者都宣传或期待着天妃在抵抗内忧外患方面的灵应。前两处行祠更带有外出任官闽人(尤其是莆田人)在异地的共同信仰寄托,行祠修建带来的不仅是天妃信仰在他乡的传播,更含有增进外地莆人联系,强化共同乡土意识的目的,在这个方面天妃与梓潼有很大的相似之处。[2] 仰山所在地袁州的士人在科举考试中虽不如四川、莆田的士人那样成功,但是这个地区同张王所在地广德一样,在南宋的交通网络

---

[1] 牟巘《陵阳集》卷22《祝文·三大神》,《四库全书》,第 1188 册,第 197 页。
[2] 其原因主要有二,一是二者同政治、经济中心的两浙路之间空间距离较远,二是两地的士人都在科举考试方面十分成功,这些士人走上仕途后能够借助国家权力动员足够的社会资源传播本乡信仰,并在外地建立行祠。

第五章 他乡之神——宋代民众祠神信仰的传播

中据有十分有利的位置,这一条件不仅刺激了仰山神迹的产生与传播,也推动着仰山行祠在该交通网络各个分支的建立。由于仰山的传播者主要是官员、士人、军官,这就决定了行祠在各地所发挥的功能基本上是以地方治安、水旱祈祷、科举功名等为主。

与上述三个祠神相比,张王、五显的传播有些区别。南宋时广德与徽州距离政治、经济中心较近,前者处于两淮、建康至临安的陆路交通要道之上,而且长江中上游地区从池州、太平州转陆路进京也常走广德一线,后者直接有水路入京,且为西部饶州等入京通道之一,[1]这都使张王、五通的传播条件较梓潼等有利。这两个祠神的传播者除了官员、士人群体,[2]还有一种重要形式,即行祠所在地民众至广德、婺源请香火回乡供奉,建立行祠,文献中有相当数量的张王、五通行祠未说明建立者,我怀疑是以这种形式传播过去的。这两个祠神都是在本地成为重要的地方性信仰之后逐渐向外推进的,而二神诞会的规模也不断扩大,张王诞会的参加者数以万计,"江、浙、荆淮之民奔走侥福者,数千里间关不辞",[3]而五通神的诞会,奔走庙下者"无虑百万众",[4]但这都是南宋后期二神行祠遍布各地的情形。诞会的规模与信仰传播之间应该是一种良性的互动关系,早期参加诞会的应该是以祠神的源发地信众为主,随着灵应不断出现,神迹的逐渐外传,源发地以外的民众亦开始参加诞会,并出现源发地以外的信众群体以及祠神对源发地以外信众产生的神迹。一旦某一地区信众数量足够,便有可能请香火回乡,在本地建立行祠,例如常熟的张王行祠,嘉兴、苏州的五通行祠都是信众岁岁朝献不绝之后才请香火回家建立行祠的。这些信众的主体为普通民众,主持之人即诞会中朝圣进香的社首,他们一般是地方社会较富

---

[1]《骖鸾录》中提到徽州与严州之间的经济交往,见《范成大笔记六种》,第44、45页;而《夷坚志》中记载一则故事表明鄱阳以及附近诸郡士人进京考试都走水路,要经过徽州、严州北部的大浪滩,见洪迈《夷坚志》支志癸卷6,"大浪滩神祠"条,第1266页。
[2] 张王行祠至少有24座由地方官员创建、主持重建或扩建,将近总数的三分之一,五通亦有8座行祠的创建或重建与地方官有关。
[3] 黄震《黄氏日钞》卷87《广德桥沧河浮桥记》,《四库全书》,第708册,第912页。
[4] 方回《桐江续集》卷36《辅德庙碑》,《四库全书》,第1193册,第726页。

有,且有一定影响力的群体。[1] 当然,也不排除部分宗教虔信人士,虽然自己经济实力不济,全凭对祠神的信仰,到处募化,以求建立行祠。[2] 这些信众建行祠的原因,往往也是最初参加诞会的动因,不外乎普通民众生死疾病、求财祈子等日常生活需求。由于后来五通成为著名的财神之一,[3] 人们自然将之与徽州商人、祈求发财致富联系到一处,似乎供奉、传播五通就是为了发财或与商业交易有关。这恐怕是明清时期的情形,宋代未必如此,当时固然有一些城市居民向五通祈求发财致富,但也有不少例子说明五通的传播者很在意其治病疗疾方面的灵应,甚至有士人向五通神祈求科举功名的例子。[4]

如果以上观点成立,五个祠神行祠的空间分布与传播群体之间可能存在的一个矛盾就可以得到比较合理的解释。官员、士人、军官是梓潼、仰山、天妃、张王四神各地建立行祠的最主要力量,五通行祠也有不少由这个群体创建或重修,而官员的任职地点取决于朝廷差遣,这使得行祠的空间分布有很大的无序性,它们之间的关联只在于都是某祠神之行祠,建立者曾途经或任职于祠神源发地,或由于其他原因曾经信奉该祠神。知军鲍某可以在北部的盱眙为张王建立行祠,巡检使李全也可以在海岛之上的昌国为张王创立香火;杭州的官员可以为五通重修庙宇,曾任官徽州的徐某也不妨在家乡象山建立五通行祠,其他官员也可以在汀州或梧州为五通供奉香火,这并不意味着盱眙、昌国、杭州、象山、汀州、梧州之间在

---

〔1〕 余干请迎五圣社火的主持者即为富人,而在福建宁化兴建五通行祠的也是富人和巫师,分见《贵耳集》卷下,《宋元笔记小说大观》,第4323页;《临汀志》,《永乐大典方志辑佚》,第1416、1417页。

〔2〕 洪迈《夷坚志》三志己卷10,"周沅州神药"条提到一位上饶人汪保,"躬自负香案,将至其所居衫山抄题供施",属于民众祠神信仰者到各地募化的事例,此类行为一般是为建立行祠筹集资金。第1378页。

〔3〕 吕微《隐喻世界的来访者——中国民间财神信仰》,北京:学苑出版社,2000年,第86—107页。

〔4〕 洪迈《夷坚志》三志己卷10,"周沅州神药"条与嘉兴德藏寺的五通所发挥的功能都是为人治病,《至正昆山郡志》称当地民众"信鬼则义加于昔,病或不事医药,唯听命于神,祈赛施舍,竭产不悔,其朝岳祠者,比屋举家岁往常熟之福山,朝五通者远至婺源之灵顺"。也就是说,昆山信众朝五通可能较多的是出于该神在治病方面的功能。而福州士人林刘举则在杭州钱塘门外五圣行祠乞求科举顺利,分见洪迈《夷坚志》第1378页、鲁应龙《闲窗括异志》(《中华野史》宋朝卷3)第2892页、《至正昆山郡志》卷1(《宋元方志丛刊》,第1114页)、《夷坚志》第1379页。

第五章 他乡之神——宋代民众祠神信仰的传播

自然条件、行政区划、经济交往上存在必然联系。

但是,无序之后同时存在一种有序。几位大神的行祠分布主要集中在两浙、江南东路的建康府、福建地区,这应该与现存的宋元方志资料主要集中在这几个地区有关,也可能反映了政治中心、经济发达地区的向心力作用。南宋迁都临安之后,不仅形成了一整套新的交通网络,也带动了东南地区之间的经济文化交流,这一作用在张王、五通的传播上体现得尤为突出。二神的传播、诞会范围与自然条件所形成的地理区域、行政区划、经济区域之间有很强的依赖关系,正是因为东南地区内部联系的加强,才有可能出现单个祠神广泛传播的现象,也只有在内部联系加强的背景下,外来的祠神才可能突破地域认同的障碍,到他乡异地安家落户。而对于行祠所在地民众来说,也只有在这一背景下,才能做到不仅接受他乡之人、之物,也接受他乡的文化习俗、他乡之神。当然,祠神信仰传播所形成的宗教区域既以自然区域、行政单位、经济区域为基础,又可能突破后者的限制,形成更大范围的宗教区域,从而反过来推动不同自然区域、行政单位、经济区域之间的交流。

在祠神信仰传播中,释道二教的作用特别值得注意。这两种组织性宗教有时是民众接受他乡之神的中间桥梁,有时则是祠神信仰传播的直接推动者。这里不妨将五个祠神传播中与释道二教有关的行祠统计一下。如前所述,张王行祠中至少有23座(约占75座的31%)与释道寺观有关。其中14座行祠在寺观之内,这中间又有5处是由僧人或道士主持创建或重修,它们都完全成为寺观的组成部分之一。五通信仰与佛教关系十分密切,其本庙诞会又称佛诞会,各地五通庙的仪式也多由僧人主持,明确指出行祠在寺中者14座,但考虑到五通与佛教的关系,应该还有一些行祠与佛教寺院有密切联系。仰山由于早期有舍山为寺的故事,所以仰山信仰一直与仰山禅宗有很大关联,其行祠亦不例外,共有3处在寺院之中。[1]天妃在宋代与释道二教关系尚不紧

---

[1] 太和行祠内设佛堂,盖以僧人管理祠宇,而潭州行祠诞会亦由僧人主持仪式。

密,不过丹徒县的行祠也是由僧人主持香火。梓潼信仰则与道教关系十分密切,其行祠由道士创立者一座,另有6处在道观之内或由道士主持香火。这样,五位祠神的行祠约有28%以上和释道二教相关,实际情况可能比这个数字还要高。[1] 许多祠神传播者都是先将行祠安置于寺观之内,等待时机为祠神创建独立的殿宇,这不应该理解为简单的经济原因,较大的可能性是传播者将寺观当成了传播外地祠神的中介,一方面利用组织性宗教超越空间限制的特征逐渐消解本地民众接受外来祠神的心理障碍,另一方面由于寺观之中有僧道宗教人士常住,行祠的香火、日常管理也可以委托他们照应。而对于寺观而言,这些被传播的祠神都属于获得国家承认的"正神",在一定范围具有相当的影响力,传播者又通常是地方社会的有影响力的群体,如果属于迎请香火类型的传播,这位祠神在当地还拥有一定数量的信众,寺观从实际利益的角度也会乐意接受这些外地祠神。[2]

在绪论中我们谈到释道与民众祠神信仰的区别之一即在前者是组织性宗教,后者属于非组织性的信仰,但在非组织性的祠神信仰向外传播的过程中,我们看到的是组织性力量的强大支持,官员、军官是传统社会中依托国家组织机构的强势群体,而士人则属于即将进入或刚刚脱离权力机构的群体,释道人士则是国家承认的组织性宗教人士,他们构成了推动祠神信仰向外传播的最主要的社会群体。不过,在传统中国社会,也正是这些群体具有较强的能力动员社会资源,而祠神传播亦即意味着从故乡走向他乡,传播与接受的主要障碍都在于地方观念的限制,而他们恰好是传统社会中受地方观念限制相对较少的群体。

---

[1] 因为有相当数量的行祠在材料中只注明地点,而未谈及其与释道二者的关系,我们所能统计的只是那些明确记载在寺观之中或其兴建、维持与释道关系密切者。

[2] 这里可以举一个例子,嘉兴五通行祠由乡人奉迎回来,在德藏寺建阁供奉,不久产生灵应,行祠前的井水可以治病,"寺僧利其资,每汲一水则必令请者祷于神,得筊杯吉然后饮水,并以小黄旗加之上"。见鲁应龙《闲窗括异志》,《中华野史》宋朝卷3,第2892页。

第五章　他乡之神——宋代民众祠神信仰的传播

第三节　经典的重新解释——宋人对神灵越界现象的回应

一、问题的提出与学者的分析

南宋后期,刘宰针对宋代信仰世界出现的一系列重要问题拟了一份试题,其中一条就是关于神灵越界:

> 问:水旱有祷,礼也。抑有可疑者,天子祭天下名山大川,诸侯之祭名山大川之在其境内者,故曰:三代命祀,祭不越望。楚昭亡国之余,河非所祀,季氏旅泰山,孔子伤之。而今也五岳之祀遍于州县,礼欤?……诸君必见于此,愿详陈之。[1]

这道试题说明,祠神传播作为宋代民众信仰中出现的一个重要现象已经纳入士人、官员的视线,思想世界必须对神灵的越界问题有所反映。根据传统儒家经典、礼制,天子、诸侯的祭祀范围取决于各自的政治权力、社会地位,五岳四渎只有天子才能遍祭,而宋代的情况是"五岳之祀遍于州县",不仅州县官员,甚至普通民众也可以祭祀祈祷。刘宰似乎对信仰世界的这种现状不太满意,方有"礼欤"之问。

《漫塘集》中没有当时应试学子的答案,但从现存的一些碑文、庙记中我们可以看到宋代士人对这一问题的回答。淳祐年间(1241—1252),莆田人李丑父在为镇江天妃宫写的碑文中说:

---

[1] 刘宰这则策问涉及问题甚多,包括传统祭祀等级秩序的瓦解、水旱祈祷中传统祭祀与新兴祭祀的矛盾、华夏传统祭祀与外来信仰的矛盾、祭祀中求实传统的破坏、经典内部的矛盾等等,然而,归根结底,即现实祠神信仰与经典的矛盾,这些问题出现在士人考试题中,说明其十分普遍,而且,刘宰的措辞与许多碑文、庙记几乎一模一样。见《漫塘集》卷18,《四库全书》,第1170册,第516页。另胡寅的《零陵郡学策问》也指出祠神信仰世界出现的一些新现象与经典之间存在冲突,要求应试的士子给出合理的解释。见《斐然集》卷29,北京:中华书局,1993年,第632、633页。

255

京口距莆三千里,"祭不越望",山川犹然,况钟山川之奇为人之神乎……地之相去则有疑焉。或曰:妃,龙种也,龙之出入窈冥,无所不寓,神灵亦无所不至。今祠更诸爽垲,北濒江淮,尚想风声鹤唳于金山花屛间;东望海门,犹记护三韩使节时事。妃既有功于此,亦宜食乎此。孟子之论,有一乡一国之士,又有天下之士,乌可以地之相去为疑。[1]

李氏在碑文中提到了神灵越界问题,在区域性神祠的碑记中,常常出现类似的叙述。刘辰翁在《吉州灵护庙新宫碑记》就不可避免要讨论东南各地祀灌婴为城隍的合理性问题,因为灌婴"无江南之迹",祭之是否合理呢? 刘认为可以,并说:"故太山之下得古名将,而北地通祀关长生,阴阳之塞宇宙如一身。但言介君者景绝,诵弘公者病已,况汉初将相余烈,岂后来名字草木之区区者乎。"[2]

可惜,当时应试学子的答案已不复见。刘宰说的"五岳之祀遍于州县"亦属祠神信仰传播的一种情况,在现代学者看来,这是认识宋代社会、信仰的一个很好切入点,但在宋代士大夫眼中,祠神的传播即意味着神灵越界,与传统经典中的"祭不越望"原则以及相关理论发生冲突,是一个需要加以解释的问题。

首先注意到这个问题的仍是韩森。她认为,"南宋时期对新神祇的批评中,最为尖锐的责骂是针对区域性神祇的",这种批评反映了部分受京师党争排挤,权势走向衰微的精英的观点,他们将注意力转向家乡,是地方性神祇的支持者。[3] 而且,"反对者们引经摘句地指责区域性祠祀,支持者们——他们大多数来自这些神祇的家乡——则引用其他经书的话断章取义地为之辩护。崇祀别地之神是否得当,就这样无休止地辩论

---

[1]《至顺镇江志》卷8,《宋元方志丛刊》,第2730页。
[2] 刘辰翁《须溪集》卷4《吉州灵护庙新宫碑记》,《四库全书》,第1186册,第495页。
[3] 韩森《变迁之神》,第166—167页。

第五章 他乡之神——宋代民众祠神信仰的传播

下去"。[1]

然而,我们发现,正如南宋祠神信仰广泛传播的现实一样,思想世界对神灵越界的问题的肯定几乎是大势所趋,并不存在所谓的"无休止的辩论"。[2] 韩森试图运用郝若贝、韩明士等人提出的12世纪初地方精英兴起的观点来解释信仰世界的现象,方法上颇有可取之处,但材料分析与结论则有待商榷。[3] 例如,她为了说明神祇封域的观念,引用的材料有何薳《春渚纪闻》中的土地神、张侃庙记中的青镇"分地受职"的土地神、《梦溪笔谈》中长江的小龙,[4] 其著作中所举"反对者"实际上只有陈淳和黄震两人,其他材料基本上是对祠神信仰传播的支持,而她关于宋代人越界神祠的批评所举黄震的例子更是对材料的误解。[5]

黄震所上《申诸司乞禁社会状》着意批评的是祠山的张王祖庙,而不是方山祠,黄震针对的是民间宗教集会对现存社会秩序的现实及潜在危害,这一切皆非张王越界引起的。[6] 而且,方山祠据黄氏所云曾臣事张王,也就是方使者,实在称不上神灵越界,只是因为方山灵应,所以"别为香火,远近响应","宜兴、安吉相连而至"的信众甚多。[7] 韩森虽然提到只有人们相信神灵能在其本庙地界范围之外显灵,才能够祭祀非本土神祇,但她对神灵越界的界定更多的是从神祇为本地之外的信众信奉并建立行祠的层面,而不是神灵在别处显灵,所以她在讨论区域性神祠其证据

---

[1] 韩森《变迁之神》,第147页。
[2] 前引李丑父、刘辰翁的碑文庙记都对神灵越界持肯定态度,另刘克庄在《古田县广惠惠应行祠》中对古田县祀超越其封域的广惠惠应二神也是大力褒扬,见《后村先生大全集》卷88,第2—3页;欧阳守道在《灵佑庙记》(威显善利灵应英烈王)中,主神英烈王"洛阳人,死于河间,大江之南,马迹不及,而南渡以后威灵著于兹土",但他认为其祭祀是合理的,见欧阳守道《巽斋文集》卷16,《四库全书》,第1183册,第635页。
[3] 参考John Lee,"Recent Studies in English on the Tang-Sung Transition: Issues and Trends",载《国际中国学研究》,1999年第2辑,第365—385页。
[4] 《变迁之神》,第128—131页。
[5] 韩森认为黄震的批评是针对"张王日益成为一位区域性神祇而导致的混乱"而发,显属文本误读。见韩书第157—158页。
[6] 黄震《黄氏日抄》卷74《申诸司乞禁社会状》,《四库全书》,第708册,第746—750页。
[7] 据说方使者生前就曾在祠山张王庙"打化修造钱,生前已捏塑本身在献殿东柱下",后来显示灵异,也就变成了张王的从神,一些信众又在附近地区建祠,从空间距离而言并不存在越界问题,具见《指掌集》卷8。

257

较多的是神祠在别处的分布。黄氏说的宜兴、安吉信众到方山参加庙会是许多地区神祠都具备的特征,[1]二地与广德接界,民众神祠信仰一般都有很强的开放性,庙会时有大量他县乃至别郡民众赴会也是应有之义,显然,我们不可以庙会规模来判定神祠是否存在越界现象。

二、回避与经典的重新解释

既然韩森说的"辩论"并不存在,那么如何理解众多碑文庙记中关于神灵越界现象的叙述呢？这些过去的文本反映了宋代士人对民众信仰中这一新现象的应对策略,围绕神灵越界或"越望之祭"展开的讨论核心在对传统经典的重新解释。实践中,神灵跨越自然的地理轸域的阻碍、社会的区域观念的界限向四处扩散,神祇的灵应与民众对灵应的期盼使之成为可能。但是,作为民众上层的士人必须对之作出合理的解释,尤其是新的现象与经典的叙述、历史记忆发生冲突时,思想世界必然对此有所回应。

当然,最简单的办法是避而不提,真德秀的《跋诚应庙记》就采取了这一策略。真氏此文用意在向柳州人说明在当地奉祀福建的神祇的合理性。他首先提到柳州祀柳宗元的依据。他说,柳宗元曾为柳州太守,"殁于柳而庙于罗池","有功于柳,殁亦祀于柳",因而受上帝之命为当地之神,如同"君天下者简群材以莅众事也,其才宜乎是,则使职乎是"。以人间官僚制度来说明神祇世界,而且柳宗元又与柳州有很深的渊源,合情合理。但真氏讲这番大道理,只不过是为说明越界祠神灵泽广惠夫人之祀于柳州赤石作准备。夫人"始祠于浦城百丈山,今建、处、信、衢间,芗火殆遍。方其肇灵于百丈也,有像焉,浮水而上,里之人因奉而祠之。今庙于赤石也,亦然。意者灵泽之功,自近而远,故上帝因之,广其所涖之地,若古之诸侯加地进律之典欤。然则俞君应龙之建是祠,其亦奉行天命云尔。少仙龚君栗既志其事,某复推衍其说如此。使是邦之人,知灵泽之食

---

[1] 赵孟坚《彝斋文编》卷4《金山顺济庙英烈钱侯碑》,钱侯为各地海商盐商奉祀,庙会之日规模甚大,然而未必可以将之视为区域性神祠,《四库全书》,第1181页,第362—363页。

第五章 他乡之神——宋代民众祠神信仰的传播

于斯也,天实使之,而非俞君私意"。[1]

灵泽广惠夫人原本是福建地区的祠神,后来"建、处、信、衢间,芗火殆遍",扩散到浙江、江西一带了,显然是区域性神祠。但柳州与福建距离实在太远,而且这个新祠在当地似乎还没有什么显赫的灵异事迹。所以真氏避而不提"祭不越望"之类话题,而用神职说[2]来解释,如人间官员任命一样,神之降临本地是上帝的旨意,建祠者只是"奉行天命"。神职说对解释和处理越望神祠问题确实很方便,人间的权力等级秩序、地区观念转被上天的权力所消解,现实问题变成神界问题,越望之祭的合法性得到妥善处理。毕竟,祭不越望的传统解释在宋代其实仍是十分明确的,真德秀在对越望之祭进行解释避开此点的原因很明显,也十分明智。尚须注意,真氏除了为外来神祠寻求理论的合理性之外,亦有功率本地居民接受新的神灵的用意,这又是在重新解释经典的基础上进行的。

真氏显然意识到柳州祀外地神祇与经典中的"祭不越望"原则不合,他采取回避策略的原因已不得而知。然而,回避毕竟不是解决问题的办法,更多的士人在撰写碑文、庙记时采取了正面应对的态度。宋代士人在讨论祠神信仰传播时,引证最多的是"祭不越望"原则,原文出自《春秋》哀公六年:

---

〔1〕 真德秀《西山文集》卷35,《四库全书》,第1174册,第561页。
〔2〕 这里有必要对神职说略加说明,比较能体现神职观念的是许多祈祷文中"明则责之吏,幽则责之神"的说法,一个"责"字十分精当地点明了神职观念,而且明显有吏职不尽,明事已效,若民不得安,则唯神职是问的意思(《北山集》卷6《代浦江令祈诸庙文》,《四库全书》,第1138册,第88页)。神职观念多出于官员话语,而灵应观念则主要是普通百姓,当然,二者有交叉之处,官吏士人亦有灵应观念,然而他们往往因其思维习惯,将灵应视为神职的体现,这其实是组织力量制度性观念控制约束神性力量的一种潜在表现。若为灵应,则神对人的关系更为主动,灵迹的显现与否是神的自由,是一种恩赐,神居高临下,而神职观念中神的灵应是职责甚至是义务,人神对等,对于不履行自己职责的神人可以采取措施将其抛弃甚至毁坏。在祈雨活动中对神灵的要挟十分常见,常被人们引用的材料是唐代李阳冰与城隍神相约"五日不雨,将焚其庙",见《两浙金石志》卷2《唐城隍庙碑》,第14页;宋代这类要挟更多,郑刚中曾与所求神灵约定三日降雨,五日过后虽雨,"神之祠自是衰矣",比李阳冰还心急,见《北山集》卷14《祈雨祭文》,《四库全书》,第1138册,第157页;另如《安阳集》卷42《蒙山祈雪文》,语意中似乎说如果没有感应,神将为人们所废弃。此外,神职观念还涉及神祇的权力来源问题,灵应出自神本身,神职则出自人间权力,反映的是世俗权力对神权的控制。

三代命祀,祭不越望,江汉雎漳,楚之望也,祸福之至,不是过也,不穀虽不德,河非所获罪。[1]

孔子称赞楚昭王"知大道",是因为其行为能够得到儒家经典中记载的祭祀原则的支持,《礼记·王制》云:"天子祭天下名山大川,五岳视三公,四渎视诸侯,诸侯祭名山大川之在其地者。"《礼记·祭法》:"有天下者祭百神,诸侯在其地则祭之,亡其地则不祭。"另《礼记·曲礼下》也谈到天子、诸侯、大夫、士之间的祭祀范围的差异。[2]传统礼制中关于祭祀等级、范围的规定具有十分浓厚的现实象征意味,关键不在祭之能不能生效,而是祭之合不合法,祭祀的等级折射着现实的尊卑贵贱,"上可以兼下,下不可以兼上",越望与越分往往是相通的。宋人亦十分清楚"祭不越望"在政治方面的含义,陈淳在《北溪字义》中便说:

古人祭祀,各随其分之所至。天子中天地而立,为天地人物之主,故可以祭天地;诸侯为一国之主,故可祭一国社稷山川。如春秋时楚庄王不敢祭河,以非楚之望,缘是时理义尚明,故如此。[3]

所谓"分"也就是等级,政治权力、社会地位决定其祭祀范围。他在另一处也提到类似的看法,"天子祭天地,诸侯祭社稷及其境内之名山大川,大夫祭五祀,士祭其先。古人祀典品节一定,不容紊乱。在诸侯不敢僭天子而祭天地;在大夫亦不敢僭,诸侯而祭社稷山川,如季氏旅泰山,便不是礼。《曲礼》谓非当祭而祭之,名曰淫祀,淫祀无福。淫祀不必皆是不正之鬼,假如正当鬼神自家不应祀而祀他便是淫祀。如诸侯祭天地、大

---

[1] "河非所获罪"似乎也有神祇的功能作用具有一定区域性的意思,但显然不是"祭不越望"原则核心观念,只要对照当时对越秩、越望之祭的批评即知,"祭不越望"的重心在于祭祀的合法性,而非祭祀是否有效。韩森在讨论这段材料时认为是强调神祇所有特定地域,不应越界,我认为这不是"祭不越望"的关键意思。见《春秋左传集解》哀公六年,上海人民出版社,1977年,第1741页。

[2] 分见《十三经注疏》,第1268、1336、1588页。

[3] 陈淳《北溪字义》卷下,第61页。皮按:楚庄王应为楚昭王之误。

第五章 他乡之神——宋代民众祠神信仰的传播

夫祭社稷、季氏旅泰山便是淫祀了"。[1]与守"分"相对应的是"僭",也就是超越等级祭祀典礼规定之外的鬼神。陈淳对"祭不越望"的理解是十分准确的,所以他很严厉地批评宋代全国性的东岳信仰,"泰山在鲁封内,惟鲁公可以祭,今隔一江一淮,与南方地脉全不相交涉,而在在诸州县,皆有东岳行祠,此亦朝廷礼官失讲明,而为州县者不之禁,蚩蚩愚民,本不明理亦何足怪"。而漳州民众信奉外地获得封赐的祠神圣妃和广利神,竟被陈淳斥为淫祀、妖妄,原因是二神与漳州无关。[2]在陈淳眼中,"越望之祭"即属非礼之祀,与淫祀无异。

不过,像陈淳那样用传统儒家经典、礼制来严厉批评祠神信仰活动的士人并不多。绍熙元年(1190)六月,陆九渊除命荆门,待次于家,弥月不雨,乡里士人请他主持祈雨,陆氏一再推辞,最后才答应,并在《石湾祷雨文》说:"盖闻天子祭天地,诸侯祭其境内名山大川,雩禜祭水旱,山林川谷丘陵能出云为风雨则祭之。国有常典,掌在有司,非其职守,谁敢奸焉。"这或许是陆氏一直未出面祷雨的原因,也是劝说者提到的"区区古说",陆氏似乎认为这才是合理的祭祀制度,然而他也认识到南宋时官员们已因各种原因,不再践履经典与传统所赋予的权力与义务了,现实的状况是"祈祷散在庶民,遍满天下,久以为常,法有其文,官无其禁,亦其势然也"。[3]则陆氏也似乎不以为非了,鉴于这种现状,他也就在他人的劝说之下主持了石湾的祈雨。陆氏此时虽有朝廷任命,但尚未赴任,乡里以"上客"待之,是一种比较特殊的乡绅。他的观点反映了理学家在这一问题上的原则与立场,与《代教授祭神文》对读,可知传统祭祀理念、国家祀典在现实冲击下的变化,但陆氏对经典中的规定并无误解之处。

事实上,经典中"祭不越望"的等级性原则按照通常的理解是不太容易产生歧义的,陆九渊对自己越分祈雨的解释显得牵强,虽然他的行为是

---

[1] 陈淳《北溪字义》卷下,第60、61页。
[2] 陈淳《北溪字义》卷下,第63页;《北溪大全集》卷43《上赵寺丞论淫祀》,《四库全书》,第1168册,第852页。
[3] 《陆九渊集》卷26《石湾祷雨文》,第307—308页。

"今人所常而法所不禁",但在话语之中他毕竟暗示这是与"古法"相违背的。但在碑文庙记中,对神灵越界或越望之祭的解释则几乎无一例外地肯定其与经典相符。

眉州退休官员程某先后为威显庙建立七座行祠,显然涉及神灵越界的问题,为之撰写庙记的魏了翁解释道:

> 或曰:三代命祀,祭不越望。武康之祠也,于此乎何居?曰:古先圣人所以明命鬼神,教民美报者,有功烈焉,民瞻仰焉,取财用焉,春秋奉尝所不敢后,固也。然而户灶门行之祀,坊庸表畷之蜡,祃侯祖伯之祭,马蚕猫虎之灵,有施于人则无不宗也。是仁之至,义之尽也,而况兹乎?抑侯之为是祠也,蹂蹂然若国之有社而无私福也,其可谓先成民而致力于神矣。[1]

魏氏关于祭祀越界现象的解释显然避开了祭不越望的政治内蕴,即上下僭越、等级秩序的破坏之类敏感问题,是否祭祀取决于祠神能否"有功烈焉,民瞻仰焉,取财用焉","有施于人则无不宗"。这段话也有经典依据,《礼记·祭法》云:"夫圣王之制祭祀也:法施于民则祀之,以死勤事则祀之,以劳定国则祀之,能御大灾则祀之,能捍大患则祀之。"[2]只要神祇有功于民,对之祭祀即是合理的。

与魏氏解释类似的是李丑父对天妃越界的叙述,他和刘克庄都引用孟子"有一乡一国之士,又有天下之士"来说明神灵越界的合理性。[3]两人的叙述几乎如出一辙,都是先引用经典中关于"祭不越望"的那套道理,然后述神之功,李丑父说天妃的神迹"北濒江淮,尚想风声鹤唳于金山花屦间;东望海门,犹记三韩使节时事。妃既有功于此,亦宜食乎此。

---

〔1〕魏了翁《鹤山先生大全集》卷41《眉州威显庙记》,第2页。
〔2〕《礼记·祭法》,《十三经注疏》,第1590页。
〔3〕《孟子·万章下》将士分为三类,即一乡之善士、一国之善士、天下之善士,《十三经注疏》,第2746页。

第五章 他乡之神——宋代民众祠神信仰的传播

孟子之论,有一乡一国之士,又有天下之士,乌可以地之相去为疑。金、焦之间,龙君、水府所宫,妃之庙于此又宜。浙、闽、广东南皆岸大海,风飘浪舶焉,依若其所天。比年辇下江潮为患,赖妃竟弭,君鳌以闻,今皆不书"。[1] 刘克庄在《古田县广惠惠应行祠》中则写道:"古者祭不越望,鲁可以祭泰山,楚不可以祭河,今夫桐川昭武之神,而食于福之支邑,无乃非古谊欤?"这里的"古谊"即古制,也就是陆九渊在《石湾祷雨文》中提到的"区区古说",在南宋祠祀现实冲击下已经不断动摇。然而在古代中国的思想世界中对既有思想资源、礼仪制度的遵从一直占据主导地位,否定"古说"而肯定新事物存在一定风险,所以,刘克庄在记文中笔锋一转,云:

> 然尝论之,具仁义礼智谓之人,禀聪明正直谓之神。均是人也,有一乡一国之士,有天下之士。惟神亦然,故有能惊动祸福一方者,有功被海内泽流后世者,有歆豚蹄鱼酒之荐者,有岁食万羊者,有依草附木以惑人者,有被衮服冕极国家之封册者。今二神之祀起汉隋,迄今日,繇江浙至闽粤,绵绵不绝,比比相望,岂非聪明正直之尤者乎?岂非功被海内,泽流后世者乎?然则祭之非谄也。虽不在其望,非越也。[2]

讨论的重点越来越转向崇祀对象方面,神力的大小决定了其崇祀的范围大小,而传统经典中对祭祀主体的等级区别也就不再重要了。刘克庄的意思是人之能力有大有小,神之能力也如此,有些神只能依草木以惑人,为祸福惊动一方,也就只能享受豚蹄鱼酒的祭献,也有的神灵的神力特别大,能够"功被海内,泽流后世",自然应当享用更多的供品,并得到国家的封赐。前者可能只局限在某一地区,而后者则能佑护更多地区的民众,因此,外地民众建立庙宇供奉它们也就顺其自然了,当然没有违背

---

[1] 见李丑父为镇江天妃行祠写的庙记,《至顺镇江志》卷8,《宋元方志丛刊》,第2730页。
[2] 刘克庄《后村先生大全集》卷88《古田县广惠惠应行祠》,第2—3页。

传统的礼制。新的解释包括转变视角或侧重点、理论上的创造两个方面，此种情形在宋以前并不突出，而到宋代则十分普遍，不仅是国家级别的神祇在各地建立行祠，而且一些地方性祠神也走出其家乡，或者说一些信众将外地的祠神迎归本地，立庙祭祀。按照传统的办法是尽量寻找神灵与祭祀地的关系，一方面是将祠神信仰与地方传统结合，另一方面是寻找崇祀的合理性。因而拒绝某些外地祠神也是宋代存在的现象，但是更普遍的做法是不再考虑神灵与本土的关系，接受外地祠神信仰。这一事实折射着唐宋社会的某些变化，它使得传统经典中关于祭祀者和祭祀对象在地理空间与社会等级秩序中的位置对应的原则受到冲击。

只要有功于民，则"虽不在其望，非越也"。这样，"祭不越望"被诠释为两类，一般情况下祭祀神祇不可越望，特别的神祇即使不在其望，也非越。"越"即前述陈淳所云"僭"，在传统社会几乎与破坏、违背礼仪制度同义，刘克庄行文中措辞之谨慎透露了士人在对传统经典中的制度、原则进行重新诠释时的某种心情。

与刘克庄相比，牟巘的解释则更为直接，他在《绍兴嵊县新建东岳行祠记》中说道：

> 古者诸侯祭境内山川，以其能出云气为风雨，祭之礼也。《春秋》书"鲁独三望"，公羊氏曰：望者，望祭泰山、河、海也。郑司农以为鲁境不及河，鲁得祭泰山，曰河者非也。三望淮、海、岱也。公羊盖失之。然鲁之旧法，旱则修雩，吁嗟求雨而已，未闻有事于泰山。是鲁虽得祭泰山，而谨之重之，不轻于祭也如此。今东岳之祠遍四方，穷陬下邑往往而有田夫里媪日扳援叫号，以祷以禬，不惧其渎，何欤？夫泰山之云肤寸触石，不崇朝而雨天下，其施博，其功钜，天下通祀可也，鲁固不得私焉。[1]

---

[1] 牟巘《陵阳集》卷10《绍兴嵊县新建东岳行祠记》，《四库全书》，第1188册，第85页。

第五章 他乡之神——宋代民众祠神信仰的传播

祭祀他处祠神的合理性被强调到极致,相反,不允许别处民众奉祀神异卓著的越界神祇反倒变得自私,不合理了。

据《四库提要》,牟巘入元闭户三十六年,祠记言祠作于己亥(1299),则是记为元初所作,然其曾官理宗朝,为端明殿学士、礼部尚书,[1]思想或尚仍宋人之旧,所以他对东岳可为天下通祀的观点亦与宋代其他人对相关问题的讨论同流合辙。

从李丑父、魏了翁、刘辰翁、牟巘等人的解释中可以发现,传统经典"祭不越望"解释中的权力、等级秩序原则,其社会历史背景是分封制以及神权天授观念,而宋人面对大量的"越望之祭"存在的现实(儒家内部亦存在这一问题,详后),采取了十分灵活的态度:避开传统解释中的权力和等级秩序等敏感话题,将"越望之祭"的合法性问题转化为"越望之祭"的有效性问题,权力问题变成了技术问题。《祭法》中所说的圣人制定的"祭祀五项原则"(法施于民,以死勤事,以劳定国,能御大灾,能捍大患),与《左传》哀公六年、《王制》、《祭法》等经典文本中同时存在的天子、三公、诸侯祭祀秩序所体现的精神并不相同,前者重心在祭祀对象的功能作用,后者立意在于明确祭祀主体之间的位秩区别。经典中的这一差异使后人解释的弹性成为可能。宋人显然意识到这点,并用之来解释民众祠神信仰中出现的越界问题。

三、气论的支持

除了利用经典的差异,宋人以气论解释鬼神则成为对经典进行重新解释的现实理论支持。宋儒在讨论鬼神问题时一般都引入理气等概念。张载云:"凡可状,皆有也;凡有,皆象也;凡象,皆气也。气之性本虚而神,则神与性乃气所固有。"[2]二程虽然与张载在许多方面思想不同,但也认为"人之魂气既散,孝子求神而祭……魂气必求其类而依之"。[3]《朱子语类》卷三《鬼神》几乎都是以气论释鬼神,比如说"气聚则为人,散

---

[1]《阳陵集》卷首《四库提要》,《四库全书》,第1188册,第1页。
[2]《正蒙·乾称篇》,见《张载集》,北京:中华书局,1978年,第63页。
[3]《程氏遗书》卷1,见《二程集》,第6、7页。

则为鬼","鬼神是本有底物事,祖宗亦只是同此一气","自天地言之,只是一个气。自一身言之,我之气即祖先之气,亦只是一个气,所以才感必应",这是以气论说明祭祀祖先的道理,天地山川之祀,也是祭祀主体之气能"主得他,便是他气又总统在我身上,如此便有个相关处",这个气也被称为"天地间公共之气"。[1]陈淳在《北溪字义》中对鬼神概念的论述带有总结性,他说:

> 程子曰:"鬼神者,造化之迹也。"张子曰:"鬼神者,二气之良能也。"说得皆精切。造化之迹,以阴阳流行著见于天地间者言之。良能,言二气之往来,是自然能如此。大抵鬼神只是阴阳二气之屈伸往来。自二气言之,神是阳之灵,鬼是阴之灵。灵云者,只是自然屈伸往来恁地活尔。自一气言之,则气之方伸而来者属阳,为神;气之已屈而往者属阴,为鬼。如春夏是气之方长,属阳,为神;秋冬是气之已退,属阴,为鬼。其实二气只是一气耳。[2]

既然人与鬼神感应的关键在于气之流行,鬼神是往来屈伸灵动活跃的存在,而且天地间存在某种"公共之气",因此,鬼神灵应的此疆彼界也自然被打破。魏了翁就在《中江县灵感庙神墓记》与《泸州显惠庙记》中都以气论来解说祠神感格,说明其祠祭的合理性。[3]张偘在给桐乡青镇土地庙写的记文中说神与邻近的乌镇土地"虽各分地受职,其精爽交通如水行地中,无往不在,报应响答非有彼疆此界之异,特人自异耳"。[4]他以水形容神灵的流动,应该是源于当时通行的气论。[5]姚希得在解释

---

〔1〕黎靖德编《朱子语类》卷3《鬼神》,第46、47页。关于朱子的鬼神观念参见 Daniel K. Gardner, "Ghosts and Spirits in the Sung Neo-Confucian World: Chu His on kuei-shen ", *Journal of the American Oriental Society*, vol. 115: 4(1995), pp. 598 – 611.
〔2〕陈淳《北溪字义》卷下,第56、57页。
〔3〕魏了翁《鹤山先生大全集》卷39,第1、2、4—6页。
〔4〕董世宁《[乾隆]乌青镇志》卷6《祠庙索度明王庙》,民国二十五年(1936)刊本。
〔5〕宋代较早以水论说明神灵越界问题的是苏轼,他在《潮州韩文公庙碑》中说"公之神在天下者,如水之在地中,无所往而不在也"。见《苏轼文集》卷17,第509页。

第五章 他乡之神——宋代民众祠神信仰的传播

建康修建蜀三大神庙时也提到"三神显灵于蜀固也,其歆祀于邺乎"这个与神灵越界相关的问题,他引用《诗经》"神之格思,不可度思",并推论说,"谓其变动难测,无方可泥尔。名山大泽之祇,常周流乎冥漠,譬之水,天地间容有闭塞不通之脉,心诚求之,盖有不疾而速者",以流动的水喻无处不在的神灵,越界之说自然不复存在。[1]

《朱子语类》中的一段话则说明了气论在解释传统的"祭不越望"观念时的神奇效果,其文曰:

> 问:鬼神以祭祀而言。天地山川之属,分明是一气流通,而兼以理言之。人之先祖,则大概以理为主,而亦兼以气魄言之。若上古圣贤,则只是专以理言之否?曰:有是理,必有是气,不可分说。都是理,都是气。那个不是理?那个不是气?问:上古圣贤所谓气者,只是天地间公共之气。若祖考精神,则毕竟是自家精神否?曰:祖考亦只是此公共之气。此身在天地间,便是理与气凝聚底。天子统摄天地,负荷天地间事,与天地相关,此心便与天地相通。不可道他是虚气,与我不相干。如诸侯不当祭天地,与天地不相关,便不能相通。
>
> ……且"天子祭天地,诸侯祭山川,大夫祭五祀",皆是自家精神抵当得他过,方能感召得他来。如诸侯祭天地,大夫祭山川,便没意思了。[2]

朱子此说实成问题。我在前面强调过,经典中规定的祭祀秩序是出于政治权力、社会地位之等差考虑,按照朱子的意思则是因为二者气不相当或者不相干,即使祭祀也"不能相通","没意思",语意轻重一目了然,祭祀越秩、越望之神并非因为不合法,而是无灵应。逆推此意,则只要有

---

[1] 蜀中三大神即二郎、梓潼与陆使君,参见《朱子语类》卷3《鬼神》,第53、54页。当然,为了解决越界问题,三大神的建立者还采取了一系列措施,如将民众祠神与组织性宗教联系起来,借助组织性宗教道教的普遍性使地区祠神获得跨越地界的合理性,如《景定建康志》卷44中姚希得撰写的《蜀三大神庙记》,见《宋元方志丛刊》,第2061—2062页。

[2] 黎靖德编《朱子语类》卷3《鬼神》,第46—47页。

灵应就不存在所谓越秩、越望的问题了。而且,根据朱子在另一段话中说的"今庙宇有灵底,亦是山川之气会聚处",[1]庙中供奉的神灵似乎倒在其次了,如果一旦"被人掘凿损坏,于是不复有灵,亦是这些气过了"。当然,气论释鬼神也不是唯灵是从,诚的原则是贯穿始终的。[2]

气论释鬼神应用于越界祭祀的解释主要体现在儒家内部祠祀的合理性论证。宋儒对民众祠神信仰的态度大抵是比较宽容的,如理学家朱熹虽然说过"人做州郡,须去淫祠"之类的话,但是也强调"敕额者,则未可轻去",并且对于张栻拆庙的做法不以为然。[3] 不仅如此,宋儒为了同释道进行竞争,还在各地建立了大量儒家先贤祠,Walton 的研究表明,这些儒家先贤祠在仪式上与释道有相似之处,有利于强化学者的区域意识与共同的目标。[4] 我们发现,儒家的先贤祠同民众神祠一样也存在所谓的神灵越界问题,宋儒正是用气论来统一认识,论证其合理性的。

朱子在为徽州婺源县学三先生祠堂写记文时声明"然此婺源者,非其乡也,非其寓也,非其所尝游宦之邦也",只是从教化的角度略作解释。[5] 尤栋的《重建五先生祠堂记》也说道:"夫祭不越望,鲁可以祭泰山,楚不可以祭河,惟人亦然……其在诸子非其乡国而祭之,僭也,僭祭非古也,不于其僭而于其古,同则搜遗默异,凡今日之所是正者,庶几解逐客之嘲。"[6] 似乎古代贤者为别处祭祀是合理的,于是推出了"不于其僭而于其古"的古怪逻辑。

魏了翁在《殷少师祠堂记》中也碰到类似问题,因为比干活动区域不出殷都范围,而均州四境与之皆不相接,极易使人怀疑"少师之祠于此乎

---

[1]《朱子语类》卷3《鬼神》,第51页。这个意思在他评论仰山祠时也提到,他说,"仰山庙极壮大,亦是占得山川之秀……庙基在山边,此山亦小,但是来远。到此溪边上,外面群山皆来朝。"同书第54页。
[2] 如祈雨中对诚的强调,真德秀在一篇名为"祷雨说"的文章中将祈雨灵应与否归结为祈雨者诚意之深浅,见《西山先生真文忠公文集》卷33,第4页。
[3] 黎靖德编《朱子语类》卷3《鬼神》,第53页。
[4] Linda Walton, "Southern Sung Academies as Sacred Places", in Patricia Buckley Ebrey and Peter N. Gregory, eds., *Religion and Society in T'ang and Sung in China*, pp. 352 – 354.
[5] 朱熹《朱文公文集》卷79《徽州婺源县学三先生祠堂记》,第3页。
[6]《无锡志·祠庙》,见《宋元方志丛刊》,第2304页。

第五章 他乡之神——宋代民众祠神信仰的传播

何居",而且"古者宗庙非其鬼不祭,山川非其望不祭,而君与大夫士之所有事,又各有等杀焉。春秋以来,如晋祀鲧,卫祀相,郑祀周公,赵祀董安于,已非先王之旧。至汉儒祭法,则又多为之目,祀益以繁。于是,郡国或祠天子,或祠循吏,而黄帝尧之祠往往见于武宣之世。魏晋以后,则非鬼越望之祀何所无之。虽然,是犹义起臆决,久而得不废者也",似乎均州祀比干也属于"非鬼越望之祀"。当时与均州的比干庙相似的不乏其例,魏了翁在文中就提到"尧之祠,宜不出平阳也。桂林有尧山,有唐帝庙。舜卒于鸣条,而苍梧黄陵之祀在楚,上虞余姚百官之名在越。禹之祠,当不出安邑,而会稽有陵有庙……"或许这个问题主要出自作记的士人,因为他们作记的目的之一即说明其祀祭的合理性。魏氏为了实现这一目标,他不仅用超时空的"善善恶恶之心未尝不同"来解释,并说,"大抵有国故而祀之,此礼之经,人情之常也"。至于"合他国之圣贤而祀之,此礼之变而人情之义起者也,出于义起固不必皆礼之所有"。[1] 在礼、义、情之间,魏氏强调了"礼之变而人情之义起者",然而,我们仔细审读魏记,可以发现,他只是在肯定变化的合理性,并没有对之进行必要的理论说明。所以即便是他自己心里也有几分犹豫,当他与吴咏讨论南宋各地纷纷建立的理学诸先生祠堂时,便说"古无此典",实属"太泛",而且"先圣之庙元不出阙里",并对朱子等人"略不以诸儒之祠为疑而所在记文皆谓当然"表示怀疑。[2]

吴咏在给魏了翁的信中用气论说明了儒家先贤祠越界祭祀的合理性,信中云:

> 本只以前书所教,谓近世祠堂太泛,古无此典,谓先圣先师之祀,只是汉儒之说,而庙元不出阙里,此却不能无疑。大司乐掌成均之

---

〔1〕 魏了翁《鹤山先生大全集》卷49,第15、16页;当时人们越来越喜欢用权变的原则来处理祭祀问题,"祭有法有义,法否而义可矣,三代圣人不能禁之矣",只要"神有功于民则祀,民勤劳于神亦祀",谢枋得《叠山集》卷3,《四库全书》,第1184册,第880页。

〔2〕 魏了翁《鹤山先生大全集》卷34《答吴寺丞》,第14页。

法,以治建国之学政,凡有道有德者使教焉。死则祭于瞽宗,瞽宗,殷学也。有道有德者,先师之类也。以其有道艺德行可以为人之师而祀之于学,亦其宜也。不知何以谓之古无此典,此其疑一也。自孔子梦奠,邪说诬民。战国以来,礼坏乐废。秦汉燔诗书,黩学校,何有于先圣先师!汉兴至元朔五年始诏天下郡国建立学官,而永平之际皆尊奉孔子之祀。则自汉以前,先圣之庙固未尝不出阙里也。《礼经》如戴氏所记,郑康成所释,其他傅会处不无舛驳。至论先圣先师之祀,释奠舍菜之典,互见错出,少有悖戾。所以陈祥道《礼书》、朱文公《学制》,多从其说。恐未可概以汉儒之说为非古,此其疑二也。古人假有庙,必于萃与涣言之,其义诚妙矣。然延陵季子亦曰:若魂气则无不之也。无不之也者,谓辟塞充满,流动洋溢,无所往而不在也。今有抱道怀德之士,出为大贤,没为先师,世之相后百有余载,地之相去千有余里,精爽魂干极于神明,能使之斋明盛服,饰礼容,奉豆笾,尸而祝之,有不敢忘者,兹岂强而致之哉!士读圣贤之书,传圣贤之心,气脉之通,自相关属,其祭也非谄,其歆也非类!初不必即道州而祀濂溪,即关中而祀横渠,即伊洛而祀伊川、明道。以此看得向来朱张二先生词诸儒之祠,不是放过,亦礼义之所当然耳。此其疑三也。[1]

吴氏之论包含三层意思,前二者乃从典制、历史分析入手,第三条则是从理论上论证南宋各地理学诸子祠的合理性。他引用前人之说,"若魂气则无不之也",并加按语云:"谓辟塞充满流动洋溢,无所往而不在也。"地域观念在"无所往而不在"的魂气面前彻底瓦解,当然,以气论鬼神向来包括祭祀对象与主体的感应原则,所以又强调"士读圣贤之书,传圣贤之心,气脉之通,自相关属"。既然于理合,自然也就是礼义之所当然了。对儒家祠堂的跨地域传播的讨论与神祠越望之祭基本同时,二者

---

［1］ 吴咏《鹤林集》卷28《与魏鹤山书》,《四库全书》,第1176册,第270—271页。

有何关系尚无法确证,但可肯定,他们的解释路数是基本一致的,士人对民众祠神信仰中出现的越界问题的宽容态度或许与儒家系统内部出现了类似问题有关。

四、结语

上面我们分析了宋代思想世界对民众祠神信仰中的神灵越界现象进行的讨论,虽然目前能够看到的相关材料数量很有限,然而从中并不难看出宋代知识阶层对信仰世界出现的新情况思想之敏锐与态度之宽容,他们的回应是十分理性的,这些过去的文本反映了宋代士人对民众信仰中这一新现象的应对策略,围绕神灵越界或"越望之祭"展开的讨论核心在对传统经典的重新解释,从而使现实的民众祠神信仰获得理论支持。经典文本的开放性在这里得到充分体现,传统的"祭不越望"原则重心从祭祀主体的权力位秩转变成祭祀对象的功能灵应,技术的解释解决了权力问题,有效性的论证得出了合法性的结论。当然,我们从思想史角度分析神灵越界问题并不意味着区域性神祠兴起引发的仅仅是经典与现实的紧张,因地区观念、信仰差异导致的对神灵越界或越望之祭的抵制一直存在,[1]思想世界合法性的论证只不过为神灵越界解脱了历史的束缚,至于他们能走多远,只能看他们的灵应程度了。

---

[1] 刘宰《漫塘集》卷34《故吉州王使君夫人蔡氏行状》,《四库全书》,第1170册,第768页。

第六章 正祀与淫祀——宋代祠神信仰的合法性研究[1]

"国之大事,在祀与戎"。祭祀在国事中的重要性源自王权与神权的紧密关系,所以传统王朝都要在礼典中对祭祀的名单、祭品、仪式、参与者等详加规定,合法祭祀称为"正祀"或祀典,非法者则被斥为"淫祀"。礼典对正、淫之间的区别体现了朝廷对祭祀权力的控制。朝廷既要支持从中央到地方的各种正祀,也运用政治权力通过各种手段打击非法淫祀,现实的国家与皇权对虚拟世界即正祀、淫祀的分别与掌控,体现的是一种很严厉的权力关系。唐人杜佑编纂《通典》,便专设"淫祀兴废"一条,记载唐以前各朝打击淫祀的行为;至顾炎武撰写《日知录》,特书"禁毁淫祠"一目,列举汉以后朝廷、地方官员打击淫祀的事例。朝廷方面如曹魏明帝下诏"郡国山川不在祀典,勿祀",南朝宋武帝永初二年(421)之"普禁淫祀",等等;至于地方官方面,重要的事件

---

[1] 淫祀与淫祠之间似乎有一些细微的区别,沈宗宪认为淫祀指不合礼法的崇祀行为,淫祠指私自立庙的现象,不论其所祀神祇为何。宋人编纂《清明集》时也将二者分列,沈氏亦引以为证。不过,《清明集》似乎不能证成沈说,淫祠、淫祀都是对非法神灵崇祀行为的指称,前者侧重对象,后者侧重行为,经常混用,如范西堂《宁乡段七八起立怪祠》在《清明集》中属"淫祀"类,而范氏在文中提到唐代狄、李二人在江南禁毁淫祠的行为即兼用淫祀、淫祠二词,此类证据甚多,不赘,所以本文在行文中二者互通,若有特殊情况则随文附注。参见沈宗宪:《国家祀典与左道妖异——宋代信仰与政治关系之研究》,第69页。

第六章 正祀与淫祀——宋代祠神信仰的合法性研究

有萧梁时期的王神念,所至州郡,"必禁止淫祀",唐代的狄仁杰、李德裕则分别取缔了江南淫祀一千余所。[1] 杜、顾二人所举之例应该只是汉唐之间官方打击淫祀实例中的一部分,但从中也可以发现官方垄断祭祀权力、取缔非法信仰的持续努力。

对于宋以前朝廷、地方官员打击淫祀,学者已从多个方面有深入研究,[2] 到了宋代,这些事例在朝廷、地方官员、普通士人批评或打击淫祀时也经常被提到,成为打击淫祀合法性的历史依据。但是,只要略加对比就不难发现,宋人对正祀、淫祀问题较以往各朝更为关注。在数量上,朝廷三令五申,地方官员,乃至普通士人都有大量批评或打击淫祀的言论、行为。对正祀、淫祀的看法,虽然宋人也援引儒家经典和前人的观点,但同以往相比,宋人观念中正祀与淫祀之间的边界已经有了很大区别。宋代思想史的背景已经大不同于前代,理学思想的介入更对传统儒家、前人关于正、淫祀的观念作了重新解释,不仅内容更丰富,其背后的理论支持也稍稍发生转移。宋代有关正祀、淫祀的文献剧增,应该与印刷术出现之后文献保存、流传的数量增加有关,同时也反映着宋人在新的社会背景下对祠神信仰合法性的重新认识。透过宋人正祀、淫祀观念与行为的研究,不仅可以了解国家与民众祠神信仰之间的关系,洞察上层精英及其观念世界与一般思想世界之互动,也可以看到宋代民众祠神信仰存在的真实状况。

本章的讨论主要分两个层面,一是通过对文献的梳理,考察宋人对正

---

[1] 杜佑《通典》卷55,北京:中华书局,1994年,第1557—1559页;顾炎武《日知录之余》卷2,见《日知录集释》,第1194—1197页。
[2] 学者们对宋以前打击淫祀问题的研究主要集中在唐代,如黄永年对狄仁杰废毁江南淫祀的探讨;贾二强对淫祀的特点,以及其与巫觋之间关系的分析;王永平将地方官废止淫祀与推行教化结合起来考察,指出一些政治家和地方官员对此采用禁止和改造的办法,逐步改变地方的风气;严耀中则认为唐代佛教收伏江南民众淫祀的过程与江南地区民众与自然力量较量的过程同步,此举一方面使佛教贴近民间,另一方面,一部分杂神、淫祀也由此能得到官府容忍,从而保存下来,但它们不再突出地成为地方意识的象征。参见黄永年《说狄仁杰的奏毁淫祀》,载史念海主编《唐史论丛》第6辑,西安:陕西人民出版社,1995年,第58—67页;贾二强《唐宋民间信仰》,第158—175页;王永平《论唐代的民间淫祠与移风易俗》,《史学月刊》2000年第5期,第124—129页;严耀中《唐代江南的淫祀与佛教》,荣新江主编《唐研究》第2卷,北京大学出版社,1996年,第51—62页。

祀与淫祀的认识,进而分析正、淫祀观念背后所体现的宋代国家关于民众祠神信仰政策的变化,以及宋代民众祠神存在的真实状况。同时,也对此领域的学术史作一个简单的回顾,对目前大部分研究者在分析这一问题时所持的正、淫祀两分对立观念重新检讨。二是从实践层面分析宋代国家、地方官员对淫祀的态度,探讨二者之间的同异,并进一步分析打击淫祀与社会变迁、文明推进之间的关系。

第一节 宋人的正祀、淫祀观念

一、问题的提出

"正祀"与"淫祀"是历史上讨论民众祠神信仰合法性时最常用的一对概念,合法者为"正",非法者即"淫"。透过朝廷、官员、士人对于正祀、淫祀的观念与具体政策来考察国家与民间信仰的关系,也是近年来颇受学者们青睐的路径,目前已有一些成果问世,如雷闻、蒋竹山等人对唐代、明清时期的淫祠观念,对国家、官员以及释道人士的态度都有相当扎实的研究。[1] 对宋代正祀、淫祀问题的研究,主要集中在两个方面,一是朝廷的赐额、封号政策,这是确认"正祀"即合法神祠,得到官方承认的过程,学者们关注的中心在制度本身的内容、特点、发展过程以及制度运作过程中体现的国家与地方官员、地方社会之间的关系;[2] 二是对淫祀的打击。学者们都注意到宋朝对民众信仰态度的两重性,如沈宗宪对宋代朝廷祀典的建立、取缔民间祠祀的政策作了很完整的叙述,提供了很多有价值的资料,刘黎明也指出"对淫祀的打击几乎一直与两宋政权相始终",他还对禁而不止的原因作了分析。他们在强调国家、官

---

[1] 雷闻《唐代地方祠祀的分层与运作——以生祠与城隍神为中心》,《历史研究》2004年第2期,第27—41页;蒋竹山《汤斌禁毁五通神——清初政治精英打击通俗文化的个案》,《新史学》第6卷第2期,1995年,第67—112页;蒋竹山《宋至清代的国家与祠神信仰研究的回顾与讨论》,《新史学》第8卷第2期,1997年,第187—219页。

[2] 蒋竹山《宋至清代的国家与祠神信仰研究的回顾与讨论》;皮庆生《宋代祠神信仰研究的回顾与展望》,收入《中国宗教研究年鉴(1999—2000)》,北京:宗教文化出版社,2001年,第474—482页;王锦萍《20世纪60年代以来宋代民间信仰研究述评》,未刊稿。

第六章 正祀与淫祀——宋代祠神信仰的合法性研究

员对淫祀打击力度的同时,又认为官员、朝廷统治者的神道设教及其自身信仰使打压淫祀的效果受到影响,这种区分很有必要。[1] 从方法上而言,韩森的研究很有启发性,她注意到淫祀在宋代一直存在,所以她认为压制淫祀只在局部地区,未在全国范围展开,总体影响似乎不应高估,"宋廷政策的作用并不在于压制祀典之外的祠庙,而是为了承认灵验的神祠"。[2]

应该说,这些研究从不同角度对宋代国家对民众祠神信仰的政策作了有益的探讨,但他们都将民众祠神获得赐额、封号等同于纳入祀典,而祀典之外的祠神皆为淫祀,于是祀典成为宋代民众祠神信仰合法性的唯一标准,非"正"即"淫",[3] 一些矛盾的说法也由此产生。比如刘黎明将地方官员上任、离任的谒庙都归为对淫祀的态度或让步。[4] 韩森虽然注意到正、淫祀之间存在大量中间状态的祠庙,但她仍认为按照宋代的封赐政策,"非官方的或未经官府承认的"祠神为淫祀,当然,她的着力处在封赐制度,但她基本上将祠神获得封赐等同于纳入祀典。事实上,宋代存在大量非祀典的赐封神灵,一些官员、士人批评封赐制度并呼吁重建祀典,这一现象按照韩森的论述显然无法解释。沈宗宪的论文迄今为止仍是对宋代朝廷信仰政策研究最重要的著作之一,但沈文认为"不列入祀典者,通称为'淫祠'或'淫祀'","淫祀指不合礼法的崇祀行为,淫祠指私自立

---

　　[1] 前揭沈宗宪《国家祀典与左道妖异——宋代信仰与政治关系之研究》第三章"宋代政府的信仰政策",第67—127页;刘黎明《宋代民间巫术研究》,第293—319页。而杨建宏认为淫祀"是指对不在国家规定祀典中及不在国家权力控制范围内的神灵之祭祀",许多基层淫祀"具有对地方社会进行控制的黑社会性质",其对淫祀概念的界定及价值判断与宋代的实际情况都有一定差距,参氏著《略论宋代淫祀政策》,《贵州社会科学》2005年第3期,第149—152页。
　　[2] 韩森《变迁之神》,第156—157页。
　　[3] 刘黎明认为,"一般说来,凡是不列入官方正式祀典者,都可以归之为'淫祀'",见氏著《论宋代民间淫祀》,《四川大学学报》2004年第5期,第95页。持类似看法的学者不在少数,如严耀中《唐代江南的淫祀与佛教》,《唐研究》第2卷,第51页;程民生《神人同居的世界——中国人与中国祠神文化》,郑州:河南人民出版社,1993年,第73页;赵世瑜《狂欢与日常——明清以来的庙会与民间社会》,第58—60页。只有少数研究有意识地谈到这种两分法的不当,如前揭雷闻文,贾二强《唐宋民间信仰》,第158—175页;王健《祀典、私祀与淫祀:明清以来苏州地区民间信仰考察》,《史林》2003年第1期,第50—56页。
　　[4] 刘黎明:《宋代民间巫术研究》,第310页,该书第六节许多内容都存在这个问题,如文中举吕陶《重建永安庙记》,说记文"明确显示地方官员对民间淫祀的祭祀",实则此例反映的是地方官员维护祀典的努力,见第310—311页。

庙的现象,不论其所祀神祇为何",在他看来,地方神祠在获得封赐之前皆为淫祠,于是便有"不管神格如何,只要'祈祷灵验',便可从'淫祠'变成国家合法的神祇",德清县土地神"孚惠庙未得政府赐额前,只是一所'淫祠'"之类说法。[1]

显然,以上观点对于认识宋代国家对民间祠神信仰的政策可能会带来一定困难,一些材料也会因此遭误读。这种非"正"即"淫"的两分法忽略了两者之间大量的模糊空间的存在,也妨碍了我们讨论正淫之间的移动。产生这些看法的原因,很可能是观念先行,未能进入历史语境对宋人自身的正祀或淫祀观念作必要讨论和界定,从而影响了对材料的理解和结论的可靠性。也就是说,在讨论宋代朝廷、官员、士人对民众信仰的具体行为之前,有必要先对其关于正祀、淫祀的观念略加分析,从中也可以看到宋代国家与民众祠神信仰关系的一个侧面。

二、成为正祀的条件

所谓正祀,即获得官方承认的祠祀。在宋代,神灵成为正神的途径并不多,《宋史·礼志八》云:

> 自开宝、皇祐以来,凡天下名在地志,功及生民,宫观陵庙,名山大川能兴云雨者,并加崇饰,增入祀典。熙宁复诏应祠庙祈祷灵验,而未有爵号,并以名闻……凡祠庙赐额、封号,多在熙宁、元祐、崇宁、宣和之时。[2]

前期是"崇饰"地方祠宇宫观,将之纳入祀典,熙宁以后大兴赐额、封号之制,宋代朝廷为民众祠神信仰提供合法性的途径不外此两种。祀典与神祇封赐的做法都是赵宋沿袭前代,并加以完善。就祀典而言,北宋后期已建立起朝廷到地方州军一级的祀典体系,并随形势变化而

---

[1] 分见沈宗宪《国家祀典与左道妖异——宋代信仰与政治关系之研究》,第68—69、83—84页。
[2] 《宋史》卷105《礼志八》,第2561页。

第六章 正祀与淫祀——宋代祠神信仰的合法性研究

更新;[1]关于赐额、封号制度,据日美学者的研究可知,朝廷制订了一整套严格的申请、审批制度,并且得到落实。不过,研究者的注意似乎都在制度以及由此引起的社会关系上,很少关注祠神进入祀典、获得封赐的条件,而这关系到宋人对合法祠神信仰的基本认识。

先来看祀典。进入祀典的名单,既是"经典"的,又是"国家"在虚拟世界中的折射,是文明共同体具有同一性的一个方面。因为,即便是地方性神灵,其合法性背景依然是全国的,而位阶差序亦折射着国家与经典的观点。宋代朝廷祀典根据祭祀对象分大、中、小祀三个级别,如徽宗时"大祠凡九十有六,中祠凡二十有九,小祠凡一十有四",宁宗时"太常祀典岁凡八十有二,其祀有小大之殊",而据庄绰《鸡肋编》所载祠令,"在京大、中、小祀,岁中凡五十",[2]总数不一,所祀对象亦略有不同,盖因时制宜,具体原因已不得而知。地方祀典一般包括两部分,一是朝廷祀典中天下通祀者,如山林川泽、社稷、风雨雷神等;二是为朝廷承认的地方祠祀,相当于《大唐开元礼》中的州县"诸神祠",后者与州县社稷、释奠同属小祀。[3]宋人在言及地方祠神是否应该进入祀典时,其标准或原则基本源自先秦儒家的祭祀原则,常援引儒家经典为依据,如:

> 山林、川谷、丘陵能出云,为风雨,见怪物,皆曰神。有天下者祭

---

〔1〕 全国性的祀典大概宋初就有了,比如真宗时的《正祠录》,哲宗更应黄裳之请下令州军编订各自地方性的祀典,从各种文献的表述来看,当时的祀典应该是编订成册的神灵祭祀名单,内容包括神灵历史、地点、赐额封号、庙貌等,《宋会要》礼20之9、10、21,第769、775页。雷闻认为唐宋时期中央王朝制定的祀典反映了儒家经典抽象原则具体化的倾向。参氏著《唐宋时期地方祠祀政策的变化——兼论"祀典"与"淫祀"概念的落实》,《唐研究》第11卷,第269—294页。
〔2〕《历代名臣奏议》卷126,葛胜仲之奏议,上海古籍出版社,1989年,第1661页。葛氏在政和四年(1114)编订《政和续因革礼》,同时对朝廷的祭祀名单重加厘定,编纂《太常祠祀仪制格目》,每祠一卷,见《玉海》卷69,第1309页;《后乐集》卷10《论祠祭差官当严其制札子》,《四库全书》,第1169册,第610页;庄绰《鸡肋篇》卷中,北京:中华书局,1997年,第57—59页。
〔3〕 参雷闻《唐代地方祠祀的分层与运作——以生祠与城隍神为中心》,《历史研究》2004年第2期,第29页。雷闻认为这类地方祠祀不仅为民间所同崇奉,也为国家行政体系所认定,并重点讨论了其中的生祠和城隍神。虽然现存宋代礼书中谈到地方合法祠祀时都没有像开元礼那样正式提到诸神祠,但有一部分地方性神祠纳入本地祀典则是肯定的,而且这些地方神祠的合法性来自朝廷礼仪部门的认定。

百神。诸侯在其地则祭之,亡其地则不祭……

夫圣王之制祭祀也,法施于民则祀之,以死勤事则祀之,以劳定国则祀之,能御大灾则祀之,能捍大患则祀之……有功烈于民者;及夫日月星辰,民所瞻仰也,山林川谷丘陵,民所取财用也。非此族也,不在祀典。[1]

引征者意在说明地方祠神中的人物神或自然神与儒家祭祀原则的关系,人物神生前须是"有功烈于民",山林川谷等自然神则要同时具备宗教性功能(能出云,为风雨,见怪物)和社会经济功能(民所取财用),这也是宋代检查地方祠神能否纳入祀典的标准。政和元年(1111)秘书监何志同批评州县官府为修纂《九域图志》神祠门提供的地方祀典名单不尽合格,指责之一便是这些神祠"多出流俗,一时建置,初非有功烈于民者"。他还向太常寺核实,这些州县所称的祀典"并无典籍可考"。[2] 而胡宿请求将太湖神庙纳入苏常三州之祀典,主要理由便是太湖"广三万六千顷,其水利溉苏、湖、常三州之地,而苏、湖为多,去二郡亦近。湖中大小山七十有二,洞庭、林屋福地皆在其中,商帆贾楫日相上下",这是从自然神的现实社会经济功能上说的。[3] 皇祐二年(1050)胡宿建议将各地名山大川能兴云雨者"详定增入祀典",考虑的则是自然神在祈祷雨旱方面的功能。[4] 在宋代诏令中经常可以看到这样的说法:"五岳四渎,名山大川,历代圣帝明王、忠臣烈士,载于祀典者",[5] "管内名山大川及历代圣帝明王、忠臣烈士有功及民,载于祀典者",要求地方官府祭祀、修葺。[6] 由此看来,能够进入地方祀典的神灵主要有两类:一是对地方社

---

〔1〕《礼记·祭法》,《十三经注疏》,第1588、1590页。
〔2〕《宋会要》礼20之9、10,第769页。
〔3〕胡宿《文恭集》卷7《论太湖登在祀典》,《四库全书》,第1088册,第674页。
〔4〕《宋会要》礼20之2,第765页。
〔5〕《宋会要》礼20之4,第766页。
〔6〕《宋会要》礼20之1,第765页。批评某些人物神不应纳入祀典时也可引用这条原则,如何志同就说开封府扶沟县秋胡庙,封丘县百里使君,程隐君庙是出于流俗建置,"初非有功烈于民者",希望朝廷加以整顿。《宋会要》礼20之9、10,第769页。

第六章　正祀与淫祀——宋代祠神信仰的合法性研究

会生产生活影响甚大之自然山川之神,一是与本地有关之历史人物神,而且必须是出身高贵的帝王或是在功绩、德行上突出之人,或者是本地以前的地方官员。[1]

进入祀典的这些条件显然只有少数民众祠神具备,于是,大部分民众祠神涌向申请赐额、封号之路,以求得官方的承认。宋代朝廷封赐祠神的首要条件是灵应。比如神宗熙宁七年(1074)十一月二十五日诏:"应天下祠庙祈祷灵验,未有爵号者并以名闻,当议特加礼命,内虽有爵号而褒崇未称者,亦具以闻。"[2]要想成为正祀似乎很简单,只要"祈祷灵验",即可获得赐额、封号。这种说法在南宋的神祠赐额加封事例也可以找到证据,在现存的南宋神祠赐额、加封敕牒中,申请和批准者引用最多的是建炎三年(1129)、淳熙十四年(1187)的敕文,如临安太学土地忠显庙加封牒文中即云:

> 太常寺伏检准建炎三年正月六日已降指挥节文:神祠遇有灵应,即先赐额,次封侯,次封公,次封王,妇人之神初封夫人,次封妃,每加二字,至八字止。并淳熙十四年六月十九日已降指挥:今后祠神祈祷应验,令本路运司依条保奏,取旨加封。[3]

具体的申报、核实程序则为"州具事状,保明申转运司,本司委邻州官躬亲询究到,再委别州不干碍官覆实,讫具事实保奏"。[4]从州县、转运司覆实的情况来看,神灵的出身履历并非十分重要,只要不违背基本的

---

〔1〕　如元丰三年(1080)知邢州王慥在本地建立宋璟祠堂碑楼,即上奏朝廷"乞载于祀典,春秋享之",宋璟是唐代名相,《宋会要》礼20之2、3,第765—766页。而真宗景德四年(1007)被列入河南府祀典的五代汉高祖更是帝王一级的历史人物,《宋会要》礼20之21,第775页。
〔2〕　《宋会要》礼20之2,第765页。
〔3〕　阮元《两浙金石志》卷12,《宋代石刻文献全编》第二册,第840页,南宋的神祠封号赐额制度沿袭了北宋的政策,参元丰三年太常寺博士王古的提议,见《宋会要》礼20之6,第767页。
〔4〕　陆心源《吴兴金石记》卷12《仁济庙加封敕牒碑》,《宋代石刻文献全编》,第二册,第582页。

道德准则即可,关键在于灵应事迹确凿无疑,有足够的影响力。[1]封赐地方神祠是宋廷顺应地方社会信仰现状的明智之举,这一制度以具体的祠神信仰为中心,将地方社会、州县官府、转运司、朝廷联系起来,大量在地方社会有影响力的神祠获得朝廷封赐的同时,也意味着它们对朝廷的信仰准则和相关价值观念的认同,申报、核实与批准程序的背后,体现的是朝廷对地方社会的控制。然而,这类神祠数量的不断增加同时也冲击着原有的祀典秩序。何志同就曾批评地方神祠封赐的无序,认为这种现象与祀典、封赐制度的脱节有关,他说:

> 诸州祠庙,多有封爵未正之处,如屈原庙在归州者封清烈公,在潭州者封忠洁侯,及永康军李冰庙,已封广济王,近乃封为灵应公。如此之类,皆缘未有祀典该载,致前后封爵反有差误。

他的建议是将二者合而为一,由礼部负责厘定各地祀典,然后在此基础上建立全国性的祀典。[2]但根据现有的一些材料来看,此后祀典与封赐制度的分离仍然存在,获得封赐的神灵未必纳入地方祀典。如漳州威惠庙,自五代至宋累封为灵著顺应照烈广济王,庙址于建炎四年(1130)迁于府城北门外,但直到淳祐六年(1246)"郡侯方公因祠者之请,于是定为春秋二祀。其行事也,以仲月之吉,春曰祈歌载芟,秋曰报。歌《良耜》,如周人之祀社稷焉。又取黄、汪二公祀神曲次第歌之。笾豆簠簋,粢醴牲币,既仿诸古,其有宜于今者,亦不尽废礼,视州社而微杀焉行之"。[3]同样,纳入

---

〔1〕 仅从人物神而言,出身卑微而获封号者甚多,最著名的是莆田天妃,生前很可能是名巫女,而广德张王从神方使者,生前也不过是官府职役,后来在张王祖庙造纸钱为生。当然,也有例外,如胡颖反对为刘舍人庙保奏加封,理由之一便是刘出身卑微,但这主要与胡颖个人对民众信仰的态度有关,在我看到的材料中,此类情况在宋代并不多见。

〔2〕 《宋会要》礼20之9、10,第769页。

〔3〕 沈定均《漳州府志》卷41《威惠庙祭田记》(章大任撰)光绪丁丑本;并参《八闽通志》卷59,第18页。《云庄集》卷2《慈济庙祝文》,神有庙额封号,但是"岁时常祀乃未及与",这是地方性祀典最重要的特征之一,见《四库全书》,第1157册,第347页。更不幸的是随州大洪山神,自北宋元丰元年(1078)赐庙额起,不断加封,淳熙年间(1174—1189)居然被地方官斥为"淫祀",禁境内之民奉祀。见《宋会要》礼20之92、93,第810—811页;朱熹《朱文公文集》卷79《鄂州社稷坛记》,第13页。

第六章 正祀与淫祀——宋代祠神信仰的合法性研究

祀典者未必有赐额、封号,最有力的证据是《庆元令》在那些申请封号、庙额的"诸道释神祠,祈祷灵验"之后附注"谓功迹显著,惠利及民,载于祀典者"一语,[1]所指即为载于祀典而未有赐额、封号的现象。

当然,从祠神具有合法性的角度来说,进入祀典与获得封赐区别不大,所以南宋也有人将二者混用。[2]但从神祠本身的具体处境、级别影响而言,二者的差别仍不容小视。

首先,制定祀典的根本原则在于"上下有序",地方祠神纳入祀典的程序往往因朝廷访求或地方官员的上奏而启动;而封赐神灵的根本原则为"报",对崇奉对象灵应事迹的报答,地方社会力量在申请赐额、封号过程中越来越占据主动地位。[3]

其次,祠神一旦进入祀典,便可获得两项权利,一是官方祭祀,包括定期的春秋二祀与不定期的雨旱灾疫祈祷,二是由地方官府出钱,修葺维持祠宇。而神祠获得封赐后不一定享有这两种待遇。利州永安庙属州祀典,至仁宗时已是庙貌栋宇,圮不复见,但"岁之春秋,郡遣官祭其神,至则设俎豆榛棘间,行献礼,讫事弃而去"。至嘉祐二年(1057)在知军张遵的主持下得以恢复,"按祀典,追怀神烈,严其像而屋之。于是明灵以安,荐献以位,岁时致报,不黩而肃"。[4]与之形成鲜明对比的是建康府溧水县城隍庙,绍兴十年(1140)赐庙额,后又封侯,乾道元年(1165)庙的重修却是"邑人钱雯,朱抃等以庙宇朽弊,遍走大家,旁及喜舍,寸积铢累"而成,庙记没有提到官方力量的参与。[5]

其三,祀典神灵与获得赐封的祠神虽在地方神灵等级序列中居统治地位,但二者在地方信仰中的影响力却有很大差别。一些学者已注意到

---

[1] 陆心源《吴兴金石记》卷12《仁济庙加封敕牒碑》,《宋代石刻文献全编》第二册,第582页。
[2] 如《绍兴府诸暨县松山敕文应庙记》便称获得赐额等于"秩于祀典也",见《宋代石刻文献全编》第四册,第190—191页。
[3] 这里仅就大多数情况而言,北宋早期的封赐由于其对象多为祀典内神灵,所以地方官常常扮演申请的角色,而南宋也有一些地方神灵申请额号完全出于官方意志。
[4] 吕陶《净德集》卷13《利州重建永安庙记》,《四库全书》,第1098册,第102页。
[5] 严观辑《江宁金石记》卷5《建康府溧水县重修正显庙记》,第9页。

祀典神祇中的社稷祭祀在地方祈祷中的衰落，其实祀典因其官方等级色彩太浓，极易与地方民众信仰脱节。比如前面提到的永安庙，很难说它在利城地方民众信仰中有影响力，而位列涪州祀典的城隍庙也一度是"涂之人过之，初莫知其有祠也……其宇日亦摧圮，上雨旁风，草生于墉，而牛羊入之，若朽壤然"。晁公遡曾批评这种现象道："今夫硖中之民尚機鬼，而在祀典者反漫不之省，殆非朝廷所以崇建之意。"[1]无怪乎唐庚要质问"以祀典而论鬼神，犹以阀阅而论人物也，便谓之尽，可乎"？[2]显然，祀典在地方民众信仰中已有边缘化的趋势。获得赐封的祠神则不然，由于有地方力量的支持，许多祠神都能不断获得新的加封，长期维持地方信仰中心的位置，有的祠神还传播到其他地区，成为跨地区的民众信仰。

地方祠神信仰取得合法性的途径从以祀典为主转向以赐额、封号为主，与整个社会的变迁密切相关。朝廷在地方祠神信仰获得合法性的过程中仍然占据统治地位，是地方信仰合法性的唯一来源，儒家经典则赋予朝廷信仰政策理论和历史支持。同时，地方社会争取本地祠神信仰合法性的态度日益积极主动，地方力量、官府、民众信仰多种因素纠结在一处，其中掺杂着各种关系、利益的权衡，结果大量地方祠神获得了朝廷的封赐。从这个角度而言，宋代祠神信仰获取合法性途径的转变与地方社会及其信仰的兴起有很强的关联性，二者互为因果。

三、朝廷、官员与士人的淫祀观念

淫祀即不合法的民众祠神信仰，先秦儒家经典对此的解释是"非其所祭而祭之，名曰淫祀，淫祀无福"。[3]不当祭者皆为淫祀，这是一个相当有弹性的说法，为后人打击、批评淫祀提供了很大的解释空间。宋人的

---

[1] 晁公遡《嵩山集》卷49，《四库全书》，第1139册，第272页。又，胡寅在《复州（今湖北天门）重修伏羲庙记》也十分痛心地说："汉唐而后，道术不明，异端并作，学士大夫昧于鬼神之情状，凡戕败伦理，耗斁斯人，下俚淫祠，巫祝所托以窃衣食者，则相与推尊祗奉，徼冀福利。至于古先圣帝明王，有功有德，仁人义士，辅世导民，不可忘也，则或湮没而莫之承，或文具间致其享。郡邑长吏政教不善，感伤和气，一有水旱虫火之灾，顾汲汲然族缩旅黄，擎跪数拜，谒诸偶像。适会灾变自止，因即以为土木偶之赐，禳祷之效。日滋日迷，正礼大坏。"见《斐然集》卷21，第435页。

[2] 唐庚《眉山文集》卷2《惠州水东庙》，《四库全书》，第1124册，第336页。

[3] 《礼记·曲礼下》，《十三经注疏》，第1268页。

第六章 正祀与淫祀——宋代祠神信仰的合法性研究

淫祀观念既有儒家经典的理论渊源,也有对当下思想、信仰现状的反应,据此可以了解宋代民众祠神信仰合法性的另一条边界。由于理学家对淫祀的观点在宋代官员、士人中比较特殊,需专门讨论,以下先分析朝廷与普通官员、士人的淫祀观念。[1]

朝廷的意见主要反映在打击、焚毁淫祠的诏令中(见附录六),指为淫祀者主要包括以下几种祠神信仰行为:危及民众生命安全,如杀人祭鬼,信巫不信医;[2]与道德伦理冲突,如集会中男女混淆;敛财害民,包括兴庙时主持者敛财于民与崇祀仪式中耗费钱财;威胁地方治安或国家安全;神像与祭祀对象、主体不符,等等。不难发现,这些诏令的共同特点是将打击、批评的重心都放在信仰行为上,这些行为都在某种程度上影响到地方或国家的现存秩序,或者直接触犯朝廷律法。

也有只言范围,不谈具体信仰行为的,如绍兴十六年(1146)二月壬寅,"诏诸路淫祠,非在祀典者,并令日下毁去"。[3]七年后高宗在将作监主簿孙祖寿的建议下又有"毁撤巫鬼淫祠"之举。[4]这种材料很容易使人得出祀典外祠神信仰皆为淫祀的结论。实则不然,每次禁毁淫祀都有具体所指,比如后者是因杀人祭的批评而起,要打击的淫祀即杀人祭,

---

[1] 这里所说的普通只是相对理学家而言。只有部分官员、士人对淫祀问题的认识在文献中保留下来,大部分官员、士人对这一问题的看法已无法得知,本文只能通过文献中保存的蛛丝马迹加以推测。此外,由于材料关系,时间与空间二种因素的影响也无法在此作深入分析。
[2] 如杀人祭鬼,有宋一代下达数十道诏书禁此恶习,针对的地区几乎包括整个西南、中南、东南各路州军,然屡禁不止,南宋甚至连靠近临安的湖州、吴兴亦有杀人祭鬼的情况发生。由于杀人祭与国家法制相悖,处罚极严,且与一般人观念无法兼容,所以不仅朝廷,大部分官员、士人亦将之视为淫祀,差别仅在各地官员打击力度不同而已。此外,信巫不信医亦是与民众生命安全相关的问题,宋代朝廷、许多地方官员为此做不少努力,但巫医治病在宋代十分普遍,官员、士人求助巫师治病的例子也不少见,所以朝廷、地方官员打击的重点在巫觋禁止病人寻医问药,普通巫医则以改造为主,目的在改变地方风俗。
[3] 李心传《建炎以来系年要录》卷155,第2500页。又,《咸淳临安志》卷71所载灵惠庙即在绍兴十九年获得赐额,数十年之后才获封号,记文中说"当中兴尽毁淫祀之际,独以众请,庙得赐额,载在祀典,与百神受职"。无额无号,只因耆老陈德诚等人的申状,当然也可能有其他因素的作用,不仅未列入打击之行列,而且获得庙额,这说明什么问题呢? 朝廷的诏令并非针对所有无庙额封号的祠神,只是原则性的规定,具体的尺度还要由地方长官掌握。根据我在绪论中对士人与祠神信仰的关系的分析,宋代大部分士人是信鬼神的,本身的信仰以及地方官员与地方社会的关系必然影响他们执行朝廷打击祠神方面诏令的彻底性。
[4] 《宋会要》礼20之14,第771页。

所以建议者才会提出希望朝廷"申严法令,戒饬监司,州县之吏,治之纵之,明示赏罚,增入考课令格,加之乡保连坐,诰诫禁止,期于革心"。如果要取缔的淫祠包括祀典外所有祠神信仰行为,而且雷厉风行,对不执行者处罚严厉,这在12世纪初是很难想像的。绍兴十六年的行为《要录》只是简单地提到此举乃是应"左司郎中李樨面对有请也",面对的内容载于《宋会要》刑法二:

> 绍兴十六年二月三日,臣僚言:"近来淫祠稍行,江浙之间,此风尤炽,一有疾病,唯妖巫之言是听。亲族邻里,不相问劳,且曰:此神所不喜。不求治于医药而屠宰牲畜,以祷邪魅,至于罄竭家赀,略无效验,而终不悔。欲望申严条令,俾诸路监司郡守重行禁止。"诏令礼刑部坐条行下,如不系祀典,日下毁去。[1]

李樨、孙祖寿的建议前后相续,朝廷采纳之后均下令禁毁淫祠,实则二者所指有异,前者是打击地方祠神信仰中的信巫不信医行为,后者针对的是杀人祭,用现在的话来说二者都是打击地方祠神信仰中不法行为的专项斗争,并非要取消祀典之外所有祠神信仰活动。

这是一个值得注意的现象,官方对仪式行为的关注高于信仰主体、对象,它提醒我们在处理某些材料时要分外小心。比如政和元年(1111)正月九日诏书:"开封府毁神祠一千三十八区,迁其本像入寺观及本庙,如真武像迁醴泉下观,土地像迁城隍庙之类,五通、石将军、妲己三庙以淫祠废,仍禁军民擅立大小祠庙。"[2]将神像迁到寺观或本庙,保存的同时寓有限制之意,笔者推测朝廷的限制主要针对祠神信仰活动的空间、仪式行为等方面。就信仰对象而言,所毁神祠一千三十八区,以"淫"的名义

---

[1]《宋会要》刑法2之152,第6571页。李樨的建议可能与其学术背景有关,据说,"樨学邃于《医心》,悟针法,铸铜为人,身具百脉,幕楮施针,芒镂不差",并有《小儿保生方》三卷、《伤寒要旨》二卷传世。分见周南《山房集》卷8,《四库全书》,第1169册,第122页;《直斋书录解题》卷13,第393页。

[2]《宋会要》礼20之14、15,第771—772页。

第六章　正祀与淫祀——宋代祠神信仰的合法性研究

废的只有五通、石将军、妲己三庙而已。[1]

也就是说,朝廷给淫祀划定边界时侧重点在信仰活动,对社会秩序的影响,而非信仰的人或被信仰的神。当然,从信仰对象而言,有一相对明确的边界,其依据或在对淫祀本身的认识,而非简单地将正祀之外的祠神信仰皆归入淫祀。朝廷的意见对普通官员、士人具有很强的导向意义,也是各级地方官员处理地方民众信仰事务的指针,它与文献中所反映的宋代普通官员、士人的淫祀观念基本一致。

先从宋人编集的两部著作说起,这两部书都列有"淫祀"或"淫祠"一目,从中可以看到宋代部分士人、官员对于淫祀的一般观念。一部是北宋初编写的《太平广记》,是书卷三百十五神二十五专附"淫祠"一目,包括十三则故事。其中有三则讲打击淫祠的,分别为道士胡超师、官员狄仁杰、僧人善晓,颇有儒释道三家联手打击淫祠的味道。另十则故事的鬼神信仰多缘人们的误会而起,基本上是无中生有,信仰行为又对民众生产、生活有很大危害(主要是经济上的浪费)。[2] 前面讨论正祀时我曾提出祀典的规定中对神灵出身很在意,这也应该是《太平广记》将这些祠神信仰斥为"淫祠"的重要原因。

另一部著作是《清明集》,该书对于研究宋代社会史价值很大,其中卷十四"惩恶门"专设"淫祠"、"淫祀"二目,有助于我们对南宋地方官员、士人淫祀观的了解。[3] 作者将一事分立二目原因尚难推知,实则两者并无太大差别,只不过前者侧重对象,后者侧重信仰行为。二目共六则书判,其中"不为刘舍人庙保奏加封"最能反映书判作者与编者关于淫祀

---

[1] 三庙中石将军情况不明,妲己为历史人物,被视为好淫误国的典型,五通始于唐,乃群鬼之通称,或能预卜吉凶,或为祟人间,尤喜淫人妇女,参吕宗力、栾保群《中国民间诸神》,第545—555页。

[2] 李昉《太平广记》卷315,北京:中华书局,1986年,第2492—2497页。

[3] "惩恶门"中关于鬼神信仰尚有"妖教"、"诳惑"、"巫觋"三目。"妖教"为非法组织性宗教,朝廷对它的态度与民众祠神信仰有很大区别,参郭东旭《宋代法制研究》第四章第五节。"诳惑"、"巫觋"皆为民众祠神信仰中的不法行为,与"淫祠"、"淫祀"区别不大,如"巫觋以左道疑众者当治,士人惑于异者亦可责"(巫觋)与"宁乡段七八起立怪祠"(淫祠)所指斥的行为相同,分属二处,盖以行为主体而言,一为巫觋,一为普通民众。又:沈文虽然也意识到如何确认淫祀是一大问题,但未对此加以探究,而是采取了十分笼统的方法,甚至将妖教与淫祀等同,实则二者在朝廷、官员、士人看来有很大区别,见沈文第84—85页。

的复杂观念。

刘舍人的故事并不复杂。刘氏生前是一位"操舟为业"的水手,后来又"供洒扫之职于洞庭之祠",死后开始产生灵应,并为很多人所崇奉,"虽王公大人亦徼福乞灵于其前"。后来,信众要为他"请封号,请庙额"。提点湖南刑狱兼提举常平胡颖不仅不答应,还批评刘舍人出身卑微,其灵应也是无中生有,让当地官府将谕俗印牒一本"焚之庙中,使此等淫昏之鬼有所愧惧,榜之庙前,使世间蠢愚之人有所觉悟,其于世教,实非小补"。胡颖,《宋史》有传,"性不喜邪佞,所至毁淫祠数千区,以正风俗",人称"胡打鬼"。[1] 他在判词中也说,自己"自守郡以来,首以禁绝淫祠为急,计前后所除毁者,已不啻四五百处。傥更数月,不以罪去,必使靡有孑遗而后已"。耐人寻味的是,他并未让地方政府禁绝刘舍人庙,只是将谕俗印牒焚之庙中,榜之庙前,供奉刘舍人的庙应该是继续存在。

胡颖与刘舍人庙故事的背后有两点很值得注意。一是胡氏反对为刘舍人庙保奏加封有理由与前面所说的封赐条件相合:刘舍人不仅出身卑微,更重要的是,灵应亦属无中生有,值得怀疑。本来这一批评可能连带涉及舍人庙存在的合法性问题,但胡颖最终未将之归入需要禁绝的淫祠之列。[2] 这说明在一般情况下,官员不能完全根据个人观点,将某一民众祠神信仰定性为淫祠,并对之实施打击,而是要考虑朝廷的政令、各级官府之间以及官方与地方社会的复杂关系。各种因素共同作用的结果是,一方面官员要依照朝廷的原则性命令来判定辖区地方信仰的合法性,另一方面底线原则往往发挥实际的作用,只要不危及中央、地方政府安全的信仰行为基本上可以默认其存在,亦即不会指斥为非法的"淫祀"。二是《清明集》的编者将刘舍人庙一事编入"淫祠"之目。这当然与编者的观念有关,按照胡颖的批评,刘舍人的信仰显然可以归入《礼记·祭法》

---

〔1〕《宋史》卷416《胡颖传》,第12478—12479页;《宋季三朝政要》卷2,《四库全书》,第329册,第991页。
〔2〕 此时胡任湖南提点刑狱兼提举常平,提出刘舍人庙保奏加封的是湖南地方州县官员,二者关系也影响到刘舍人庙定性的判断。

第六章 正祀与淫祀——宋代祠神信仰的合法性研究

所说的"淫祀"行列,但实践中他没有将之当作"淫祀"。这也就意味着,官员、士人界定淫祠的依据至少有两套,朝廷的制度只是其一,还包括更原则性的儒家经典,后者往往在话语、意识形态层面起作用,而源自制度性的批判远比经典批评来得严厉,是否取缔亦由前者决定。这一观点与《清明集》其他书判吻合,如"非敕额者并仰焚毁"讲民众私立禹庙,属于无敕额的私祀正神,其神格与禹相去甚远,所以胡颖在榜文中说"应非敕额,并仰焚毁,不问所祀是何鬼神",强调制度性的"敕额"作为民众祠神信仰合法性的唯一来源。"宁乡段七八起立怪祠"讲的是段七八因盗墓事发,祷神得免,立东沙文皇帝之祠,被斥为淫祀是因为其神无功于民,"朱书年命,埋状屋下,更相诅咒,专行巫蛊之事",犯罪之人所起无名无功之祠,且行巫蛊之事,于制度于经典皆无合法性,取消自不在话下。至于杀人祭鬼直接与朝廷条令冲突,法所不赦,当然可以依照朝廷"行下本路禁约杀人祭鬼"的条令来判断,其淫祀定性无人怀疑。

根据以上分析,宋代朝廷、普通官员、士人的淫祠观念可以归纳为:信众以不恰当的方式祭祀不合适的神灵。信仰者、祠神以及崇奉行为三者之一的不合法,都可能导致祠神信仰整体的非法。[1] 具体而言,包括民众生命安全、地方治安、经济利益、伦理道德、貌像仪式不伦、神灵出身等方面。在朝廷政策的指导下,仪式行为方面的不合法受到特别关注。官员、士人在判定祠神信仰是否合法时,虽然有朝廷制度与儒家经典两套标准,但起实际作用的往往是前者。

应该说,上面从朝廷诏令、《太平广记》、《清明集》得出的认识是可以与其他材料相印证的。如苏颂曾批评吴楚之俗重淫祀,具体表现便是"民病且忧,不先医而先巫。其尤蠹者,群巫掊货财,偶土工,状爰巢,傀儽、洸阳彷徨之象,聚而馆之丛祠之中。鼓气焰以兴妖,假鬼神以哗众。奇邪谲觚之人,殖利擅私,公行于道,顾科禁莫之警也"。[2] 郑侠在英州

---

〔1〕 信仰者、祠神的范围比较固定、明确,亦含有主观之判断,信仰行为则是动态的,其解释有较大伸缩性,这一特征也反映了朝廷、官员、士人关于正、淫祀观念、边界的弹性。
〔2〕 苏颂《苏魏公集》卷64《润州州宅后亭记》,第980页。

建应龙祠,就是因为"荆交之间,淫祠如织,牲牢酒醴,日所祈赛。诘其鬼,无名氏十常六七"。并试图以有名的应龙代替无名之淫祠,作为地方祈祷雨旱的场所。[1] 陆游入蜀,在沙市祭江渎,"神曰昭灵孚应威惠广源王,盖四渎之一,最为典祀之正者。然两庑淫祠尤多,盖荆楚旧俗也"。他在黄山东岳庙中见黄大监神,也因不知其出身来源,径称之为淫祠,土俗所建也。淫祀在陆游这里似乎只有单纯的分类功能,合法性的意义已是很淡了。[2]

当然,宋代官员、士人中只有一部分人具有比较严格的淫祠观念,因而我们也经常能发现其他官员、士人的不同意见。胡颖转任多处,皆有打击地方淫祀之举,《清明集》记载的是他在湖南的例证,他与那些为刘舍人庙申请加封的地方官员、王公大人对刘舍人庙的定位肯定不同,他认为邵陵孔明庙是淫祀,而"县尉欲存此以致敬"。在"计嘱勿毁淫祠以为奸利"一事中,受神老卿二十二之嘱来游说勿毁淫祠的官吏,恐怕是不以胡颖之举为然的。观念的差异更反映在行动上,在阅读一些文献记载、表彰某些地方官员打击淫祀时,我们不禁要问,这些"淫祀"在其前任眼中是否也为"淫祀"呢? 大部分"淫祀"在遭受批评、打击前恐怕是介于合法与非法的中间状态。

此外,朝廷与官员、士人在淫祀观念上有一致性,但也有差异性。如绍兴十六年(1146)朝廷有打击地方淫祀之诏,七年之后荆湖南北两路许多地方居然有杀人祭鬼的恶劣现象,嘉泰元年(1201)甚至临安附近的湖州也杀人祭鬼成风。[3] 各地士人对本地的民众祠神信仰往往是默认或者是支持,甚至许多地方官员也是这类祠神信仰的积极支持者。而这些祠神信仰有时又存在聚敛民财、信巫不信医乃至影响地方秩序的集会等现象,[4] 如果按照上面的分析,它们都可视为淫祀。批评、打击者值得表

---

[1] 郑侠《西塘集》卷3《英州应龙祠记》,《四库全书》,第1117册,第394页。
[2] 分见《入蜀记》卷2、5,《陆游集》,第2422、2449页。
[3] 《宋会要》刑法2之130、131、152,第6560、6561、6571页。
[4] 参李小红《宋代"信巫不信医"问题探析》,《四川大学学报》2003年第6期,朝廷对祠赛社会危及中央、地方社会秩序的问题一直持严厉打击态度,见第三章的分析。

第六章　正祀与淫祀——宋代祠神信仰的合法性研究

彰,默认甚至是支持者则无须刻意提起批评,二者之间的度可能就是民众祠神信仰合法性的边界,只要在制度与经典之中能够求得解释者,虽然未必是合法的,但也不被视为非法的。也就是说,宋代民众祠神信仰的大部分其合法性问题的解决正介于合法与非法之间,而不是非此即彼。

四、理学家的观点

与普通士人、官员相比,理学家的淫祠观有其特殊之处。通常,当他们充满了理学意识而进行表达的时候,他们的立场往往是超出官员与士绅的,这时候,他们原本习得的经典知识,对当下充满焦虑的伦理与秩序意识,写作时文学表达的词语夸张与修饰,常常使这一立场充满高调理想主义和道德严厉主义。但是,由于他们将理、气观念引入祭祀、祠神信仰的解释之中,从而使他们对淫祀的认识与传统儒家也有了很大的不同,这种解释的转换在很大程度上缓解了批判的严厉性和处置的绝对性,从而使祠神信仰在理学解释框架中有了一个空间。只不过受传统哲学史研究方法的影响,这个方面一直不太为研究者重视。实则理学家对鬼神、民众信仰的认识和态度是其总体思想的有机组成之一,他们的观念、态度对此后的官员、士人影响很大。由于理学家内部对淫祀的认识也有差异,对他们逐个分析显非本文所能,这里只选择部分有代表性的观念加以论列,希望无以偏概全之嫌。

理学家论鬼神,自横渠伊川以下,不出"造化之迹"、"二气之良能"一途,而统之以理气说。[1]他们对普通民众的鬼神信仰亦非全盘否定,二程便认为,"世间有鬼神冯依言语者,盖屡见之。未可全不信,此亦有理"。[2]陈淳问朱子"世俗所谓物怪神奸之说,则如何断"?朱熹的回答是:"世俗大抵十分有八分是胡说,二分亦有此理。"[3]认为风雷山泽与庙中祭享的鬼神都有道理,而"乡村众户还赛祭享时,或有肃然如陈风,

---

[1] 陈淳《北溪字义》卷上。但二程与朱子亦复有区别,二程喜以理言鬼神,而朱子更多地强调鬼神是阴阳二气之迹。参李申《中国儒教史》,上海:上海人民出版社,2000年,第423页。
[2] 《二程集》,第16页。
[3] 黎靖德编《朱子语类》卷63,第1551页。

俗呼为'旋风'者",即是鬼神之良能功用。[1]

但理学家之目标在重建社会秩序,祭祀信仰亦是需要整合的方面,他们对礼仪制度、民众信仰提出过一系列意见,在祠神信仰方面,他们的观点基本上是各种社会力量、群体中最严格者。《二程遗书》卷二十二云:

> 范公甫将赴河清尉,问:"到官三日,例须谒庙,如何?"曰:"正者谒之,如社稷及先圣是也。其它古先贤哲,亦当谒之。"又问:"城隍当谒否?"曰:"城隍不典。土地之神,社稷而已。何得更有土地邪?"又问:"只恐骇众尔。"曰:"唐狄仁杰废江浙间淫祠千七百处,所存惟吴大伯、伍子胥二庙尔。今人做不得,以谓时不同,是诚不然,只是无狄仁杰耳。当时子胥庙存之亦无谓。"[2]

伊川认为"城隍不典",将城隍从土地之神的系列中排斥出去,实则当时有大量城隍已纳入国家祀典,则"正""典"与否不在其是否纳入国家祀典。[3]甚至伊川认为传统的五祀也"非先王之典",只是"后世淫祀","全无义理"。[4]他在民众祠神信仰问题上比张载要严格,二人曾讨论过龙女衣冠一事,张载认为"当依夫人品秩,盖龙女本封善济夫人",程颐当即反驳道:"某则不能,既曰龙,则不当被人衣冠。矧大河之塞,本上天降佑,宗庙之灵,朝廷之德,而吏士之劳也。龙何功之有?又闻龙有五十三庙,皆曰三娘子,一龙邪?五十三龙邪?一龙则不当有五十三庙,五十三龙则不应尽为三娘子也。"[5]显然,程颐对当时遍布各地的龙神庙很不以为然,更不主张施之封号庙额,他赞成的是传统的天地宗庙社稷祭

---

[1] 黎靖德编《朱子语类》卷63,第1544—1545页。
[2] 《二程集》,第295页。
[3] 唐宋城隍的情况见《宾退录》卷8,第103—105页;对这一时期城隍的研究可参姜士彬(David Johnson),"The City-God Cults of T'ang and Sung China", *Harvard Journal of Asian Studies*, vol. 45: 2 (1985), pp. 363 – 475。
[4] 《二程集》,第163、289页。
[5] 《二程集》,第270页,龙女一事并见胡寅《斐然集》卷15《缴宣谕官明橐乞封龙母五子》,第318页。

第六章 正祀与淫祀——宋代祠神信仰的合法性研究

祀体系,裁定信仰合法性的是"义理",不过他对其观点未作阐述。

朱熹是较早系统地对传统儒家经典中祠神信仰合法性问题重新阐释的理学家,其观点基本收入《朱子语类》卷三《鬼神》。理学家的理、气、诚等概念成为解释传统祠神信仰合法性的有力武器:

> 问:"神以祭祀而言。天地山川之属,分明是一气流通,而兼以理言之。人之先祖,则大概以理为主,而亦兼以气魄言之。若上古圣贤,则只是专以理言之否?"曰:"有是理,必有是气,不可分说。都是理,都是气。那个不是理?那个不是气?"问:"上古圣贤所谓气者,只是天地间公共之气。若祖考精神,则毕竟是自家精神否?"曰:"祖考亦只是此公共之气。此身在天地间,便是理与气凝聚底。天子统摄天地,负荷天地间事,与天地相关,此心便与天地相通。不可道他是虚气,与我不相干。如诸侯不当祭天地,与天地不相关,便不能相通;圣贤道在万世,功在万世。今行圣贤之道,传圣贤之心,便是负荷这物事,此气使与他相通。如释奠列许多笾豆,设许多礼仪,不成是无此姑谩为之!人家子孙负荷祖宗许多基业,此心便与祖考之心相通。祭义所谓'春烝秋尝'者,亦以春阳来则神亦来,秋阳退则神亦退,故于是时而设祭。初间圣人亦只是略为礼以达吾之诚意,后来遂加详密。"[1]

类似的问答在《朱子语类》中甚多,朱子的观点是"鬼神只是气,屈伸往来者气也",鬼神祭祀的内在依据为对象与主体在气上的关联性,形式或条件为主体的诚。朱子认为人祭祖先、天子诸侯祭祀天地山川都是因为气上的相关感应,贯穿其中的是总括一切的理。我们注意到朱子似乎不太多讲信仰行为不合法、违背经典或礼制,而是强调其无效,气不相关、不当理、不诚的信仰行为都是无效的。

―――――――――

[1] 黎靖德编《朱子语类》卷3《鬼神》,第47—48页。

可惜的是,朱子言论中直接谈及淫祀界定者并不多,我们只知道他说过"人做州郡,须去淫祠"之类的语,但又主张"有敕额者,则未可轻去"。[1]他甚至认为神怪之事"世间自有个道理如此,不可谓无,特非造化之正耳。此为得阴阳不正之气,不须惊惑。所以夫子不语怪,以其明有此事,特不语耳。南轩说无,便不是"。[2]当他的学生提到他在漳州禁民礼佛朝岳是否为了"正人心"时,他的回答是"未说到如此,只是男女混淆,便当禁约尔"。

陈后之说"泉州妖巫惑民,新立庙貌,海舡运土石,及远来施财,遭风覆舟相继而不悟"。朱熹说:"亦尝望见庙宇壮丽,但寻常不喜入神庙,不及往观,凡此皆是愚而无知者之所为耳。"[3]朱熹说的是绍兴中他任同安(今福建同安)主簿时事,当时朝廷颁布禁淫祀令后不久,如果非祀典内即属淫祀,则泉州新庙当在被毁之列,朱熹过庙门而不入,也与做州郡须去淫祠的观点有异。朱熹知南康时,力主为陶侃庙请求加封,此庙无额号,亦非祀典内神,无妨其正当性。[4]如此看来,朱熹虽然运用理气说重新解释了民众祠神信仰合法性问题,将合法性与有效性结合起来,但他并未对合法性划定一条边界。这个任务是由朱子后学完成的,他们中的某些人将朱熹的解释与普通士人的淫祀观结合起来,对淫祀有了比较明确的界定,最极端的例子是陈淳。

在一封名为《上赵寺丞论淫祀》的信中,陈淳批评了漳州地区的淫祀之风,这是了解朱子后学淫祀观的最重要文献,再参考《北溪字义》中讨论鬼神、祭祀、淫祀的部分,即可得知陈淳关于民众祠神信仰合法性的基本观点。陈淳讨论淫祀问题的理论依据是理气,如果信仰主体与对象在气上"不相干涉"、"脉络不通"、"不当理","假如正当鬼神,自家不应祀

---

[1] 黎靖德编《朱子语类》卷3《鬼神》,第54页。
[2] 黎靖德编《朱子语类》卷3《鬼神》,第38页。
[3] 黎靖德编《朱子语类》卷106,第2646页。
[4] 见朱熹《朱文公文集》卷20《乞加封陶威公状》,第34—37页;卷19另有朱熹在潭州任上所作《乞潭州谯王等庙额状》,第47页。

第六章　正祀与淫祀——宋代祠神信仰的合法性研究

而祀他,便是淫祀"。[1]信仰亦严格区分等级,跨越地理边界的神灵不应信仰,原因不仅是不合礼制、不合传统经典所说的祭祀原则,更在于其气脉不通,不合于理,因而不能感应,高度重视有效性在合法性中的作用并对之重新阐释,这可能是陈淳针对现实祀典原则过于宽泛采取的理论策略,大部分理学家对自然神出现的人格化趋势极为反感,强调灵应与否在于信仰主体之诚,信仰行为之当于理,而非信仰对象。灵应的原则仍然存在,但对象的存在从信仰角度实际上被取消,只存在教化功能。

按照陈淳的看法,漳州一地只有威惠庙有存在的必要。其他神祠"其无封号者固无根原来历,而有封号者,亦不过出于附会而货取,何者而非淫祀"！在具体的信仰实践中,或庙貌不正,或敛财于民、或危害地方秩序等等,不一而足。即便是威惠庙,"今帐御僭越既不度,庙貌丛杂又不肃,而又恣群小为此等妖妄媟渎之举,是虽号曰正祠,亦不免均于淫祀而已耳"。要求地方官府"必肃其坛宇,严其扃鐍,岁时禁人闲杂来往,止于朔望启钥,与民庶瞻礼,乃为得事神严恭之道。上不失乎敬鬼神而远之之智,下不陷于非其鬼而祭之之谄。阴阳人鬼不相乱,庶几称情而合宜,固非民庶所得私祭而浪祀者也"。[2]陈淳比朱熹走得更远,其淫祀观基本上属于正祀之外即淫祀,鬼神感应在于诚敬,其功能主要在教化,实质上是要取消民众信仰的存在。

过于高调、严格的观念通常缺乏实践性,理学家,尤其是朱子后学如陈淳关于民众祠神信仰合法性的认识总体上一直是观念层面的东西,严厉的批评反映出现实祠神信仰状况与理学家们的理想有很大差距。随着理学地位的提升,当时和后来的一些官员、士人在观念上受其影响,有的甚至在实践上有所作为,比较著名的如明初对城隍信仰之更革,清初汤斌禁毁五通神,[3]但这些都是特定条件下国家权力支持下的作为,并非民

---

[1] 陈淳《北溪字义》卷下,第61页。
[2] 陈淳《北溪大全集》卷43《上赵寺丞论淫祀书》,《四库全书》,第1168册,第852页。
[3] 洪武三年(1370)朱元璋取消天下城隍之封号,毁神像,设木主,此举虽然不是针对淫祀,但实际上与民众祠神信仰合法性观念相关,且受理学家影响,参滨岛敦俊《明清江南城隍考》,《中国经济史研究》1991年第1期;汤斌禁毁五通神的研究见前揭蒋竹山文。

众祠神信仰的普遍状态,大部分官员、士人对淫祀仍持一种比较宽容的标准。

五、正祀、淫祀的边界与中间地带

综上所述,宋代民众祠神信仰十分活跃,其合法性问题亦较以往突出。民众祠神信仰获得官方承认的途径主要是进入祀典和申请封赐,并且从以祀典为主逐渐转向以赐额、封号为主,这一转变与地方社会力量及其信仰的崛起有很大关联,二者互为因果。同时,一些民众祠神信仰亦被朝廷、官员、士人以及理学家指斥为"淫祀",朝廷和普通官员、士人对淫祀的批评和打击主要包括民众生命安全、地方治安、经济利益、伦理道德、貌像仪式不伦、神灵出身等方面,而仪式行为的不合法特别受到关注。官员、士人在判定祠神信仰是否合法时虽然有朝廷制度与儒家经典两套标准,但起实际作用的往往是前者。理学家运用理气、诚等概念重新阐释传统儒家经典,提出了十分严格的淫祀观念,在陈淳看来,甚至朝廷封赐的许多神灵也属非法淫祀,恢复传统祀典成为其最终理想。

根据以上分析,我们将宋代民众祠神信仰的存在状况绘制成下图,图中"正祀"与"淫祀"的边界因时、地、人而变化。

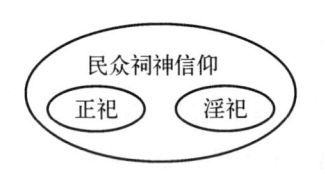

具体来说,在一些持严格的淫祀观念的理学家看来,当时的祠神信仰中符合正祀条件的只有一小部分,大部分是亟待消灭的淫祀,这个群体也包括部分主张严厉打击淫祀的官员、士人,如胡颖。但在朝廷、普通官员和士人看来,正祀与淫祀之间存在一个广阔的中间地带,对淫祀的批评、打击或许要参照正祀的某些标准,但主要依据是淫祀观念。正、淫祀在整个祠神信仰中所占的分量因淫祀观念的不同也有差别,通常正祀名单比较固定,由祀典与封赐祠神组成,只有极严格者将部分正祀(主要是封赐祠神)亦归入淫祠之列。淫祀名单则有很大弹性,越严格淫祀数量越多,反之则越少。前面提到信巫檄鬼的利州民众几乎无视祀典的存在,很难想像他

第六章　正祀与淫祀——宋代祠神信仰的合法性研究

们会承认自己所崇奉的神祇为淫祀,这些普通百姓多无严格的淫祀观念,他们的祠神信仰世界除了正祀和极少数淫祀,其他都是中间地带的祠神。

其实,宋人已指出正、淫对立二分观念的不当,认可正、淫之间祠神的存在。郑晴在一篇庙记中主张"祀典之外,又有祠宇,各为一方祈祷……出于俗,特系民之兴废,吏不得以严督……官不率民而兴,亦不禁民之往"。[1] 韩师古知平江府,对"僭处郡治"的非祀典的百花大王庙,并未拆毁,反而"稍为整茸祠宇,以时祀之"。[2] 当时普通的情况是官民雨旱祈祷"无问在不在祀典"。[3]当然,我们尚无法为宋代的正祀与淫祀划定一条明确的边界,但具体的个人应该有相对明确的边界,只是从总体而言边界有一定的模糊性,且因人、因时、因地而异,由此导致宋代朝廷、官员、士人对民众祠神信仰态度的差异性和复杂性,这也是我们要重新探讨宋人打击淫祀行为的主要原因。

第二节　朝廷、地方官员打击淫祀的实践

同前代相比,宋代官方对民众祠神信仰的政策显得特别积极。朝廷有一整套严格的神祇封赐制度,同时颁布了大量打击、压制民众信仰的诏令、法律条文;地方官员政务之一即管理、控制民众祠神信仰,或帮助地方人士为任地祠神申请封号、赐额,或打击淫祀,二者并存,与整个宋代王朝相始终。当然,这一认识可能跟宋代的文献资料保存有关,但无疑也反映了历史真实的一个方面。对此,学者们已作过一些研究,比较一致的看法是充分肯定朝廷、地方官员在打击巫觋、淫祀方面的努力,只是由于朝廷、

---

[1]　沈涛《常山贞石志》卷12《重修淮阴侯庙碑》,《宋代石刻文献全编》第四册,第96—97页。
[2]　洪迈《夷坚志》补卷15,第1685—1686页。
[3]　陈傅良《止斋集》卷41《跋灵润庙赐敕额》,第8页。

官员在鬼神观念上的不彻底才使得政策带有双重性,打击与封赐并行,打击的效果因而受到一定影响。[1] 当然,也有学者认为压制淫祀只在局部地区,未在全国范围展开,总体影响似乎不应高估,"宋廷政策的作用并不在于压制祀典之外的祠庙,而是为了承认灵验的神祠"。[2] 还有学者从汉族为主的中国文明的同一性建构的角度观察这一问题,将打击淫祀视为国家与地方士绅共同推进文明的过程,禁绝淫祀是为了确保官方对祭祀权力的垄断,此举不仅可以增强官方权威,使过去依赖宗教除厄解困转成了依赖官府,而且清理了社会秩序,使人们按照一种社会的规则生活。[3]

这些研究使我们对宋代国家打击淫祀问题有了比较清楚的认识,但也还有不少可以深入探讨之处。比如,朝廷封赐神灵与打击淫祀之间是否存在某种关联,两重性之后是否有一致性呢?再者,朝廷与地方官员在打击淫祀问题上除了一致性,尚存在差异性,造成这种差异性的因素有哪些?官方的政令与实践的关系如何,等等,这些都是需要重新检讨的问题。本节试图对宋代朝廷、官员、士人对民众信仰的具体行为作一长时段分析,揭示三者在打击淫祀、推进文明问题上的复杂关系及其原因。

一、朝廷的政策:打击与封赐同行

赵宋建立后,采取了先南后北的统一策略,在乾德元年(963)至太平兴国四年(979)近二十年的时间内,相继攻灭荆南、后蜀、南汉、南唐、吴越、北汉等政权,结束了五代十国以来的割据局面。这些新占据的地区除了北汉,都是唐末以来实际上脱离中原王朝控制的南方地区,经济、文化、习俗上呈现出与中原不同的特征,四川、两湖、岭南地区这一问题尤其突出,朝廷在治理广大的西南地区上亦是费尽心思,这里面便包括改造旧习俗,推广中原文明。一方面要革除旧政权之弊政。平湖南,既有遣使祭南

---

[1] 如沈宗宪《国家祀典与左道妖异——宋代信仰与政治关系之研究》,第74—75页;刘黎明《论宋代的民间淫祠》,《四川大学学报》2004年第5期,第99—101页。
[2] 韩森《变迁之神》,第156—157页。
[3] 葛兆光《七世纪至十九世纪中国的知识、思想与信仰》(《中国思想史》第2卷),第364页。

第六章 正祀与淫祀——宋代祠神信仰的合法性研究

岳的象征性举动,更包括"免湖南茶税"、"免潭州诸县无名配敛"、听任士兵归农等措施。[1] 乾德三年(965)平蜀,立即下令免去"西川今年夏税及诸征之半,田不得耕者尽除之",百姓原来所欠高利贷也一律除去。[2] 去弊政、免赋税是除旧,向新占领地区百姓表达中原朝廷之恩德。另一方面,则是改造民众习俗中与传统道德、礼制相悖的部分。乾德四年五月十三日诏曰:

> 如闻西川诸色人移置内地者,仍习旧俗,有父母骨肉疾病多不省视医药。宜令逐处长吏常加觉察。仍下西川管内并晓谕禁止。[3]

随后,朝廷又下诏禁止百姓祖父母、父母在而子孙别籍异财的现象,认为此举"有伤化源,实玷名教"。[4] 对新归附地区的控制不仅包括政治上的,也有道德的统一与风俗的更改,在这背后蕴含的是中原文明对四周地区的控制和优越性。在民众信仰方面,这些新归附地区在文献中向来被认为是淫祀襖鬼,中原王朝对此除了文明等级观念上的批评之外,鲜见具体的改造行为。宋代的情况则不同,这些边远地区的民众信仰不断进入中原王朝的视野,打击改造的诏令不断颁布。起因似乎很偶然,雍熙二年(985),太宗在阅读邕管的方志时,发现邕、容、桂、管诸州的婚嫁丧葬制度"不循教义,有亏礼法",于是诏令地方官员关注当地的一些不合礼制的现象,如婚嫁丧葬衣服制度,杀人以祭鬼,病不求医药,及僧置妻孥等,让他们"多方化导,渐以治之,无宜峻法以致烦扰"。[5] 其中与淫祀相关者为杀人祭鬼与病不求医药,邕、容、桂、管诸州皆在岭南地区,太宗或许认识到这些习俗历史悠久,难以猝革,所以下令地方官员以教化的手

---

〔1〕《宋史》卷1《太祖本纪一》,第13—14页。
〔2〕《宋史》卷1《太祖本纪一》,第23—24页;《宋会要》刑法2之1,第6496页。
〔3〕《宋会要》刑法2之1,第6496页。
〔4〕《宋会要》刑法2之1、2,第6496页。
〔5〕此事《宋会要》刑法2之3、《宋史》卷5皆系于雍熙二年闰九月(第76页),《宋大诏令集》卷198《岭南长吏多方化导婚姻丧葬衣服制度杀人以祭鬼等诏》系于雍熙三年,误,宜从《宋会要》、《宋史》。

段循序渐进,而不可采取严厉措施加以禁止,以免地方动荡。

然而,朝廷的态度在五年之后发生了重要改变。淳化元年(990),奉使在外的著作佐郎罗处约路经峡州(治今湖北宜昌市),遇见当地一件杀人祭鬼的案子。长阳县某富人用十贯钱雇向祚、向收兄弟去采生(也就是杀人作牺牲以祭祀鬼神,乃巴峡地区的风俗)。事发后为乡民所告,向氏抵罪。这本是一桩地方性案件,由于罗处约抗疏上奏朝廷,案件背后的普遍性问题得到重视,朝廷下诏:"剑南、东西川、峡路、荆湖、岭南等处管内各州县戒吏谨捕之,犯者论死,募告者,以其家财畀之,吏敢匿而不闻者,加其罚。"[1]化导变成了严厉打击,州县的吏由于熟悉本地情况,承担了主要责任。此后,朝廷不断下达相关诏令,仅《宋会要》等文献中就保留了近二十道,数量之多,为打击诸类淫祠现象之最,涉及的地区集中在四川、两湖、岭南地区,有时也包括江浙、福建等地(见附录六)。

在不断打击杀人祭的同时,朝廷也下令禁止其他淫祠行为,主要包括以下几种情况:

一是信巫不信医。学者们已注意到宋代信巫不信医之风十分普遍,地不论南北城乡,人不论官民士商,都有迷信巫医之人,而官方禁断巫医的政策与朝廷、士人对医学态度的转变和认识的深入有关。[2]宋代朝廷的态度是明确的,比如天圣元年(1023)就应夏竦之请而下诏:

> 宜令江南东西、荆湖南北、广南东西、两浙、福建路转运司,遍行指挥辖下州府军监县镇:今后师巫以邪神为名,屏去病人衣食汤药,断绝亲识看承,若情涉于陷害,及意望于病苦者,并同谋之人,引用咒咀律条比类断遣;如别无憎疾者,从违制失决放;因致死者,奏取敕裁。如恣行邪法,不务悛改,及依前诱引良家男女传教妖法为弟子者,持科违制定断;其和同受诱之人,减等科罪;余并检会前后条法详

---

[1]《宋会要》刑法2之3、4,第6497页。
[2] 李小红《宋代"信巫不信医"问题探析》,《四川大学学报》2003年第6期,第106—112页。

第六章 正祀与淫祀——宋代祠神信仰的合法性研究

酌断遣;情理巨蠹,另无刑名科断者,即收禁,具案奏裁。仰粉壁晓示,仍半年一度举行约束,仍赐敕书褒谕。[1]

朝廷打击的对象似乎侧重在行为者巫觋身上,禁止他们使用法术替民众治病,如果向良家子弟传授法术,亦将受法律制裁。不过,巫与神祠二为一体,相互依存,此诏也有打击地方巫师兴起淫祠的用意,所以次年知高邮军(治今江苏高邮)禁断巫师所起张使者庙之后,也申请将此令行于淮南路,"依例止绝",获得批准。[2]但朝廷针对信巫不信医现象的诏令数量似乎并不多,现存的材料中北宋只有四道,南宋更只有一道,远比针对杀人祭鬼的诏令少,这在某种程度上反映朝廷对两种淫祠现象重视程度的差异,杀人祭所导致的死亡人数虽然不一定比信巫不信医多,但其引发的民众心理恐慌,与现行伦理道德观念、祭祀原则的冲突远比后者强烈。在医疗条件尚十分落后的情况下,巫医在大多数民众看来尚不失为一种比较合适的选择,这种现象通常只是发生地区性疾疫时才显得十分严重,而宋代建立的医疗救济措施相对缓解了巫医的危害。所以,南宋时期的材料中还有大量地方官打击巫医的事例,但朝廷的统一诏令则比较少见。

二是可能危及地方或朝廷统治的祠神信仰行为。这方面强调比较多的是祠赛社会,尤其是在赛会中使用兵器,既触犯了私藏兵器之禁,又违背朝廷关于民众集会的禁令,打击的力度很大,在第三章有专门讨论,此不赘。

三是信仰中敛财害民现象。此类问题由于定性十分困难,所以朝廷法令多只是针对具体事件而发,如仁宗时广南西路夏侯彧言:"潭州妖妄小民许应于街市求化,呼召鬼神,建立五瘟神庙,已令毁拆,收到材木六万三千余,修天庆观讫。乞下本州止绝禁。"五瘟神信仰可能影响

---

[1]《宋会要》礼20之12,第770页。
[2]《宋会要》礼20之12,第770页。

到地方秩序,引起官方注意者却是信众在街市上捐集钱物,结果遭到禁止,地方官员更申请朝廷批准,在潭州(治今湖南长沙)地区禁止类似信仰行为。[1]两年后,福建转运使奏报南剑州(治今福建南平)百姓饶曾"托言鬼神,恐赫民财",已由地方官府处死,请求朝廷下令:"今后有犯者,许人告捕鞫罪,籍没家财。本县官不时觉察,即与冲替。"[2]南宋时亦有禁止"立社首以衰掠民财,假巫祝以诳惑庶众,兴妖祠以张皇祸福"的诏令,[3]朝廷的用意或许有地方社会秩序方面的考虑,但民众信仰中敛财害民的现象始终是他们打击相关行为的重要原因之一。

除了以上三点,能够引起朝廷注意,并下令打击的淫祀行为还有直接涉及伦理道德行为,或庙貌不正等问题。比如,北宋末年,徽宗大兴道教,民众信仰为谋求合法性,同时祭祀民间神灵与道教的三清,仪式祭品亦二者相杂,地方官发现之后上报朝廷,引发大规模的清理。民众集会中男女混淆的现象,也不断引起地方官和朝廷的重视,并下令禁止。[4]不过这些诏令往往针对某一地区的特定现象,影响相对有限。

朝廷对不同种类的淫祀行为采取的措施不同,打击的严厉程度也有很大差异。对杀人祭的处置一直很严厉,采生者要被处死,而信巫不信医现象中原则上附近民众隐瞒不报者也要受到相应处罚。[5]熟悉地方社会的下层官吏承担了侦破的主要责任,如淳化元年(990)诏书中的县"吏",南宋初又有官员提议加大巡尉的赏罚力度,"巡尉如一任之内纠察采生七人以上,依获强盗法,特与推赏。失于纠察因事发觉,巡尉坐失强盗之罪",这类由地方亲民官提出的建议充分考虑到民众信仰的特性,得

---

[1]《宋会要》礼20之12,第770页。《夷坚志》三补中也谈到长沙五月迎瘟神的风俗,社首与一些"恶少年"持疏诣人家衰钱给费,见《夷坚志》,第1808—1809页。
[2]《宋会要》刑法2之22,第6506页。
[3]《宋会要》刑法2之125,第6557页。
[4]《宋会要》刑法2之71,第6531页。
[5]《宋会要》刑法2之67云:"政和七年(1117)六月二十五日前提点江南东路刑狱周邦式奏:江南风俗,循楚人好巫之习。闾巷之民,一有疾病,屏去医官,惟巫觋之信。亲戚邻里,畏而不相往来,甚者至于家人犹远之而弗顾。食饮不时,坐以致毙。乞立法责邻保纠告。隐蔽而不言者坐之。诏令监司守令禁止。"第6529页。

第六章　正祀与淫祀——宋代祠神信仰的合法性研究

到朝廷的认可。[1] 有的则只是将庙宇拆毁,供奉的师巫改业,如政和元年(1111)开封府奉朝廷之令打击淫祀除了将一千三百余处庙像合并外,废止了三座淫祠;宁宗时为了打击楚地的淫祀之风,当政者设计了一条釜底抽薪式的方案,"取其为巫者,并勒令易业,不帅者与传习妖教同科,庶几此俗渐革"。[2] 如前所述,民众祠神信仰主要包括信仰者、信仰对象、仪式行为三方面,朝廷、官员、士人将祠神信仰定性为淫祀多根据仪式行为,从仪式行为产生的社会效果来判断其是否为淫祀,打击时虽然也常会涉及信仰对象,但更关注的是信仰者,建立庙宇、支持仪式的巫觋是朝廷打击淫祀的主要对象,社会其他群体参与或组织民众祠神信仰活动如果被视为淫祀,虽然未必毁去庙宇,亦可能受到处罚,这点在打击某些类型的祠赛社会时特别突出。《庆元条法事类》有不少处置祠赛社会的"杂敕",这些法律条文几乎都只规定了"造意及首领人"、"教愿及为首人"以及相关人员的处罚,从未提及赛会所围绕的中心祠神和庙宇。[3] 只有极少数诏令是直接针对信仰对象的,例如士兵因圣水灵应在军营中兴起庙宇,可能就会被视为淫祀,由太仆寺毁拆,为首者徒一年,其上级将校不禁止者同罪。[4] 不过,信仰者、信仰对象与仪式行为同时又是三位一体的,有时特定的信仰对象即与特定的仪式、信众相关,这在杀人祭问题上最为突出。大中祥符三年(1010)二月二十五日朝廷"禁荆南界杀祭稜腾神"。[5] 此神在南宋的笔记小说中仍是杀人祭的代名词,《夷坚志》专列"湖北稜睁神"一目,云:"杀人祭祀之奸,湖北最甚,其鬼名具稜睁神。"洪迈还通过具体事例对稜睁神信仰的观念、祭品场所作了详细介绍,最后说:"今湖北鬼区,官司尽已除荡,不容有庙食。"[6] 朝廷在此前不久曾下

---

[1]　《宋会要》刑法 2 之 152,第 6571 页;又,绍兴二十三年(1153)孙祖寿的建议也是"戒饬监司,州县之吏,治之纵之,明示赏罚,增入考课令格。加之乡保连坐,诰诫禁止,期于革心",获朝廷批准。见《宋会要》礼 20 之 14,第 771 页。
[2]　《宋会要》刑法 2 之 129、130,第 6560 页。
[3]　谢深甫《庆元条法事类》卷 52,第 4、5 页;卷 80《杂敕》,第 25 页。
[4]　此为绍圣四年(1097)、五年之事,见《宋会要》礼 20 之 13,第 771 页。
[5]　《宋会要》刑法 2 之 10,第 6500 页。
[6]　洪迈说的"稜睁神"就是《宋会要》中所说的"稜腾神",音同字异耳。见《夷坚志》三志壬卷 4,第 1497—1498 页。

令打击楚地的杀人祭,措施之一为勒令师巫易业,另一方面应该就是毁去杀人祭的对象。[1] 绍兴十六年(1146)打击淫祀虽然针对的是信巫不信医,同时也可能要求拆毁与之相关的祀典外神祠。[2]

那么,朝廷为什么要打击淫祀呢？先来看看朝廷和一些官员们的说法。太宗要求地方官员纠正岭南杀人祭鬼习俗,是因为"岭峤之外,封域且殊。盖久隔于华风,乃染成于污俗。朕常览传记,备知其土风,饮食男女之仪,婚姻丧葬之制,不循教义,有亏礼法"。[3] 中原的风俗、礼义教化与所谓的"污俗"形成对比,要用前者去改造岭峤的习俗。真宗打击商州邪神之祭的诏书则说：

> 隆平之政,实贵于防邪,聪真之神,不歆于非类。是以前圣立教,明王守邦,具有宪章,绝其淫祀。朕纂承基绪,抚育苍黔。伸孝飨于宗祊,奉禋燔于天地,一则以归功根本,一则以祈福兆祥,所期寰宇毕登仁寿。而小民寡识,鄙俗易讹。如闻金、商等州,颇有邪神之祭,或缘妖妄,取害生灵。达于予闻,良用矜轸。宜令所在严禁绝之。如复造作休祥,假托祭祀惑众,所犯头首及蒙强者并处死,余决讫黥面,配远恶处牢城。[4]

金(治今陕西安康)、商(治今陕西商县)二州分属永兴军路和京西南路,都在陕南地区,禁绝这些地区的邪神之祭,表面是该信仰有"取害生灵"的嫌疑,究其实质则是"造作休祥,假托祭祀惑众",有人假借祠神信仰制造谣言,鼓动百姓,危及现存政权,所以诏书中要特别强调朝廷对于

---

[1] 《夷坚志》三志壬序,言撰作时间为庆元四年(1198)九月初六日,而同年五月朝廷听从臣僚之请打击楚地杀人祭。见《夷坚志》,第1467页；《宋会要》刑法2之129、130,第771页。
[2] 《宋会要》刑法2之152,第6571页。这件事我在前节讨论过,祀典之外毁拆只是泛指,非实指,其起因在信巫不信医,拆毁的是有这一嫌疑的由巫觋奉祀的不在祀典的祠庙,打击的侧重点还是仪式行为及其主体。
[3] 《宋会要》刑法2之3,第6497页。
[4] 《宋会要》礼20之10,第769页。

第六章　正祀与淫祀——宋代祠神信仰的合法性研究

神灵祭祀权力的垄断性和正当性。[1]仁宗天圣元年(1023)夏竦提出打击江南地区淫祠,在奏状中劈头便大谈"左道乱俗,妖言惑众,在昔之法,皆杀无赦。盖以奸臣逆节,狂贼潜窥,多假鬼神摇动耳目。汉之张角,晋之孙恩,偶失防闲,遂至屯聚。国家宜有严制,以肃多方"。巫师通过祠神信仰在地方社会有很强的影响力,"浸淫既久,积习为常,民被非辜,了不为讶,奉之愈谨,信之益深。从其言甚于典章,畏其威重于官吏"。[2]夏竦在奏状中当然也要提巫觋禁止百姓有病求医用药,窥伺病人钱财等问题,但最严重的还是担心巫师们通过神权控制地方,成为与地方官府相抗衡的一股力量,随时可能引发现实的政治危机。

打击巫觋和淫祀,目的在恢复朝廷和地方官府兼理民、神的传统。宋代朝廷大范围打击地方淫祀的起因或许各不相同,但其根本考虑都与国家与巫祝争夺神灵祭祀的垄断有关。巫祝利用祠神信仰影响民众,进而对地方社会事务发生作用,而朝廷和各级地方官府也需要通过现实政治制度,包括礼制实现对地方社会、广大民众的控制,二者在某些时候固然可以相互支持,如国家神道设教时,巫祝是落实的工具,但巫祝也可能偷梁换柱,最严重的结局是巫祝或地方有力人士利用祠神信仰反抗现存政权,为了防患未然,朝廷当然要打击巫祝对信众的控制。[3]

从朝廷打击淫祀的地理空间分布来看,那些"久隔华风"的边远地区不断被提起,受到前所未有的关注。如果说北宋初期打击这些新控制地区的淫祀之风还带有显示中原文明优越性的用意,那么,后来朝廷不断下

---

〔1〕　然而,细绎前后史料,天禧三年(1019)禁金商等邪神之祭的诏令的主因恐怕不是缘自祠神信仰,而是此前兴起于西京洛阳的乌帽谣言,《宋史》卷66云:"天禧二年五月,西京讹言,有物如乌帽,夜飞入人家,又变为犬狼状,人民多恐骇,每夕重闭深处,至持兵器驱逐者。六月乙巳,传之京师,云能食人,里巷聚族,环坐中谯达曙,军营中尤甚,而实无状,意其妖人所为。有诏严捕得数辈,询之皆非。"《续资治通鉴长编》卷92,"天禧二年七月辛未"条谈到王宗嗣代受一事,原因即王氏"知陕州时帽妖兴自西京,嗣宗不得察"。分见《宋史》卷66《五行四》,第1449页;李焘《续资治通鉴长编》卷92,第2119页。关于讹言的研究可参吕宗力《汉代的流言与讹言》一文,他在文章中也谈到戏语、流言、讹言与俗神信仰的关系,吕著载《历史研究》2003年第2期,第14—31页。
〔2〕　《宋会要》礼20之11,第770页。
〔3〕　宋代一直很注意利用民间巫祝贯彻官方意图,《政和五礼新仪》颁布之后,也曾让这些人到官府向礼生学习,推广新仪,见《宋会要》刑法2之73,第6532页。

令禁止四川、两湖、岭南等地的杀人祭、信巫不信医等现象,则更多的是出于文明推广的目的。随着朝廷对这些地区控制加强,对其认识不断深入,政治控制之后的文明推进力度也不断增强,正如北宋末一位官员在上奏中指出的,打击二广淫祀的目的就是要实现"一道德,同风俗"。[1]其实,仅从朝廷所颁发相关诏令数量上也可以看出这一问题。南宋禁止杀人祭的诏令明显多于北宋,这点常用来说明这种现象的屡禁不止。但如果换个角度,它们或许更反映了南宋政治、文化中心南移后对这些地区的控制和开发程度的增强,由此杀人祭等淫祀现象与朝廷礼制、伦理道德的冲突也变得异常突出。而南渡后的朝廷面临北方少数民族政权强大压力,迫切需要增强对内部的控制,改变边远地区的风气,打击杀人祭等淫祀行为,既有现实政治层面的考虑,也应该有增强文明的同一性,向北方政权标榜文化优越性的用意。

当然,打击淫祀仅是朝廷控制地方信仰的手段之一,与此同行的是将一些地方神祠纳入祀典或赐予封号、庙额。提倡正祀,打压淫祀,二者相辅相成。但是,由于打压淫祀主要是从祠神信仰的行为和主体考虑,而提倡正祀则以信仰的对象为中心,两种手段都有多种层面的意义,前者的用意既在朝廷、官方对神灵祭祀权的垄断,也有民众实际生活、文明推广以及地方秩序等方面的考虑。赐封制度不仅表明朝廷是祠神信仰合法性的最终来源,也成为加强地方社会控制重要手段。我在前面谈到正祀与淫祀之间存在一个广阔的中间地带,朝廷的政策对于这类祠神信仰只是导向性的,仅从《宋会要》所保存的封赐情况来看,封赐的数量与打击淫祀的政策之间不存在必然联系,[2]只有一部分祠神纳入官方视野被打击或封赐,大部分民众神祠在官方视野之外为民众所供奉,整个民众祠神则处于一种动态的平衡,这也是宋代民众祠神信仰存在的真实情况。

---

[1] 《宋会要》刑法2之64,第6527页。
[2] 从附录六也可以看到,朝廷封赐与打击淫祀的诏令可以同时颁布,学者统计的祠神封赐数量与朝廷打击淫祀的态度之间也无必然联系。

第六章 正祀与淫祀——宋代祠神信仰的合法性研究

二、地方官打击淫祀

与朝廷打击淫祀的诏令相比,地方官员的相关行为显得具体而实在,特定的地区,固定的打击对象,具体的效果,在文献中通常都有比较明确的记载。比如北宋中期夏竦在洪州打击淫祀,将本州师巫一千九百余户勒令改业归农,或攻习针灸方脉,收缴师巫器物包括"妖妄神像符箓神衫神杖魂巾魂帽钟角刀笏纱罗等一万一千余事"。[1] 陈希亮为雩县令(今江西于都)"毁淫祠数百区,勒巫为农者七十余家"。[2] 黄莘知湖州归安县(治今湖州),"女巫游仙夫人者,诳惑寓公,达于官府。公判其牒云:'信巫不信医,此愚俗之病,衣冠右族,岂宜沦胥。淫祠不毁,蠹民益甚。'乃杖其人,而尽取其土木偶投洪流中。及其它挟邪术惑民听者,一切荡刷无遗类,巫风遂息。"[3] 将文献中的相关记载汇聚一处,并按时间顺序加以排列(见附录六),可以发现宋代地方官员打击淫祀的一些基本特点。

先来看被取缔、打击的淫祀现象,这反映了亲民官对地方祠神信仰关注的重心。提起次数最多的是信巫不信医。地方官通常认为百姓信巫不信医的根源在巫觋的操纵,这种操纵不仅体现在信仰上,也包括禁止百姓寻医问药,所以地方官打击信巫不信医的淫祀现象时多针对巫祝。首先要打击巫觋在地方社会的威信,李惟清在宋初任夔路涪陵县(今四川涪陵)尉,"民尚淫祀,疾病不疗治,听命于巫。惟清始至,禽大巫笞之,民以为必及祸,他日又加箠焉,民知不神"。[4] 江东路饶州安仁县(治今江西鹰潭西北)习俗好巫,百姓患病,宁死不服药,蒋静于北宋末为县令,"悉论巫罪",毁县内淫祠三百余所。[5] 杨炜任官黄岩(今浙江黄岩),"俗尚鬼,一老巫县人尊事之,人有疾病,禁绝医药,惟巫之听",此老巫在地方

---

[1]《宋会要》礼20 之11、12,第770 页。
[2]《宋史》卷298《陈希亮传》,第9918 页。
[3] 袁燮《絜斋集》卷14《秘阁修撰黄公行状》,《四库全书》,第1157 册,第192 页。
[4] 李焘《续资治通鉴长编》卷24,太平兴国八年(983)十二月末,第567 页。《宋史》卷267《李惟清传》,第9216 页。
[5]《宋史》卷356《蒋静传》,第11211 页;并见《夷坚志》甲志卷1,"柳将军"条,第2 页。

社会有很大影响力,但杨炜对之不加理睬,"笞之"以示惩戒。[1] 张子智知常州,民众受制于巫,病疫皆祷于瘟神,张毁庙杖巫出境。[2] 打击巫觋是为了确立官方在医疗事务、观念上的权威,与之相伴的通常是官府为民众提供医药、医方,并向他们传播信医的观念。范旻为了打击邕州(治今广西南宁)好淫祀,轻医药之俗,一方面禁止淫祀鬼神信仰,另一方面"割己俸市药以给病者,复以方书刻厅壁",用自己的俸禄购买药材给患病的民众,还将医方刻于厅壁。[3] 侯可知巴州化成县(治今四川巴中),俗尚鬼而废医,惟巫言是听,即便是父母有疾,皆弃去弗视。"先生诲以义理,严其禁戒,或亲至病家,为视医药。"[4] 吴芾任江南西路安抚使,正逢疾疫,巫觋乘机迷惑百姓,禁断医药,死亡者甚多,"公命县赏禁绝,集群医分并治疗"。[5] 由于宋代普通民众遇有疾病,通常是医、巫、佛三者并行,甚至士人也不例外,[6] 地方官要扭转地方百姓信巫不信医的习俗,仅靠官府的力量建立新的医疗体系,很难改变民众的医疗观念,有时还要利用巫觋在地方社会的威信,令其改业习医,协助地方官府救助疫疾患者。夏竦打击洪州淫祠,措施之一即是勒令州内师巫一千九百余户改业归农或者攻习针灸方脉。[7] 蕲州(治今湖北蕲春)民众右鬼,有病用巫,不用药,赵温瑜"为教诸巫,使习诊病,又择经方,揭石于街肆,由是人知用药,稍革旧俗"。[8] 刘彝知虔州(治今江西赣州),民患疫疾,不知疾病起因,"信巫祈鬼",于是召集医师,作《正俗方》,"尽籍管下巫师,得三千七百余人,勒之,各授方一本,以医药为业"。[9]

---

〔1〕 孙觌《鸿庆居士集》卷41《右从政郎台州黄岩县令杨元光墓表》,《四库全书》,第1135册,第453页。
〔2〕 洪迈《夷坚志》支戊卷3,"张子智毁庙"条,第1074—1075页。
〔3〕 《宋史》卷249《范旻传》,第8796—8797页。
〔4〕 《程氏文集》卷4《华阴侯先生墓志铭》,《二程集》,第504页。
〔5〕 朱熹《朱文公文集》卷88《龙图阁直学士吴公神道碑》,第14页。
〔6〕 陈元朋《两宋的"尚医士人"与"儒医"》,台北:台湾大学出版委员会,1997年,第81—85页。
〔7〕 《宋会要》礼20之11,第770页。
〔8〕 苏颂《苏魏公文集》卷58《朝散大夫累赠户部侍郎赵公墓志铭》,第884页。
〔9〕 曾敏行《独醒杂志》卷3,《宋元笔记小说大观》,第3229—3230页;《宋史》卷334《刘彝传》,第10729页;《直斋书录解题》著录《正俗方》一卷,云"知虔州长乐刘彝执中撰,以虔俗信巫,无医药,集此方以教之"。见卷13,第388页。

第六章 正祀与淫祀——宋代祠神信仰的合法性研究

杀人祭鬼、祠赛社会等问题也是地方官员特别重视的淫祀现象。前面我谈到朝廷对这些淫祠现象的打压政策,实际上引起朝廷关注这些问题的通常是一些地方亲民官,他们对任地内的杀人祭或祠赛社会中出现的地方治安问题往往持批评态度。对杀人祭的态度地方官比较一致,此类淫祠现象在宋代虽然累禁不止,但其对民众危害甚大,主谋者有时越境千里购买或谋害他人去祭神,甚至异姓至亲也不顾,[1]直接触犯刑律,亦有违道德伦理。地方官府虽然有按例打击与积极打击之分,但只要发现通常要处置当事人,所奉之神祠也需禁毁。归州(治今湖北秭归)有淫祠曰巴王,每岁年终杀人以祭,赵诚"毁祠投像于江"。[2] 荆湖南北杀人祭鬼之风甚盛,王回在荆、沔任官,"捕治甚严"。[3] 常德府湖阴地方有妖祠,用人作牺牲,踪迹诡秘,鲍醇父因审阅其他案件见有横死者,怀疑是祭鬼,"即命审核覈,伏其辜,焚祠毁像,由是讫息"。[4] 江坝知荆湖南路武冈军,该地有杀人祭鬼之习,坝"焚祠毁像,籍巫祝之资以犒军"。[5] 不过文献中保存的打击杀人祭的资料远不如打击信巫不信医现象的多,甚至不如朝廷方面的禁令多。这可能是打击杀人祭已成为地方官员的共识,所以无需特殊表彰,且处理此类淫祠现象多从谋害人命的角度考虑,动机方面倒在其次了。而朝廷一再提起杀人祭则与有宋中原文明不断向中南、西南地区纵深推进有关,落实到这些地区的地方官员,只有打击力度方面的差别,很少可能出现是否需要打击的歧异。而打击信巫不信医现象的材料虽然多,但表彰本身或许说明了差异性的态度,地方官府往往是在疫病流行对这类现象采取严厉措施。洪州的巫师成为官府打击对象或许地方长官夏竦本人的观念有关,但其直接原因则是当时洪州正好流行疫病。[6] 张子智在常州打击淫祀,起因也是疾疫流行:

---

[1] 《宋会要》礼20之14,第771页。
[2] 《宋史翼》卷18《赵诚传》,第187页。
[3] 《宋史》卷345《王回传》,第10959页。
[4] 真德秀《西山先生真文忠公文集》卷46《朝散大夫知常德府鲍公墓志铭》,第26页。
[5] 魏了翁《鹤山先生大全集》卷83《知南平军清江君(坝)墓志铭》,第2页。
[6] 《宋会要》礼20之12,第770页。

张子智(贵谟)知常州。庆元乙卯春夏间,疫气大作,民病者十室而九。张多治善药,分诸坊曲散给,而求者绝少,颇以为疑。询于郡士,皆云:此邦东岳行宫后有一殿,士人奉祀瘟神,四巫执其柄。凡有疾者必使来致祷,戒令不得服药,故虽府中给施而不敢请。张心殊不平。他日,至岳祠奠谒,户庭悄悄,香火寥落。问瘟庙所在,从吏谓必加瞻敬,命炷香设褥。张悉撤去。时老弱妇女,祈赛阗咽,见使君来,争丛绕环视。张指其中像衮冕者,问为何神,巫对曰:太岁灵君也。又指左右数躯,或擎足,或怒目,或戟手,曰:此何佛,曰:瘟司神也。张曰:人神一也,贵贱高卑,当有礼度。今既以太岁为尊,冠冕正坐而侍其侧者,顾失礼如此,于义安在?即拘四巫还府,而选二十健卒,饮以酒,使往击碎诸像,以供器分诸刹。时荐福寺被焚之后,未有佛殿,乃拆屋付僧,使营之。扫空其处,杖巫而出诸境。茕茕之民,意张且贻奇谴,然民病益瘳,习俗稍革。未终,更召入为吏部郎中。[1]

此类事例甚多,无需多举,这说明地方官员打击信巫不信医的淫祀现象带有很大的偶然性,或许我们更需要关注的是张子智任期之前或者之后的情况,此时官方的医疗措施是否仍然有效,民众疾病求巫是否仍然存在?正如一些学者所云,宋代民间"卫生资源"尚十分短缺,民众面对疾病所采取的疗病行为不外乎"信巫不信医"、"信医而斥巫"与"巫医并用"三种,巫师在民众治病医疗方面扮演的角色不一定就不如医师重要。[2] 巫师们对民众医疗的垄断或危害在平时难很显现,只有在出现地方性疫病时才比较突出,也只有这时部分地方官员利用官府资源以赈济

---

[1] 洪迈《夷坚志》支戊卷3,"张子智毁庙"条,第1074页。
[2] 陈注意到宋代民间"卫生资源"(主要是医药)并不完善,庸医充斥,药物短缺等情况都使得士人采取自身学习医学知识的对策。但对于缺乏知识、经济力量的普通民众而言,更为实际的选择仍是巫医并用,甚至以巫为主。陈元朋《两宋的"尚医士人"与"儒医"》,台北:台湾大学出版委员会,1997年,第81—99页。关于宋代地方医疗资源的情况,另可参梁其姿《宋元明的地方医疗资源初探》,载张国刚主编《中国社会历史评论》第3卷,北京:中华书局,2001年,第219—237页。

第六章 正祀与淫祀——宋代祠神信仰的合法性研究

辅助手段的形式介入地方医疗,信巫不信医问题才会暴露出来。

在打击淫祀的具体措施上,宋代地方官员延续了以前的做法,既利用朝廷律法打压与改造巫师,拆毁淫祠,同时也有一些值得注意的新举措。

一是地方官员打击淫祀不仅靠官府的力量、朝廷的法律,许多官员还运用法术来打击淫祀,《夷坚志》中有不少这样的事例。[1]绍兴初钱锐为宣州南陵县令,该县旧有蜂王祠,不知起因,但由于巫祝的蛊惑,"里俗奉事甚谨。既立庙,又崇饰龛堂贮之,遇时节嬉游,必迎以出"。钱锐上任后,吏民因祈雨请求他向蜂王祠祈祷。钱锐听从吏民的请求,但在祈祷过程中发现蜂王祠为怪妄之祀,并将之焚毁,其原因在钱"素习天心正法"。[2]再如杨仲弓,由于他习行天心法,视人颜色,则知其有祟与否,乾道中为道州录事参军,在市中见小胥便知其为邪鬼所惑,立即行法考讯,遣吏遍访群祠,发现是城北淫祀唐四娘庙侍女所为,"诵咒举火焚厥躯,胥得无恙"。[3]

二是打击淫祀常常与建立正祀并行。蒋堂知越州(治今浙江绍兴),"俗信奸巫,奉淫鬼。境内所祀非旧典者,皆剪治之。取其像,弃湖中,材瓦悉送官。初骇以为蔑神,公乃尊禹祀、新马侯故祠,岁时斋荐之。民靡然而趋正享,知淫祠之无福焉"。[4]南宋一些理学官员或受其影响的地方官表现得更突出,张栻所任之处毁淫祠数百区,同时大力尊奉社稷、山川、先贤之祠,甚至地方祀典原来所无者,"亦以义起",也就是依"理"兴建,比如他在静江军(治今广西桂林)建立尧庙即是如此。[5]淳祐七年(1247)陈辇措置邕、宜、融三州事,"湖湘之俗,信巫尚鬼,如庆历之黄捉

---

[1] Judith Magee Boltz,"Not by the Seal of Office Alone: New Weapons in Battles with the Supernatural", in Ebrey and Gregory, eds., *Religion and Society in T'ang and Sung in China*, pp. 241-305;不过,韩明士对此持否定意见,参见 Robert Hymes, *Way and Byway: Taoism, Local Religion, and Models of Divinity in Sung and Modern China*, pp. 189-195.
[2] 洪迈《夷坚志》支乙卷5,"南陵蜂王"条,第830页。
[3] 洪迈《夷坚志》支甲卷5,"唐四娘侍女"条,第745页。
[4] 胡宿《文恭集》卷39《宋故朝散大夫尚书礼部侍郎蒋公神道碑》,《四库全书》,第1088册,第955—956页。
[5] 朱熹《朱文公文集》卷89《右文殿修撰张公神道碑》,第9页;卷88《静江府虞帝庙碑》,第1、2页。

鬼,南渡之钟相,皆始于造妖惑众。遂严为禁防,毁郡县淫祠,修崇南岳祠、炎帝陵庙、屈大夫、贾太傅祠,由是楚俗一变"。[1]黄震在任所常批评地方信仰不合礼制,曾针对广德祠山社会等地方信仰问题提出过很严厉的措施。他颁布的榜文中,有两则是打击地方淫祀,主张正祀的,劝导民众不要敬邪神,而要敬日月星辰风雷雨露,也就是敬天。[2]南宋中后期,在一些理学家的主导下,许多地方官开始恢复传统社稷、山川祭祀,也包括儒家先贤祠,这属于理学发展过程中重建程序的重要组成部分之一,打击与提倡一反一正,相互依存。

三是一些地方官员将打击淫祀与兴学结合起来。魏野的一句诗说得很明白,"淫祠随处毁,学校逐乡修",[3]这是许多地方官的共通做法。例如仁宗时吕希道在解州(治今山西运城西)、李公济在饶州余干县(治今江西余干)、李尧愈在宋城县(治今河南商丘)、种世衡在武功县(治今陕西武功西),都有毁淫祠、用其材兴建夫子庙或兴学的举动(详见附录六)。在讨论正祀与淫祀观时,我们曾指出朝廷、官员、士人批评淫祀不仅在于其危害民众生命安全,危及现存政权等因素,也因它与官方意识形态中的道德伦理准则、习俗相违背。在朝廷和官员看来,神道的主要功能在于"设教",亦即教化,[4]淫祠乃不合法的神道,其主要问题之一便是有害教化,而儒家教育的重要功能之一正是教化,于是便有毁淫祠、兴学校,此消彼长,透露出传统社会民众祠神信仰的定位问题。在统治者或主流群体、观念中,民众祠神信仰更多地被视为教化的工具,而不是现代宗教学上的信仰。

四是地方官在打击淫祀过程中利用榜谕、粉壁等方式将官方政策、观

---

〔1〕 刘克庄《后村先生大全集》卷146《忠肃陈观文神道碑》,第17页。
〔2〕 黄震《黄氏日钞》卷78《咸淳八年正旦晓谕敬天说》、《咸淳九年正旦再谕敬天说》,《四库全书》,第708册,第806—808页。
〔3〕 魏野《东观集》卷4《上解梁潘学士十韵》,《四库全书》,第1087册,第367页。
〔4〕 据说真宗封禅的前奏"天书下降"便出于王钦若的劝说,而王氏的说辞之一即是君主可以制造瑞应,条件是人主深信崇奉,明示天下,并且说河图、洛书也只不过是圣人神道设教,所以后来吕中说"天书之降,成于钦若'神道设教'之一语"。见李焘《续资治通鉴长编》卷67,"景德四年十一月庚辰"条,第1506页;《宋大事记讲义》卷6《天书降》,《四库全书》,第686册,第239页。

第六章 正祀与淫祀——宋代祠神信仰的合法性研究

念传达给民众,改造地方信仰,这方面在南宋显得尤其突出。[1]且不说南宋地方官发布的劝农、劝民榜文通常会有禁淫祀方面的内容,有时他们还要将打击淫祀的命令以榜谕、粉壁的形式公之于众,以期取得更大的效果。比如前面提到的黄震禁止僧俗人众集会划船的榜文,便有此意。[2]

三、在朝廷与地方官之间

在打击淫祀问题上,地方官员与朝廷一致之处主要体现在二者的关注点、打击重心、目的等方面。朝廷打击淫祀的决定往往源自个别地方官员的倡议,地方性事件常化为普遍性问题,引发较大范围类似淫祠行为的禁止。天禧五年(1021)八月七日河东路提点刑狱朱正辞反映的只是河阳怀泽州祠赛社会中出现的问题,结果却是全国性的诏令:"神社枪旗等严行钤辖,如有违犯,内头首取敕裁,及许陈告。"[3]而天圣元年遍及江南东西、荆湖南北、广南东西、两浙、福建路转运司属下州府军监县镇的禁令也只是因夏竦在洪州打击淫祀而起。[4]朝廷的禁令具体执行情况如何大部分都未记载,但可以肯定,朝廷打击淫祀的诏令同其他诏令一样,可以下达到地方,甚至影响到地方士绅。《鸿庆居士集》中有一位温州乐清县(治今浙江乐清)的地方士人刘珪的墓表,墓表中言当地风俗为"喜奉佛僧,信禨祥,至诱男女昏夜聚为妖。有司严赏捕,莫能禁。人有疾病,巫史入门,屏医却药,断除酒肉,一听于神,不敢有触"。刘珪是一位完全没有官品的地方士人,"赋士农工商四诗以卫名教,而著君臣父子兄弟夫妇之所当为者。一日,朝廷下诏令饬州县毁淫祠,君读诏欣踊,讽诵累数月,犹不去口"。[5]墓表没有说朝廷的诏令对乐清官府、地方士人改造地方信仰的行动有何影响,但地方士人能及时知道朝廷打击淫祀的政策则是毫无疑问的。

---

[1] 可参皮庆生《两宋政府与印刷术关系初探》,《文史》2001年第3辑;高柯立《宋代粉壁考述——以官府诏令的传布为中心》,《文史》2004年第1期。
[2] 黄震《黄氏日钞》卷78《烧划船公帖》,《四库全书》,第708册,第808页。
[3] 《宋会要》刑法2之16,第6503页。
[4] 《宋会要》礼20之12,第770页。
[5] 孙觌《鸿庆居士集》卷41《宋故刘府君墓表》,《四库全书》,第1135册,第451页。

由于朝廷与地方有各自的利益,二者在打击淫祀方面并非完全重合。朝廷的诏令可以支持地方官打击本地淫祠,但后者的行为未必都与具体的诏令有直接关联。天圣三年(1025),淮南路高邮军以"扇惑人民"的名义禁断巫师建立的张使者庙,共拆除十处祠宇,庙宇的材木钱物收归地方官府使用。事后淮南江浙荆湖发运司又向朝廷上奏,请求朝廷将天圣元年打击淫祀诏令的使用范围扩大到本路。可见地方州军可依据国家律法自行处理个别的非法祠神信仰,但如果要大规模打击淫祀,则得有具体的朝廷诏令为依据。[1]嘉泰初,湖州出现起伤神之风,[2]这是触犯刑律的行为,但当地官员还是要上奏朝廷,"乞行下所属,应淫祠不载祀典者,尽行毁拆,勿令再造。凡有杀人而自经者,以法戮尸。其父母兄弟妻孥不即谏止,与夫已杀人而逼令自经,祠之以庙者,次第坐罪,徒之远方"。当然,这一申请获得批准。[3]万州(治今重庆万州区)知州赵师㠊要大规模打击当地杀人祭之风,也是向朝廷申请,"乞行下本路,先禁师巫,俾之改业。严结保伍,断绝禁咒及祭鬼器用,庶几拔本塞源,不致滋长"。结果,朝廷下诏本路提刑"严切禁止,务要尽绝,如有违犯,重作施行"。[4]这些都涉及州、路一级范围的打击淫祀行为,但附录六所列地方官打击淫祀事例属于这种情形的并不多,大部分倒是因偶然性事件而起,地方官员个人的观念起了很大作用,朝廷打击淫祀的政策只不过为他们的做法提供了法律背景。

地方官对朝廷的诏令雷厉风行者容或有之,但更多的可能是应付差事。理学家朱熹的态度很能说明问题。总的来说,理学家对淫祀的态度比普通士大夫要严厉一些,朱熹也说过作州郡须去淫祠之类的话。不过他回新安老家,虽未拜谒当地的五通神,却也没有严厉的批评。绍兴中他任同安主簿,"泉州妖巫惑民,新立庙貌,海舡运土石,及远来施财,遭风

---

〔1〕《宋会要》礼20之12,第770页。
〔2〕 所谓伤神,便是民众误以为杀人而死,可得为神,于是遇有杀人者,亲人与乡党邻里便逼其自杀,然后为之立庙祭祀。
〔3〕《宋会要》刑法2之131、132,第6561页。
〔4〕《宋会要》刑法2之133,第6562页。

第六章　正祀与淫祀——宋代祠神信仰的合法性研究

覆舟相继而不悟"。朱熹也曾望见此庙十分壮丽，但因"寻常不喜入神庙，不及往观，凡此皆是愚而无知者之所为耳"。[1]此时正在朝廷颁布禁淫祀令后不久，朱子对此庙未采取任何措施。此祠无论从朝廷诏令还是朱熹的观念而言都应该属于淫祀之列，朱熹以"不喜入神庙，不及往观"为托辞将之轻轻放过，反映了地方官府处理此类问题的基本态度：民不举则官不究。只要不产生太大危害，地方官员对地方信仰中的淫祀往往是网开一面，很少如同朝廷诏令那样说得斩钉截铁，"不系祀典，日下毁去"。[2]

影响地方官贯彻朝廷旨意的还有利益方面的原因，前面我们讨论祠赛社会时曾说过朝廷与地方对这个问题的态度不同，朝廷更多地关注民众宗教集会中可能直接或间接瓦解现有权力秩序的举动，夸大集会的政治意义，迎神仪仗越制、枷囚、兵器都是十分严重的问题，朝廷的禁令中对之处罚极重，而大部分地方官员则持更为现实的理性态度，只要不对地方社会秩序产生直接危害，损害本地民生，皆可从宽，有时地方官甚至因本地利益而支持当地的民众宗教集会，与朝廷法令相抵触也不予理睬。

第三节　打压与提升——民众祠神信仰的命运与文明的推广

在宋代，一个民众祠祀的命运大概不外乎三种：进入祀典或者获得封赐，成为正祀；被官方指斥为"淫祀"，并被打击禁毁；徘徊在正祀与淫祀之间，它们与现实政权、法律制度、伦理道德之间可能存在摩擦，但尚不足以导致地方官府或朝廷下令打击，灵应的程度与信众群体的力量亦未能使其进入祀典或获得封赐，此类祠祀或因灵应而香火旺盛，也可能因灵异衰谢而终结，它们也就是前面提到的"中间地带"。本章讨论的主要是

---
[1]　黎靖德编《朱子语类》卷106，第2646页。
[2]　《宋会要》刑法2之152，第6571页。

313

前两类，反映了朝廷与地方官员对于地方祠神信仰的积极政策，甄别民众祠神信仰，提升其中符合官方利益者，控制、打击那些威胁或者破坏现存程序者，确保官方对神灵祭祀权威的垄断。

不过，如果将之置于更广阔的背景之下，则打压或提升民众祠神信仰并非孤立的行为，官方的一些相关动作很值得注意。自北宋以来，朝廷、地方官员、士人便在各地兴学校，提倡儒家的知识、观念，要求恢复儒家理想中的社会程序，这在理学家那里尤其突出，他们通过建立书院，兴建社仓，编订、推行乡约、家礼、族规，传播童蒙读物等方式将知识、观念从上层士人推广给普通民众，从政治文化中心推广给边远的地区、包括乡村山区和少数族地区，儒家的"文明"观念也由此得到推广。官方对民众祠神信仰的政策是宋代文明推广的重要组成部分，朝廷、地方官重点打击杀人祭、信巫不信医、敛财害民等淫祠现象，树立合符儒家礼制的神灵信仰，兴学校等等，在信仰之后渗透的是儒家那套社会秩序观念。在空间上，打击淫祀的重心正在远离中原文明中心的南部地区，特别是四川、两湖、岭南等地，政治控制、经济开发、风俗改变、中原"文明"的输入相互关联，儒家文化的渗透力度、普及的广度前所未有，以汉族为主体的中国文明的同一性逐渐建立起来。[1] 相同淫祀现象在同一地区累次提起，不断打击，朝廷禁令经常颁布，这种不断打击同时也意味着累禁不止，既反映了此类行为对国家支持下的"文明"程序的顽强抵抗，也透露出宋代国家拓展政治区域、扩大儒家文化过程的艰难曲折。在打击淫祀的过程中，朝廷、地方官府也加强了对地方社会的控制。

学者们通常以两重性来解释官方的政策，并进一步指出朝廷、官方自身信仰鬼神是其根源。[2] 但正淫祀问题本来就不是有无鬼神信仰的区别，而是在承认鬼神信仰存在的大前提之下信仰合法与非法之分。换个

---

〔1〕 参葛兆光《七世纪至十九世纪中国的知识、思想与信仰》(《中国思想史》第2卷)，第356—386页。

〔2〕 见沈宗宪《国家祀典与左道妖异——宋代信仰与政治关系之研究》，第74—75页；刘黎明《论宋代民间淫祠》，《四川大学学报》2004年第5期，第99—101页。

第六章　正祀与淫祀——宋代祠神信仰的合法性研究

角度来看,这些淫祠同其他地方祠神信仰一样,在某种程度上是地方社会观念、知识传统,乃至地方社会力量的体现,界定地方祠神信仰是否为淫祀不仅有政治利益、法律制度、神灵祭祀权力等因素,也包含政治文化中心与边缘、儒家文化与地方传统、汉族与少数民族文化传统之间的拒斥与接纳,这些要素内部的紧张程度决定了正祀与淫祀之间的冲突,而唐宋以来中国大区域内部地区之间政治、经济、文化差异性的广泛存在与国家消除差异性、建立同一性的持续努力,在地方信仰上的突出体现便是国家一次次自上而下地树立正祀,打击淫祀。

总的来说,宋代官方打击淫祀的材料几乎比以往各代的记载总和还要多,这说明宋代地方官对淫祀的打击力度较以往各朝都要大。附录六中的数十道诏令与一百多则地方官打击淫祀的事例发生在宋代三百多年时间,所有路都有具体事例,它从一个侧面说明了宋代淫祠地域分布的广泛性。不过,如果考虑到当时记录者对打击淫祀之事无则隐之,有则表彰的态度,那么在三百多年、辽阔的统治区域,留下传记资料的人物数以万计,只有这一百多人,一百多件事应该说并不多。[1]因此,对宋代官方打击淫祀方面的作为尚有重新评价的必要,笔者认为,应该将官方打击淫祀的行为与汉族文明,儒家文化从政治文化中心区域的北方中原地区向南部地区尤其是西南、岭南等地的推进,由城市向乡村山区的推进联系起来。

自中唐以来,中原地区陷入藩镇混战局面,南方各地相对安宁,且有大量北方人口南迁,由此带来南方经济文化水平的发展,有学者认为"几乎中国所有南方主要城市最重要的早期发展都发生在 742 年—1200 年之间",[2]而宋代地域文化的新气象主要是"南方文化的迅猛崛起,许多地区不同程度地呈面状发展。这种历史性的变化改变了传统地域文化的

---

[1] 仅昌彼德、王德毅等编纂的《宋代人物传记索引》就有 22000 多人,台湾:鼎文书局,1984 年。
[2] Robert M. Hartwell, "Demographic, Political, and Social Transformations of China, 750 – 1550", *Harvard Journal of Asiatic Studies*, vol. 42(1982): 393.

基本格局"。[1]加之宋代一直处在北方少数民族政权的巨大压力之下，中央政府要求加强统治区域内部的同一性，对南方各地的拓展的步伐也随之加大，南宋政治、文化中心彻底南迁更促进了这一过程。正是在这一过程中，南部各地的地方性传统，包括祠神信仰与中原汉族文明、儒家文化的冲突才变得十分激烈，所以会有朝廷、地方官府在打击淫祀问题上的积极合作，相关的诏令、法律制度都须纳入这一背景方可得一合理解释。但是，南部广大地区，尤其是西南、岭南、东南的广阔山区的开发需要很长时间，中央政府控制从弱到强亦非一日之功，以中原文明瓦解、取代旧有的地方性传统更需一个十分漫长的过程，地方官员的主要精力在维护地方治安、征收赋税，民治之后方能顾及事神，淫祀如果不涉及严重的地方治安、法律问题，很少能进入官方的视野，朝廷禁令中指斥的"淫祀"行为除非危害民众生命安全，如杀人祭与疾疫时期的信巫不信医等等，地方官府应该不会去主动侦查、打击的。

其实，朝廷也认识到以中原文化取代、打击地方性传统宜谨慎从事，比如太宗一方面指出岭南杀人祭鬼违背中华礼义道德，另一方面告诫当地官吏只可以渐进的劝导去改变，而不可"峻法以致烦扰"，[2]不久富州（治今四川龙山）发生了杀人祭鬼案，朝廷的诏令则是"以远俗，勿问"。[3]朝廷的政治控制与地方统治秩序的建立始终摆在第一位，教化终究是辅助性手段，如果二者发生冲突，只好舍弃后者。太宗的态度不禁让人联想到南宋初川东的情况，据寓居此地的晁公遡云，"硖中之郡十有三，皆尚鬼而淫祀，若施与黔，其尤焉……乐温亦然。有疾，则谢医郤药，召巫师，刲羊豕以请于神，甚者用人为牲以祭。不可，则云神所遣弗置也，即卧不食，俟期以死。世相传为常，不之怪"。这些现象无疑属于淫祀，地方长官完全可以援引朝廷诏令加以打击，但事实是"吏亦不能禁。是以一方大蒙其害，民用鲜少，生字不蕃"，长吏未能运用国家权力打击本

---

[1] 程民生《宋代地域文化》，第105页。
[2] 《宋会要》刑法2之3，第6497页。
[3] 《宋史》卷493《蛮夷传一》，第14174页。

第六章　正祀与淫祀——宋代祠神信仰的合法性研究

地的淫祀,而是仿效柳宗元在柳州修大云寺改变风俗的做法,将县内定慧寺改律为禅,企图以佛教来教化百姓,革除旧俗。[1] 夔州路在有宋一代巫风甚盛,朝廷专门针对此地淫祀的禁令不少,文献中也提到某些地方官员打击淫祀的事例,南宋末还有地方官员请求朝廷颁布诏令禁止本路淫祀现象,但乐温长吏的变通做法可能更具普遍性。正如何垣所说:"自左道乱俗,有茹蔬杂聚而生废人理者;自妖巫惑众,有病不医药而死于非正命者。准之法令,皆杀无赦。今愚迷狂诱,壁挂空文而刑戮不加焉,何以革其非而导之归正欤。"[2] 朝廷的诏令、律法已成挂壁的"空文",这恐怕不是何垣个人的愤激之言,而反映了朝廷打击淫祀、推进文明的理想与地方现实遭遇之后,许多地方官员的折衷与妥协。

---

[1]　晁公遡《嵩山集》卷50《定慧院记》,《四库全书》,第1139册,第277页。
[2]　何垣《西畴老人常言》,《中华野史》宋朝卷3,第2911页。

第七章 结　　语

唐代后期,陆龟蒙曾写过一篇《野庙碑》,感叹民众"竭其力以奉无名之土木",真实地反映了当时闽浙一带民众祠神信仰的状况:

> 瓯越间好事鬼,山椒水滨多淫祀。其庙貌有雄而毅、黝而硕者,则曰将军;有温而愿、晳而少者,则曰某郎;有媪而尊严者,则曰姥;有妇而容艳者,则曰姑。其居处则敞之以庭室,峻之以陛级,左右老木,攒植森拱,萝茑翳于上,鸱鸮室其间。车马徒隶,丛杂怪状。农作之氓怖之,走畏恐后。大者椎牛,次者击豕,小不下犬鸡鱼菽之荐,牲酒之奠。缺于家可也,缺于神不可也。一日懈怠,祸亦随作。耄孺畜牧,慄慄然。疾病死丧,氓不曰适丁其时耶,而自惑其生,悉归之神。[1]

这些被陆氏称为"野庙"、"淫祀"的祠神都属于地方社会的信仰,它们拥有雄伟的庙宇,信众们称之为将军、郎、姥、姑等等,供奉猪牛鸡犬等祭品,生死疾病,一听于神。到了宋代,陆龟蒙说的这种情形仍然十分普遍,洪

---

〔1〕　陆龟蒙《野庙碑》,《全唐文》卷801,第8418—8419页。

第七章 结　语

迈称之为"丛祠"，并且说：

> 大江以南地多山，而俗機鬼，其神怪甚傀异，多依岩石树木为丛祠，村村有之。二浙江东曰"五通"，江西闽中曰"木下三郎"，又曰"木客"，一足者曰"独脚五通"，名虽不同，其实则一。[1]

至于陆龟蒙所说的民众生死疾病，一听于神，在宋代仍然是十分严重的社会问题。人们通常所说的唐宋社会变革在这里似乎不存在，历史经过数百年变化，朝代的多次更替，而地方社会、民众信仰却丝毫未变。

应该说，变中有不变，是中国古代社会十分重要的一个方面。无论是唐宋，抑或是秦汉、汉唐，当我们讨论它们之间的变化时，必须注意到这变化中有不变的因素存在，这种"堆积古层"与"执拗低音"的存在（丸山真男语）使历史、文化的连续性成为可能，并且不断地迫使处在变化中的思想文化与学术作出修正，以回应这一"不变"或"变化缓慢"的现实。相对于社会的其他部分来说，民众信仰世界的这种惯性尤其突出，宋代祠神信仰在很多方面都延续着过去的传统，同时又为明清社会所继承。比如宋代的祈雨，无论祈祷对象还是仪式方法，往往可以在唐代甚至再早找到它们的源头，而宋代祠赛社会的组织形式、功能以及官方对赛会的政策，又都对明清庙会活动有着很大影响。祠神信仰这一特性同时反映的是地方传统以及支持它的地方社会的连续性，在对张王信仰数百年兴衰的考察中，我们可以看到官方的支持固然可能推动一个地方性祠神成为全国性的大神，但每当朝代更革，祠神信仰存续的紧要关头，出面支持它的正是地方社会，而官方一旦接纳张王信仰，又试图改变它，因而与地方社会发生矛盾时，最终的胜利者也是后者。与之相同的是，宋代朝廷、地方官员、士人对淫祀的批评和打击超过了以往各代，但许多淫祀所代表的地方传统得到地方社会的支持，官方的努力通常是人去政废，或者干脆成为"壁

---

[1]　洪迈《夷坚志》丁志卷19，"江南木客"条，第695页。

挂空文"。

当然,不变中也有变。陆龟蒙说的"野庙"与宋代的"丛祠"亦是有同有异,后者虽然可能被视为淫祀遭到批评或打击,但也可能因为地方社会、官府的共同努力而获得朝廷的封号、赐额,成为正祀的一员,前者则基本无此可能。这种不变之变也是本书考察的重点。[1]

史华慈曾经批评将思想史当作"自主过程"来研究的方法,认为要充分考虑到思想与环境的关系,[2]对于民众祠神信仰的研究更是如此。信仰世界的变与不变与唐宋社会其他方面的变与不变紧密相连,本文考察宋代民众祠神信仰,便是将其置于唐宋社会变革的大背景之下,探讨祠神信仰的存在状况、发展变化及其与社会其他部分,如政治权力、社会群体、经济力量、交通网络等要素之间的互动关系。具体而言,则是通过五个个案探讨宋代祠神信仰及其背后的一些重要问题,如国家与祠神信仰的关系,国家、地方官员、士人、普通百姓的信仰活动、态度的同一性与差异性,祠神信仰与地方社会秩序与经济发展的关系,政治理想、国家制度、现实生活三者之间的冲突和乖离、折衷和妥协的出现及其原因。通过前面五章的具体分析,我们对宋代民众祠神信仰已形成一些基本认识。

在宋代,祠神的合法性源自朝廷,但其存在的状况则更多地取决于地方社会。一个民众祠神既可以进入祀典或获得封号、赐额,成为正祀,也可能被官方指斥为淫祀,遭到批评、打击,但更大的可能性是徘徊于正、淫之间,它们构成祠神信仰中广阔的"中间地带",洪迈所说的"丛祠"即属于这个"中间地带"。灵应决定祠神香火的盛衰,也影响到各社会群体对

---

[1] 所谓变与不变,有时也就是异与同、非常与正常的区别,历史记载多关注那些变、异、非常性的事件,而不变、同、正常的现象则往往一笔带过,甚至因为司空见惯而根本不提,材料的局限性限制了对历史上不变、常态现象和因素的考察,而人们也似乎对变化、非常事件、现象更感兴趣,这都使当前历史学主要是对变化、非常事件和现象的考察。例如唐宋历史研究,自内藤湖南以来,大家较多地在谈二者之异,强调唐宋变迁、转型,甚至有唐宋之间的某某"革命"之说,但近年来开始越来越注意到二者之间的连续性。

[2] 本杰明·史华慈《关于中国思想史的若干初步考察》,收入《中国思想与制度论集》,台北:联经出版事业公司,1976年,第14页。

第七章 结　语

它的支持,甚至朝廷的承认。从这个角度而言,宋代的祠神加封、赐额政策与传统的祀典有很大区别,后者的根本原则在于"上下有序",地方祠神纳入祀典的程序往往是因为朝廷的访求或地方官员的上奏,对祠神的身份、空间属性有很严格的要求;而封赐神祇更强调的是"报",对祠神灵应的报答,地方社会力量在申请赐额、封号过程中越来越占据主动地位。自北宋中期以来,祠神信仰取得合法性的途径逐渐从进入祀典转向申请赐额、封号,在地方社会甚至各级官府的各类祈祷活动中,这些受封赐祠神的影响逐渐超过了传统祀典中的神祇。

祠神信仰也是宋代各个社会群体共享的观念世界,皇帝、士大夫、商贾、黎民百姓、释道人士无一例外地被卷进这个观念世界之中,几乎所有人在其人生的各个关口都少不了祈求神祇的保佑。虽然他们对祠神信仰的认识各有不同,祈求的内容也因人而异,但彻底排斥祠神信仰的人实属凤毛麟角。这里需要特别提到士人、释道人士,他们熟悉儒家、释道经典,其行为、观念对于普通民众具有很大的影响力,他们中间的大部分人也是民众祠神的信奉者。即使像理学家袁燮那样的人物,也曾有过患病祈祷张王的故事,而普通士人为科举功名求神感梦,为官一地者向祠神祈祷雨旱的事例更是比比皆是。释道人士虽然信仙佛,但也不排斥民众祠神,他们积极参与祠神信仰的各种活动。在此基础上,我们才能理解宋代祠神信仰中的诸多现象,例如地方社会对本地信仰的积极推动,修建庙宇、组织赛会、申请朝廷封赐等;地方官府在祈雨、为祠神申请封赐时与地方社会的合作态度,对待祠赛社会、非法祠神信仰的相对宽容;释道人士为了给祠神塑像建庙到处化缘,民众祠神与释道神祇友好相处,僧道与巫祝在祠神信仰活动中合作主持仪式。此外,士人、释道人士具有很强的流动性,依托组织性机构,是宋代社会最能动员各种社会资源的两个群体。在唐宋时期人口迁徙走向合法化的大背景下,他们也就自然而然地成为推动祠神信仰传播的两股主要力量。

士人、释道人士群体内部对于宋代祠神信仰世界出现的某些现象亦有不同意见,文献记载中就有不少释道人士反感民众祠神的牵血祭祀,释智圆、释遵式甚至撰文指斥民众信奉的祠神为淫祀,主张要撤而去之。而有些士人、官员,尤其是部分理学家或受其影响的士人、官员,对祠神信仰活动中违背朝廷制度、传统经典和礼制的现象往往态度很严厉,或使用充满高调理想主义和道德严厉主义的话语进行批评,或利用手中的权力加以打击。他们主张恢复传统的祀典,批评官方、地方社会祈雨实践中的"异端"行为,反对封赐制度中出现的不当行为甚至整个制度,要求官方出面厘清正祀与淫祀的边界,从而保证朝廷、地方官府对信仰世界的绝对控制。对于祠赛社会与现存秩序、伦理道德的冲突和潜在威胁,祠神传播与传统儒家经典中"祭不越望"原则之间的矛盾,他们的反应也较普通士人、官员强烈,这种情况在南宋中后期理学逐渐从边缘走向中心、得到官方认可的时候表现尤为突出。但是,当现实生活与政治理想、国家制度之间发生冲突和乖离之际,往往也是三者互相折衷与妥协之时。在宋代祠神信仰中,经常可以看到官方的诏令制度、士大夫的公开话语、传统的经典文本与现实生活、具体实践之间的疏离。部分理学家批评祈雨中的"异端"行为,强调祈祷活动中心之"诚",反映了他们试图全面支配整个社会生活的努力,实际的情况是作为中央官员、地方官员与士大夫,由于他们角色、身份的多重性导致的发言时自我定位的变化,大部分理学家也无法坚持传统经典与理念,更多是循地方传统或者受现实的压力向民众祠神(其中不乏未入祀典,亦无封赐者)和释道寺观低头。在对现实信仰世界出现的"越望之祭"的讨论中,也只有极少数人(如陈淳)能坚持立场,大部分士大夫不仅积极推动祠神信仰传播,而且采取重新解释传统儒家经典的方式,为祠神传播寻找理论依据。

祠神信仰与现实社会各种要素、各个群体之间的关系还体现它对后者的影响上。宋人眼中的祠神信仰不只是一个观念世界,也是一个现实世界,经典中所说的"明有礼乐,幽有鬼神"在他们看来绝非虚辞,祠神信仰以及支持它的道德伦理观念直接影响着人们的日常生活、行为。这也是祠神信仰能够成为各社会阶层、群体共享的观念世界的内在动因,也是

第七章 结 语

虚拟世界变为现实世界的关键原因。[1] 祠神的灵应当然是首要的,但它还必须随着社会的变迁、人们需要的变化滋生新的神迹,第二章分析张王神迹便是一个很好的例证,这个特点使得祠神信仰对宋代社会的影响始终是全方位的。对神的敬畏、虔信使得祠神信仰中的善恶报应原则成为维系现存伦理观念、社会秩序的重要力量,朝廷的祈雨观念、实践直接推动了现实政治措施、态度的改变,甚至包括制度的建立。而赛会中的组织、仪式活动影响着地区、宗族、职业群体的认同,以祠神传播、祠赛社会为基础形成的宗教区域既依托自然地理区域、行政区划、市场网络,又可能突破后者的限制,从而推动不同自然区域、行政区划、经济区域之间的交流。

由于祠神信仰经常代表着地方社会力量与地方性传统,官方对祠神加封或打击既反映了朝廷、地方官府与地方社会的复杂关系,又是对这种复杂关系的强化。我在第六章曾指出,宋代的祠神加封、赐额政策与唐末以来,尤其是南宋地方社会力量的崛起有着密切关系,是朝廷对地方社会及其信仰的承认。但承认的同时也意味着控制,朝廷是祠神信仰合法性的来源,而申报、核实与批准的程序背后体现朝廷对地方社会的控制以及后者对朝廷的信仰准则和价值观念的认同,这也是宋代中央加强对地方控制,"一风俗、同道德",推进中原汉族文明、儒家文化的重要组成部分之一。通过封赐制度确立正祀与朝廷、地方官员、士人批评、打击淫祀构成宋代官方控制祠神信仰政策的正反两面,而朝廷、地方官员、地方社会之间的利益冲突、妥协与合作在祠神信仰上也得以体现、强化或缓解。

在本书确定选题、扩充资料和具体写作的过程中,笔者一再提醒自己要尽量从材料、事实,而不是从模式、框架或某个理论出发,将分析与结论建立在扎实的材料基础上。所以,本书虽然是对宋代民众祠神信仰的综合性研究,但除了绪论中有一部分是综合分析外,其余五章均是十分具体

---

[1] 这是某些西方学者和经过破除迷信洗礼的人最易产生误解之处,他们更倾向于从现实利益角度解释过去人与祠神信仰的关系。

的个案研究,我试图透过具体对象讨论祠神信仰中的一些普遍性问题,揭示祠神信仰的某些一般性特征,以上便是这一探讨的结果。然而,模式、框架或理论几乎是无处不在,且不说全书重点讨论的国家、地方官员、地方社会与祠神信仰关系、信仰传播等问题无一不与现行民间信仰研究的解释系统或理论模型有关,[1]整个讨论的背景唐宋社会变迁更是宋史研究中最重要的解释框架之一,透过具体研究以揭示一般性问题也可能与材料的限制性、信仰世界本身的复杂性存在矛盾。也许,只有在运用模式、框架、理论时始终认识到其局限性,分析材料、进行具体研究时警惕其限制性,我们才能摆脱这种尴尬处境,求得宋代民众祠神信仰的真貌与全貌。

---

[1] 目前民众信仰研究中运用的各种理论、模式几乎都源自西方汉学界,谢世忠将之概括为社会结构、性别角色、互动、解构、象征等几个解释系统或理论模型,见谢世忠《汉人民间信仰研究的本质、体系、与过程理论》,《文史哲学报》(台北)第43期,1995年12月,第107—134页。

附录一 《祠山事要指掌集》的版本及史料价值

上世纪 80 年代,美国学者韩森在写作她的博士论文《变迁之神》时,讨论了南宋民间的张王信仰,曾经提到她认为最有用的文献《祠山志》。她说,正是因为此书的存世,使我们对张王祠祀的了解比宋代其他重要祠神如五通、梓潼、天妃等清楚得多。但是,韩森看到的这部文献可能是 1886 年的清刻本,并没有对各本之间的关系加以考察,对此文献的运用也未臻充分。[1] 而国内学术界,更无人对此作必要的研究。韩森说的《祠山志》原名为《祠山事要指掌集》(以下简称《指掌集》),是一部关于广德张王信仰的资料汇编,由宋人周秉秀编撰,经元、明两代续辑、增改,但是其主体仍保存了宋刊原貌,反映了宋代张王信仰的方方面面。《指掌集》也可能是宋代唯一一部流传至今的民间神灵资料集,书中保存的许多碑记、官方文告、神灵事迹、仪式活动等或为他书所未见,或可证他书之误,或可与他书互补,对于研究宋代民间信仰,乃至整个中国古代民间信仰都有很高的参考价值。由于该书国内只有国家图书馆所藏十卷足本

---

[1] 韩森《变迁之神》第 148、194 页,两处标注《祠山志》成书时间不同,后者称《祠山志》成书于 1298 年,疑为手民之误。

和四卷残本两种,所以不甚为学界所知,而近人对四卷残本的认识也多有误会,笔者于2003年秋曾将两种《指掌集》校读一过,对该书编纂原委、版本源流、主要内容随手札记,写成本文,希望能引起学界同行对该书的重视。

一、周秉秀编撰《指掌集》之原委

在宋代,民间信仰的一个重要现象是大量民间神祇的勃兴,部分神祇还被纳入官方祀典,由朝廷封赐官爵名号或庙额,这也是宋代神祠管理政策的重要组成部分。对此,日本的须江隆、美国的韩森等学者已有深入研究,认为这一政策不仅直接与朝廷对民间信仰的控制有关,也涉及地方社会与官府的复杂关系。[1]按照朝廷敕令,"诸道释神祠祈祷灵应,宜加官爵封号庙额者,州具事状保明转运司,本司委邻州官躬亲询究,再委别州不干碍官核实讫,具事实保奏。"[2]所谓"事状"就是州县民众、官员为神祇申请庙额爵号所写的申报材料,一般来说应该包括与神灵信仰相关的各种材料,如神祇的身世、灵应事迹、庙宇、碑记、仪式活动、以前的封赐情况、士人的题咏论著等,如朱熹为都昌县陶威公庙申请加封爵号时便专门派人前往调查,并出榜向民众查访事实,申状中还附上江南刘羲仲写的"赞"和抚州布衣吴澥的"辨论"。[3]

毫无疑问,官方的神祠政策刺激了民间神祇资料汇编类著作的产生,其中有些还为当时的目录学家所注意,加以著录。陈振孙在《直斋书录解题》卷七传记类著录了三种:《昭明太子事实》二卷,《祠山家世编年》一卷,《海神灵应录》一卷。[4]另一位著名的目录学家晁公武将之归入地理类,他在《郡斋读书志》中著录了两种:《蜀三神祠碑文》,五卷,收集"梓潼、灌口、射洪三神祠碑文、板记",《袁州孚惠庙录》,一卷,记仰山二

---

[1] 须江隆《熙宁七年之诏——北宋神宗朝期之赐额、赐号》,收入《东洋史论集》第八辑,2001年;韩森《变迁之神》第四章《赐封》,第76—101页。
[2] 陆心源《吴兴金石记》卷12《仁济庙加封敕牒碑》引《庆元条法事类》,《宋代石刻文献全编》第二册,第584页。
[3] 朱熹《朱文公集》卷20《乞加封陶威公状》,第34—37页。
[4] 陈振孙《直斋书录解题》卷7,第222—223页。

附录一 《祠山事要指掌集》的版本及史料价值

神灵异之迹。[1]可能是受陈、晁二人的影响,后来的目录学家、藏书家在著录这类著作时一直存在着传记类与地理类之别。

在这种神祠政策下,作为宋代主要民间神祇之一的广德张王因其灵应显著屡被朝廷封赐,庙宇分布日广,如刘辰翁《须溪集》卷五《建兴庙记》已将张王视为宋代东南地区的主要神灵之一,而韩森根据方志中张王祠庙的数量,更认为张王在宋代的影响可能要超过五通、梓潼及天妃。[2]当时,张王已有了两部资料集——《显应集》与《世家编年》,它们是周秉秀编撰《指掌集》的主要依据。元人梅应发在《重刊祠山事要指掌集序》中"考嘉熙己亥(1239)周君改创是集之原",谈到周秉秀编撰《指掌集》的原委:

> 桐郡旧有《显应集》及《世家编年》,皆几载事实之书。嘉熙己亥三山周君秉秀馆于郡斋,因阅《显应集》,谓其先后不伦,遗阙弗补,而《世家编年》纂次卤莽,载事多乖,于是作"正讹"以辨其失,仍取神之世系、封爵、灵迹、祠宇而次类缉于八卷,卷为一门,汇分序列,莫不该括。

梅氏所说的"馆于郡斋"实际上是指周秉秀编撰《指掌集》时正担任广德军地方长官陈熹的幕僚,似为推官。[3]从《指掌集》中明显为周氏按语的几段话来看,他对民间信仰的态度还是比较通达的,对神灵事迹等问题也尽量求实求真。《指掌集》的书名在成书前已确定,在《指掌集》卷五周秉秀说"余作'正讹'之月不雨,郡侯祈祷备至,龙现其灵,已述其事迹显应卷"。宋本《指掌集》最后成书于嘉熙三年(1239),共八卷,卷为一门。[4]而据清钱曾在《读书敏求记》卷二,传记类著录"《祠山事要指掌

---

[1] 晁公武著,孙猛校正《郡斋读书志校正》,第356、357、1132页。
[2] 关于张王信仰的情况可参前揭韩森《变迁之神》,第147—159页。
[3] 《指掌集》卷3,周氏为福建人,除编撰《指掌集》之外,其行迹已不可考。
[4] 明刊本卷4《显应事迹》在所列举部分张王的灵应事迹之后,周秉秀特意注明关于该事的考证或详细情况"见正讹"、"见封爵门"、"见前行状"、"见事始",行状即明本卷3所附之灵济王行状,由北宋末年通判军事常安民所撰,可能不是单独一卷的标题,"事始"则肯定是。加上梅序的四卷卷目,我们至少知道宋本八卷目次中的六个。

集》,八卷",云:

> 嘉熙己亥三山周秉秀纂类。一世系,二封爵次第,三显应事迹,四正讹,五祠宇,六生辰,七事始,附杂编,八威济侯方使者。王讳渤,清河张氏,相传生于汉代,吴兴郡乌程横山人也。王一妃、二夫人、九弟、五子、一女、八孙,集载之甚详,洵为祠山典故。惜乎世罕其本,人见之者鲜耳。[1]

将述古堂所藏《指掌集》目次与我们在明本所求得的宋代周秉秀原本目次相比较,可以确定钱氏所藏为宋刻原本。[2]

根据梅序,周秉秀是在阅读《显应集》和《世家编年》之后发现它们或"先后不伦,遗阙弗补",或"纂次卤莽,载事多乖",于是先作《正讹》以辨其失,然后将二书的内容按类分门为八卷。这点也可以从书中得到印证,如周氏在叙述张王显应事实时,称"祠山庙食千余年,香火遍天下,灵异之迹何可殚纪,姑以《显应集》所载者编于右方,后有见闻于此乎续"。[3] 在介绍祠山生辰的盛况之后,特意注明"太半是詹、曾旧记,又为之详订是非,从而增损"(卷六)。《世家编年》便是《直斋书录解题》卷七传记类著录的詹仁泽"《祠山家世编年》一卷",[4]《显应集》由曾在嘉熙元年(1237)知南雄州事的皇甫埏所撰(《广东通志》卷二十)。《显应集》与《指掌集》的卷帙大致相当,[5] 又有一卷《世家编年》可供参考,这可能是

---

〔1〕 钱曾《读书敏求记》卷2,北京:书目文献出版社,1983年,第49页。
〔2〕 另可参钱曾《虞山钱遵王藏书目录汇编》卷2,北京:古典文学出版社,1958年,第72页。
〔3〕 周氏所续故事只有两则,见《指掌集》卷4。
〔4〕 据《宝庆四明志》卷20,詹仁泽曾于宝庆三年(1227)至绍定元年(1228)之间担任昌国县令,活动的时间较周秉秀稍早。《指掌集》提到该书都作《世家编年》,大概用的是《史记》中"世家"的遗意,因为张王既受王封,且世代血食祭祀,《直斋书录解题》改作"家世",意味顿失,不妥。马端临《文献通考》卷199对该书的著录与《直斋书录解题》同。
〔5〕 周氏《指掌集》出现之后,《显应集》仍与之并行,在至正十八年(1358)闰八月"广惠路民户告乞加祠山封号"的申状中提到民众为此准备的一些申请材料,其中便有"事实文集四册",这四册张王的事实文集包括《祠山事要指掌集》二册,三山周秉秀编集,《广惠显应集》二册,皇甫埏记"。

周氏在短时间内编撰出《指掌集》的直接原因。

二、元明时代之《指掌集》

在此书编定之后的数百年间,我们可以看到两个重刊本:元梅应发本和明宣德十卷本。梅应发,字定夫,广德人,宝祐元年(1253)进士,累官太府卿、直宝章阁,入元不仕,大德五年(1301)卒,有《艮岩余稿》四卷,事迹详《元史新编》卷五十、明嘉靖《广德州志》卷八。关于重刊《指掌集》的原因,梅应发在其《重刊祠山事要指掌集序》中说:

……已亥而后三四十年间后来之事无有续之者,遂成断简……(梅氏)于是会稡旧编,续其断简,分为八卷,而告词、记祝之文续为第九卷,留题赞颂之诗续为第十卷,是三者裒为全帙,祠山之事迹可以言备矣。

序作于元贞元年(1295)三月。梅氏对宋本八卷作了一番"会稡旧编,续其断简"的整合工作,并增加了第九卷告词、记祝之文,第十卷留题赞颂之诗。也就是说,元刊本与宋本相比,不仅多了第九、十两卷,前八卷的目次也可能有所变更,其准确情况现在已不可知。

元梅氏重辑本已不存,目前能看到的《指掌集》皆为明宣德八年(1433)十卷本,由胡㹊捐俸重刊。胡氏亦为广德人,曾担任给事中,左、右副都御史,福建参政等官职,《指掌集》卷首有"立碑奏章"(指御制祠山诗碑)一首,是胡㹊在宣德元年(1426)二月所立,结衔为"嘉议大夫、都察右副都御史",而目录后的牌记为"宣德八年岁次癸丑孟夏良旦闽藩大参桐川胡㹊捐俸重刊"。胡氏在刻书前曾回乡,诣庙参拜,"是夕宿于昭德宫,住持道士盛希年、道官王希本,暨平昔崇敬香火之士西街骆子良盛咸在焉,叙话良久",[1]在两位道士的劝说下,胡㹊决定重刊《指掌集》。现存于国图并被著录于善本书目的,就是这一明刻

---

[1] 黄立《重刊祠山事要指掌集后序》。

十卷本,为海内孤本。[1]

这一明刊《指掌集》卷首有明太祖"御制诗"、"祠山感应灵签诗"、罗汝敬撰《御制祠山诗碑》,洪熙元年(1425)由道士盛希年所撰的《祠山广惠庙埋藏记》,元沈天祐的《立碑奏章》,梅应发的《重刊祠山事要指掌集序》,书后有明宣德八年黄立所撰《重刊祠山事要指掌集后序》。其十卷内容为:

卷一《圣像》,从神像附,共有神像十五幅,其后有元代"至元广惠路民户告乞加祠山封号"申状。卷二《世系》,介绍张王及其与庙中众神之间的关系、爵号。卷三《前后事迹》,内附政和四年(1114)通判军事常安民所撰"灵济王行状"。卷四《显应事实》,[2]内容与卷三大同小异,唯卷三兼及张王身世,始于西汉,迄于周秉秀成书的嘉熙三年,卷四皆为张王的灵应事迹,始于梁武帝天监五年,迄于嘉定三年(1210)。卷五为《祠宇》,包括看经院、祠山斗坛、像设、祠祭,附埋藏。卷六为《生辰》、《事始》,附杂编,生辰部分记录了祠山诸神诞辰的具体时间和诞日社会的盛况;事始记载的则是庙中诸多的第一次,如"祠山发灵之始"、"前代封爵之始"、"降御香之始"、"建水陆会之始"、"茶会舍田之始"等等;杂编包括的是一些不太好归类的事项,如"醮斗法"、"伤神祠"、"庙中器物"、"祠山签语"等等。卷七《正讹》,专门针对《显应集》与《世家编年》中"其意则是,其事则非,近者虽辩其由来,远者或取以为证"的某些条目、事实加以考证,以求"一毫无谬,可质明神"。卷八《神属李王、方侯》,介绍的是张王最重要的两位附属神的事迹、封爵、感应事实。卷九《广惠灵异记》,附修庙碑记,据卷中内容,卷首目录并不准确,《广惠灵异记》只是众多碑记之一。卷中共收十六篇修庙碑记,最早的为唐咸通七年(866)顾蒙的《崇宁功德纪遗记》,最晚的一篇为元至正年间梅应发撰写的《至元

---

[1] 《中国古籍善本书目》将十卷本著录于"史部地理类",云:"《祠山事要指掌集》,十卷,宋周秉秀撰,元梅应发续辑,明宣德八年胡廙刻本,十行二十二字,黑口,四周双边。"
[2] 《指掌集》卷3、卷4于书中卷首分别题作"祠山广德王事迹"、"显应事迹",与目录不同。

重修广惠庙记》，另外十四篇皆为宋人所作。卷十《古今名公祈谢文》，主要是一些祈雨、祈晴祝文。现将三个本子的目次列表如下：

卷	一	二	三	四	五	六	七	八	九	十
宋	世系	封爵次第	显应事迹	正讹	祠宇	生辰	事始附杂编	威济侯方使者		
元									告词、记祝之文	留题赞颂之诗
明	圣像，从神像附	世系	前后事迹	显应事实	祠宇，附埋藏	生辰、事始、附杂编	正讹	李王、方侯	广惠灵异记，附修庙碑记	古今名公祈谢文

关于明刊本与以前的本子之间的关系，有三点值得注意，一是明刊本插进了当时的一些材料，这对于了解明代官方对张王的态度以及张王信仰在明代的演变具有一定意义。二是明刊本可能在具体内容、目次对元刊本有所变动，如梅序明确交待的第九卷，内容从原来的告词、记祝之文变成了纯粹的庙碑记文，卷十也由留题赞颂之诗变成了古今名公祈谢文。三是前八卷的目次与宋本已有很大差异。

可是，另外还有一个四卷残本，很长时间被当作珍本收藏，上钤藏书印十余枚以及著名藏书家张金吾的跋文。[1] 根据这些藏书印，可知四卷残本《指掌集》曾被常熟张氏味经书屋、汪氏开万楼、陈氏稽瑞楼所藏，后归瞿氏铁琴铜剑楼所有，最后成为国家图书馆藏书。这些藏书家的藏书目录都著录此本，如陈揆《稽瑞楼书目》、瞿镛编纂《铁琴铜剑楼藏书目

---

[1] 如"吴岫"、"董印其昌"、"丕烈"、"士礼居藏"、"蓉镜珍藏"、"开万楼藏书印"、"毛氏子晋"、"汲古主人"、"稽瑞楼"、"吴岫虞山张氏"、"姚氏睍贞"、"小琅嬛清閟张氏珍藏"、"铁琴铜剑楼"、"子晋书印"、"菽堂"、"月宵"、"文风堂"、"东吴毛氏图书"、"汲古阁"、"万经"、"神鬼守之皆敬服"等。汪桂海博士认为，"董印其昌"与"丕烈"皆为伪印，可从。

录》,他们都将之定为元本。[1]

其实,四卷残本《指掌集》既不是宋本,也不是元刊残本,而是与十卷本一样的明宣德八年(1433)刊本,[2]只不过书贾做了些手脚,让藏书家看走了眼。只要将二本对比一下,就不难发现,四卷残本与十卷本的前四卷相比,主要区别有二,一是明显属于明刊本后加的内容基本上被抽掉,只可惜卷首明太祖的"御制诗"和"祠山感应灵签诗"仍保留下来;二是目录后十卷本牌记为"宣德八年岁次癸丑孟夏良旦闽藩大参桐川胡廣捐俸重刊",置于埋藏大会祭仪后,四卷残本的牌记则为"大德八年(1304)岁次癸丑孟夏良旦闽藩大参桐川胡廣捐俸重刊",紧接着目录,置于埋藏大会祭仪后前。四卷残本的"大"字有明显剜补痕迹,且元大德八年的干支是甲辰而非癸丑。除此之外,四卷残本与十卷本只有字迹清晰程度的差别,版式、内容完全一致,甚至卷三所缺的空白页也一样。

破绽如此明显,却瞒过了藏书家和一些曾往观书的学者的法眼,也许,牌记内容的剜补和位置的挪移对阅读者产生了很强的心理暗示作用,至于具体原因,只能阙疑了。

三、《指掌集》之史料价值

研究中国古代民间信仰的学者遇到的最大的障碍可能来自材料方面,一是材料的缺乏,过去的士人有时因科举仕宦或"神道设教"之需不得不向神祇祈祷叩头,但经常挂在他们嘴上的是儒家"不语怪力乱神"、"敬鬼神而远之"的古训,因此他们的笔下很少见到现实中遍布城乡的民间信仰活动,弄得我们要了解某一位昔日的神灵或民间信仰活动时,不得不翻检大量文献,当然,这种被西方学者称为"小传统"的下层社会现象在传世文献中更多的是湮没不存;二是材料的可靠性,民间信仰活动能进入士人的文字,或是出于士人的猎奇心,或是士人因观念、身份角色等原因要批评、打击这些下层社会的活动,他们的"有色眼光"无疑会影响到

---

[1] 张金吾的跋文更将之定为宋本,变为四卷残本是"述古钱氏旧藏,即《读书敏求记》著录本也"。
[2] 国图检索目录将之定为明宣德八年刊本,但未作任何解释。

附录一 《祠山事要指掌集》的版本及史料价值

叙述的客观、公正,也使我们在利用这些宝贵材料时要分外小心。材料上的相对不足与零散迫使研究者不得不细心爬梳各种资料,如文集、笔记、碑记等等,以期获得对研究对象的足够了解。

然而,《指掌集》这样的文献,国内研究民间信仰的学者却无一人注意,韩森虽然在著作中运用到,但仍不够深入仔细,亦未充分理解其价值。其实,对于《指掌集》的价值,有的清代藏书家已注意到,如瞿镛就提到"集中有颜真卿《横山庙碑》,今《鲁公集》中未载"。[1]朱绪曾在《开有益斋读书志》卷三"古迹类"著录《祠山事要》十卷,并写了很长的解题,认为《指掌集》中记载的一些史事可以与《五代史》、马陆《南唐书》相互印证,有时比史书更详细,而书中的"册命祝文俱为《全唐文》所未载,即刘金门《五代史注》、周雪客《南唐书注》亦未能引,及至若唐、宋、元碑记:唐顾蒙,宋何夷素、成悦、潘悦、姚舜谐、张贲、陆元光、汤耘之、赵希仁、林斐、赵与訔、洪迈、沈潜、汤景仁、胡庶、张兢辰,元吴孟阳,存者尤夥,不独马廷鸾一纪为《碧梧玩芳集》之佚文也"。[2]这都是说《指掌集》保存了一些不见于他处的材料,可以补充或印证其他文献,这是从文献保存的角度强调《指掌集》的重要性。

当然,从民间信仰研究的角度而言,《指掌集》的价值更为突出。首先,《指掌集》对于许多民间信仰现象记载的准确、详细程度远远超过其他文献,是研究这些问题的最重要的参考文献,兹略举二例:

一则是关于张王信仰中最有特色的埋藏大会,宋代许多文献提到这一祭仪,如周密在《癸辛杂识》别集上有"埋藏会"条,[3]黄震在《黄氏日钞》卷七十四《申诸司乞禁社会状》中批评祠山赛会罪责有五,第一条便是埋藏会以太牢祭祀,认为"夫太牢者天子所同飨帝,岂臣子所宜祀神。惟此祠山之会,敢为不法,遂使民俗亦多杀牛,坐坊卖肉。略不知忌,良由习之惯尔。昨孙公谔、洪公兴祖为守,尝申公朝易以素馔,况祠山近改真

---

[1] 瞿镛编纂《铁琴铜剑楼藏书目录》卷10,上海古籍出版社,2000年,第256页。
[2] 朱绪曾《开有益斋读书志》卷3,光绪庚辰年(1880)金陵翁氏菇古阁刊本。
[3] 周密《癸辛杂识》别集上,第237页。

君之号,而庙貌已复素馔之羞,不知埋藏,犹用太牢者,果为谁设耶",[1]但埋藏会的具体过程如何,均未言及。《指掌集》卷首盛希年的《埋藏记》和卷五《祠宇》所附"埋藏"记载了宋、明两朝祠山埋藏会的整个仪式过程以及官方对埋藏会的态度,尤其是盛文所附"国初邵平章亲行埋藏大会合用祭仪"记录了明初举行的一次埋藏大会的全部过程,弥足珍贵。日本学者中村治兵卫在一篇文章中专门讨论祠山的埋藏会,征引了大量材料,然因没有见到《指掌集》一书,所以只能分析官方对埋藏会的态度,至少埋藏会的具体情况及其宗教意蕴则未能涉及。[2]

第二个例子是张王诞辰之日的社会(亦即现在所说的庙会)。《指掌集》卷六《生辰》列举了张王庙十位主要神灵的生辰社会,其中二月十一日张王的社会场面最为盛大。由于张王信仰流传甚广,东南很多地区都要举行张王的诞日社会,包括行在临安,各种文献对之亦时有提及,如《梦粱录》卷一《祠山圣诞》、《武林旧事》卷三《社会》、《黄氏日钞》卷七十四《申诸司乞禁社会状》等。但《黄氏日钞》因为作者出于打压民众祠赛社会的用意对张王诞日社会有意识地加以曲解,前二者主要反映了首都临安的情况,其源则出于广德张王祖庙,《指掌集》对于张王诞会的记载也较其他材料更真实、全面,对于认识宋代祠赛社会的组织形式、社会功能等问题都很有价值。然而,学者在谈及宋代庙会时,多隅于《梦粱录》、《武林旧事》等习见文献,尚未见有人利用《指掌集》中的材料对庙会作更进一步的研究。

其次,《指掌集》收录的材料十分齐全,涵盖了张王信仰的各个方面。目前宋代民间信仰研究的一个重要领域是对祠神信仰的研究,所涉及的方面包括官方神祠政策、祭祀仪式、神灵事迹、信仰中反映的国家与地方社会的关系等,[3]这些材料散见于方志、文集、笔记、碑记中,这也是长期

---

[1] 黄震《黄氏日钞》卷74《申诸司乞禁社会状》,《四库全书》,第708册,第746页。
[2] 中村治兵卫《中国萨满之研究》第七章《宋代广德军祠山庙的太牢祭祀》,第157—186页。
[3] 可参蒋竹山《宋至清代国家与祠神信仰研究的回顾与讨论》,《新史学》第8卷第2期,1997年6月。

附录一 《祠山事要指掌集》的版本及史料价值

以来学者们的主要材料来源,当然,事实上也很少有一部文献能同时反映祠神信仰的诸多方面。而《指掌集》以十卷的篇幅详细地记载了明代以前张王信仰的产生、流变,既有对张王事迹或神迹的详细叙述,也有官方对张王的历次封赐情况,还包括地方官员的态度,至于仪式过程、庙宇修建等无不具备。尤为宝贵的是,书中百分之八十以上的内容是在谈宋代的张王信仰,这在宋代民间诸神中是独一无二的,即使在材料相对丰富的明清也是不多见的。这些材料虽然经过作为士人的周秉秀、梅应发等人的初步整理,但其立场、视角则相对客观、多元,有民众为申请爵号写的申状,有耆老口传的故事,有道士的表述,当然也有士人、官员所写的碑记祝文,将不同阶层的观点、态度结合起来,也许就可以得出一个综合的、比较真实的张王信仰。材料的丰富、集中也使我们可以就张王做深入的个案研究,探讨张王信仰的特质以及信仰中折射出的各种社会关系、人神之间的互动。

附录二　张王信仰事迹编年

一、张王神迹编年

[1] 天监五年(506),梁武帝的祈雨。

[2] 天宝中(742—755),潘晃在长安祈雨获应。

[3] 咸通三年(862),贾人王殼外出经商,舟中遇风涛祈求张王得保平安。

[4] 景福元年(892),助吴国田頵败孙儒、沈璨。

[5] 吴天祐五年(908),祷旱得应。

[6] 吴天祐十年(913),诸道兵围广德,县民祷王免难。

[7] 吴乾贞三年(929),祈雨得应。

[8] 南唐保大十二年(954),祷雨感应。

[9] 南唐保大十四年(956),吴越派军攻宣州城,祈求张王得免。

[10] 五代期间有安吉大姓施韬生子不能言,王附祝让其找道士罗希超醮北斗而愈。

[11] 北宋初樊昭庆不信鬼神,遭王之罚。

[12] 张咏守金陵,祈请获验甚多。

[13] 康定元年(1040),知军吕士宗祷雨应。

[14] 熙宁二年(1069),预告汤景仁科举结果。

[15] 元丰元年(1078),兵卒徐莹侮慢张王而死。

附录二 张王信仰事迹编年

[16] 元丰元年(1078),胡庶梦王语中第。

[17] 广德城中火,祷王许饭僧而火灭。

[18] 元祐元年(1086),预告知军邵材浴室之灾。

[19] 元祐二年(1087),警示知军贾易不伐祖庙之松。

[20] 制止民众在显应阁饮博。

[21] 元祐三年(1088),吕惠卿过境祈晴获应。

[22] 绍圣二年(1095),顾临过境梦张王拜访,植松数百而去。

[23] 元符中(1098—1099),开化寺塔火灾,僧人祈王而火灭。

[24] 湖州四安行祠以大风雨推山的变异使贪啬者捐地修庙。

[25] 助信众李文安铸化钱池,神显灵,百姓乐助,遂成。

[26] 大观中(1107—1110),摄参军徐珪梦应。

[27] 政和二年(1112),通判常安民祈雨应。

[28] 政和三年(1113),通判常安民祈雨应。

[29] 政和三年(1113),知军陈禾祈祷灵应。

[30] 政和四年(1114),祈雨应。

[31] 宣和二年(1120),保护广德不受方腊军队的攻击。

[32] 宣和三年(1121),助京西将庄永败方腊之兵。

[33] 绍兴元年(1131),保佑广德免遭乱兵破坏。

[34] 绍兴五年(1135),知军汤朋举祷雨感应。

[35] 绍兴九年(1139),知军洪兴祖祈雨获应,宋廷遣朝臣到广德祈雨获应。

[36] 绍兴十九年(1149),知军胡彦国祷雨应。

[37] 绍兴二十五年(1155),预告王纶仕宦前途。

[38] 预告和州士人周昌言科举。

[39] 绍兴二十六年(1156),预言周必大科举。

[40] 隆兴二年(1164),沈邠求嗣应验。

[41] 乾道五年(1169),王兰科举祈梦应验。

[42] 乾道六年(1170),时康祖祈得药方。

[43] 淳熙七年(1180),缪次袭科举乞签应验。

[44] 皇弟恩平郡王之子疾,祈祠山获救。

[45] 淳熙九年(1182),保护本军商人旅途平安。

[46] 淳熙十三年(1186),刘溥及其子有病,祈词山获治。

[47] 淳熙十六年(1189),谢深甫灵签。

[48] 太平守洪迈祈雨获应。

[49] 嘉定庚午(1210),张王显灵于乌镇陈寺簿之家堂。

[50] 嘉定十六年(1223),免吴江水灾。

[51] 宝庆元年(1225),保佑宁宗葬事顺利进行。

[52] 宝庆三年(1227),荆溪徐文之舟行平安。

[53] 徐氏火灾与舟行遇险,祈词山皆获保佑。

[54] 绍定五年(1232),军判官何处泰之子有病,祈词山获治。

[55] 鄱阳余瑀违禁买糯米,祷张王得以免去处罚和损失。

[56] 嘉熙三年(1239),知军陈熹祈雨获应。

二、张王封赐编年[1]

[1] 天宝中(742—756),赠水部员外郎。祷雨感应。

[2] 乾宁二年(895),赠司农少卿,赐金紫。助平孙儒有功。

[3] 天祐五年(908),杨渥承制赠礼部尚书,兼封广德侯。祈雨。

[4] 吴乾贞二年(928),赠仆射,仍旧广德侯。祈雨。

[5] 南唐保大十二年(954),册为司徒,进封广德公。祷雨累应。

[6] 南唐保大十四年(956),册封广德王。"钱塘兵攻宜城,王以兵援。"

[7] 康定元年(1040),封灵济王,江南旱,祈雨应,知军吕士宗表闻。

[8] 崇宁三年(1104),赐庙额广惠。

[9] 大观元年(1107)十二月,长子封侯。

[10] 政和四年(1114)五月,妻李氏为灵惠妃。

[11] 宣和三年(1121)五月,封忠祐灵济王;闰五月,妻加封二字,长子封公,其余四子为侯。原因:方腊先后攻打宁国、绩溪,王显灵败走。

[12] 绍兴二年(1132)四月,封忠祐灵济昭烈王,妻、五子并加封,赵柳二夫人初封。原因:绍兴元年高彦、张琪先后入境,王显应而破走。

---

[1] 主要资料来源为《宋会要》礼20之85、86,《指掌集》卷2《世系》,《文献通考》卷90《郊社二十三》。

附录二 张王信仰事迹编年

[13] 绍兴五年(1135)十二月,加封正顺忠祐灵济昭烈王,妃、夫人、五子并加封。原因:以六月内诏访闻诸路愆雨泽,委守令于境内灵应去处,精加祈祷,本军诣庙斋醮,即日得雨,守汤鹏举奏闻加封。

[14] 绍兴九年(1139)十一月,王女一位封夫人,二嫔五子各增二字。

[15] 绍兴十年(1140)正月,王弟九位并封二字侯。原因:地方与朝廷祈雨获应,地方人士再三申请。

[16] 绍兴十一年(1141)十月,王祖、父并封侯,王嫔二位增二字,五子之妻二字夫人,九弟之妻二字夫人。原因:知军鲍延祖以祷雨未应,申乞封王祖并父及弟子之配名号。

[17] 绍兴十三年(1143),祖母、母加封二字夫人。原因:知军魏安行,以祈祷灵应。

[18] 绍兴十九年(1149)六月,王祖父母、父母各增二字,长子为王,次子四位为二字公;女增封为四字夫人;王弟九位增封为四字侯;王五子之妻,增封为四字夫人;王弟九位之妻增封为四字夫人;王嫔二位增封为八字夫人。原因:知军胡彦国以前一年临安府差官祈雨感应,牒本军保奏加封,兼本军祈求感应,并申加封。

[19] 绍熙二年(1191)八月,正顺忠祐威德昭烈王。

[20] 嘉泰元年(1201),正顺忠祐威德圣烈王,妻、长子、九弟加封二字。

[21] 开禧元年(1205),正顺显应威德圣烈王。

[22] 开禧三年(1207),正顺昭显威德圣烈王。

[23] 绍定三年(1230),孙封侯。

[24] 嘉熙四年(1240),王七孙封侯,小龙封侯。

[25] 宝祐五年(1257),正祐圣烈真君。

[26] 咸淳二年(1266),正祐圣烈昭德昌福真君。祖父母、父母,嫔二人、五子及妻、女、孙、神龙皆加封二字。

[27] 德祐元年(1275),正祐圣烈昭德昌福崇仁辅顺真君。

[28] 嘉定二年(1209),李侯赐额。

[29] 宝庆元年(1225),李侯封威济侯。

[30] 宝祐五年(1257),方使者封协灵侯。

三、张王庙宇修建情况编年[1]

[1] 张王显灵之后乡人为他和夫人分别在横山西南隅、县东五里立祠。

[2] 挂鼓坛庙,在县东南十五里,为县内张王行祠。

[3] 乾宁元年(758),湖州卞山庙。卞山庙立后不久又有人在湖州南十八里建庙。

[4] 王殷经商平安脱险,建庆福楼,俗呼藏福楼,后不存。

[5] 王象免寇难,修祠宇,顾蒙作记。

[6] 万敬忠受差以钱十万重修庙宇。

[7] 天祐十年(913),杨渥因阴兵却敌,遣使祭,重修祠宇。

[8] 吴天祚三年(937),重修祠宇,并创新亭,有记。

[9] 显德五年(958),勇廷隐与其子昌运等共建新廊十七间,明年落成,李益中记。

[10] 太平兴国八年(980),郭进造后殿,何夷素记。

[11] 景德中(1004—1007),朝廷累命出钱六十万修庙,成悦记。又诏成悦出公帑崇饰祠宇,仍令备录灵应以闻。

[12] 天圣九年(1031),知军袁旦重修祠宇,潘悦记。

[13] 康定元年(1040),封王,令本军制造本庙牌额安挂。

[14] 至和中(1054—1056),知军崔彦博新祠门,易斋厅,创丁字楼,焚钱亭。

[15] 嘉祐中(1056—1063),知军刘俊民重修寝殿(见姚记)。

[16] 元丰四年(1081),知军杜翎重修庙,张赟记。

[17] 元祐元年(1086),知军邵材以王梦应,立祠于堂之西南。

[18] 绍圣二年(1095),顾临感梦植松数百于庙垣外。

[19] 绍圣二年(1095),顾临立行庙于四安镇西北山。

[20] 大观元年(1107),封王长子为敷泽侯,始建侯殿,政和二年(1112)落成,郭行正记。

[21] 政和四年(1114),守陈禾申请封妃,并乞缗钱缮祠宇,诏给度牒二十道,重建山门,陆元光记。

---

[1] 本表主要涉及张王祖庙及附近庙宇,不包括广德之外的行祠,基本材料来自《指掌集》卷6。

附录二　张王信仰事迹编年

[22] 绍兴五年(1135),重建王长子永祐公殿,严抑记。后封承烈王。

[23] 绍兴十三年(1143),始建二祖殿。

[24] 绍兴三十二年(1152),知军曹绂、倅钱肃之重修庙宇,汤耘之记。

[25] 淳熙三年(1176),僧智通率合众助新建妃庙,七年落成,周承勋记。

[26] 淳熙六年(1179),知军赵希仁重修庙。

[27] 淳熙十二年(1185),重建显应阁,刘溥记。

[28] 淳熙十四年(1187),重建妃庙殿。

[29] 庆元元年(1195),初建烧香亭。

[30] 庆元四年(1198),知军曾卓重建承烈王殿、四公殿、烧香亭。

[31] 嘉泰二年(1202),诏给度牒二道为修庙费,重建二祖殿。

[32] 嘉泰三年(1203),直秘阁张宗愈出钱百万重建诸殿。

[33] 宝庆二年(1226),知军袁君儒以庙南门旧路逶迤由报恩寺过,遂阚开直道,南至正门。

[34] 绍定二年(1229),知军赵汝(庸戈)奏请僧牒六十二道,建正殿、济美公、求福侯殿。

[35] 绍定三年(1230),知军俞杭又请僧牒四十道,建显应阁东楼、内外两廊甃、献台,又措置到田产入庙公用,以为永业。

[36] 绍定五年(1232),守臣赵汝献、知军林棐申请朝廷,重修。范镕记"通得祠牒一百三十二,为钱余十钜万"。

[37] 景定三年(1262),申请朝廷得祠牒十道,节浮费,佐以公帑钱一十三万有奇,米六百八十余石,重修。

附录三 张王行祠分布表

[1] 894—899年,湖州,广德邑人避难湖州卞山,立草堂祀神,刺史李师悦梦神,建祠于卞山之隅。《指掌集》卷5。

[2] 894—899年,湖州,在湖州南十八里,时间在卞山行祠之后不久,不知创建者身份。《指掌集》卷5引吴《张仆射庙记》。

[3] 唐末,丹阳县,相传为贩货者钦公创建,天圣中重建,崇宁中邑人谢存率众大姓大修。《至顺镇江志》卷8,《宋元方志丛刊》,第2732页。

[4] 984年已存在,句容县,庙北有张墓数百亩,绍兴经界时免税,1172年由邑士许恭、李立率众重修,由县令撰碑记,也一直是地方官祈祷之所。《指掌集》卷10;《至大金陵新志》卷11上,《宋元方志丛刊》,第5688页;《句容金石记》卷五《重修建康府句容县南庙记》。

[5] 984年已存在,长兴县,吕山山北,离广德十五里。《指掌集》卷5、10。

[6] 1017年已存在,丹阳县,在府西南一里一百七十步,崇宁间新而广之。《至顺镇江志》卷8,《宋元方志丛刊》第2731页。

[7] 1064—1067年,乌程县南浔镇,创建者不明。《南浔镇志》五编《重建张王庙碑记》。

[8] 1095年,湖州四安镇在镇西北山上,顾临感梦而立。《指掌集》卷5。

[9] 1101年,湖州,在子城西,在报恩观之右,知州事徐铎始创。《嘉泰吴兴志》卷10,《宋元方志丛刊》第4742页。

附录三　张王行祠分布表

[10] 1101年,丹徒县,在县东六十三里华山,是境内及江淮的张王信仰中心之一。《至顺镇江志》卷8,《宋元方志丛刊》第2731页。

[11] 1104年已存在,宜兴县,在胥村,邑人单子发撰碑。《咸淳毗陵志》卷14、29,《宋元方志丛刊》第3077、3206页。

[12] 1133年已存在,金坛县,在县治西二里。《至顺镇江志》卷8,《宋元方志丛刊》第2735页。

[13] 1133年,常山县,县学东,县令郑元鼎祈雨有应建庙。《古今图书集成·职方典》卷1014《衢州府部·祠庙考》。

[14] 1135年,安吉县,在县西北常乐寺东,1201年前废。《嘉泰吴兴志》卷13,《宋元方志丛刊》第4746页。

[15] 1140年,昌国县,都巡检使李全建,教授高闻记。《宝庆四明志》卷20,《宋元方志丛刊》第5253页。

[16] 1171年,鄞县,二灵山在东钱湖,史浩请香火归明州供养文。《宝庆四明志》卷12,《宋元方志丛刊》第5148页;《指掌集》卷4、10。

[17] 1171年已存在,昆山县,在永怀寺内,百年后遭火。《淳祐玉峰志》卷下,《宋元方志丛刊》第1090页。

[18] 1174—1189年已存在,常熟县,邑人迎神像塑于乾元宫山门之东偏,后于1193年建殿宇。《琴川志》卷10,《宋元方志丛刊》第1242页。

[19] 1176年,长兴县,在县西五峰山,由道士陈静逸建。《浙江通志》卷229《寺观四》;并参《古今图书集成·职方典》卷971《湖州府部·祠庙考》。

[20] 1176年,繁昌县,县尉陈造祈雨有应,建庙。《江湖长翁集》卷21《重建祠山庙记》。

[21] 1181年已存在,于潜县,在县东一里南阳山,无极宫在其右。由骆忠翊嗣业建。《咸淳临安志》卷73、26,《宋元方志丛刊》第4020、3612页。

[22] 1181年,华亭县,在县西三里。《云间志》卷中,《宋元方志丛刊》第28页。

[23] 1183年已存在,建康府,在城东三里,建康军民创建,地方官祈雨感应,申请得广惠庙额。《景定建康志》卷44,《宋元方志丛刊》第2057页。

[24] 1185年,武康县,在县治东北清风里。《嘉泰吴兴志》卷13,《宋元方志丛刊》第4745页。

[25] 1186年,台州,在栖霞宫东,"诸邑类有之",实则台州的张王行祠至少有五处。《嘉定赤城志》卷31,《宋元方志丛刊》第7519页。

[26] 1190—1194年,桐庐县,县西一里,邑令陈准感梦建。《景定严州续志》卷7,《宋元方志丛刊》第4400页。

[27] 1190—1194年,吉州,祠在西门外能仁寺左翼,元季毁于火。《古今图书集成·职方典》卷900《吉安府部·祠庙考》;《须溪集》卷四《吉州能仁寺重修记》。

[28] 1191年,昌化县,县东南二百步,上清宫之西。绍熙二年(1191)令张任创。《咸淳临安志》卷71,《宋元方志丛刊》第4039页。

[29] 1191年,海盐县,在县南一里,文林郎、绍兴府察推蔡与义建,1251年,知县何三寿再建。《至元嘉禾志》卷12,《宋元方志丛刊》第4496页。

[30] 1194年,临安霍山,1170年始卜地于霍山,成于1194年。费缗钱十万,而判院张宗况施助独多焉。景定、咸淳年间地方官洪焘、潜说友先后修葺,由长庆寺僧主香火。《咸淳临安志》卷73,《宋元方志丛刊》第4011、4012页。

[31] 1190—1194年,临安金地山,朝廷令修内司(其官厅在临安孝仁坊青平山口,即在金地山之旁)营造。《咸淳临安志》卷73,《宋元方志丛刊》第4011页。

[32] 1196年,余姚县,在县西二百六十步,祭者必诵老子,且禁食胾肉云。《嘉泰会稽志》卷6,《宋元方志丛刊》第6810页。

[33] 1196年,盱眙军,知军鲍某修建,为地方祈雨场所。《江湖长翁集》卷21《重建祠山庙记》。

[34] 1197年,平江府,在雍熙寺东。1197年重修,1259年住持僧嗣芳曾申状平江府请求蠲免庙院苗税。《北京图书馆藏中国历代石刻拓本汇编》第44册,第20、137页。

[35] 1200年,临安府千顷广化院,在木子巷北,庆元六年(1200)僧善彬建。《咸淳临安志》卷76,《宋元方志丛刊》第4041页。

[36] 1201年已存在,湖州,在定安门外,即湖州南关张王庙。《嘉泰吴兴志》卷13,《宋元方志丛刊》第4742页。

[37] 1201年已存在,嵊县,在县北一百八十步。《嘉泰会稽志》卷6,《宋元方志

附录三 张王行祠分布表

丛刊》第 6807 页。

[38] 1201 年已存在,上虞县,在县西一里。《嘉泰会稽志》卷6,《宋元方志丛刊》第 6811 页。

[39] 1201 年已存在,新昌县,在县西南三里。《嘉泰会稽志》卷6,《宋元方志丛刊》第 6812 页。

[40] 1203 年,海盐县,在澉水镇南市。《澉水志》卷下,《宋元方志丛刊》第 4664 页。

[41] 1205—1207 年,丹阳县,县南五十里竹塘。《至顺镇江志》卷8,《宋元方志丛刊》第 2732 页。

[42] 1205—1207 年,慈溪县,在永明寺,县尉施子升始建殿宇,宝庆二年(1226)令周符尉庄镐募众增广。《宝庆四明志》卷17,《宋元方志丛刊》第 5217 页。

[43] 1205—1207 年已存在,余杭县,在洞霄宫,由宫内赐神像。《大涤洞天记》卷上。

[44] 1208 年已存在,温州,为地方官府水旱祈祷中心之一。《慈湖遗书》卷18《海神、祠山祝文》;《鹤林集》卷 14 相关祝文。

[45] 1208 年,江山县。《古今图书集成·职方典》卷1014《衢州府部·祠庙考》。

[46] 1210 年已存在,歙县,在城东二里。《[嘉靖]徽州府志》卷10《祀典》。

[47] 1210 年,徽州,嘉定三年(1210)知州赵希远在报恩寺侧立庙祀之。《[嘉靖]徽州府志》卷10《祀典》。

[48] 1215 年,淳安县,在县治南,知县应与权建。《景定严州续志》卷6,《宋元方志丛刊》第 4396 页。

[49] 1216 年已存在,古田县,最初附于惠应庙,后来两庙重修,张王为主。《后村先生大全集》卷88《古田广惠惠应行祠》。

[50] 1216 年,六合县,县令刘昌诗修建。《古今图书集成·职方典》卷660《江宁府·祠庙考》。

[51] 1217 年已存在,泉州地方官府水旱祈祷中心之一。《西山文集》卷 52—54 相关祝文。

[52] 1219 年已存在,安庆府,在安庆府城墙西侧。《勉斋集》卷34《晓示城西居

民筑城利便》。

[53] 1220年,湘阴县,万岁寺中,由僧祖发创建。《古罗志》,《永乐大典方志辑佚》第2345页。

[54] 1221年已存在,武义县,被称为张车骑庙。《舆地纪胜》卷24,第292页。

[55] 1222年,江州,知州曹至藉奸吏之地而建。《江州志》,《永乐大典方志辑佚》第1650页。

[56] 1228年已存在,漳州。《福州通志》卷65《杂纪·祥异》。

[57] 1229年已存在,池州,提点江东常平袁甫重修。《蒙斋集》卷13《池州重建祠山庙记》。

[58] 1237—1240年已存在,丹阳县,在延陵镇。宝祐四年(1256)摄邑事赵良锗率众增广。《至顺镇江志》卷8,《宋元方志丛刊》第2732页。

[59] 1238年已存在,崇安县。《[康熙]崇安县志》卷3,第976页。

[60] 1241年已存在,严州,旧在兜率寺东庑间,淳祐元年(1241)知州王俗辟寺东废址迁焉。《景定严州续志》卷4,《宋元方志丛刊》第4379页。

[61] 1246年已存在,明州,旧附灵济院佛殿之右,淳祐六年(1246)夏知府颜颐仲在院南新建。《宝庆四明志》卷11;《延祐四明志》卷15。

[62] 1248—1252年,常州,在崇胜寺西,知州王圭建。《咸淳毗陵志》卷14,《宋元方志丛刊》第3073页。

[63] 1252年,昆山县,在永怀寺内。《淳祐玉峰志》卷下,《宋元方志丛刊》第1090页。

[64] 1258年已存在,莲城县,在东塔院之右。《临汀志》,《永乐大典方志辑佚》第1284页。

[65] 1262年已存在,遂安县,在县西。《景定严州续志》卷8,《宋元方志丛刊》第4404页。

[66] 1262年已存在,分水县,在县东南百步瑞云山之巅。《景定严州续志》卷9,《宋元方志丛刊》第4408页。

[67] 1268年已存在,富阳县,在通济桥西。《咸淳临安志》卷73,《宋元方志丛刊》第4021页。

[68] 1268年已存在,武进县,在县南水门外。《咸淳毗陵志》卷14,《宋元方志丛

附录三　张王行祠分布表

刊》第 3075 页。

[69] 1268 年已存在,无锡县,在县南门。《咸淳毗陵志》卷 14,《宋元方志丛刊》第 3076 页。

[70] 1268 年已存在,宜兴县,在福德桥。《咸淳毗陵志》卷 14,《宋元方志丛刊》第 3077 页。

[71] 宋末,昌国县,附祖印寺之右,《大德昌国州图志》卷 7,《宋元方志丛刊》第 6105 页。

[72] 宋末,华亭县,旧在西门外,宋德佑兵火后移于西南一里半。《至元嘉禾志》卷 12,《宋元方志丛刊》第 4492 页。

[73] 宋末,德清县,在德清县北三里。《吴兴续志》,《永乐大典方志辑佚》第 839 页。

[74] 南宋,抚州,在报恩禅寺之左庑。《临川志》,《永乐大典方志辑佚》第 1930 页。

[75] 南宋,宣城,城东南三里,进士赵孟燏建。《古今图书集成·职方典》卷 801《宁国府部·祠庙考》。

附录四　两宋皇帝祈雨数据统计

	太祖	太宗	真宗	仁宗	英宗	神宗	哲宗	孝宗	宁宗	总数
玉清昭应宫			1	1						2
上清宫			3	1						4
景灵宫										0
太一宫			2	2				3	3	10
太清观（今建隆观）	1	1	1							3
会灵观（今集禧观）				3		3	1			7
祥原观（今醴泉观）				1	1	2				4
大相国寺	2		3	2	1	3	1			12
封禅寺（今开宝寺）			2	2						4
太平兴国寺		1	2							3
天清寺			1	1	1	1	1			5
天寿寺（今景德寺）			1	1						2
启圣院			2							2
普安院				1						1
广化寺	1									1
明庆寺								2	2	4
圜丘								1	3	4
总数	4	2	18	15	3	9	3	6	8	68

附录五　五通、仰山、天妃、梓潼行祠分布

一、五通行祠分布

[1] 唐代,镇江,康定元年(1040)重建,嘉定七年(1214)重建。淳祐四年(1244)、景定二年(1261)都有兴建。《至顺镇江志》卷8,《宋元方志丛刊》第2727—2728页。

[2] 906年,常州,《咸淳毗陵志》卷14,《宋元方志丛刊》第3073页。

[3] 1004—1008年,福州,《淳熙三山志》卷8,《宋元方志丛刊》第7862页。

[4] 1034年前,建昌军治城北,《李觏集》卷23《邵氏神祠记》,第267—268页。

[5] 1053年之前,处州缙云县,《温国文正司马公文集》卷78《宋故处州缙云县尉张君墓志铭》,第2页。

[6] 1056—1063年,东京,《能改斋漫录》卷18、《宋会要》,政和年间禁东京五通。

[7] 1084年,湖州长兴县,《[乾隆]长兴县志》卷4,第19页。

[8] 1094年左右,南康军建昌县,《夷坚志》第1295页。

[9] 北宋,信州及德兴县,《夷坚志》第1378、1427页。

[10] 北宋时,汉阳军,《括异志》卷9,第99页。

[11] 北宋时,鄂州,《夷坚志》第648页。

[12] 1119—1125年,温州,《[乾隆]温州府志》卷9,第20页。

[13] 1131—1162年,临安,《咸淳临安志》卷73,《宋元方志丛刊》第4014页。

[14] 1131—1165年,长汀县,《临汀志》,《永乐大典方志辑佚》第1277页。

[15] 1131—1162年,平江府,《[正德]姑苏志》卷27,第15页。

[16] 1144年前,绍兴府,《会稽志》卷6,《宋元方志丛刊》第6802页;并见《西溪丛语》卷上,第35页;《夷坚志》三志己卷8,第1364页。

[17] 1201年前,绍兴府诸暨县,《会稽志》卷6,《宋元方志丛刊》第6808页。

[18] 1201年,严州,《景定严州续志》卷4,《宋元方志丛刊》第4380页。

[19] 1201—1205年,临安,《咸淳临安志》卷76,《宋元方志丛刊》第4084页。

[20] 1205—1207年,明州,《延祐四明志》卷15,《宋元方志丛刊》第6353页。

[21] 1208—1224年,莲城县,《临汀志》,《永乐大典方志辑佚》第1284页。

[22] 1208—1224年,莲城县,《临汀志》,《永乐大典方志辑佚》第1284页。

[23] 1209年,平江府,《[正德]姑苏志》卷27,第15页。

[24] 1213年重建,临安,《咸淳临安志》卷73,《宋元方志丛刊》第4014页。

[25] 1216年前,韶州,《北溪大全集》卷9《韶州州学师道堂记》,《四库全书》,第1168册,第568—569页。

[26] 1217年前,建宁府梅山,《西山文集》卷52之祝文、申状,《翠微南征录》卷11,《四库全书》,第1176册,第683页。

[27] 1221年,台州,《赤城志》卷31,《宋元方志丛刊》第7519页。

[28] 1227年前,衢州,《蒙斋集》卷12《衢州重修灵顺庙记》,《四库全书》,第1175册,第478页。

[29] 1228—1241年,平江府昆山县,《淳祐玉峰志》卷下,《宋元方志丛刊》第1090页。

[30] 1235年,临安,《咸淳临安志》卷73,《宋元方志丛刊》第4014页。

[31] 1236年,临安,《咸淳临安志》卷73,《宋元方志丛刊》第4014页。

[32] 1240年重建,平江府,《[正德]姑苏志》卷27,第15页。

[33] 1241—1251年,嘉兴府,鲁应龙《闲窗括异志》,《中华野史》宋朝卷3,第2892页。

[34] 1241—1252年重建,东山五通庙,《临汀志》,《永乐大典方志辑佚》第

附录五　五通、仰山、天妃、梓潼行祠分布

1276 页。

[35] 1241—1252 年,武平县,《临汀志》,《永乐大典方志辑佚》第 1281 页。

[36] 1241—1253 年,镇江,《至顺镇江志》卷 8,《宋元方志丛刊》第 2727—2728 页。

[37] 1248 年,丹阳县,《至顺镇江志》卷 8,《宋元方志丛刊》第 2732 页。

[38] 1249 年新之,临安,《咸淳临安志》卷 73,《宋元方志丛刊》第 4014 页。

[39] 1253—1258 年,梧州,《苍梧志》,《永乐大典方志辑佚》第 2914—2915 页。

[40] 1253—1258 年重创,长汀县,《临汀志》,《永乐大典方志辑佚》第 1278 页。

[41] 1254 年,临安,《咸淳临安志》卷 82,《宋元方志丛刊》第 4117 页。

[42] 1262 年前,严州分水县,《景定严州续志》卷 9,《宋元方志丛刊》第 4408 页。

[43] 1268 年之前,临安,《咸淳临安志》卷 73,《宋元方志丛刊》第 4014 页。

[44] 1268 年前,富阳县,《咸淳临安志》卷 74,《宋元方志丛刊》第 4021 页。

[45] 1268 年前,临安县,《咸淳临安志》卷 74,《宋元方志丛刊》第 4018 页。

[46] 1268 年前,新城县,《咸淳临安志》卷 74,《宋元方志丛刊》第 4022 页。

[47] 1268 年前,昌化县,《咸淳临安志》卷 74,《宋元方志丛刊》第 4024 页。

[48] 1269 年,临安,《咸淳临安志》卷 73,《宋元方志丛刊》第 4014 页,卷 78,第 4063 页。

[49] 宋代,明州慈溪县,《宝庆四明志》卷 17,《宋元方志丛刊》第 5216 页。

[50] 1275 年前,临江军清江,《须溪集》卷 1《五显华光楼记》,《四库全书》,第 1186 册,第 420、421 页。

[51] 宋代,徽州,《新安志》卷 1,《宋元方志丛刊》第 7614 页。

[52] 宋代,饶州鄱阳,《夷坚志》第 509、773、1267 页。

[53] 宋代,饶州余干县,《贵耳集》卷下,《宋元笔记小说大观》第 4323 页。

[54] 宋代,玉山县,《夷坚志》第 135 页。

[55] 宋代,江州,共有五庙,《江州志》,《永乐大典方志辑佚》第 1651 页。

[56] 宋代,抚州,《临川志》,《永乐大典方志辑佚》第 1930 页;《夷坚志》第 667 页。

[57] 宋代,汀州,《临汀志》,《永乐大典方志辑佚》第 1276 页。

[58] 宋代,上杭县,《临汀志》,《永乐大典方志辑佚》第 1280 页。

[59] 宋代,嘉兴府海盐县,《澉水志》卷上,《宋元方志丛刊》第 4661、4664 页。

二、仰山行祠分布

[1] 1131—1162 年,宜春城,《文忠集》卷59《袁州宜春台孚惠新祠记》,《四库全书》,第 1147 册,第 623、624 页。

[2] 1165 年,静江府,《张孝祥诗文集》卷14《仰山庙记》,第 168 页。

[3] 1174—1189 年,全州,《广西通志》卷42,《四库全书》,第 566 册,第 219 页。

[4] 1174—1189 年,崇仁县,《江西通志》卷112,《四库全书》,第 516 册,第 690 页。

[5] 1174—1189 年,临安,《咸淳临安志》卷 73,《宋元方志丛刊》第 4012、4012 页。

[6] 1179 年之前,道州,《睽车志》卷2,《宋元笔记小说大观》第 4087—4088 页。

[7] 1190—1194 年,汀州,《临汀志》,《永乐大典方志辑佚》第 1284 页。

[8] 1194 年,抚州,《临川志》,《永乐大典方志辑佚》第 1929 页。

[9] 1197 年,吉州太和,《文忠集》卷59《太和县仰山二王行祠记》,《四库全书》,第 1147 册,第 622、623 页。

[10] 1211 年前后,镇江,《至顺镇江志》卷8,《宋元方志丛刊》第 2728 页。

[11] 1222 年之前,潭州,《西山文集》卷50《仰山灵济王生辰疏》、卷53《仰山祝文》。

[12] 1233 年前,南雄,《南雄路志》,《永乐大典方志辑佚》第 2481—2482 页。

[13] 南宋,江州,《江州志》,《永乐大典方志辑佚》第 1651 页。

三、天妃行祠列表

[1] 北宋,莆田,《咸淳临安志》卷73,《宋元方志丛刊》第 4014—4015 页。

[2] 1133 年,明州鄞县,《积斋集》卷4《灵济庙事迹记》,《四库全书》,第 1212 册,第 352—354 页,并参《丛书集成续编》本。

[3] 1205—1207 年,临安艮山的天妃庙,《咸淳临安志》卷73,《宋元方志丛刊》第 4014、4015 页。

[4] 1195—1200 年,泉州,《万历泉州府志》卷24,第 2 页。

[5] 1210 年,南雄州,《南雄路志》,《永乐大典方志辑佚》第 2481 页。

[6] 1215 年之前,梧州,《苍梧志》,《永乐大典方志辑佚》第 2897 页。

[7] 1238 年,镇江丹徒县,《至顺镇江志》卷8,《宋元方志丛刊》第 2730 页。

附录五　五通、仰山、天妃、梓潼行祠分布

[8] 1257 年前,兴化军仙溪县,《仙溪志》卷 3,《宋元方志丛刊》第 8309 页;《后村先生大全集》卷 91《风亭新建妃庙》,第 17—18 页。

[9] 1268 年前,临安另有天妃行祠,《咸淳临安志》卷 73,《宋元方志丛刊》第 4014 页。

[10] 南宋,漳州,《北溪大全集》卷 43《上赵寺丞论淫祀》,《四库全书》,第 1168 册,第 852 页。

四、梓潼行祠分布表

[1] 1236 年,临安,《咸淳临安志》卷 75,《宋元方志丛刊》第 4030 页;《梦粱录》卷 14,第 198 页。

[2] 1253 年,抚州,《临川志》,《永乐大典方志辑佚》第 1930 页。

[3] 1259 年,建康府丹阳县,《至顺镇江志》卷 8,《宋元方志丛刊》第 2732 页。

[4] 1260 年拓修,严州,《景定严州续志》卷 4,《宋元方志丛刊》第 4379、4380 页。

[5] 1261 年,湖州,《吴兴续志》,《永乐大典方志辑佚》第 818 页。

[6] 1261 年,吉州龙泉县,《文山先生全集》卷 12《龙泉县太霄观梓潼祠记》、《青山集》卷 4《文昌阁记》,《四库全书》,1195 册,第 56—57 页。

[7] 1261 年,明州奉化县,《延祐四明志》卷 18,《宋元方志丛刊》第 6409 页;《雪坡集》卷 33《明州奉化县梓潼帝君殿记》,《四库全书》,第 1184 册,第 218—219 页。

[8] 1263 年,建康府,《景定建康志》卷 44、45,《宋元方志丛刊》第 2061、2062、2072 页。

[9] 1269 年,明州昌国,《昌国州图志》卷 7,《宋元方志丛刊》第 6105 页。

[10] 1271 年,明州象山县,《延祐四明志》卷 18,《宋元方志丛刊》第 6410 页。

[11] 南宋,信州弋阳县,《碧梧玩芳集》卷 17《梓潼帝君祠记》,《四库全书》,第 1187 册,第 120 页。

[12] 南宋,平江府昆山县,《淳祐玉峰志》卷下,《宋元方志丛刊》第 1090 页。

[13] 南宋,平江府昆山县,《玉峰续志》,《宋元方志丛刊》第 1108 页。

[14] 南宋,饶州,《江西通志》卷 109,《四库全书》,第 516 册,第 602 页。

[15] 南宋,常州,《咸淳毗陵志》卷 14,《宋元方志丛刊》第 3073 页。

[16] 南宋末,武冈军,见《陵阳集》卷 8《武冈置靖安寨申省状》、卷 22《祝文》。

353

附录六　两宋关于正祀、淫祀的诏令与行为一览表[1]

	时间或地点	诏令内容与事件	资料出处
太祖	乾德五年四月	禁民赛神,为竞渡戏及作青天白衣会,吏谨捕之。	《长编》卷8,乾德五年四月
	开宝四年二月二十五日	诏:前代祠宇各与崇修。	《宋会要》礼20之1
	开宝五年九月庚午	禁西川民敛钱结社及竞渡。	《长编》卷13,开宝五年九月庚午
太宗	太平兴国六年四月丙戌	禁东、西川白衣巫师。	《长编》卷22,太平兴国六年四月丙戌
	雍熙二年闰九月二十四日	诏:邕、容桂广诸州婚嫁丧葬衣服制度并杀人以祭鬼,病不求医药等事,并委本郡长吏多方化导,渐以治之,无宜峻法以致烦扰。	《宋会要》刑法2之3

[1] 本表根据沈宗宪的博士论文中所附《两宋民间祠祀暨相关信仰行为禁令》、《两宋官员取缔非法祠祀、妖异之行为》二表改编,由于本书论旨与沈文有异,所以将沈表中取缔妖教、打击妖异的材料删除,并将同时期地方官员打击非法民众信仰的材料列于同期的诏令之后,以配合正文的相关论述。此外,本表对沈表中的一些错误作了修改,并增加了部分材料,特别是朝廷封赐祠神信仰的相关诏令。为压缩篇幅,"诏令内容"与"事件"栏在保留材料原意的基础上均有删改。

附录六　两宋关于正祀、淫祀的诏令与行为一览表

续　表

	时间或地点	诏令内容与事件	资　料　出　处
太宗	淳化元年八月二十七日	巴峡之俗,杀人为牺牲以祀鬼。诏:剑南东西川、峡路、荆湖、岭南等处管内州县,戒吏谨捕之,犯者论死,募告者以其家财畀之,吏敢匿而不闻者加其罚。	《宋会要》刑法2之3、4
	淳化二年	富州民杀人祭鬼,诏以远俗勿问。	《宋史》卷493《蛮夷一》
	淳化三年十一月二十九日	禁断两浙诸州治病巫者,犯者以造妖惑众论。	《宋会要》刑法2之5
	淳化五年二月二十六日	诏:剑南诸州民为州县长吏建生祠堂者,宜禁之。	《宋会要》刑法2之5
李惟清	夔路涪陵县	民尚淫祀,疾病不疗治,听命于巫。惟清禽大巫笞之。然后教以医药,稍变其风俗。	《长编》卷24,太平兴国八年
郭贽	荆南府	府俗尚淫祀,属久旱,盛陈祷雨之具,命悉撤去。	《宋史》卷266《郭贽传》
范旻	邕州	俗好淫祀,轻医药,重鬼神,旻下令禁之。割己俸市药以给病者,复以方书刻厅壁,民感化之。	《宋史》卷249《范旻传》
真宗	咸平元年十月二十八日	禁峡州民杀人祭鬼。	《宋会要》刑法2之6
	景德三年十一月八日	应以历代帝王画像列街衢以聚人者并禁止之。	《宋会要》刑法2之7
	大中祥符元年十二月十三日	诏:应天下有名在地志,功及生民,宫观陵庙,并加崇饰。	《宋会要》礼20之2
	大中祥符二年三月二十六日	诏:会真宫尊像、兖州诸观庙伏羲文宪王祠宇塑像,衣冠制度,令太常礼院、道录院检详典故科仪颁下。	《宋会要》礼20之2

续 表

	时间或地点	诏令内容与事件	资料出处
真宗	大中祥符三年二月二十五日	禁荆南杀祭稜腾神。	《宋会要》刑法2之10
	大中祥符三年三月十八日	诏：如闻太康县民有起妖祠以聚众者，令开封府即加禁止。	《宋会要》刑法2之10
	大中祥符三年四月二十九日	诏：令有司量定赛会日数，禁其夜集，官司严加警察。	《宋会要》刑法2之10
	大中祥符五年正月十七日	诏：令开封府速擒捕闾阎门惑众之人，禁止之。	《宋会要》刑法2之11
	大中祥符五年七月十日	禁止永康军村民社赛用棹刀为戏。	《宋会要》刑法2之11
	大中祥符年间	交修大礼，拱揖诸神，虽偏方远国山林之祀不出经据、偶在祀典者，尚秩王公之爵，增牲牢之品。	《宋会要》礼19之11
	天禧三年四月	禁金、商等州祀邪神，所犯头首及强豪者，并处死。	《宋大诏令集》卷199《禁金商等州祭邪神诏》
	天禧三年十月十三日	禁兴州泉县，剑利等州白衣师巫。	《宋会要》刑法2之14
	天禧四年四月二十四日	诏：访闻忻代州民秋后结朋角觚，谓之野场，有杀伤者，自今悉禁绝之。	《宋会要》刑法2之14
	天禧五年八月七日	诏：神社枪旗等严行钤辖，如有违犯，内头首取敕裁，及许陈告。	《宋会要》刑法2之16
王质	蔡州	撤吴元济庙，建狄仁杰、李塑庙，率吏民拜祭，蔡人从之，后号为双庙。	《范文正集》卷13《尚书度支郎中充天章阁待制知陕州军府事王公墓志铭》
王嗣宗	邠州	城东灵应庙有狐，妖巫之为人祸福，民众信之，嗣宗塞其穴，淫祀遂息。	《长编》卷75，大中祥符四月庚辰

附录六　两宋关于正祀、淫祀的诏令与行为一览表

续　表

	时间或地点	诏令内容与事件	资料出处
任中师	广州	视事之明日,吏白:故事当谒诸祠庙,廨有淫祠,中师遽命撤去之。	《宋史》卷288《任中师传》
李夷庚	南安军明州	毁淫祠四十余所;明州有花楼神,郡守初至皆谒奠,夷庚毁之。	《宋史翼》卷18《李夷庚传》
李堪	古田县	毁淫祠数百。	《淳熙三山志》卷8《诸县祠庙·古田》
程珦	龚州	宜州欧希范被诛后,乡人忽传其降,言当为立祠南海,于是迎其神以往,所过之州唯有浔州守以为妖,投奉神之具于江中,但因神逆流而上,守惧,更致礼。程珦命人投之江中。	《河南程氏文集》卷12《先公太中家传》
刘若虚	福建路邵武军	撤巫祠,禁巫觋,教病者药,置朋酒群斗者于法,治孔子庙。	《端明集》卷37《尚书屯田员外郎赠光禄卿刘公墓碣》
刘随	永康军	多信鬼巫妖诞之说,俗事灌口祠甚谨,春秋常祀,供设以万计,皆取编户。止之。	《徂徕石先生文集》卷9《永康老人说》
仁宗	天圣元年十一月八日	诏:令江南东西、荆湖南北、广南东西、两浙、福建路转运司,遍行指挥辖下州府军监县镇,禁师巫以邪神为名,屏去病人衣食汤药,或恣行邪法诱引良家男女传教妖法为弟子。条有罪罚,粉壁晓示,仍半年一度举行约束。	《宋会要》礼20之12;并见《长编》卷101,天圣元年十一月戊戌
仁宗	天圣三年四月二十三日	禁淮南师巫治病,将天圣元年诏令行于淮南路。	《宋会要》礼20之12
仁宗	天圣五年八月七日	严行钤辖神社枪旗。	《宋会要》刑法2之16

续 表

	时间或地点	诏令内容与事件	资料出处
仁宗	天圣九年四月壬子	诏：荆湖杀人祭鬼，为首者凌迟。	《长编》卷110，天圣九年四月壬子
	景祐元年五月十八日	诏：今后每丰稔百姓不得率敛钱物，建感恩道场。	《宋会要》刑法2之20
	景祐元年九月二十五日	禁潭州建五瘟神庙。	《宋会要》礼20之12
	景祐二年十二月十四日	禁夜聚晓散传习妖教。	《宋会要》刑法2之21
	景祐三年六月十五日	福建转运使言：南剑州祆人饶曾托言鬼神，恐赫民财，今后有犯者，许人告捕，鞫罪籍没家财。本县官不时觉察，即与冲替，从之。	《宋会要》刑法2之22
	宝元二年四月乙丑	诏官吏不即捕系（白衣会）当重寘其罪。	《长编》卷123，宝元二年四月乙丑
	宝元二年九月庚戌	塞京古井，绝井水治病验神之说。	《长编》卷124，宝元二年九月庚戌
	康定元年十一月四日	知万州马元颖言：乞下川陕广南福建荆湖江淮，禁民畜蛇毒蛊药杀人祭妖神，其已杀人者许人陈告，赏钱随处支铜钱及大铁，钱一百贯，从之。	《宋会要》刑法2之25
	庆历七年三月二十三日	诏：诸处祠庙不得擅行毁拆，内系祀典者如有损坏去处，令与修整。	《宋会要》礼20之2
	庆历八年三月四日	诏诸传习妖教，非清涉不顺者，毋得过有追捕。	《宋会要》刑法2之9
	庆历八年	诏毁乡民之擅为祠者。	《安阳集》卷21《定州重修北岳庙记》
	皇祐二年十二月十一日	诏：天下长吏凡山川能兴云雨、不载祀典者以名闻。	《宋会要》礼20之2

附录六 两宋关于正祀、淫祀的诏令与行为一览表

续　表

	时间或地点	诏令内容与事件	资料出处
仁宗	嘉祐三年九月二十二日	诏：开封府止绝百姓不得以献送为名，制造御服之类，于街市乞贷钱物。	《宋会要》刑法2之33
王惟正	雅州	俗右鬼神，巫觋借之敛财。惟正按祠庙之不在祀典者，毁像，撤屋材补官舍，巫觋为之易业。	《端明集》卷38《尚书主客郎中王君墓志铭》
石洵直	成都府路彭州	彭之巫，构淫祠，诳俗以祸福。	《净德集》卷22《中大夫致仕石公墓志铭》
沈遘	杭州	有人挟左道以持，公私前弗能去，公捽置之法。	《都官集》卷8《杭州知府沈公生祠堂德政记》
吕希道	解州	州人不知向学，希道毁淫祠及寺无旧额者百余处，取其材广学宫。	《范太史集》卷42《左中散大夫守少府监吕公墓志铭》
李公济	饶州余干县	毁淫祠，取其材以为孔子庙，率县人之秀者兴于学。	《临川先生文集》卷88《虞部郎中赠卫尉卿李公神道碑》
李尧愈	宋城县	拆佛宇淫祠十数区，取其材作（夫子）庙于县署之右。	《徂徕石先生文集》卷19《宋城县夫子庙记》
李宽	江南东路饶州	禁巫医之罔民，案畜蛊者。	《临川先生文集》卷97《广西转运使李君墓志铭》
李载	祥符县	巫云饮井泉可愈疾，趋者旁午，载杖巫堙井。	《宋史》卷333《李载传》
周湛	梓州路戎州	俗不知医，病者以祈禳巫祝为事，湛取古方书刻石教之，禁为巫者，自是人始用医药。	《宋史》卷300《周湛传》
吴中复	峨眉县	边夷事淫祠太盛，中复悉废之。	《宋史》卷322《吴中复传》

续 表

	时间或地点	诏令内容与事件	资料出处
种世衡	武功县	毁淫祀，崇夫子庙以来学者。	《范文正公集》卷13《东染院使种君墓志铭》
侯可	巴州	俗尚鬼而废医，惟巫言是用，虽父母之疾，皆弃去弗视。先生诲以义理，严其禁戒，或亲至病家，为视医药。	《河南程氏文集》卷4《华阴侯先生墓志铭》
夏竦	洪州	巫师传习妖法，屏去病人衣食，敛财，害命，夏竦勒巫改业，并请朝廷禁绝。	《文庄集》卷15《洪州请断妖巫奏》
晁仲参	开州	大筑学校。民疾，谒巫代医，教以饵药，尽投诡祠。	《临川先生文集》卷96《虞部郎中晁君墓志铭》
夏侯彧	广南西路	拆妖妄小民建五瘟神庙，所得木材修天庆观。	《宋会要》礼20之12
范仲淹	江淮	禁民淫祀。	《居士集》卷1《范公神道碑》
马亮	杭州	吴俗营祷鬼，椎牛击鼓，颇紊彝章，公明设教条，一遵礼法，巫风顿革。	《名臣碑传琬琰集》中集卷1《马忠肃公亮墓志铭》
曹颖叔	夔峡州	尚淫祠，有疾不事医而专鬼神，禁止之，教以医药。	《宋史》卷304《曹颖叔传》
戚舜臣	抚州	抚州有诡祠号大帝，祠至百余所，公悉除之，民大化服。	《曾巩集》卷42《虞部郎中戚公墓志铭》
陈希亮	虔州雩都县	巫觋岁敛财祭鬼，毁淫祠数百区，勒巫为农者七十余家。	《宋史》卷98《陈希亮传》
陆起	广南东路英州	蓄蛇为妖。	《舆地纪胜》卷95《广南东路英德府官吏陆起墓志铭》

附录六　两宋关于正祀、淫祀的诏令与行为一览表

续　表

	时间或地点	诏令内容与事件	资料出处
张彦博	武昌县	尽去境内淫祠。	《临川先生文集》卷94《尚书司封员外郎张君墓志铭》
程颢	江宁府上元县	茅山龙池之龙,如蜥蜴而五色,人奉为神物,颢捕而脯之,使人不惑。	《河南程氏文集》卷11《明道先生行状》
梁杞	荆湖北路鄂州	俗尚巫鬼,斥去淫邪。	《广东通志》卷269《梁杞》
赵宗道	宣州	宣民素尚巫鬼,病者不医,以事祈禳,宗道择方书之验者刻石示之,复出帑缗为药剂,以时拯救民脱横夭,因变其俗。	《安阳集》卷49《故尚书祠部郎中集贤校理致仕赵君墓志铭》
郑谷	兴国军	大江以西,其俗尚鬼,君一切禁止,民遂化之。	《龙学文集》卷9《郑都官墓表》
蒲叔范	京兆高陵县	县豪作府君祠,与巫觋联合,箫鼓歌舞通昼夜,神像僭越。叔范缚群豪巫觋数十人,绳以严法,籍其材而夷其庙。	《端明集》卷39《太常丞管勾河东安抚使机宜文字蒲君墓志铭》
赵诚	归州	州有淫祠曰巴王,岁夕杀人以祭,诚毁祠投像于江。	《宋史翼》卷18《赵诚传》
刘几	宁州	俗喜巫,军校以妖法结其徒,乱有日,几使他兵伏垒门以伺,夜半尽禽之。	《宋史》卷262《刘几传》
刘龟从	高邮军	拆除师巫之庙。	《宋会要》礼20之12
蔡襄	福建路	断绝巫觋主病,蛊毒杀人。	《居士集》卷2《端明殿学士蔡公襄墓志铭》

续　表

	时间或地点	诏令内容与事件	资料出处
钱彦远	两浙西路润州	有挟鬼说以邀贿于郡官者,吏得以白,即命置于法,因大索他党,斥巫师者数十,撤房祀者千余,土木幻诞之容碎于庭。	《苏魏公文集》卷52《钱起居神道碑》,卷64《润州州宅后亭记》
蒋堂	越州	俗信奸巫,奉淫鬼,境内所祀非旧典者,皆剗治之,取其像,弃湖中,材瓦悉送官,众初骇以为蔑神,公乃尊禹祀,新马侯故祠,岁时斋荐之,民靡然而趋正享,知淫祠之无福焉。	《文恭集》卷39《宋故朝散大夫尚书礼部侍郎蒋公神道碑》
谢景初	海州	毁淫祠三百余所。	《范忠宣集》卷13《朝散大夫谢公墓志铭》
颜术	临济	多淫祠,有针姑庙,焚其庙。	《宋史》卷270《颜术传》
韩亿	相州	郡伍伯诱民祷巫于舍,而阴受其赇,公察知之,尽捕系狱,杖伍伯及同奸,窜海岛。	《苏舜钦集》卷16《太保韩公行状》
王皙	富平	拆毁地方民众所建立的淫祀赤眉神祠,以其材作李太尉（公弼）祠堂。	《金石萃编》卷123《富平县李太尉祠堂记》
英宗	治平二年四月丙午	左道、淫祀及贼杀善良不奉令者,罪无赦,禁结集社。	《宋大诏令集》卷199《禁结集社会诏》
赵温瑜	蕲州	俗右鬼,有病用巫,不用药。公教诸巫习诊病,择经方,揭石于衢肆,由是人知用药,稍革旧俗。	《苏魏公文集》卷58《朝散大夫累赠户部侍郎赵公墓志铭》

附录六　两宋关于正祀、淫祀的诏令与行为一览表

续　表

	时间或地点	诏令内容与事件	资料出处
神宗	熙宁七年十一月二十五日	诏：应天下祠庙祈祷灵验，未有爵号者并以名闻，当议特加礼命，内虽有爵号而褒崇未称者，亦具以闻。	《宋会要》礼20之2
	熙宁九年八月九日	诏：中书门下访闻司农寺见出卖天下祠庙，辱国黩神，此为甚者，可速遍降指挥，更不施行。自今司农寺市易司应改更条贯创请事件，可并进呈取旨，不得一面拟进行下。	《宋会要》刑法2之34、35
	元丰三年六月十七日	禁民以灵迹结成朋社，率敛财物，由官主领施利立庙。	《宋会要》礼20之12
	元丰三年闰六月十七日	博士王古乞制定神祠封号、赐额等级秩序，从之。	《宋会要》礼20之7
上官钧	邵武军光泽县	有巫托神致赀甚富，均焚像杖巫，出诸境。	《宋史》卷355《上官均传》
文同	陵州	贵平男子，以鬼道惑人，远近走集，争投货财，将大侈丛祠，公移尉捕其首鲸而徒之，余置不问，以其材新甲仗库。	《全宋文》卷1657《宋尚书司封员外郎充秘阁校理新知湖州文公墓志铭》
李处道	缙云、浦城	有女子徐，自号菩萨，家有井，群无赖为倡议，耸动数州，所居成市。公捕徐杖之，塞其井。浦城民自称徐偃王之神，颇动众，公捕械系之。	《柯山集》卷50《李参军墓志铭》
李撰	江州彭泽	俗尚鬼而信巫，撰导以信义，将造谣生事之巫觋置罪。下令敢假鬼神造言惑众者，坐之。人心悉安。	《龟山集》卷31《李子约墓志》

363

续　表

	时间或地点	诏令内容与事件	资料出处
高赋	衢州	民好巫鬼,毛氏柴氏二十余家世畜蛊毒,有小忿即毒之,每闰岁杀人尤多,公命擒捕,蛊毒遂绝。	《范太史集》卷43《集贤院学士致仕高公墓志铭》
陈安仁	绛州太平县	有丛祠号圣姑者,恶少为朋以祭,至数百人,或争豪校气至杀伤,毁之,境中为清。	《范忠宣集》卷14《朝请大夫陈公墓志铭》
刘彝	虔州	民多疫而信巫祈鬼,乃集医,作《正俗方》,籍管下巫师三千七百余人,各授方一本,以医药为业。	《宋史》卷334《刘彝传》
哲宗	元祐七年十一月二十六日	刑部言:夜聚晓散,传习妖教者,欲州县以断罪、告赏全条于要会处晓示,监司每季举行。从之。	《宋会要》刑法2之39
	绍圣二年十二月二十三日	诏:天下州军籍境内神祠略叙所置本末,勒为一书,曰某州祀典。	《宋会要》礼20之9
	绍圣四年五月二十六日	禁以圣水出处建庙。	《宋会要》礼20之12
	绍圣五年四月五日	禁军营创立庙宇。	《宋会要》礼20之13
	元符年间(不详)	禁以仿真物朝神。	《宋会要》礼20之7
王阐之	河东蒲坂	予以公钱七万,及废撤淫祠之屋,作伯夷叔齐庙三十二楹。	《豫章黄先生文集》卷17《伯夷叔齐庙记》
王回	荆沔	俗用人祭鬼,回捕治甚严,其风遂革。	《宋史》卷345《王回传》
张汝明	永兴军路华阴县	修岳庙,他庙非典祀,妖巫凭以惑众者,则毁而惩其人。	《宋史》卷348《张汝明传》

附录六　两宋关于正祀、淫祀的诏令与行为一览表

续　表

	时间或地点	诏令内容与事件	资料出处
张次元	洺州	俗祀崔府君尤敬,或乘之济其诡谋,公悉诛之,其俗遂革。	《道乡集》卷40《朝请郎张公行状》
黄彦	虹县	有县吏伪言井蛇为龙,水能愈疾,彦以蛇磔死,妖乃不兴。	《宋史翼》卷19《黄彦传》
贾仲通	耀州富平	富平人穿地,得泉,以圣为号,曰圣泉,远近争取而祷之,日数百人,公时为令,不信,曰巫皆妖也,遂塞之。	《西台集》卷13《朝议大夫贾公墓志铭》
蒋静	饶州安仁县	俗好巫,病者宁死不服药,悉论巫罪,毁县内淫祠三百余所。	《宋史》卷356《蒋静传》;并见《夷坚志》甲志卷1,"柳将军"条
徽宗	建中靖国元年三月二十四日	诸神祠所祷累有灵应功德及人,事迹显著,宜加官爵封庙号额者,州具事状申转运司,本司验实,即具保奏,道释有灵应加号者准此。	《宋会要》礼20之7
	崇宁元年正月二十六日	诏:应民庶朝岳献神之类,不得仿效乘舆服玩、制造真物,只得图画焚献,余依旧条。及令开封府并诸路府界监司逐季举行粉壁晓示,仍严切觉察施行。	《宋会要》刑法2之43
	崇宁二年九月二十八日	诏令天下州县严肃社稷祈祷、修整坛壝。	《宋会要》礼20之1
	大观二年九月十日	天下宫观寺院神庙祠宇置都籍拘载名额。	《宋会要》礼20之9
	大观三年三月二十三日	定神祠加封爵等的降敕降诰制度。	《宋会要》礼20之7、8

续　表

	时间或地点	诏令内容与事件	资 料 出 处
徽宗	大观三年五月十九日	臣僚言：福建路风俗克意事佛，休咎问僧，每多淫祀……上批：仰本路走马承受密切体量有无实状以闻，俟到立法禁止，如有违犯，州县不切穷治，守倅令佐并当重行窜黜，吏人决配千里。	《宋会要》刑法2之49
	大观三年八月二十六日	诏：毁在京淫祀不在祀典者，其假托鬼神以妖言惑众之人令开封府迹捕科罪，送邻州编管，情重者奏裁。	《宋会要》刑法2之50
	政和元年正月九日	毁开封府淫祠，禁军民擅立大小祠庙。	《宋会要》礼10之14
	政和四年十一月二十五日	臣僚言：窃见民间尚有师巫作为淫祀，假托神语，鼓惑愚众，二广之民，信向尤甚，恐非一道德，同风俗之意也。臣愚欲乞申严法禁以止绝之。若师巫假托神语欺愚惑众，徒二年，许人告，赏钱一百贯文。	《宋会要》刑法2之64
	政和六年正月二十三日	诏禁京师箕笔聚众、立堂号曰天尊大仙之名等，并行于京师内外。	《宋会要》刑法2之65
	政和七年六月二十三日	禁止江南信巫不信医，立法责邻保纠告，隐蔽而不言者坐之。	《宋会要》刑法2之67
	政和八年正月十二日	禁拱州赛神用具，遍下诸路州军委知通县，委令佐官司躬亲契勘。	《宋会要》刑法2之69
	政和八年三月四日	禁江东路合祀三清与邪神，后有犯者以违制论，收三清等画像赴逐处宫观收掌，诸路准此。	《宋会要》刑法2之70

附录六　两宋关于正祀、淫祀的诏令与行为一览表

续　表

	时间或地点	诏令内容与事件	资料出处
徽宗	政和八年七月二十四日	禁川陕赛神仪仗僭越无度,令州县检会近降"不许装饰神鬼队仗"指挥内添入"民庶社火不得辄造红黄伞扇及彩绘以为祀神之物,(纸绢同)犯者以违制论",常切觉察。	《宋会要》刑法2之71
	宣和元年正月二十一日	诏:诸路州军除奉天神之物许用红黄伞扇等外,其余祠庙并行禁绝。委廉访使者觉察以闻。	《宋会要》刑法2之74
	宣和元年二月四日	禁以荤酒同时祭祀三清玉皇与民众祠神。	《宋会要》刑法2之74
	宣和三年七月六日	三省言:州县祀神聚众相殴,未有禁约。诏:今后为首罪轻者徒二年。	《宋会要》刑法2之83
	宣和六年闰三月二十九日	诏:应诸色人因祠赛社会之类执引利刃,虽非兵杖,其罪赏并依执引兵仗法,仍仰州县每季检举条制出榜禁止,如以竹木为器蜡纸等裹贴为刃者不在禁限。	《宋会要》刑法2之90
余刚	耒阳	撤淫祠百余区,散巫觋还农,民始大骇,久更安之。	《永乐大典方志辑佚》第2249页
郭永	太原府大谷县	巫趁旱哗民,曝巫。	《浮溪集》卷20《郭永传》
冯元辅	桐庐县	事神曰张公,君援古以告时以祸福,悟而止者不可胜计。	《太仓稊米集》卷70《成忠郎冯君墓志铭》
谭知柔	泰州兴化	巫以术惑民,知柔发其妖妄,屏绝之,人服其明。	《京口耆旧传》卷8《谭知柔传》

续 表

	时间或地点	诏令内容与事件	资 料 出 处
钦宗	靖康元年二月十二日	应祠庙载于祀典,曾经焚毁者,候向去夏秋丰熟,量破系省钱修茸。	《宋会要》礼20之4
高宗	建炎元年五月一日	五岳四渎名山大川、历代圣帝明王,忠臣烈士,载于祀典者,委所在长吏精洁致祭,近祠庙处并禁樵采,如祠庙损坏,令本州支系省钱修葺,监司常切点检,毋致坠坏。	《宋会要》礼20之4
	绍兴三年七月四日	应州县奉祀神祠设祭迎引,辄以旗锣兵仗僭拟服饰为仪数者,令提刑司行下诸州县严行禁止,诏坐条行下。	《宋会要》刑法2之147
	绍兴十二年五月己未	帝言先治巫能止夔路杀人祭鬼事。	《系年要录》卷145
	绍兴十六年二月三日	臣僚言:近来淫祠稍行江浙之间,此风尤炽,一有疾病,唯妖巫之言是听,亲族邻里,不相问劳,且曰:此神所不喜,不求治于医药而屠宰牲畜以祷邪魅,至于罄竭家赀,略无效验,而终不悔,欲望申严条令,俾诸路监司郡守重行禁止。诏:令礼刑部坐条行下,如不系祀典,日下毁去。	《建炎以来系年要录》卷155,绍兴十六年二月壬寅
宗	绍兴十九年二月丁丑	禁湖北溪峒用人祭鬼及造蛊毒。	《建炎以来系年要录》卷159
	绍兴二十一年闰四月十六日	禁湖南北之采生。	《宋会要》刑法2之152
	绍兴二十三年七月戊申	浙川路亦出现杀人祭海神、盐井,诏毁撤巫鬼淫祠。	《建炎以来系年要录》卷165;《宋会要》礼20之14

附录六　两宋关于正祀、淫祀的诏令与行为一览表

续　表

	时间或地点	诏令内容与事件	资料出处
高宗	绍兴三十年十二月六日	禁邕州贩生口为奴及杀以祭鬼。	《宋会要》刑法2之155
李稙	徽州	息邪说,除淫祠。	《宋史》卷379《李稙传》
吴芾	江西	会岁太札,巫觋惑人,禁断医药,夭横者众,公命禁绝,集群医分井治疗。	《朱文公文集》卷88《龙图阁直学士吴公神道碑》
张宁	广南	岭南俗尚巫,病不服药,禁止诸巫。	《澹庵集》卷27《贵州防御使阳曲伯张公墓志铭》
陆棠	台州宁海县	巫以淫祠惑民,悉捕置于法,风俗为变。	《渭南文集》卷32《右朝散大夫陆公墓志铭》
黄瑀	泉州永春县	巫史托城隍神土偶为妖,县人颇神事之,瑀因事杖土偶,而投之溪流。	《朱文公文集》卷93《朝散黄公墓志铭》
冯当可	万州	州有舞阳侯庙祀樊哙,时行至以哙未尝至万,必夷鬼所假,法不当祀,即日撤其祠。	《夷坚志》丙志卷2,"武阳侯庙"条
杨炜	新昌、黄岩	在新昌,祷雨白鹤祠,不应,命撤祠屋,毁神像,犁其庭而去。黄岩俗尚鬼,县人尊事一老巫,疾病惟巫之听,禁绝医药,炜笞而逐之。	《鸿庆居士集》卷41《右从政郎台州黄岩县令杨元光墓表》
庞祐甫	海陵	邑有妖神,降于尉卒女子,祐甫取其像鞭而焚之。	《南涧甲乙稿》卷22《祐甫墓志铭》
孝宗	隆兴元年五月壬辰	禁神祠僭拟。	《宋史》卷33《孝宗本纪一》
	隆兴二年正月十日	诏重惩湖南北杀人祭鬼者。	《宋会要》刑法2之156

续　表

	时间或地点	诏令内容与事件	资料出处
孝宗	乾道元年正月一日	应古迹坛场,福地灵祠,圣迹所在,守令常切严加崇奉;五岳四渎,名山大川、历代圣帝明王、忠臣烈士,有功及民载于祀典者,并委所在差官严洁致祭。	《宋会要》礼20之1
	乾道三年五月十四日	禁私置兵器,而假迎神为名,结集人丁,进行斗社。	《宋会要》刑法2之158
	乾道三年十一月二日	禁杀人祭鬼之俗,逐州晓示。	《宋会要》刑法2之158
	淳熙二年十月十七日	禁赛神执持真仗,立社相夸。	《宋会要》刑法2之119
	淳熙十四年正月二十五日	禁贩生口入湖南北(以绝用人祭鬼)。	《宋会要》刑法2之122
	淳熙十五年五月二十九日	知南安军赵不□言,乞江西守令遇有祈祷,只许用香花鼓乐迎神,不得辄持兵器。诏令诸司常切觉察禁戢,毋致违戾。	《宋会要》刑法2之123
王次张	肇庆府	请严为禁溪洞蛮诱人为奴婢,用以祭鬼。	《南涧甲乙稿》卷21《中奉大夫提举武夷山冲佑观王公墓志铭》
王佐	建康	妖人挟左道,与军中不逞辈谋不轨,公命捕为首者斩之,流其徒数人于岭外,斩像焚祠。	《渭南文集》卷34《尚书王公墓志铭》
王柟	江阴军	民事瘟神谨,巫故为阴庑复屋,塑刻诡异,使祭者凛慄,疾益众。公鞭巫撤祠,坏其像,病良已。	《叶适集》卷23《朝议大夫秘书少监王公墓志铭》

附录六 两宋关于正祀、淫祀的诏令与行为一览表

续 表

	时间或地点	诏令内容与事件	资料出处
王刚中	成都府路	葺诸葛武侯祠、张文定公庙,夷黄巢墓,表贤瘅恶以示民。有女巫蓄蛇为妖,杀蛇,黥之。	《宋史》卷386《王刚中传》
任续	夔州路恭州	壁山有淫祠,民病辄解牛以祭。君下令禁止,巫造讹言,郡人大恐,君系巫郡狱,巫骇服。	《文忠集》卷34《恭州太守任君续墓志铭》
郑兴裔	扬州	毁境内淫祠,奏建屈原等祠。	《郑忠肃奏议遗集》卷1《奏祀谢太傅状》
刘清之	鄂州	鄂俗计利而尚鬼,而尤谨奉大洪山之祠,病者不药而听于巫,死则不葬而畀诸火。清之皆谕止之,并请太守禁大洪山淫祠。	《宋史》卷437《儒林七·刘清之传》
余靖	福州古田县	闽俗事蛊,以为役鬼至富。有黄某疑以蛊杀人,久审不服,上司将释之,余靖手刃之。	《烛湖集》卷10《余安世斩蛊传》
周因	象州来宾县	俗病不疗,惟屠牛祭鬼,君力禁止,为市药桂林,教以汤剂。	《文忠集》卷72《邵阳郡丞周府君因墓志铭》
张栻	严州、袁州、广南西路	尤恶世俗鬼神老佛之说,所至必屏绝。所毁淫祠前后以百数,而独于社稷山川、先圣贤之奉为兢兢,虽法令所无,亦以义起。	《朱文公文集》卷89《右文殿修撰张公神道碑》
程迥	江东各地	居官,祠庙非祀典者不谒。	《宋史》卷437《儒林七·程迥传》
黄度	温州瑞安县	岁大疫,挟医巡问,人给之药,严巫觋诡惑之禁,全活者众。	《絜斋集》卷13《龙图阁学士通奉大夫尚书黄公行状》

续　表

	时间或地点	诏令内容与事件	资料出处
黄涣	岳州	毁淫祠。	《宋元学案》卷73《丽泽诸儒学案·州守黄先生涣》
彭龟年	吉州安福县	育婴儿，救疫疾，禁巫觋桧禳。	《攻媿集》卷96；并见彭龟年《止堂集》卷15《安福祭疠神文》
廖德明	莆田	民有奉淫祠者，罪之，沉像于江。	《宋史》卷437《儒林七·廖德明传》
赵善俊	江南西路	巫唐法新假神言引发民众仇杀，赵氏将当事人置罪。因毁淫祠，劝他巫改业，治行转闻。	《文忠集》卷63《中大夫秘阁修撰赐紫金鱼袋赵君神道碑》
刘龟年		楚俗右鬼，有淫祀曰潘仙翁者，岁时迎神集会，以金鼓执戈矛。公命尉杜师撤屋毁像，收其兵刃，罪其倡之者，众然后定。	《朱文公文集》卷90《朝奉刘公墓表》
鲍醇父	湖阴	俗尚妖祠，用人于淫昏之鬼，踪迹不可诘。公阅他讼见民有横死者，疑为祭鬼，即命审覈，伏其辜，焚祠毁像，由是讫息。	《西山文集》卷46《朝散大夫知常德府鲍公墓志铭》
薛季宣	湖州	弃市者民间或窃祠之，名伤神，恶少遂轻相仇杀，公亟屏绝，条境内淫祠，次第除撤，会去郡而辍。	《吕东莱文集》卷7《薛常州墓志铭》
光宗	绍熙二年六月十一日	因臣僚之请禁社首以哀掠民财，假巫祝以诳惑庶众，兴妖祠以张皇祸福诸事。	《宋会要》刑法2之125
	绍熙五年九月十四日	令镂板晓谕禁杀人祭祀及生子不举之条法。	《宋会要》刑法2之126

附录六　两宋关于正祀、淫祀的诏令与行为一览表

续　表

	时间或地点	诏令内容与事件	资料出处
朱熹	漳州	禁止私创庵舍及女道住持,以革风俗。禁以礼佛传经为名,男女昼夜混杂,禁以禳灾祈福为名敛财。	《朱文公文集》卷100《劝女道还俗榜》
应俊	湖州乌程	议毁淫祠,独存徐孺子庙。	《吴兴金石记》卷9《徐孺子庙记》
宁宗	庆元四年三月十一日	禁民立社敛金造兵器献神或祷旱。	《宋会要》刑法2之129
	庆元四年五月六日	禁湖北收师巫钱,勒令巫转业,期绝用人以祭之俗。	《宋会要》刑法2之129
	嘉泰元年九月	因湖州伤神之风,禁诸处杀人起伤立庙。	《宋会要》刑法2之131
	嘉泰二年十二月九日	诏断绝禁咒祭鬼器用。	《宋会要》刑法2之133
	嘉泰三年五月十八日	禁士民迎神仪仗逾制。	《宋会要》刑法2之133
	嘉定七年九月二十六日	禁民众媚神赛会,每以社会为名,集无赖各百,操戈披甲,鸣钲击鼓,巡行于乡井之间,令有司镂板晓示。	《宋会要》刑法2之139
江塤	荆湖南路武冈军	有淫祠,号刬平王,巫祝凭附,至用人于庙,焚祠毁像,籍巫祝之资以犒军。	《鹤山先生大全集》卷83《知南平军清江君塤墓志铭》
李义山	吉州	楚俗尚鬼,有妖觋谭法祖假祸福惑人,义山斩之,毁其祠。	《宋史翼》卷22《李义山传》
陈晔	福建路汀州	俗尚鬼信巫,宁化富民与祝史托五显神敛财,晔窜祝史,杖首事者,由郡人吴雄作《正俗论》,大索境内妖怪左道之术,收其像符祝火之,痛加惩禁,流俗丕变。	《临汀志》,《永乐大典方志辑佚》,第1416页。

续 表

	时间或地点	诏令内容与事件	资料出处
张子智	常州	民众受制于巫,病疫皆祷于瘟神,张毁庙杖巫出境。	《夷坚志》支戊卷3,"张子智毁庙"条
张汝明	郴州宜章邑	武陵侯庙巫数十辈号神老,妖言惑众,民争献牲币恐后。汝明下神老于狱,神老皆泣拜伏。	《宋史翼》卷22《张汝明传》
黄犖	浙西湖州归安县	女巫游仙夫人诳惑寓公,达于官府。公杖其人,尽取其土木偶投洪流中,及其它挟邪术惑民听者,一切荡刷无遗类,巫风遂息。	《絜斋集》卷14《秘阁修撰黄公行状》
傅伯成	漳州	推朱文公遗意而善遵行之,始创惠民局,以革檥鬼之俗。	《后村先生大全集》卷167《龙学行隐傅公》
赵时佐	潭州益阳	决滞讼,去淫祠,境内肃然。	《漫塘集》卷32《故宁国通判朝奉赵大夫墓志铭》
赵师作	万州	民俗病不事医药,听命于巫,且杀人祭鬼,奏请朝廷乞行下本路,先禁师巫,俾之改业,严结保伍,断绝禁咒及祭鬼器用。	《宋会要》刑法2之133
刘宰	镇江金坛县	与里中士人上告官府,撤像设之不经者凡八十四,修嘉贤庙之亭。	《漫塘集》卷21《重修嘉贤庙十字碑亭记》
理宗	宝祐五年正月丙午	禁奸民作白衣会。	《宋史》卷44《理宗本纪四》
方逢辰	江南西路洪州	郡有女妖以左道惑众,邻境数州之民踵门徼福者不绝。杖而流之,遂息。	《蛟峰文集》外集卷3《故侍读尚书方公墓志铭》

附录六 两宋关于正祀、淫祀的诏令与行为一览表

续 表

	时间或地点	诏令内容与事件	资料出处
包恢	建宁	严禁淫祀,民俗丕变。	《宋元学案》卷77《槐堂诸儒学案·克堂家学》
王遂	苏州	有村民之黠者以诈鼓愚,号为水仙太保,掠人之财贿,诱人之妻妾,不可胜数,为害数十年。王遂毁坛绝祀,将之投于江(属官孙子秀负责执行)。为辨惑之文以警众。而民众交哭于巷,望祭于江,三四年迎迓僭侈,祭设丰腴有加于昔。	《藏一话腴》甲集卷下《巫觋之妖为民害》;《宋史》卷424《孙子秀传》
王爚	常熟	至之三日,检视坛墠之不如法者,命有司循饰毕具,又去淫巫之幻以惑众者。	《吴都文粹》续集卷12《重修社稷坛记》
史宇之	建宁府	建俗機鬼,恶少殉淫祠,愚民神事之,公捕为首者,正其罪。溪流湍悍,竞渡斗争,严为科禁,俗遂革。	《四明文献集》卷5《故观文殿学士正奉大夫墓志铭》
胡颖	福建、荆湖南路等地	毁淫祠数千区,毁寺杀蛇罪僧。	《宋史》卷416《胡颖传》;《清明集》卷14《惩恶门》
真德秀	潭州	治以教为先,江东祠范忠宣公、长沙新贾傅庙、晋谯王祠、温陵祠,朱文公及林公攒、苏公缄于学,而绌其不当祠者。	《后村先生大全集》卷168《西山真文忠公行状》
陈㷆	湖湘	毁郡县淫祠,修崇南岳祠、炎帝陵庙、屈大夫贾太傅祠。	《后村先生大全集》卷145《忠肃陈观文神道碑》
叶梦鼎	袁州	毁万载县淫祠,塞其妖井。	《宋史》卷414《叶梦鼎》
赵孟奎	衢州	都吏徐信兴建祐圣观,为民所奉,后徐获罪而死。赵氏上任后,以其祀典,亦往致敬,后上司令毁拆,主祠黄冠与民众阻挠,赵罪黄冠而毁祠。	《癸辛杂识》后集,"赵春谷斩蛇"条

续 表

	时间或地点	诏令内容与事件	资 料 出 处
刘南甫	安远	能去淫祠,人称神明。	《宋元学案》卷70《沧州诸儒学下·县令刘月涧先生南甫》
度宗	咸淳九年五月丁卯	禁妄立经会,私创庵社以避役。	《宋史》卷46《度宗本纪》
李肖龙	广南东路、循州	禁邪巫。	《广东通志》卷270《李肖龙》
黄震	广德军、抚州等处	禁本军罪愿伤神,并张王迎祭等,烧毁抚州划船千三百余只,拆邪庙,禁绝瘟神等。	《黄氏日钞》卷79《禁划船迎会榜》
高某	江陵	杖巫,焚其所事神像、经文。	《夷坚志》丙志卷20,"荆南妖巫"条

参考文献

一、基本文献

丁宝书续纂《广德州志》,光绪七年(1881)刊本。
卫泾《后乐集》,影印文渊阁《四库全书》本。
马廷鸾《碧梧玩芳集》,影印文渊阁《四库全书》本。
马蓉等点校《永乐大典方志辑佚》,北京:中华书局,2004年。
马端临《文献通考》,北京:中华书局,1991年。
王十朋《梅溪后集》,影印文渊阁《四库全书》本。
王长《冲虚通妙侍辰王先生家话》,《道藏》,第32册,文物出版社、上海书店出版社、天津古籍出版社影印本,1988年。
王从《清虚杂著补阙》,《中华野史》宋朝卷1,济南:泰山出版社,2000年。
王世贞《弇州四部稿》,影印文渊阁《四库全书》本。
王存《元丰九域志》,北京:中华书局,1984年。
王安石《临川先生文集》,台北:正大印书馆,1975年。
王应麟《玉海》,江苏古籍出版社、上海书店,1987年。
王炎《双溪类稿》,影印文渊阁《四库全书》本。
王柏《鲁斋集》,影印文渊阁《四库全书》本。
王钦若《册府元龟》,台北:台湾中华书局,1996年。
王洋《东牟集》,影印文渊阁《四库全书》本。
王象之《舆地纪胜》,扬州:江苏广陵古籍刻印社,1991年。
王溥《唐会要》,上海:上海古籍出版社,1999年。
王謇《宋平江城坊考》,南京:江苏古籍出版社,1999年。
中华书局编辑部编《宋元方志丛刊》,北京:中华书局,1990年。

文天祥《文山先生全集》,《四部丛刊初编》本
方回《桐江续集》,影印文渊阁《四库全书》本。
邓文原《巴西集》,影印文渊阁《四库全书》本。
邓牧《大涤洞天记》,《道藏》,第 18 册。
邓深《大隐居士诗集》,影印文渊阁《四库全书》本。
叶绍翁《四朝闻见录》,北京:中华书局,1997 年。
叶适《叶适集》,北京:中华书局,1961 年。
史浩《鄮峰真隐漫录》,影印文渊阁《四库全书》本。
乐史《太平寰宇记》,北京:中华书局,2000 年影宋本,参用《四库全书》本。
司马光《资治通鉴》,北京:中华书局,1987 年。
司马光《温国文正司马公文集》,《四部丛刊初编》本。
司马迁《史记》,北京:中华书局,1982 年。
毕仲游《西台集》,影印文渊阁《四库全书》本。
吕元素《道门定制》,《道藏》,第 31 册。
吕中《宋大事记讲义》,影印文渊阁《四库全书》本。
吕南公《灌园集》,影印文渊阁《四库全书》本。
吕祖谦《宋文鉴》,北京:中华书局,1992 年。
吕陶《净德集》,影印文渊阁《四库全书》本。
朱彧《萍洲可谈》,《宋元笔记小说大观》,上海:上海古籍出版社,2000 年。
朱绪曾《开有益斋读书志》,光绪庚辰年(1880)金陵翁氏菇古阁刊本。
朱熹《朱文公文集》,《四部丛刊初编》本。
朱麟、黄绍文等纂修《广德州志》,明嘉靖十五年(1536)刊本。
华岳《翠微南征录》,影印文渊阁《四库全书》本。
庄绰《鸡肋篇》,北京:中华书局,1997 年。
刘一止《苕溪集》,影印文渊阁《四库全书》本。
刘克庄《后村先生大全集》,《四部丛刊初编》本。
刘克庄《后村诗话》,北京:中华书局,1983 年。
刘辰翁《须溪集》,影印文渊阁《四库全书》本。
刘昌诗《芦蒲笔记》,北京:中华书局,1997 年。
刘昫等《旧唐书》,北京:中华书局,1975 年。
刘挚《忠肃集》,北京:中华书局,2002 年。
刘宰《漫堂集》,影印文渊阁《四库全书》本。
刘壎《水云村稿》,影印文渊阁《四库全书》本。
刘壎《隐居通议》,影印文渊阁《四库全书》本。
江少虞《宋朝事实类苑》,上海:上海古籍出版社,1981 年。
阮元《十三经注疏》,北京:中华书局,1980 年。

参考文献

孙世昌等纂修《广信郡志》,《稀见中国地方志汇刊》,北京:中国书店,1992年。
孙觌《鸿庆居士集》,影印文渊阁《四库全书》本。
阳枋《字溪集》,影印文渊阁《四库全书》本。
牟巘《陵阳集》,影印文渊阁《四库全书》本。
严可均校辑《全上古三代秦汉三国六朝文》,北京:中华书局,1958年。
严观辑《江宁金石记》,宣统二年(1910)江楚编译书局刊本。
严复《严复集》,北京:中华书局,1986年。
苏轼《苏轼文集》,北京:中华书局,1986年。
苏轼《苏轼诗集》,北京:中华书局,1982年。
苏颂《苏魏公文集》,北京:中华书局,2004年。
苏舆《春秋繁露义证》,北京:中华书局,1992年。
苏辙《苏辙集》,北京:中华书局,1990年。
杜光庭《道教灵验记》,《道藏》,第10册。
杜佑《通典》,北京:中华书局,1994年。
李之彦《东谷随笔》,《百川学海》本。
李心传《建炎以来系年要录》,北京:中华书局,1988年。
李石《续博物志》,影印文渊阁《四库全书》本。
李纲《梁溪集》,影印文渊阁《四库全书》本。
李昉等编《太平广记》,北京:中华书局,1995年。
李流谦《澹斋集》,影印文渊阁《四库全书》本。
李邕《李北海集》,影印文渊阁《四库全书》本。
李焘《续资治通鉴长编》(本书有时简称《长编》),北京:中华书局,2004年。
李遇时修《湘阴县志》,《稀见中国地方志汇刊》。
李曾伯《可斋续稿前稿》,影印文渊阁《四库全书》本。
李觏《李觏集》,北京:中华书局,1981年。
杨万里《诚斋集》,影印文渊阁《四库全书》本。
杨杰《无为集》,影印文渊阁《四库全书》本。
杨简《慈湖遗书》,影印文渊阁《四库全书》本。
吴师道《礼部集》,影印文渊阁《四库全书》本。
吴师道辑《敬乡录》,影印文渊阁《四库全书》本。
吴自牧《梦粱录》,北京:中国商业出版社,1982年。
吴咏《鹤林集》,影印文渊阁《四库全书》本。
吴曾《能改斋漫录》,上海:上海古籍出版社,1979年。
何垣《西畴老人常言》,《中华野史》宋朝卷3,济南:泰山出版社,2000年。
何薳《春渚纪闻》,北京:中华书局,1983年。
佚名《名公书判清明集》,中国社会科学院历史研究所宋辽金元史研究室点校,北京：中华书局,2002年。
佚名《宋大诏令集》,北京：中华书局,1962年。
佚名《宋季三朝政要》,影印文渊阁《四库全书》本。
佚名《南宋馆阁续录》,北京：中华书局,1998年。
佚名《唐鸿胪卿越国公灵虚见素叶真人传》,《道藏》,第18册。
佚名《道法会元》,《道藏》,第29册。
佚名《增入名儒讲义皇宋中兴两朝圣政》,《宛委别藏》本。
应劭撰、王利器校注《风俗通义校注》,北京：中华书局,1981年。
汪应辰《文定集》,影印文渊阁《四库全书》本,参用《丛书集成初编》本。
汪尚宁等纂《徽州府志》,明嘉靖四十五年(1566)刊本。
沈定均等纂《漳州府志》,光绪丁丑(1877)本。
宋祁《景文集》,影印文渊阁《四库全书》本。
宋讷《西隐集》,影印文渊阁《四库全书》本。
宋濂等《元史》,北京：中华书局,1997年。
张方平《乐全集》,影印文渊阁《四库全书》本。
张正常《汉天师世家》,《道藏》,第34册。
张廷玉等《明史》,北京：中华书局,1974年。
张孝祥《张孝祥集》,合肥：黄山书社,2001年。
张载《张载集》,北京：中华书局,1978年。
张栻《南轩集》,影印文渊阁《四库全书》本。
张端义《贵耳集》,《宋元笔记小说大观》,上海：上海古籍出版社,2000年。
陆九渊《陆九渊集》,北京：中华书局,1980年。
陆心源《宋史翼》,北京：中华书局,1991年。
陆佃《陶山集》,影印文渊阁《四库全书》本。
陆游《陆游集》,北京：中华书局,1976年。
陈邦瞻《宋史纪事本末》,北京：中华书局,1977年。
陈寿《三国志》,北京：中华书局,1982年。
陈郁《藏一腴话》,《中华野史》宋朝卷2,济南：泰山出版社,2000年。
陈振孙《直斋书录解题》,上海：上海古籍出版社,1987年。
陈造《江湖长翁集》,影印文渊阁《四库全书》本。
陈梦雷《古今图书集成》,上海：中华书局,民国二十三年(1934)。
陈淳《北溪大全集》,影印文渊阁《四库全书》本。
陈淳《北溪字义》,北京：中华书局,1983年。
陈傅良《止斋集》,《四部丛刊初编》本。
陈霆《[正德]新市镇志》,收入《中国地方志集成·乡镇志专辑》,第24册,江苏古籍出版社、上海书店出版社、巴蜀书社,1992年。

陈襄《古灵集》,影印文渊阁《四库全书》本。
邵博《邵氏闻见后录》,北京:中华书局,1997年。
范成大《范石湖集》,上海:上海古籍出版社,1981年。
范成大《范成大笔记六种》,孔凡礼点校,北京:中华书局,2002年。
林希逸《竹溪斋十一稿续集》,影印文渊阁《四库全书》本。
欧阳守道《巽斋文集》,影印文渊阁《四库全书》本。
欧阳忞《舆地广纪》,成都:四川大学出版社,2003年。
欧阳修《欧阳修全集》,北京:中华书局,2001年。
欧阳修等纂集《太常因革礼》,《丛书集成初编》本。
国家图书馆善本金石组编《宋代石刻文献全编》,北京:北京图书馆出版社,2003年。
罗愿《罗鄂州小集》,影印文渊阁《四库全书》本。
周必大《文忠集》,影印文渊阁《四库全书》本。
周行己《浮沚集》,影印文渊阁《四库全书》本。
周秉秀撰、梅应发续辑《祠山事要指掌集》,明宣德八年(1433)胡廣刻本。
周南《山房集》,影印文渊阁《四库全书》本。
周密《武林旧事》,北京:中国商业出版社,1982年。
周密《齐东野语》,北京:中华书局,1983年。
周密《癸辛杂识》,北京:中华书局,1997年。
周瑛《祠山杂辨》,《艺海汇函》抄本,藏于南京图书馆。
郑刚中《北山集》,影印文渊阁《四库全书》本。
郑虎臣编《吴都文粹》,影印文渊阁《四库全书》本。
郑侠《西塘集》,影印文渊阁《四库全书》本。
郑居中等撰《政和五礼新仪》,影印文渊阁《四库全书》本。
郑獬《郧溪集》,影印文渊阁《四库全书》本。
宗懔撰,姜彦稚辑校《荆楚岁时记》,长沙:岳麓书社,1986年。
孟元老撰,邓之诚注《东京梦华录注》,北京:中华书局,1982年。
赵与时《宾退录》,上海:上海古籍出版社,1983年。
赵文《青山集》,影印文渊阁《四库全书》本。
赵孟坚《彝斋文编》,影印文渊阁《四库全书》本。
赵鼎臣《竹隐畸士集》,影印文渊阁《四库全书》本。
赵善括《应斋杂著》,影印文渊阁《四库全书》本。
赵善璙《自警篇》,《丛书集成初编》本。
赵道一《历世真仙体道通鉴》,《道藏》,第5册。
赵蕃《淳熙稿》,影印文渊阁《四库全书》本。
赵翼《陔余丛考》,石家庄:河北教育出版社,2003年。

胡铨《澹庵集》，影印文渊阁《四库全书》本。
胡寅《斐然集》，北京：中华书局，1993年。
胡宿《文恭集》，影印文渊阁《四库全书》本。
度正《性善堂稿》，影印文渊阁《四库全书》本。
姜特立《梅山续稿》，影印文渊阁《四库全书》本。
洪迈《夷坚志》，北京：中华书局，1981年。
洪迈《容斋随笔》，上海：上海古籍出版社，1996年。
洪咨夔《平斋文集》，影印文渊阁《四库全书》本。
祖无择《龙学文集》，影印文渊阁《四库全书》本。
祝允明《怀星堂集》，影印文渊阁《四库全书》本。
祝穆《方舆胜览》，北京：中华书局，2003年。
祝穆《古今事文类聚前集》，影印文渊阁《四库全书》本。
姚勉《雪坡集》，影印文渊阁《四库全书》本。
袁甫《蒙斋集》，影印文渊阁《四库全书》本。
袁燮《絜斋集》，影印文渊阁《四库全书》本。
真德秀《西山文集》，《四部丛刊初编》本，并参影印文渊阁《四库全书》本。
顾炎武著，黄汝成集释《日知录集释》，长沙：岳麓书社，1994年。
晁公武著，孙猛校正《郡斋读书志校正》，上海：上海古籍出版社，1990年。
晁公遡《嵩山集》，影印文渊阁《四库全书》本。
钱曾《读书敏求记》，北京：书目文献出版社，1983年。
钱曾《虞山钱遵王藏书目录汇编》，北京：古典文学出版社，1958年。
钱穀编《吴都文粹续集》，影印文渊阁《四库全书》本。
徐自明撰，王瑞来校补《宋宰辅编年录校补》，北京：中华书局，1986年。
徐松《宋会要辑稿》，北京：中华书局，1957年。
徐梦莘《三朝北盟会编》，上海：上海古籍出版社，1987年。
凌迪知《万姓统谱》，影印文渊阁《四库全书》本。
栾贵明《四库辑本别集拾遗》，北京：中华书局，1983年。
高承《事物纪原》，影印文渊阁《四库全书》本。
高斯得《耻堂存稿》，影印文渊阁《四库全书》本。
高翥《菊磵集》，影印文渊阁《四库全书》本。
郭彖《睽车志》，《宋元笔记小说大观》，上海：上海古籍出版社，2000年。
唐庚《眉山文集》，影印文渊阁《四库全书》本。
黄公绍《在轩集》，影印文渊阁《四库全书》本。
黄仲昭等纂《八闽通志》，《四库全书存目丛书》本。
黄宗羲等《宋元学案》，北京：中华书局，1986年。
黄淮、杨士奇《历代名臣奏议》，上海：上海古籍出版社，1989年。

参 考 文 献

黄震《黄氏日钞》,影印文渊阁《四库全书》本。
脱脱等《宋史》,北京：中华书局,1977年。
彭龟年《止堂集》,影印文渊阁《四库全书》本。
彭乘辑《墨客挥犀》,北京：中华书局,2002年。
董世宁纂《[乾隆]乌青镇志》,民国二十五年(1936)刊本。
董诰等编《全唐文》,北京：中华书局,1983年。
蒋叔舆《无上黄箓大斋立成仪》,《道藏》,第9册。
韩淲《涧泉集》,影印文渊阁《四库全书》本。
韩琦《安阳集》,影印文渊阁《四库全书》本。
嵇曾筠等监修《浙江通志》,影印文渊阁《四库全书》本。
程敏政《新安文献志》,影印文渊阁《四库全书》本。
程遇孙等编《成都文类》,影印文渊阁《四库全书》本。
程端学《积斋集》,影印文渊阁《四库全书》本,并参《丛书集成续编》本。
程颢、程颐《二程集》,北京：中华书局,1984年。
储泳《祛疑说》,《丛书集成初编》本。
释智圆《闲居编》,《续藏经》第二编第六套第一册。
鲁应龙《闲窗括异志》,《宋朝野史》宋朝卷3,济南：泰山出版社,2000年。
曾巩《曾巩集》,北京：中华书局,1984年。
曾协《云庄集》,影印文渊阁《四库全书》本。
曾枣庄、刘琳主编《全宋文》,成都：巴蜀书社,1988—1994年。
曾敏行《独醒杂志》,《宋元笔记小说大观》,上海：上海古籍出版社,2000年。
谢应芳《辨惑编》,影印文渊阁《四库全书》本。
谢枋得《叠山集》,影印文渊阁《四库全书》本。
谢旻等监修《江西通志》,影印文渊阁《四库全书》本。
谢采伯《密斋笔记》,《中华野史》宋朝卷3,济南：泰山出版社,2000年。
谢显道、林伯谦等编《海琼白真人语录》,《道藏》,第33册。
谢深甫《庆元条法事类》,北京：燕京大学图书馆藏版,民国三十七年(1948)印行。
楼钥《攻媿集》,《四部丛刊初编》本。
綦崇礼《北海集》,影印文渊阁《四库全书》本。
管声骏《[康熙]崇安县志》,《稀见中国地方志汇刊》。
廖刚《高峰文集》,影印文渊阁《四库全书》本。
慧皎《高僧传》,北京：中华书局,1992年。
黎靖德编《朱子语类》,北京：中华书局,1981年。
薛居正等《旧五代史》,北京：中华书局,1976年。
魏了翁《鹤山先生大全集》,《四部丛刊初编》本。

魏徵等《隋书》,北京：中华书局,1973年。
魏野《东观集》,影印文渊阁《四库全书》本。
瞿镛编纂《铁琴铜剑楼藏书目录》,上海：上海古籍出版社,2000年。

二、研究论著
中文

丁若木《都江堰神祠与道教》,《宗教学研究》,1994年第4期,第24—32页。
干树德《也谈二郎神的嬗变》,《宗教学研究》,1996年第2期,第44—50页。
马西沙、韩秉方《中国民间宗教史》,上海：上海人民出版社,1992年。
马克思、恩格斯《马克思恩格斯选集》,北京：人民出版社,1972年。
王永平《论唐代的民间淫祠与移风易俗》,《史学月刊》,2000年第5期,第124—129页。
王庆德《中国民间宗教史研究百年回顾》,《文史哲》,2001年第1期,第30—37页。
王振忠《历史自然灾害与民间信仰——以近600年来福州瘟神信仰为例》,《复旦学报》,1996年第2期,第77—82页。
王晖《商代卜辞中祈雨巫术的文化意蕴》,《文史知识》,1999年第8期,第65—71页。
王健《祀典、私祀与淫祀：明清以来苏州地区民间信仰考察》,《史林》,2003年第1期,第50—56页。
王铭铭《社会人类学与中国研究》,北京：三联书店,1997年。
王善军《宋代宗族祭祀和祖先崇拜》,《世界宗教研究》,1999年第3期,第114—124页。
王曾瑜《宋史研究的回顾与展望》,《历史研究》,1997年第4期,第146—160页。
王曾瑜《宋辽金代的天地山川鬼神等崇拜》,《云南社会科学》,1997年第1期,第78—84页。
王曾瑜《宋朝兵制初探》,北京：中华书局,1983年。
王锦萍《20世纪60年代以来宋代民间信仰研究述评》,未刊稿。
王锦萍《宋代地方社会中的祈雨》,未刊稿。
王德毅《宋代灾荒的救济政策》,台北：中国学术著作奖助委员会,1970年。
车文明《20世纪戏曲文物的发现与曲学研究》,北京：文化艺术出版社,2001年。
水越知《宋代社会与祠庙信仰之展开——地区中心的祠庙之出现》,《东洋史研究》第60卷第4号,2002年,第629—666页。
方豪《宋代泉州等地之祈风》,《宋史研究集》第1辑,1980年,第25—28页。
孔飞力(Philip A. Kuhn)《叫魂——1768年中国妖术大恐慌》,陈兼、刘昶译,上海：三联书店,1999年。

参考文献

邓小南《关于"泥马渡康王"》,《北京大学学报》,1995年第6期,第101—108页。
邓小南《走向活的制度史》,《浙江学刊》,2003年第3期,第99—103页。
邓拓《中国救荒史》,《邓拓文集》第二卷,北京:北京出版社,1986年。
本杰明·史华慈《关于中国思想史的若干初步考察》,张永堂译,收入《中国思想与制度论集》,台北:联经出版事业公司,1976年,第1—20页。
龙登高《江南市场史——十一至十九世纪的变迁》,北京:清华大学出版社,2003年。
龙登高《宋代东南市场研究》,昆明:云南大学出版社,1994年。
申浩《明清江南城隍考补正》,《中国经济史研究》,1999年第4期,第90—92页。
田仲一成《中国的戏曲与宗教》,上海:上海古籍出版社,1992年。
田浩(Hoyt Clevelan Tillman)《朱熹的思维世界》,西安:陕西师范大学出版社,2002年。
田浩编《宋代思想史论》,北京:社会科学文献出版社,2003年。
史继刚《宋代的惩"巫"扬"医"》,《西南师范大学学报》,1992年第3期,第65—68页。
包伟民《走向自觉》,《浙江学刊》,2003年第3期,第104—114页。
包伟民《宋代地方财政史研究》,上海:上海古籍出版社,2001年。
包伟民主编《宋代制度史研究百年(1900—2000)》,北京:商务印书馆,2004年。
包弼德(Peter Bol)《唐宋转型的反思——以思想的变化为主》,《中国学术》,2000年第3辑,北京:商务印书馆,第63—87页。
冯尔康等编《中国社会史研究概述》,天津:天津教育出版社,1988年。
弗里德曼等著《社会心理学》,高地等译,哈尔滨:黑龙江人民出版社,1984年。
弗雷泽《金枝》,徐育新等译,北京:中国民间文艺出版社,1987年。
皮庆生《两宋政府与印刷术关系初探》,《文史》,2001年第3辑,第165—178页。
皮庆生《宋代祠神信仰研究的回顾与展望》,收入《中国宗教研究年鉴(1999—2000)》,北京:宗教文化出版社,2001年,第474—482页。
吕大吉《宗教学通论新编》,北京:中国社会科学出版社,1998年。
吕宗力《汉代的流言与讹言》,《历史研究》,2003年第2期,第14—31页。
吕宗力、栾保群《中国民间诸神》,石家庄:河北教育出版社,2001年。
吕微《隐喻世界的来访者——中国民间财神信仰》,北京:学苑出版社,2000年。
朱玉龙《五代十国方镇年表》,北京:中华书局,1997年。
朱永林《龙是什么——象山半岛龙信仰调查》,《中国民间文化》第5集,上海:学林出版社,1992年,第53—68页。
朱越利《何谓庙会——〈辞海〉"庙会"条释文辩证》,刘锡诚主编《妙峰山·世纪之交的中国民俗流变》,北京:中国城市出版社,2000年,第106—130页。
朱瑞熙《中国政治制度通史》(第六卷"宋代"),北京:人民出版社,1996年。

任继愈主编《道藏提要》,北京:中国社会科学出版社,1995年。
刘子健《两宋史研究汇编》,台北:联经出版事业公司,1987年。
刘月莲《妈祖信仰与元代漕运》,《元史论丛》第7辑,南昌:江西教育出版社,1999年,第144—153页。
刘志雄、杨静荣《龙与中国文化》,北京:人民出版社,1992年。
刘枝万《中国民间信仰论集》,台北:"中研院"民族研究所,1994年。
刘浦江《宋代宗教的世俗化与平民化》,《中国史研究》,2003年2期,第117—128页。
刘锡诚主编《妙峰山·世纪之交的中国民俗流变》,北京:中国城市出版社,2000年。
刘静贞《略论宋儒的宗教信仰——以范仲淹的宗教观为例》,载《中国历史学会史学集刊》第15期,第153—164页。
刘黎明《论宋代民间淫祠》,《四川大学学报》,2004年第5期,第95—101页。
刘黎明《宋代民间巫术研究》,成都:巴蜀书社,2004年。
关长龙《两宋道学命运的历史考察》,北京:学林出版社,2001年。
安德明《天水的求雨:非常事件的象征处理》,王铭铭主编《象征与社会:中国民间文化的探讨》,天津:天津人民出版社,1997年,第124—146页。
孙昌武《中国文学中的维摩与观音》,北京:高等教育出版社,1996年。
芮传明《论宋代江南之"吃菜事魔"信仰》,《史林》,1999年第3期,第1—13页。
严耀中《唐代江南的淫祠与佛教》,荣新江主编《唐研究》第2卷,北京:北京大学出版社,1996年,第51—62页。
劳格文《词汇的问题——我们应如何讨论中国宗教》,《法国汉学》第7辑,北京:中华书局,2002年,第260—270页。
克利福德·格尔兹《文化的解释》,纳日碧力戈等译,上海:上海人民出版社,1999年。
巫仁恕《节庆、信仰与抗争——明清城隍信仰与城市群众的集体抗议行为》,《中央研究院近代史研究所集刊》第34期,2000年12月,第145—210页。
李小红《宋代"信巫不信医"问题探析》,《四川大学学报》,2003年第6期,第106—112页。
李小红《宋代的尚巫之风及其危害》,《史学月刊》,2002年第10期,第96—101页。
李之亮《宋两浙郡守易替考》,成都:巴蜀书社,2001年。
李之亮《宋两淮大郡守臣易替考》,成都:巴蜀书社,2001年。
李玉昆《妈祖信仰的形成和发展》,《世界宗教研究》,1988年第3期,122—135页。
李玉昆《近几年来福建民间信仰的研究》,《世界宗教研究》,1992年第1期,第

参考文献

109—118 页。

李申《中国儒教史》,上海：上海人民出版社,2000 年,第 423 页。

李华瑞《论宋代乡村客户的流动》,《唐研究》第 11 卷,北京：北京大学出版社,第 621—632 页。

李远国《道教雷法沿革考》,《世界宗教研究》,2002 年第 3 期,第 88—96 页。

李伯重《"乡土之神"、"公务之神"与"海商之神"——简论妈祖形象的演变》,《中国社会经济史研究》,1997 年第 2 期,47—58 页。

李献章《妈祖信仰研究》,澳门：澳门海事博物馆出版,1995 年。

李零《中国方术概观·杂术卷》,北京：人民中国出版社,1993 年。

杨志刚《中国礼仪制度研究》,上海：华东师范大学出版社,2001 年。

杨彦杰主编《闽西的城乡庙会与村落文化》,国际客家学会、海外华人研究社、法国远东学院出版,1997 年。

杨倩描《宋朝禁巫述论》,《中国史研究》,1993 年第 1 期,第 76—83 页。

吴松弟《中国移民史》(第四卷"辽宋金元时期"),福州：福建人民出版社,1997 年。

吴效群《妙峰山：北京民间社会的紫禁城》,游琪、刘锡诚主编《山岳与象征》,北京：商务印书馆,2004 年,第 377—408 页。

余英时《朱熹的历史世界——宋代士大夫政治文化的研究》,北京：三联书店,2004 年。

余欣《神道人心——唐宋之际敦煌民生宗教社会史研究》,北京：中华书局,2006 年。

汪圣铎《宋朝礼与道教》,载《国际宋代文化研讨会论文集》,成都：四川大学出版社,1991 年,第 219—231 页。

沈松勤《北宋文人与党争——中国士大夫群体研究之一》,北京：人民出版社,1998 年。

沈宗宪《宋代民间祠祀与政府政策》,《大陆杂志》第 91 卷第 6 期,1995 年 12 月,第 263—281 页。

沈宗宪《国家祀典与左道妖异——宋代信仰与政治关系之研究》,台湾师范大学历史所博士论文,2000 年。

沈家本《历代刑法考》,北京：中华书局,1985 年。

宋光宇《霞海城隍祭典与台北大稻埕商业发展的关系》,《中央研究院历史语言研究所集刊》第 62 本第 2 分,1993 年 4 月,第 291—336 页。

张广达《内藤湖南的唐宋变革说及其影响》,《唐研究》第 11 卷,北京：北京大学出版社,2005 年,第 5—71 页。

张文《宋朝社会救济研究》,重庆：西南师范大学出版社,2001 年。

张邦炜《宋代文化的相对普及》,《国际宋代文化研讨会论文集》,成都：四川大学出版社,1991年,第69—105页。
张伟《黄震与东发学派》,北京：人民出版社,2004年。
张国淦《中国古方志考》,北京：中华书局,1962年。
张泽洪《城隍神及其信仰》,《世界宗教研究》,1995年第1期,第109—116页。
张泽洪《道教斋醮科仪研究》,成都：巴蜀书社,1999年。
张政烺《〈封神演义〉漫谈》,《世界宗教研究》,1982年第4期,第56—62页。
张晓虹《民间信仰中的政府行为——以陕西地区太白山信仰为例》,收入复旦大学历史地理研究中心主编《自然灾害与中国社会历史结构》,上海：复旦大学出版社,2001年,第469—487页。
陆敏珍《从人到神：中国民间神祠个案研究——永康方岩"胡公大帝"神祠的历史考察》,浙江大学硕士学位论文,1999年。
陈元朋《两宋的"尚医士人"与"儒医"》,台北：台湾大学出版委员会,1997年。
陈业新《两汉祈雨礼俗初探》,收入张国刚主编《中国社会历史评论》第4辑,北京：商务印书馆,2002年,第319—328页。
陈乐素《南宋定都临安的原因》,《求是集》第二集,广州：广东人民出版社,1984年,第55—67页。
陈芳明《宋代正统论的形成背景及其内容》,台北,《食货月刊》第1卷,第8号,1971年,第16—28页。
陈学霖《宋史论集》,台北：东大图书股份有限公司,1993年。
陈学霖《金朝的旱灾、祈雨与政治文化》,《漆侠先生纪念文集》,保定：河北大学出版社,2002年,第542—561页。
陈高华《元代的天妃崇拜》,《元史论丛》第7辑,南昌：江西教育出版社,1999年,第137—143页。
范纯武《双忠崇祀与中国民间信仰》,台湾师范大学历史系博士论文,2003年。
范荧《宋代的民间巫术》,张其凡、陆勇强主编《宋代历史文化研究》,北京：人民出版社,2000年,第130—147页。
林美容《汉人社会与妈祖信仰》,哈尔滨：黑龙江人民出版社,2003年。
欧大年《中国民间宗教教派研究》,上海：上海古籍出版社,1993年。
国光红《关于古代的祈雨——兼释有关的几个古文字》,《四川大学学报》,1994年第3期,第86—93页。
昌彼德、王德毅等编《宋人传记资料索引》,台湾：鼎文书局,1984年。
罗祎楠《模式及其变迁——史学史视野中的唐宋变革问题》,《中国文化研究》,2003年夏之卷,第18—31页。
罗勇、劳格文主编《赣南地区的庙会与宗族》,国际客家学会、海外华人研究社、法国远东学院出版,1997年。
季羡林《原始社会风俗残余——关于妓女祷雨的问题》,《世界历史》,1985年第

参 考 文 献

10 期,第 17—20 页。

竺可桢《论祈雨禁屠与旱灾》,《竺可桢文集》,北京:科学出版社,1979 年,第 90—99 页。

竺沙雅章《关于吃菜事魔》,《日本学者研究中国史论著选译》第七卷《思想宗教》,北京:中华书局,1993 年,第 361—385 页。

周华斌、朱联群主编《中国剧场史论》,北京:北京广播学院出版社,2003 年。

周宝珠《宋代东京研究》,开封:河南大学出版社,1992 年。

周积明、宋德金主编《中国社会史论》,武汉:湖北教育出版社,2000 年。

郑土有、王贤淼《中国城隍信仰》,上海:上海三联书店,1994 年。

郑立勇、林松光《试论中国民众的主体宗教意识特性》,《世界宗教研究》,1996 年第 3 期,第 11—16 页。

郑守治《华光大帝信仰源流考》,载叶春生主编《民俗学刊》第 4 辑,澳门:澳门出版社,2004 年,第 61—71 页。

郑振满《神庙祭典与社区发展模式——莆田江口平原的例证》,《史林》,1995 年第 1 期,第 33—47 页。

郑振满、陈春声主编《民间信仰与社会空间》,福州:福建人民出版社,2003 年。

赵世瑜《狂欢与日常:明清以来的庙会与民间社会》,北京:三联书店,2002 年。

赵雨乐《从寺院到市集——析唐宋时期的相国寺》,载张其凡、范立舟主编《宋代历史文化研究(续编)》,北京:人民出版社,2003 年,第 199—244 页。

胡小伟《宋代的二郎神崇拜》,《世界宗教研究》,2003 年第 2 期,第 29—38 页。

胡新生《中国古代的巫术》,济南:山东人民出版社,1998 年。

段玉明《中国寺庙文化论》,长春:吉林教育出版社,1999 年。

饶宗颐《中国史学上之正统论》,上海:上海远东出版社,1996 年。

姜锡东《宋代商人和商业资本》,北京:中华书局,2002 年。

洪怡沙《南宋时期的吕洞宾信仰》,《法国汉学》第七辑,北京:中华书局,2002 年,第 346—375 页。

贺圣迪《道教风雨术》,《世界宗教研究》,1991 年第 2 期,第 49—57 页。

秦建明、吕敏《尧山圣母庙与神社》,北京:中华书局,2002 年。

索安士《西方道教研究编年史》,吕鹏志、陈平等译,北京:中华书局,2002 年。

贾二强《神界鬼域:唐代民间信仰透视》,西安:陕西人民教育出版社,2000 年。

贾二强《唐代的华山神》,《中国史研究》,2000 年第 2 期,第 90—99 页。

贾二强《唐宋民间信仰》,福州:福建人民出版社,2002 年。

贾志扬《宋代科举》,台北:东大图书公司印行,1995 年。

钱婉约《内藤湖南研究》,北京:中华书局,2004 年。

铃木岩弓《论民间信仰的研究体系》,《世界宗教研究》,1999 年第 1 期,第 103—109 页。

徐苹芳《僧珈造像的发现和僧珈崇拜》,《文物》,1996年第5期,第50—58页。
徐晓望《略论闽台瘟神信仰起源的若干问题》,《世界宗教研究》,1997年第2期,第116—124页。
高有鹏《中国庙会文化》,上海:上海文艺出版社,1999年。
高有鹏《沉重的祭典:中原古庙会文化分析》,开封:河南大学出版社,2000年。
高国藩《中国民俗探微:敦煌巫术与巫术流变》,南京:河海大学出版社,1993年。
高柯立《宋代粉壁考述——以官府诏令的传布为中心》,《文史》,2004年第1期,第126—135页。
郭东旭《宋代法制研究》,保定:河北大学出版社,2000年。
郭东旭、牛杰《宋代民众鬼神赏罚观念透析》,《河北大学学报》,2003年第3期,第5—10页。
黄永年《说狄仁杰的奏毁淫祠》,史念海主编《唐史论丛》第6辑,西安:陕西人民出版社,1995年,第58—67页。
黄竹三《戏曲文物研究散论》,北京:文化艺术出版社,1998年。
黄进兴《优入圣域:权力信仰与正当性》,西安:陕西师范大学出版社,1998年。
黄爱平《四库全书纂修研究》,北京:中国人民大学出版社,1989年。
黄宽重《唐宋基层武力与基层社会的转变——以弓手为中心的观察》,《历史研究》,2004年第1期,第3—17页。
黄强《神人之间:中国民间祭祀仪礼与信仰研究》,桂林:广西民族出版社,1996年。
萧兵《二郎神故事的原始与嬗袭》,《中国神话》第1集,北京:中国民间文艺出版社,1987年,第143—167页。
曹家齐《宋代交通管理制度研究》,开封:河南大学出版社,2002年。
曹家齐《宋代南方陆路交通干线沿革述考》,载张其凡、范立舟主编《宋代历史文化研究(续编)》,北京:人民出版社,2003年,第184—198页。
龚延明《宋代官制辞典》,北京:中华书局,1997年。
康弘《宋代灾害与荒政述论》,《中州学刊》,1994年第5期,第124—128页。
梁太济《〈圣政〉今本非原本之旧详辨》,《中国学术》,2000年第3辑,北京:商务印书馆,2000年,第182—203页。
梁启超《中国历史研究法》,上海:上海古籍出版社,2000年。
梁其姿《宋元明的地方医疗资源初探》,载张国刚主编《中国社会历史评论》第3卷,北京:中华书局,2001年,219—237页。
梁庚尧《豪横与长者:南宋官户与士人居乡的两种形象》,《新史学》第4卷第4期,1993年,第45—93页。
彭琦《宋孝宗与佛教》,《浙江学刊》,2002年第5期,第93—97页。

参 考 文 献

斯波义信《宋代江南经济史研究》,方键、何忠礼译,南京:江苏人民出版社,2001年。

葛兆光《"唐宋"抑或"宋明"——文化史和思想史研究视域变化的意义》,《历史研究》,2004年第1期,第18—32页。

葛兆光《七世纪至十九世纪中国的知识、思想与信仰》(《中国思想史》第2卷),上海:复旦大学出版社,2000年。

葛兆光《认识中国民间信仰的真实图景》,《寻根》,1996年第5期,第18—21页。

葛兆光《严昏晓之节——古代中国关于白天与夜晚观念的思想史分析》,《台大历史学报》第32期,2003年,第33—55页。

葛兆光《宋代"中国"意识的凸显——关于近世民族主义的一个远源》,《文史哲》,2004年第1期,第5—12页。

葛兆光《屈服史及其他:六朝隋唐道教的思想史研究》,北京:三联书店,2003年。

葛兆光《葛兆光自选集》,桂林:广西师范大学出版社,1997年。

葛兆光《道教与中国文化》,上海人民出版社,1987年。

葛金芳《中国经济通史》第五卷,长沙:湖南人民出版社,2002年。

蒋竹山《汤斌禁毁五通神——清初政治精英打击通俗文化的个案》,《新史学》第6卷第2期,1995年,第67—112页。

蒋竹山《宋至清代的国家与祠神信仰研究的回顾与讨论》,《新史学》第8卷第2期,1997年,第187—219页。

韩森(Valerie Hansen)《变迁之神——南宋时期的民间信仰》,包伟民译,杭州:浙江人民出版社,1999年。

程民生《论宋代的神祠宗教》,《世界宗教研究》,1992年第2期,第59—71页。

程民生《宋代地域文化》,开封:河南大学出版社,1997年。

程民生《神人同居的世界》,郑州:河南人民出版社,1993年。

渡边欣雄《汉族的民俗宗教:社会人类学的研究》,天津:天津人民出版社,1998年。

谢世忠《汉人民间信仰研究的本质、体系、与过程理论》,台北:《文史哲学报》,第43期,1995年12月,第107—134页。

谢和耐《蒙元入侵前夜的中国日常生活》,刘东译,南京:江苏人民出版社,1998年。

谢重光《从吴本的神话看福建民间信仰的特点》,《世界宗教研究》,1989年第4期,第58—65页。

谢重光《唐代的庙市》,《文史知识》,1988年第4期,第53—57页。

蓝克利《礼仪、空间与财政——11世纪中国的主权重组》,载《法国汉学》第3辑,北京:清华大学出版社,1998年,第129—162页。

裘锡圭《说卜辞中的焚巫尪与作土龙》,胡厚宣编《甲骨文与殷商史》,上海:上海古籍出版社,1983年,第21—35页。
雷闻《论中晚唐佛道教与民间祠祀的合流》,《宗教学研究》,2003年第3期,第70—77页。
雷闻《祈雨与唐代社会研究》,袁行霈主编《国学研究》第8卷,北京:北京大学出版社,2001年,第245—289页。
雷闻《唐代地方祠祀的分层与运作——以生祠与城隍神为中心》,《历史研究》,2004年第2期,第27—41页。
雷闻《唐宋时期地方祠祀政策的变化——兼论"祀典"与"淫祠"概念的落实》,《唐研究》第11卷,北京:北京大学出版社,2005年,第269—294页。
詹鄞鑫《心智的误区——巫术与中国巫术文化》,上海:上海教育出版社,2001年。
詹鄞鑫《神灵与祭祀——中国传统宗教综论》,南京:江苏古籍出版社,2000年。
滨岛敦俊《朱元璋城隍改制考》,《史学集刊》,1995年第4期,第7—15页。
滨岛敦俊《明清江南城隍考：商品经济的发达与农民信仰》,《中国经济史研究》,1991年第1期,第39—48页。
福井康顺等《道教》,上海:上海古籍出版社,1990年。
廖奔《宋元戏曲文物与民俗》,北京:文化艺术出版社,1989年。
廖奔、刘彦君《中国戏曲发展史》,太原:山西教育出版社,2000年。
漆侠《宋代经济史》,上海:上海人民出版社,1988年。
樊恭炬《祀龙祈雨考》,苑利主编《二十世纪中国民俗学经典·信仰民俗卷》,北京:社会科学文献出版社,2002年,第114—127页。
滕占能《慈溪的龙王庙及求雨活动》,《中国民间文化》第五集,上海:学林出版社,1992年,第69—79页。
颜章炮《晚唐至宋福建地区的造神高潮》,《世界宗教研究》,1998年第3期,第135—144页。
薛梅卿、赵晓耕主编《两宋法制通论》,北京:法律出版社,2002年。
戴元光、金冠军《传播学通论》,上海:上海交通大学出版社,2000年。

日文

小岛毅《正祠の淫祠——福建の地方志における記述と倫理》,《東洋文化研究所紀要》,1991年第2期,第87—213頁。
日野開三郎《宋代の長生牛》,《東洋学報》第32期,1950年,第320—338頁。
中村治兵衛《中国シヤーマニズムの研究》,東京:刀水書房,1992年。
石本道明《蘇軾磻溪禱雨文》,《漢文学会会報》,第31輯,1986年,第212—230頁。
吹野安《朱熹〈祈雨文〉発想考》,《漢文学会会報》,第36輯,1990年,第124—

参 考 文 献

142 頁。

松本浩一《宋代の賜額・賜号について——主として〈宋会要輯稿〉にみえて史料から》,野口鉄郎編《中国史中央政治地方社会》,1985 年度科研費報告,第 282—294 頁。

金井徳幸《宋代の五通信仰と売廟》,《立正史学》第 76 輯,1994 年 9 月,第 495—550 頁。

金井徳幸《南宋の祠廟と賜号について——釈文珦と劉克荘の視点》,宋代史研究会編《宋代の知識人——思想・制度・地域社会》,東京: 汲古書院,1992 年。

須江隆《祠廟碑牒中的地域観》,《宋代人之認識: 相互性与日常空間》,東京: 汲古書院,2001 年,第 29—55 頁。

須江隆《徐偃王廟考——宋代の祠廟に関する一考察》,《集刊東洋学》第 69 輯,1993 年,第 42—62 頁。

須江隆《唐宋期における祠廟の廟額、封号の下賜について》,《中国——社会と文化》第九号,1994 年,第 96—119 頁。

須江隆《熙寧七年之詔——北宋神宗朝期之賜額、賜号》,収入《東洋史論集》第 8 輯,2001 年,第 54—93 頁。

西文

Bell, Catherine, "Religion and Chinese Culture: Toward an Assessment of 'popular religion'", in *History of Religions*, vol. 29: 1(1989), pp. 35 – 57.

Bol, Peter, *The Multiple Layers of the Local: A Geographical Approach to Defining the Local*,提交给"第九届《中华文明的二十世纪新意义》学术讨论会"的论文,上海: 复旦大学,2004 年 4 月 8 日至 10 日。

Boltz, Judith, *Not by the Seal of Office Alone: New Weapons in Battles with the Supernatural*, in *Religion and Society in T'ang China*, ed. Patricia Ebrey and Peter Gregory, pp. 241 – 305.

Ebrey, Patricia Buckley and Gregory, Peter N., *Religion and Society in T'ang and Sung in China*, Honolulu: University of Hawaii Press, 1993.

Gardner, Daniel, "Ghosts and Spirits in the Sung Neo-Confucian World: Chu His on kuei-shen", *Journal of the American Oriental Society*, vol. 115: 4 (1995), pp. 598 – 611.

Haar. B. J. ter, "The Genesis and Spread of Temple Cults in Fukien", in *Development and Decline of Fukien Province in the Seventeenth and Eighteenth Centuries*, ed. E. B. Vemeer, pp. 349 – 396. Sinica Leidensia, 22. Leiden: E. J. Brill, 1990.

Hartwell, Robert, "Demographic, Political, and Social Transformations of China, 750 – 1550", *Harvard Journal of Asiatic Studies*, vol. 42: 2(1982), pp. 354 – 442.

Hymes, Robert, *Statesmen and Gentlemen: the Elite of Fu-Chou Chiang-Hsi in Northern and Southern Sung*, Cambridge: Cambridge University Press, 1986.

Hymes, Robert, *Way and Byway: Taoism, Local Religion, and Models of Divinity in Sung and Modern China*, Berkeley: University of California Press, 2002.

Johnson, David, "The City-God Cults of T'ang and Sung China," *Harvard Journal of Asian Studies*, vol. 45: 2(1985), pp. 363-457.

Katz, Paul, *Demon Hordes and Burning Boats — The Cult of Marshal Wen in late imperial Chekiang*, Albany: State university of New York Press, 1995.

Kleeman, Terry, "The Expansion of the Wen-chang Cult," in Patricia Buckley Ebrey and Peter N. Gregory, eds., *Religion and Society in T'ang and Sung in China*, pp. 45-73.

Kleeman, Terry, *A God's Own Tale: The Book of Transformations of Wenchang, the Divine Lord of Zitong*, Albany: State university of New York Press, 1994.

Lee, John, *Recent Studies in English on the Tang-Sung Transition: Issues and Trends*, 载《国际中国学研究》,1999年第2辑,第365—385页。

Shahar, Meir and Weller, Robert P., *Unruly Gods: Divinity and Society in China*, Honolulu: University of Hawaii Press, 1996.

Smith, Paul J. and Glahn, Richard von, *The Song-Yuan-Ming Transition in Chinese History*, Cambridge(Mass.) and London: Harvard University Press, 2003.

Teiser, Stephen F., "Chinese Religions: Popular Religion," *Journal of Asian Studies*, vol. 54: 2(1995), pp. 378-395.

Glahn, Richard von, "The Enchantment of Wealth: The God Wutung in the Social History of Jiangnan," *Harvard Journal of Asiatic Studies*, vol. 51: 2(1991), pp. 651-714.

Glahn, Richard von, *The Sociology of Local Religion in the Lake Tai Basin*(《太湖盆地民间宗教的社会学研究》,王湘云中译,未刊)。

Watson, James, "Standardizing the Gods: The Promotion of T'ien Hou Along the South China Coast, 960-1960," in Johnson et al., eds., *Popular Culture in Late Imperial China*, Berkerly: University of California Press, 1985, pp. 292-324.

后　　记

"信巫觋鬼"乃是楚地的传统,我生长于"吴头楚尾"的赣江之滨,从小受其熏染,后来师从葛兆光先生念硕士、博士,因地取材,故乡的习俗遂成了博士学位的敲门砖,本书便是博士论文的修订稿。

本书能够完成,首先要感谢葛兆光先生,得列先生门下是我一生中最大的幸事,也是我人生的转折点。我跟葛师念硕士时已近而立之年,底子也不好,最要命的是,不喜欢作研究、写文章,只想悠闲地读书,说白了,也就是想做个懒散的读书人。幸运的是,葛师没有介意这些,从不逼我写东西、发表文章,并根据我生性愚钝、喜读书的特点,引导我选择了宋史(葛师云:唐以前书较少,明清太多,宋代的书正好够)。印象中也没有开过书单,只是在讲课、聊天时会有意无意地提到一些,我便到图书馆找来读。当时清华大学文科生少,读古籍的人更少,偌大的古籍阅览室往往只有我一个读者,管理员姜红老师轻轻地用小车将我要读的书推来,我倒好茶,开始读书,累了便到大库翻杂书,日子过得跟神仙般快活。当时,葛师约定每两周见面一次,或是他讲自己即将发表的论著、学术动态,或是我汇报读书体会,"民众祠神信仰"这一选题便是在不断的阅读、讨论中逐渐明确的。本书从选题论证、撰写到最后定稿,都得到葛师的悉心指点,大部分章节从结构到具体的文字表述都参考了葛师的意见。

2003—2004年,我先后参加了北京大学邓小南教授、台北"中央研究院"历史语言研究所黄宽重教授在北大、清华主持的宋史研究讨论班、读书课,从而对海内外宋史研究动态有了初步了解,有利于本书研究思路的形成。黄先生还对本书部分初稿提出了具体修改意见,而邓先生则主持了笔者的毕业论文答辩会,两位先生是我进入宋史研究的引路人,他们的教导我将终身铭记。

　　本书的初稿作为博士论文提交专家评审与答辩过程中,清华大学的李伯重、张国刚、蔡乐苏、王晓毅、张小军等教授,北京师范大学的赵世瑜教授,北京大学的邓小南、荣新江教授,以及两位博士论文的匿名评阅人,都对论文提出了很多具体的、建设性的意见,对于本书的修改起了很大作用。此外,我还拿出部分章节的初稿向别人请教。2002年,我将第四章的部分初稿提交给《华学》杂志,刘国忠先生提出的意见对于该章的最后形成起了很大作用。2003年,我在清华大学历史系博士生沙龙上报告了第五章第三节的初稿,要特别感谢罗祎楠、黄振萍、梁晨的批评,该节发表在《中华文史论丛》(82辑)时,蒋维崧先生提出了有价值的批评和修改意见,老先生对学问的一丝不苟令我钦佩。第六章第一节曾在黄宽重先生主持的课堂汇告,先生事先便详细批阅了该文,而张焕君、罗祎楠、方诚峰、王化雨等博士对该文某些论点的"炮轰"迫使我对它们重新思考,同学砥砺,至今难忘。第三章在2004年8月提交"多元视野中的中国历史"国际会议的"青年论坛",阎书钦博士的意见令我很受启发。2006年11月,中国人民大学和台湾辅仁大学联合举办"人文学术的中国语境"学术讨论会,我提交了第二章第三节的初稿,辅仁大学陈方中教授的评议指出了论文形式上的问题,也给我很大鼓励,这一节的修改还要特别感谢陈进国博士、《历史研究》杂志的路育松女史和两位匿名评审人的意见,他们的批评使我对祠神信仰传播动力的表述更为准确。

　　书中张王、五通等祠神的行祠分布图由姜东成博士绘制,刘新光博士曾帮忙修改,顾文涛博士带病替我从南京图书馆抄录《祠山杂辨》全稿,对第二章的完成助力甚钜。上海古籍出版社的黄晓峰、童力军先生在编

后　　记

辑书稿过程中纠缪指瑕,助益甚多。我的家人在物质和精神上给我很大的支持与帮助,侄女皮春花校读了全书初稿,妻子刘淑菊阅读了部分章节,从一个非专业人士的角度提出了修改意见,书中关于祠神信仰传播的讨论受她启发甚多,她的爱心与支持使本书得以完成。

在书稿修改的过程中,我也从学生变成了老师,对我而言,身份、角色的调适总是那么费心、费力。两年多来,备课、授课与各种俗务占据了生活的中心,书稿修改的进展也十分艰难,要不是葛师的推荐,本书得以纳入《复旦文史丛刊》,它可能还在漫长的修改之中。记得我当初将论文送给邓小南老师评阅时,曾自我检讨不少问题还没有解决,结构也不太合理,邓老师宽慰我说:"博士论文只是个阶段性成果,今后还可以继续做。"老实说,书稿修改到现在,还是很难达到我的预期,不满意处甚多。但是,凭我目前的水准,这样修改下去很难有质的提升,甚至可能会离心中的目标越来越远。这种时候,放下或许是最好的选择。再者,国内外关于宋代民间信仰的论著尚不多,本书对学界的观点有不少辩论、商榷之处,一隅之得,偶或有之,这也是我鼓起勇气将它出版的原因。

庄子说:"夫水之积也不厚,则负大舟也无力;覆杯水于坳堂之上,则芥为之舟。"在本书撰写、修改过程中,我对此深有感触。也许,只有转身回头,沉潜读书,方可免杯水芥舟之讥,庆生不敏,愿勉力从之。

2008 年 1 月 15 日于中国人民大学文北楼

图书在版编目(CIP)数据

宋代民众祠神信仰研究/皮庆生著.—上海:上海古籍出版社,2020.3
(复旦文史丛刊)
ISBN 978-7-5325-9473-3

Ⅰ.①宋… Ⅱ.①皮… Ⅲ.①神—信仰—研究—中国—宋代 Ⅳ.①B933

中国版本图书馆 CIP 数据核字(2020)第 021741 号

复旦文史丛刊

宋代民众祠神信仰研究

皮庆生 著

上海古籍出版社出版、发行

(上海瑞金二路272号 邮政编码200020)

(1) 网址:www.guji.com.cn
(2) E-mail:guji1@guji.com.cn
(3) 易文网网址:www.ewen.co

常熟市新骅印刷有限公司印刷

开本635×965 1/16 印张25.5 插页5 字数354,000
2020年3月第1版 2020年3月第1次印刷
印数:1—1,500
ISBN 978-7-5325-9473-3
K·2772 定价:108.00元

如有质量问题,请与承印公司联系

复旦文史丛刊（精装版）

《动物与中古政治宗教秩序》　　　　　　陈怀宇 著
《利玛窦：紫禁城里的耶稣会士》　　　　〔美〕夏伯嘉 著
　　　　　　　　　　　　　　　向红艳 李春圆 译　董少新 校

《朝鲜燕行使与朝鲜通信使：使节视野中的中国・日本》
　　　　　　　　　　　　　　　　〔日〕夫马进 著　伍跃 译

《禅定与苦修：关于佛传原初梵本的发现和研究》　刘震 著

《从万国公法到公法外交：晚清国际法的传入、诠释与应用》
　　　　　　　　　　　　　　　　　　　林学忠 著

《中国近代科学的文化史》　　　　〔美〕本杰明・艾尔曼 著
　　　　　　　　　　　　王红霞 姚建根 朱莉丽 王鑫磊 译

《礼仪的交织：明末清初中欧文化交流中的丧葬礼》
　　　　　　　　　　　　　　〔比利时〕钟鸣旦 著　张佳 译

《宋代民众祠神信仰研究》　　　　　　　皮庆生 著
《形神之间：早期西洋医学入华史稿》　　董少新 著
《明末江南的出版文化》　　　　〔日〕大木康 著　周保雄 译
《日本佛教史：思想史的探索》　〔日〕末木文美士 著　涂玉盏 译
《东亚的王权与思想》　　　　　〔日〕渡边浩 著　区建英 译